G. W. F. Hegel Werke in zwanzig Bänden

Vorlesungen über die Ästhetik I

黑格尔著作集

第 *13* 卷

美学讲演录　Ⅰ

先　刚译

人民出版社

Georg Wilhelm Friedrich Hegel Werke in zwanzig Bänden
13
Vorlesungen über die Ästhetik I

Auf der Grundlage der Werke von 1832-1845 neu edierte Ausgabe
Redaktion Eva Moldenhauer und Karl Markus Michel
Suhrkamp Verlag Frankfurt am Main 1970

"十四五"国家重点图书出版规划项目

黑格尔著作集（二十卷，理论著作版）

总　序

张世英

　　这套黑格尔著作集的中文版,其所根据的版本是二十卷本的"理论著作版"(Theorie-Werkausgabe),即《格·威·弗·黑格尔二十卷著作集》(*G.W.F.Hegel Werke in zwanzig Bänden*),由莫尔登豪尔(E.Moldenhauer)和米歇尔(K.M.Michel)重新整理旧的版本,于 20 世纪 60 年代末开始出版。这个版本,虽不及 1968 年以来陆续出版的历史批判版《黑格尔全集》那样篇幅更大,包括了未曾公开发表过的黑格尔手稿和各种讲课记录以及辨析、重新校勘之类的更具学术研究性的内容,但仍然是当前德国大学科研和教学中被广泛使用的、可靠的黑格尔原著。我这里不拟对黑格尔文集的各种版本作溯源性的考察,只想就黑格尔哲学思想在当今的现实意义作点简单的论述。

　　黑格尔是德国古典唯心主义之集大成者,他结束了西方传统形而上学的旧时代。黑格尔去世后,西方现当代哲学家大多对黑格尔哲学采取批评的态度,但正如他们当中一些人所说的那样,现当代哲学离不开黑格尔,甚至其中许多伟大的东西都源于黑格尔。在中国,自 20 世纪初就有些学者致力于黑格尔哲学的介绍、翻译与评论。1949 年中华人民共和国成立到 1976 年所谓"文化大革命"结束,大家所广为传播的观点是把黑格尔哲学看成是马克思主义的三个来源之一,一方面批判黑格尔哲学,一方面又强调吸取其"合理内核",黑格尔是当时最受重视的西方哲学家。1976 年以来,哲学界由重视西方古典哲学转而注意西方现当代哲学的介绍与评论,黑格尔哲学更多地遭到批评,其总体地位远不如从前了,但不

1

少学者对黑格尔哲学的兴趣与研究却比以前更加深沉、更多创新。黑格尔无论在西方还是在中国,其名声的浮沉,其思想影响的起伏,正说明他的哲学在人类思想史上所占的历史地位时刻不容忽视,即使是在它遭到反对的时候。他的哲学体系之庞大,著述之宏富,思想内容之广博和深邃,在中西哲学史上都是罕见的;黑格尔特别熟悉人类思想史,他的哲学像一片汪洋大海,融会了前人几乎全部的思想精华。尽管他个人文笔之晦涩增加了我们对他的哲学作整体把握的难度,特别是对于不懂德文的中国读者来说,这种难度当然要更大一些。但只要我们耐心琢磨,仔细玩味,这气象万千的世界必能给我们提供各式各样的启迪和收益。

一、黑格尔哲学是一种既重视现实
又超越现实的哲学

一般都批评黑格尔哲学过于重抽象的概念体系,有脱离现实之弊。我以为对于这个问题,应作全面的、辩证的分析和思考。

黑格尔一方面强调概念的先在性和纯粹性,一方面又非常重视概念的具体性和现实性。

黑格尔明确表示,无时间性的"纯粹概念"不能脱离有时间性的人类历史。西方现当代人文主义思想家们一般都继承了黑格尔思想的这一方面而主张人与世界的交融合一。只不过,他同时又承认和允许有一个无时间性的逻辑概念的王国,这就始终会面临一个有时间性的环节(认识过程、历史过程)如何与无时间性的环节(纯粹概念)统一起来的问题,或者用黑格尔《自然哲学》中的话语来说,也就是有时间性的"持久性"与无时间性的"永恒性"之间的鸿沟如何填平的问题。无论黑格尔怎样强调认识和历史的"持久性"多么漫长、曲折,最终还是回避不了如何由"持久性"一跃而到"永恒性"、如何由现实的具体事物一跃而到抽象的逻辑概念的问题。黑格尔由于把抽象的"永恒性"的"纯粹概念"奉为哲学的最终领域,用普遍概念的王国压制了在时间中具有"持久性"的现实世界,

他的哲学被西方现当代哲学家贬称为"概念哲学"或"传统形而上学"的集大成者。但无论如何，黑格尔哲学既是传统形而上学的顶峰，又蕴涵和预示了传统形而上学的倾覆和现当代哲学的某些重要思想，这就是黑格尔哲学中所包含的重视具体性和现实性的方面。

黑格尔早年就很重视现实和实践，但他之重视现实，远非安于现实，而是与改造现实的理想紧密结合在一起的，为此，他早在1800年的而立之年，就明确表示，要"从人类的低级需求"，"推进到科学"（1800年11月2日黑格尔致谢林的信，*BRIEFE VON UND AN HEGEL*，Verlag Von Felix Meiner，Hamburg，Band 1，s.59）。他所谓要"推进到科学"的宏愿，就是要把实践提高到科学理论（黑格尔的"科学"一词远非专指自然科学，而是指系统的哲学理论的意思）的高度，以指导实践，改造现实。黑格尔在1816年10月于海德堡大学讲授哲学史课程的开讲词里说过这样一些话：一段时间以来，人们过多地忙碌于现实利益和日常生活琐事，"因而使得人们没有自由的心情去理会那较高的内心生活和较纯洁的精神活动"，"阻遏了我们深切地和热诚地去从事哲学工作，分散了我们对于哲学的普遍注意"。现在形势变了，"我们可以希望……除了政治的和其他与日常现实相联系的兴趣之外，科学、自由合理的精神世界也要重新兴盛起来"。为了反对先前轻视哲学的"浅薄空疏"之风，我们应该"把哲学从它所陷入的孤寂境地中拯救出来"，以便在"更美丽的时代里"，让人的心灵"超脱日常的兴趣"，而"虚心接受那真的、永恒的和神圣的事物，并以虚心接受的态度去观察并把握那最高的东西"（黑格尔：《哲学史讲演录》，生活·读书·新知三联书店1956年版第1—3页）。黑格尔所建立的庞大的哲学体系，其目的显然是要为改造现实提供理论的、哲学的根据。黑格尔的这些话是差不多两百年以前讲的，但对我们今天仍有很大的启发意义。针对当前人们过分沉溺于低级的现实欲求之风，我们的哲学也要既面对现实，又超越现实。"超越"不是抛弃，而是既包含又高出之意。

二、黑格尔哲学是一种揭示人的自由本质、以追求自由为人生最高目标的哲学

黑格尔哲学体系包括三大部分:逻辑学、自然哲学和精神哲学。在1949年中华人民共和国成立到改革开放以前的大约30年里,我们的学界一般都只注重逻辑学,这是受了列宁《哲学笔记》以评述逻辑学为主的思想影响的缘故。其实,黑格尔虽然把逻辑学看成是讲事物的"灵魂"的哲学,而自然哲学和精神哲学不过是"应用逻辑学",但这只是就逻辑学所讲的"逻辑概念"比起自然现象和人的精神现象来是"逻辑上在先"而言,离开了自然现象和精神现象的"纯粹概念",必然失去其为灵魂的意义,而成为无血无肉、无所依附的幽灵,不具现实性,而只是单纯的可能性。

黑格尔明确承认"自然在时间上是最先的东西"的事实,但正因为自然的这种时间上的先在性,而使它具有一种与人的精神相对立的外在性。人的精神性的本质在于克服自然的外在性、对立性,使之包含、融化于自身之内,充实其自身,这也就是人的自由(独立自主的主体性)本质。黑格尔认为,精神的最高、最大特征是自由。所谓自由,不是任性。"自由正是精神在其他物中即在其自身中,是精神自己依赖自己,是精神自己规定自己"(黑格尔:《逻辑学》,人民出版社2002年版,第72页)。所以精神乃是克服分离性、对立性和外在性,达到对立面的统一;在精神中,主体即是客体,客体即是主体,主体没有外在客体的束缚和限制。精神所追求的目标是通过一系列大大小小的主客对立统一的阶段而达到的最高的对立统一体,这是一种最高的自由境界。黑格尔由此而认为精神哲学是"最具体的,因而是最高的"(G. W. F. Hegel Werke in zwanzig Bänden 10, s.9)。也就是说,关于人生的学问——"精神哲学"是最具体的、最高的学问(比起逻辑学和自然哲学来)。黑格尔哲学体系所讲的这一系列大大小小对立统一的阶段,体现了人生为实现自我、达到最终的主客对立统一

的最高自由之境所经历的漫长曲折的战斗历程,这对于我们中国传统哲学把主体——自我湮没于原始的、朴素的、浑沌的"天人合一"的"一体"(自然界的整体和封建等级制的社会群体)之中而忽视精神性自我的自由本质的思想传统来说,应能起到冲击的作用。

三、"辩证的否定性"是"创新的源泉和动力"

黑格尔认为克服对立以达到统一即自由之境的动力是"否定性"。这种"否定性"不是简单抛弃、消灭对立面和旧事物,而是保持又超越对立面和旧事物,他称之为"思辨的否定"或"辩证的否定"。这种否定是"创新的源泉和动力",是精神性自我"前进的灵魂"。一般都大讲而特讲的黑格尔辩证法,其最核心的实质就在于此种否定性。没有否定性,就没有前进的动力,就不能实现人的自由本质。我以为,我们今天讲弘扬中华传统文化,就用得着黑格尔辩证哲学中的否定性概念。辩证法"喜新",但并不"厌旧",它所强调的是在旧的基础上对旧事物进行改造、提高,从而获得前进。中华文化要振兴、前进,就得讲辩证哲学,就得有"否定性"的动力。

2013 年 8 月 27 日于北京北郊静林湾

目　录

第二部分　理想发展为艺术美的特殊形式

译 者 序

黑格尔的各种讲演录都不是他生前出版的严格意义上的"著作",而是他的学生依据授课手稿编撰而成。《美学讲演录》(亦简称为《美学》)的编者是霍托(Heinrich Gustav Hotho),他是黑格尔最喜欢的学生之一,本人也是一位著名的艺术史家,因此由他来编辑此书在当时可谓是众望所归。黑格尔去世于1831年,而霍托则是于1835年首次整理出版《美学讲演录》,并于1842年出版了修订版。在莫尔登豪尔(E. Moldenhauer)和米歇尔(K. M. Michel)于1972年重新整理出版的20卷本"黑格尔著作集"或"理论著作版"(Theorie-Werkausgabe)①里,第13至15卷的《美学讲演录》就是以霍托的1842年修订版为基础,而这也是我们这个译本所依据的底本。

围绕黑格尔的各种讲演录(以及黑格尔正式出版的著作里后来由学生补充的"附释")的可靠性问题,学术界一直存在着争议。其中尤其遭到质疑的恰恰是霍托编辑的《美学讲演录》②,因为他的编辑原则是"本着最为谨慎和敬畏的精神作出一定修改,以便把那些殊为不同的、经常相互冲突的材料融合为一个尽可能完满的整体"(TWA 15, 575)。霍托对黑格尔文字的少许修改——虽然是"本着最为谨慎和敬畏的精神"——曾经广受赞誉,因为他让《美学讲演录》在形式上成为一部可以媲美《逻辑学》或《哲学科学百科全书》的系统完整的著作,但从今天的角度来看,这种做法多少有点"大逆不道"的意味。关于霍托的功过是非,无疑还会

---

① Georg Wilhelm Friedrich Hegel *WERKE IN 20 BÄNDEN*. Auf der Grundlage der *Werke* von 1832 – 1845 neu edierte Ausgabe. Redaktion Eva Moldenhauer und Karl Markus Michel. Frankfurt am Main: Suhrkamp, 1972.

② Vgl. Walter Jaeschke, *Hegel Handbuch*. Stuttgart-Weimar 2003, S. 419-420.

一直争论下去，至于我对这个问题的看法，和从前也是一样的。简言之，我们可以尊重那些主要以文献考据为业的专家的工作，但我们作为哲学研究者，大可不必自缚手脚或自废武功，跟着他们起哄，轻视乃至敌视黑格尔的亲炙弟子的编辑工作。因为不管怎样，那些细微的修订在主观上都是秉承黑格尔的思想，不可能造成什么严重的误解，而且无论是《美学讲演录》还是另外几部讲演录，包括黑格尔口授的"附释"，在将近 200 年的时间里已经塑造出一个影响深远的黑格尔形象，在客观上已经作为黑格尔哲学思想的重要载体并跻身于经典著作的行列，这个局面不可能因为个别手稿的重新编排或个别字句的修订而有任何改变，更何况霍托当年依据的黑格尔手稿在今天大部分已经遗失了，后世的编撰者无论如何不可能塑造出一个"更源初的"黑格尔形象。

　　虽然《美学讲演录》从书名上看是讨论"美学"（Ästhetik），但黑格尔本人在本书开篇就指出，这门科学的真正名称是"艺术哲学"（Philosophie der Kunst）。这两个重叠的名称体现出黑格尔相关思想的双重源头（一个是由康德和席勒推动的美学思潮，另一个是由谢林正式确立的艺术哲学思潮），同时也暗示着黑格尔思想的某种发展轨迹。康德是美学的真正奠基人，而谢林之所以放弃"美学"的名称而发明"艺术哲学"，是因为美学——其本身的字面意思是"感性论"——天然地偏重于主观上的感性因素，与经验的心理学纠缠不清，没有能力掌握艺术这一伟大的精神现象的丰富而深远的意义。当然，谢林并不是要割裂美学和艺术哲学，更没有否定或抛弃前者，而是将其融合进艺术哲学之中。从思想路数来看，黑格尔肯定是倾向于谢林的，但他在很长一段时间里并没有采纳"艺术哲学"的名称，因为他虽然重视艺术，却不希望像谢林那样把艺术放到和哲学平起平坐、甚至在某些方面高于哲学的地位。在整个耶拿时期，黑格尔都是以"艺术宗教"的名义把艺术看作宗教下面的一个分支，直到 1807 年发表的《精神现象学》也如此。这个认识在黑格尔赴海德堡大学任教之后有所改变。他在 1817 年发表了自己的第一个完整哲学体系，即《哲学科学百科全书》，其中的"精神哲学"分为"主观精神""客观精神"

和"绝对精神"三个部分,而"绝对精神"部分又包含艺术、启示宗教、哲学三个阶段。很显然,从这个时候开始,艺术在黑格尔那里获得了一个至少能够比肩宗教和哲学(虽然并非完全平等)的地位。也是在海德堡期间,黑格尔开始讲授关于艺术哲学的课程,但课程名称仍然是"美学",只有当他于1820年转赴柏林大学任教之后,才将这门课程的名称改为"美学或艺术哲学"(Aestheticen s. philosophiam artis),总共讲授了四次。我们今天读到的《美学讲演录》,就是霍托在相关手稿的基础上整理而成的。

从结构上看,《美学讲演录》除了一个篇幅较大的全书导论之外,是由三个部分组成的,具体说来就是:

第一部分"艺术美的理念,或理想",讨论"一般意义上的美""自然美""艺术美或理想"等核心概念及其附属概念;

第二部分"理想发展为艺术美的各种特殊形式",讨论象征型艺术、古典型艺术和浪漫型艺术各自的本质特征;

第三部分"各门艺术的体系",依次讨论建筑、雕塑、音乐、绘画、诗歌等具体的艺术门类。

在我们的这套黑格尔著作集里,《美学讲演录》被分为3卷(第13—15卷),其内容分别是:

第13卷,包含全书导论、第一部分、第二部分的"象征型艺术"篇;

第14卷,包含第二部分的"古典型艺术"篇和"浪漫型艺术"篇,以及第三部分关于建筑和雕塑的讨论;

第15卷,包含第三部分关于音乐、绘画和诗歌的讨论。

但从黑格尔留下的1820—1821、1823、1826年手稿来看,《美学讲演录》原本的结构并不是按照上述三个部分来划分的,而是全书导论之后只有两个部分,其中第一个部分是"普遍的部分",讨论"一般意义上的美"和"普遍的艺术形式"(象征型艺术、古典型艺术和浪漫型艺术),第二个部分是"特殊的部分",讨论建筑、雕塑、绘画、音乐和诗歌等具体的艺术门类①。这个结构

---

① Vgl. Walter Jaeschke, *Hegel Handbuch*. Stuttgart-Weimar 2003, S. 421.

和谢林的《艺术哲学》是完全一致的！正如我们看到的,谢林于 1802 年讲授的《艺术哲学》就是划分为"导论""艺术哲学的普遍部分"和"艺术哲学的特殊部分"①,而黑格尔当时正好是谢林的助手。我在一篇论文里曾经把这种结构称作"双重架构",即永恒架构(艺术门类的排序)和时间性架构(艺术形式在历史中的发展)的并驾齐驱的关系②。这个一致性尤其清楚地表明,黑格尔的艺术哲学就是谢林艺术哲学的承继和发展,但霍托很有可能——和黑格尔当时的其他敌视谢林的学生一样——为了掩饰这种承继性③,对这些手稿的结构重新进行了编排。当然,仅仅是掩饰而已,因为虽然结构可以重新编排,但内容的一致性和承继性却是不容抹杀的,以至于连最强硬的黑格尔主义者之一鲍桑葵(Bernard Bosanquet)也被迫承认,"黑格尔的《美学》中的论点很少没有受到在谢林的著作中可以找到的那些见解和理论的启发","是谢林第一次彻底地尝试对各种艺术加以分类,顺便也就促使很多人对各种艺术的能力和特点去进行分析",以及"黑格尔也受到了谢林对于艺术和审美哲学的看法的莫大影响",如此等等。④我们指出这一点,绝不是要否认黑格尔对于谢林的相关思想的推进、发挥、纠正乃至批判发展,而是希望提醒读者能够从更全面的视野和更深层的问题域去思考相关问题⑤。不管怎样,如

---

① [德]F.W.J.谢林:《艺术哲学》,先刚译,北京大学出版社 2021 年版,第 3—4、33、162 页。

② 先刚:《试析谢林艺术哲学的体系及其双重架构》,《学术月刊》2020 年第 12 期。

③ 黑格尔本人也有这个倾向。他在《全书导论》阐述前人在本学科的贡献时,对席勒的关注都超过谢林,甚至在唯一一提到谢林的地方还顺带流露出保留的态度:"如果说席勒已经开始让艺术通过与人的最高旨趣相关联来主张自己的独特本性和尊严,那么谢林则是发现了艺术的概念和科学地位,并且按照其崇高而真实的规定接纳了艺术,尽管这种接纳从一个方面来看有失偏颇。"参阅本书第 58—59 页。

④ [英]鲍桑葵:《美学史》,张今译,商务印书馆 1985 年版,第 411、425、430 页。

⑤ 关于黑格尔和谢林在艺术哲学里的一致性和分歧,除了刚才提到的那篇讨论谢林的艺术哲学体系架构的论文之外,有兴趣的读者还可以参考我目前已经发表的另外几篇论文:《"建构"与"反思"——谢林和黑格尔艺术哲学的差异》,《文艺研究》2020 年第 6 期;《谢林为何把音乐归为造型艺术——论音乐作为诸艺术的基础》,《文艺研究》2022 年第 11 期;《谢林与黑格尔艺术哲学中的"象征"之争》,《中山大学学报》(社会科学版)2024 年第 1 期。

果我们想要深入研究德国古典哲学的美学和艺术哲学，那么康德的《判断力批判》、谢林的《艺术哲学》和黑格尔的《美学讲演录》这三大经典著作中的任何一部都是不能绕过去的。

　　黑格尔的《美学讲演录》此前已经有一个中译本，即由朱光潜先生于20世纪50年代翻译，并由商务印书馆出版的三卷本《美学》（其中第三卷分为上下册）。朱光潜先生不但是著名美学家和我国美学学科奠基人之一，更在高龄之际翻译了一系列经典名著，除了黑格尔的《美学》之外，还有柏拉图的《文艺对话集》、莱辛的《拉奥孔》、维科的《新科学》等。《美学》和黑格尔其他著作的旧译本一样，曾经在很长一段时间里滋养了几代学人，做出了巨大贡献。当然，随着我国黑格尔研究在新时代的蓬勃发展和日益专精的趋势，这些旧译本也暴露出自己的缺陷，亟待纠正。至于旧译本《美学》，其主要缺陷在于，因为朱光潜先生不像别的早期译者那样是黑格尔哲学或德国古典哲学方面的专家，所以他在处理黑格尔哲学的许多基础概念的时候比较随意，比如把"精神"（Geist）这个最基本的核心概念翻译为"心灵"，混淆"映现"（Scheinen）和"显现"（Erscheinen），以及把许多属于逻辑学本质论的关键概念翻译为普通词语。这就导致一个后果，即整部《美学》就概念术语而言游离于黑格尔的哲学体系之外，看起来与黑格尔的其他著作格格不入。在这种情况下，专业的黑格尔学者觉得《美学》仿佛是一个陌生的、可有可无的赘物，反之那些主要研究美学、艺术或文艺学的学者也不知道如何把《美学》还原到黑格尔的逻辑学，从真正深刻的角度去理解，因而只能从中获得一些孤立的、浅显的观点。有鉴于此，我的这个新译本的首要工作就是严谨处理概念术语，使其与黑格尔主要著作（尤其是《逻辑学》）中的概念术语尽量保持一致，重新呈现出本书的形而上学—逻辑学背景。当然，我只能说"尽量保持一致"，因为这部《美学讲演录》毕竟是授课手稿，其遣词造句不可能像正式的著作那样严谨，因此有些地方的术语翻译必须视语境而定，作出稍微灵活的处理。总而言之，我的目标是让黑格尔的《美学讲演录》重新成为一部严肃的、回归黑格尔哲学整体的"哲学著作"。在这个过程中，我也遵循自己一向的翻译原则,尽量做到文字的流畅和可读性。

在二十卷中文版黑格尔著作里,我先后翻译出版了《精神现象学》(2013)、《逻辑学 I》和《逻辑学 II》(大逻辑,2019、2021)以及《哲学科学百科全书 I 逻辑学》(小逻辑,2023)这几部代表性的著作,已经算是圆满完成任务。承蒙安新文编辑诚恳邀约,尤其考虑到学术界希望黑格尔著作集尽快完成出版的心愿,我终于又答应了翻译《美学讲演录》的工作。另一个原因是,近些年来,我在北京大学哲学系多次开设关于谢林艺术哲学和黑格尔美学的课程,对这些文本较为熟悉,因此可以相对轻松地从事翻译工作。

本书得到了教育部人文社会科学重点研究基地重大项目"西方哲学中的自我与主体性研究"(22JJD720003)的支持,徐明博同学为本书制作了《主要译名德汉对照及索引》。在此表示感谢!

先　刚

北京大学美学与美育研究中心

北京大学外国哲学研究所

全书导论

这门课程讨论**美学**；它的对象是广阔的**美的王国**，更确切地说，它所 [13] 关注的领域是**艺术**，即**美的艺术**。

对于这个对象，其实**美学**（Ästhetik）这个名称不是完全合适的，因为严格说来"美学"是指关于感官或**感受活动**的科学①，而在这个意义上，它大概是从沃尔夫学派②开始才成为一门新的科学，或者说成为哲学的一个部门，因为当时的德国人是从艺术作品可能引发的感受（比如愉悦、惊叹、恐惧、同情等等）去看待艺术作品。考虑到这是一个不合适的、甚至很肤浅的名称，人们也试图造出另外一些名称，比如 Kallistik③。但后面这个名称看起来也是有缺陷的，因为我们心目中的这门科学并不考察一般意义上的美，而是仅仅考察**艺术**的美。考虑到这一点，我们仍然使用"美学"这个名称，因为单纯的名称对我们来说是无关紧要的，更何况它既然已经被普通语言所采用，就不妨作为一个名称保留下来。但真正说来，我们的这门科学的真正名称是"**艺术哲学**"，或更确切地说，"**美的艺术的哲学**"。

---

① Ästhetik 来源于希腊语的"感性"（aisthesis）一词，在一般的哲学语境里被翻译为"感性论"，比如康德在《纯粹理性批判》里所讨论的"先验感性论"。——译者注

② 沃尔夫（Christian Wolff, 1679–1754），德国哲学家，莱布尼茨的传人。——译者注

③ Kallistik 在字面上是"美学"的意思，来源于希腊语的"美"（kalos）一词。——译者注

3

一、美学的界定；批驳某些反对
艺术哲学的言论

[14] 通过"艺术哲学"这个名称，我们立即把**自然美**排除在外。一方面，这样去界定我们的对象，似乎是一个随意的规定，仿佛每一门科学都有权利随意划定自己的范围。但我们不可以在这种意义上把美学限定于艺术的美。诚然，人们在日常生活中经常谈到**美的颜色**、**美的天空**、**美的河流**，以及**美的花朵**、**美的动物**，尤其经常谈到**美的人**。这里我们不想去争论这些对象凭什么具有美的性质，以至于自然美可以和艺术美相提并论，但首先必须指出一点，即艺术美是**高于**自然界的。因为艺术美是一种**诞生于精神、从精神那里获得重生**的美，就此而言，精神及其产物在多大程度上高于自然界及其现象，艺术美就在多大程度上高于自然界的美。甚至从**形式**上看，哪怕是一个从人类头脑中冒出的糟糕想法也高于任何自然界的产物，因为这样的想法总是透露出精神性和自由。当然，从**内容**来看，比如太阳是一个**绝对必然的**环节，而一个古怪的想法却是**偶然的**和转瞬即逝的；尽管如此，太阳之类自然事物对自身而言是无差别的，不具有内在的自由和自我意识；我们是在太阳与其他事物的必然联系中考察它，因此并不把它看作自为的，从而不把它看作美的。

如果我们只是一般地宣称精神和它的艺术美**高于**自然美，就仍然没有说出什么确定的东西，因为"高于"是一个含糊的说法，仍然在观念范围内把自然美和艺术美并列摆放，其所指的仅仅是一个量的区别和外在的区别。但精神和它的艺术美并非仅仅在一种相对的意义上**高于**自然界，毋宁说，只有精神才是**真实的**、无所不包的东西，以至于一切美的东西

[15]

4

只有在分有了这个更高的东西并且通过它而产生出来时,才真正是美的。在这个意义上,自然美看起来仅仅是精神美的一个映象,仅仅是一个不完满的、不完整的、就其**实体**而言包含在精神自身之内的显现方式。

另一方面,把美学限定于美的艺术是很自然的,因为虽然人们经常谈到自然美——古人比现代人较少谈到这些东西——却从来没有人想到提炼出关于自然事物的**美**的观点,并且为这些美的事物建立一门科学或提出一个系统阐述。诚然,人们已经提出**功效**的观点,比如人们建立了一门科学,研究哪些自然事物可以治疗疾病。这就是 materia medica[药物学],它所描述的是矿物、化学产物、植物和动物的疗效。但人们还从来没有从**美**的观点出发去整合和评判自然界的各个领域。人们觉得自然美是一种过于**含糊的**、没有**标准**的东西,因此觉得这样的整合没有什么意思。

以上讨论了自然界里的美和艺术里的美,讨论了二者的关系以及为什么要把自然美排除到我们的真正对象的范围之外。这些言论是为了消除一个误解,仿佛我们对美学的限定仅仅是一种随意武断的做法。目前我们还不能证明这个关系,因为对这个关系的考察位于这门科学自身之内,所以只有在后面才得到进一步的讨论和证明。

但如果我们暂时把研究对象限定于艺术美,第一步就遭遇到一些新的困难。

首先,我们可能遭到这样一个质疑,即美的艺术是否**有资格**成为科学 [16] 研究的对象?诚然,美和艺术像一位友善的守护神一样贯穿生命的一切事务,让一切外在环境和内在环境变得敞亮,因为它们舒缓了严肃的关系和现实的纠纷,以娱乐的方式消除了疲惫,哪怕没有带来真正的善,至少也取代了恶,终归比恶更好。但无论在什么地方,从野蛮人的粗糙装饰到金碧辉煌的庙宇,虽然艺术都体现出它的令人喜爱的形式,而这些形式本身看起来仍然与生命的真正目的无关。哪怕艺术的形象并不妨害这些严肃的目的,甚至有时候看起来支持着这些目的(至少就其消除丑恶而言是如此),但艺术终究主要是属于精神的**松弛**和**闲散**,而人生大事更需要的还是精神的紧张努力。正因如此,当我们带着科学的严肃去研究一种本身不具有严肃本性的东西,这似乎就是一个不合适的、学究气十足的做法。按照这个观点,艺术终究是一种**多余的东西**,哪怕通过研究美而获得的心灵的**柔化**(Erweichung)并不是一种有害的**软弱化**(Verweichlichung)。人们既然断定美的艺术是一种奢侈品,就不得不从艺术与全部**实践的**必然性的关系出发,尤其从它们与道德和虔诚信仰的关系出发,为其进行辩护,即使不能证明它们是无害的,至少也要让大家相信精神的这个奢侈品所提供的**益处**在总量上大于**害处**。基于这个观点,人们甚至认为艺术同

[17] 样具有严肃的目的,并且经常赞美艺术可以调和理性与感性、偏好与义务,可以让这些相互处于激烈斗争和抗争之中的要素达成和解。但人们也可以认为,即便艺术具有这类严肃的目的,理性和义务仍然不能从这种调和的尝试中获得任何好处,因为它们就其本性而言恰恰不容许这样的调和,并且要求保持它们在自身之内具有的那种纯粹性。除此之外,艺术并没有因此就更有资格成为科学研究的对象,因为它总是服务于两个方面,不但要促进崇高的目的,也要提供悠闲和娱乐,而且总的说来,它在这种服务中本身并不是目的,而是只能表现为手段。最终说来,这个手段的形式看起来始终保留着一个有害的方面,即哪怕艺术服务于更严肃的目的,并且带来更严肃的影响,它为此使用的手段却是**幻相**(Täuschung),而美是在**映象**(Schein)中拥有它的生命。人们很容易看出,一个本身真实的终极目的不可能通过幻相去发挥作用,哪怕它有时候可以通过幻相而赢得影响,这种事情也只能是偶然的,更何况即使是这样,幻相也不能被看作一个合法的手段。因为手段应当与高贵的目的相匹配,但映象和幻相不能产生出真实的东西,只有真实的东西才能够产生出真实的东西,正如科学也必须按照现实性的真实情况和它的观念的真实情况去考察精神的真实旨趣。

由此看来,美的艺术仿佛**不配**成为科学研究的对象,因为它始终只是一种愉快的游戏,而且即使遵循一些更严肃的目的,也仍然与这些目的的

[18] 本性相冲突。总而言之,艺术仅仅服务于那种游戏和这种严肃目的,而且

无论是作为艺术而存在，还是去造成影响，它都只能把幻相和映象当作手段。

其次，可能有人会认为，哪怕美的艺术一般而言能够促进哲学反思，对于**真正的**科学考察而言仍然不是一个**合适的**对象。因为艺术美呈现于**感官**、感受、直观和想象力，它的领域不同于思想的领域，其对于艺术活动及其产物的把握也需要一个不同于科学思维的官能。进而言之，我们在艺术美那里享受的，恰恰是创作和形态塑造的**自由**。无论是在创作还是在直观艺术形象时，我们都仿佛摆脱了规则和规律的一切束缚；我们逃离严肃的规律和黑暗阴郁的思想，在艺术形象里寻找抚慰和活力，我们逃离理念的阴影王国，寻找明朗的、强大的现实性。最终说来，艺术作品起源于一种自由的想象活动，而这种活动在其塑造出来的产物里比自然界更自由。艺术可以利用整个丰富多彩的自然界，创造性想象力更是能够在它**自己的**产物里做到**无穷无尽**。面对这种无限丰盈的想象及其自由的产物，思想看起来必定会失去勇气，不敢对这些东西**完整地**予以考察和评判，也不敢把它们纳入普遍的思维公式。

与此相反，人们认为科学按照其**形式**而言只能与一种无视众多个别事物的抽象思维打交道。这样的话，一方面看来，想象力及其偶然性和随意性（即艺术活动和艺术享受的官能）就始终被科学排除在外。另一方面看来，假若艺术给晦涩枯燥的概念带来了生命，克服了抽象概念与现实性的分裂，用概念补充了现实性，那么一种**纯粹的**思维考察就会重新取消乃至消灭这个补充手段本身，并且把概念带回到它的脱离现实的单纯状态和阴影般的抽象状态。再者，科学就其**内容**而言是与一种内在**必然的东西**打交道，因此如果美学抛开自然美，我们看起来就不但一无所获，而且让自己愈加远离必然的东西。因为"自然界"这个表述已经让我们想到**必然性和规律性**，亦即想到一种适合科学考察，并且能够为其所用的方法。但一般而言，相比于在自然界里，很显然在**精神**尤其是想象力里是随意性和无规律的东西大行其道，而这些东西与一切科学论证无关。

因此从所有这些方面来看，美的艺术无论是就其起源而言，还是就其

[19]

影响和领域而言,都表明自己不适合科学的努力,反而是独立地与思想的规训相抗争,因此**不适合**真正的科学研究。

关于对美的艺术的真正的科学研究,以上这些顾虑是从通常的观念、观点和观察中搜集来的。至于这些意见的进一步发挥,一些较早的(尤其是法国人的)讨论美和美的艺术的著作已经有长篇大论,让人厌倦。从某些方面来看,这些著作也包含着一些确凿无疑的事实,由此还引申出一些看起来言之有理的论证。比如一个事实就是,美的形态是丰富多彩[20] 的,美的现象也是无处不在的,而如果人们愿意的话,可以由此推出人的本性包含着一个普遍的**对于美的追求**,进而得出这样一个推论:因为美的观点是无限丰富的,从而首先是某种**个别的东西**,所以美和鉴赏不可能有什么**普遍的**规律。

在离开这样一些观点并回到我们的真正对象之前,我们接下来的任务是必须针对上述顾虑和怀疑作出一个简短的初步讨论。

首先,关于艺术是否**有资格**成为科学研究的对象,不可否认,艺术可以被当作一种轻松的游戏,用于为娱乐和休闲服务,美化我们的环境,给日常生活的外表蒙上喜悦的气氛,并且通过装饰来凸显另外一些对象。在这种情况下,艺术实际上既不是独立的,也不是自由的,而是服务于别的目的。但**我们**希望考察的艺术,无论是就其目的而言还是就其手段而言,都是一种**自由的**艺术。诚然,艺术可以服务于别的目的,从而是一种单纯附带的游戏,但这是艺术与思想共有的特点。因为一方面看来,科学同样可以作为进行服务的知性,作为偶然的手段去服务于有限的目的,从而不是通过它自身,而是通过别的对象和关系才获得它的规定,但从另一方面看来,科学又摆脱了这种服务,凭借一种自由的独立性把自己提升为真理,并且独立地仅仅实现它自己的目的。

美的艺术只有在它的这种自由里才是真正的艺术,只有当艺术与宗[21] 教和哲学置身于同一个境界,仅仅是认识和呈现**神性东西**、人的最深刻的旨趣以及精神的最广阔的真理的一种样式和方式,它才履行了自己的**最高职责**。在艺术作品里,各个民族留下了他们的内涵无比丰富的内在直观和观念；美的艺术对于理解智慧和宗教往往是一把钥匙，在某些民族那里甚至是唯一的钥匙。这是艺术与宗教和哲学共有的规定，但艺术的独特之处在于，它除此之外还以感性的方式呈现最高东西，随之让最高东西贴近自然界的显现方式，贴近感官和感受。**思想深入探究一个超感性世界**，并且首先把这个世界建立为一个与直接意识和当下感受相对立的**彼岸**；正因为思维着的认识是自由的，它才摆脱了这个叫作感性现实性和有限性的**此岸**。但精神同样懂得如何消弭它在前进过程中造成的这种**分裂**；它亲自生产出美的艺术的作品，把它们当作最初的中介环节，去调和单纯外在的、感性的、飘忽不定的东西和纯粹的思想，调和自然界、有限的现实性和概念把握式思维的无限自由。

至于说艺术的一般要素作为**映象和幻相**没有资格成为科学研究的对象，假若映象可以被称作一种不应当存在的东西，那么这个反对意见确实是正确的。然而**映象**本身对于**本质**而言是本质性的，假若真理不曾映现出来或显现出来，假若真理不是**为了**某一个东西（无论是**为了**它自己还是相对于精神）而存在，它就不是真理。正因如此，应当遭受谴责的就不是一般的**映现活动**（Scheinen），毋宁只是艺术在给予一种内在真实的东西以现实性的时候所使用的映象的特殊样式和方式。艺术是通过映象而把它的构想塑造为定在，如果这种情况下的映象应当被规定为**幻相**，那么 [22] 上述谴责之所以获得其意义，首先是在于拿映象与现象的**外在世界**及其直接的物质性进行比较，其次是在于拿映象与我们自己感受到的世界（即**内在的感性世界**）进行比较，而我们已经习惯于在经验生活或我们自己的现象生活中承认那两个世界具有"**现实性**""**实在性**"和"**真理**"的价值和名称，反过来认为艺术缺乏这样的实在性和真理。然而经验的内在世界和外在世界的这整个层面恰恰不是真实现实性的世界，毋宁在更严格的意义上比艺术更应当叫作单纯的映象和更顽固的幻相。只有超越直接的感受和外在的对象，才能够找到真正的现实性。因为只有自在且自为地存在着的东西，亦即自然界和精神的实体性东西，才是真正现实的东西，这个东西虽然给予自己当下的存在和定在，但在这个定在中仍然保持

9

为自在且自为地存在着的东西,并且只有这样才是真正现实的。艺术予以强调并使其显现出来的,正是这些普遍力量的统治地位。在通常的外在世界和内在世界里,本质性也会显现出来,但在形态上却是一大堆偶然事物,被直接的感性东西和那些随意地置于各种状态、情形和性格中的东西扭曲了。艺术从现象的那个真实内涵之中剥离了这个糟糕的、飘忽不定的世界的映象和幻相,给予现象一种更高的、由精神生产出的现实性。因此艺术的现象绝不是单纯的映象,毋宁说相对于通常的现实性而言具有一种更高的实在性和一种更真实的定在。①

[23]　　同样,也不能说艺术的呈现相对于历史著作的更真实的呈现而言是一种虚幻的映象。因为历史著作所描述的要素也不是直接的定在,而是定在的精神性映象,而且它的内容总是纠缠于完全偶然的普通现实性及其各种情形、复杂事件和个别人物。相比之下,艺术作品抛弃了直接感性的当下世界及其飘忽不定的映象,给我们呈现出那些在历史中占据统治地位的永恒力量。

　　当然,相比于哲学思维、宗教原理和伦理原理,艺术形态的显现方式可以被称作一种幻相,而一个内涵在思维领域里获得的现象形式确实是最真实的实在性。但相比于直接感性的实存的映象和历史著作的映象,艺术的映象有这样一个优点,即它自己透露出自己,并且亲自指向那个应当通过它而呈现出来的精神性东西,反之直接的现象并不承认自己是幻相,反而认为自己是现实的真相,但实际上却是用直接感性的东西玷污和遮蔽了真相。相比艺术的作品,自然界和日常世界的坚硬外壳使得精神更难深入到理念。

　　我们虽然一方面给予艺术这个崇高的地位,但另一方面也必须提醒

---

　　①　虽然黑格尔在前面几页已经谈到了"幻相"(Täuschung)和"映象"(Schein)的关系,但他在这个段落才真正对"映象"以及与之密切相关的"映现活动"(Scheinen)、"现象"(Erscheinung)、"本质"(Wesen)、"现实性"(Wirklichkeit)等核心概念进行了基础分析,而这些概念恰恰是黑格尔逻辑学本质论部分的主要内容。一般而言,读者如果希望扎实掌握黑格尔的美学理论,最好比较熟悉他的逻辑学(尤其是本质论部分)的思想。——译者注

大家注意,无论是就内容而言还是就形式而言,艺术都不是让精神认识到自己的真实旨趣的最高方式和绝对方式。因为艺术正是由于它的形式而被限定于一个特定的内容。只有某些范围和某种层次的真理能够在艺术作品的要素里被呈现出来;这类真理的独特规定在于,它必须外化为感性东西,并且在感性东西之内与自身相吻合,这样才能够成为艺术的真正内容,比如希腊诸神就是如此。与此相反,对于真理有一种更深刻的理解把握,这种理解把握不再贴近并友善地看待感性东西,因此也不可能以合适 [24]的方式被这种材料接纳和表达出来。基督教对于真理的理解把握就属于这个类型,尤其是我们现代世界的精神,或更确切地说,我们现代的宗教和理性教养的精神,看起来已经超越了那个把艺术当作最高理解把握方式的层次,意识到自己才是绝对者。艺术创作和艺术作品的独特方式不再满足我们的最高需要;我们已经超越了那个把艺术作品当作神来尊崇并对其顶礼膜拜的阶段;艺术作品造成的印象属于一种更为深思熟虑的类型,它们在我们内心里激发起的感受,需要一个更高的试金石和另一个方面的验证。思想和反思已经翱翔于美的艺术的上空。喜欢抱怨和谴责的人可以把这个现象看作一种颓废,将其归咎于激情和自私自利的膨胀,认为这些东西败坏了艺术的严肃性和开朗性。或者人们也可以控诉现代世界的贫乏,控诉市民生活和政治生活的无聊琐碎,认为这些东西让人鼠目寸光,不能追求艺术的更高目的,因为就连理智在科学里也是服务于这种贫乏的志向和那些仅仅对这类目的有用的东西,并且听任自己深陷于这个枯燥无聊的境地。

不管事实是否如此,有一件事是确定的,即艺术不再提供早先的时代和民族在艺术中寻找并且仅仅在其中找到的精神性需要的满足——至少从宗教的方面来看,这种满足曾经与艺术最密切地交融在一起。希腊艺术的美好时光和后来的中世纪的黄金时代已经一去不复返。我们现代生 [25]活的反思教养让我们无论是在对待意志还是在对待判断的时候都需要坚持普遍的观点,由此出发规范特殊的东西,而在这种情况下,普遍的形式、规律、义务、法权、准则成为规定理由和主要的统治因素。但对于艺术兴趣和艺术创作,我们通常更需要一种生命力,在其中,普遍者不是什么现成的规律和准则,而是与心灵和感受合为一体并发挥作用,正如在想象里,普遍者和合乎理性的东西也是与一个具体的感性现象合为一体。正因如此,我们当前这个时代的普遍状态是不利于艺术的。哪怕是一位资深的艺术家,也受到周围盛行的反思的误导,沾染上普遍流行的对于艺术的观点和评价,在他的作品里注入更多的思想,除此之外,整个精神性文化也让他置身于这样的反思世界及其情境之中,让他既不能通过意志和决断从中摆脱出来,也不能通过特殊的教育或通过脱离生活关系而为自己营造出一种特殊的、可以弥补损失的孤独。

在所有这些情况下,艺术从它的最高规定的方面来看对我们而言是而且始终是一种过去的事物。因此艺术对我们而言已经失去真正的真理和生命力,主要是位于我们的**观念**之内,而不是在现实中坚持它的以往的必然性和崇高的地位。艺术作品如今在我们内心里激发起来的,除了直接的享受之外,同时还有我们的判断,因为我们把艺术作品的内容和呈现手段以及二者是否匹配的问题纳入我们思维着的考察。正因如此,我们[26]这个时代比过去那些仅凭艺术本身就完全可以获得满足的时代更加需要一种艺术**科学**。艺术邀请我们进行思维着的考察,但这件事情的目的不是要把艺术重新召唤出来,而是要以科学的方式去认识什么是艺术。

如果我们愿意接受这个邀请,就会遭遇此前已经提到的那个顾虑,也就是说,虽然艺术一般而言可以成为哲学反思的对象,但对于系统的科学考察而言却不是一个真正合适的对象。这个顾虑首先包含着一个错误的观念,仿佛一种哲学考察也可以是非科学的。关于这一点,简言之,无论人们如何看待哲学和哲学思考,我都认为哲学思考和科学性是牢不可分的。因为哲学必须按照必然性去考察一个对象,而且不是仅仅按照主观的必然性或外在的序列和分类等等,而是按照对象自己的内在本性的必然性去展开对象和证明对象。从根本上说,只有这种阐明才确立了一种考察的科学性。但从根本上看,一个对象的客观必然性是包含在它的逻辑的—形而上的本性之内,因此我们在对艺术进行孤立的考察时——这种考察在内容方面和材料要素方面包含很多前提，尤其后一个方面导致艺术总是同时与偶然性纠缠在一起——可以甚至必须弱化科学的严肃性，仅当涉及艺术的内容和表达手段的本质上的内在进程时，才提醒注意必然性的各种形态。

此外也有人说，美的艺术作品之所以不能成为科学地思维着的考察 [27] 对象，是因为它们起源于杂乱无章的想象和心灵，并且以无比繁多和复杂的方式仅仅作用于感受和想象力。这个指责现在看起来也有点道理。因为艺术美实际上是显现在一个与思想针锋相对的形式中，而思想为了以自己的方式去行动，必须摧毁这个形式。与这个看法联系在一起的是另一个看法，即概念把握必定会扭曲和扼杀全部实在的东西（自然界和精神的生命），概念把握式思维会让我们远离而非接近实在的东西，因此人类不是把思维当作**手段**去把握生命，而是把思维当作**目的**而走向自杀。对于这些指责，我在这里不想多说，只需提出一个观点就足以消除困难，表明它们是一些不可能立足的或笨拙的看法。

首先人们至少会承认，精神能够考察自身，能够具有一种意识（而且是一种**思维着的**意识），以认识它自身和一切起源于它的东西。因为**思维**恰恰构成了精神的最内在的本质特性。这种思维着的意识既认识它自身，也认识它的产物，无论那些产物具有多少自由和任意，如果精神真的蕴含在其中，那么精神的一切表现都会符合它的本质特性。艺术和艺术作品既然是由精神生产出来的，本身就具有精神性，尽管它们的呈现已经把感性世界的映象纳入自身，并且把感性东西和精神掺和在一起。在这种情况下，艺术已经比单纯外在的、无精神的自然界更接近于精神和精神的思维；精神通过艺术创作活动仅仅在做它自己的事情。虽然艺术作品并不是思想和概念，而是概念的一种自身发展，亦即一种走向感性东西的 [28] 异化，但思维着的精神的力量恰恰在于，它**不仅**能够在它的独特形式里作为思维去把握**自身**，而且能够在**外化**为感受和感性世界的时候也重新认识到自身，即在它的他者那里把握自身，因为它把异化的东西转化为思想，从而将其带回到自身。思维着的精神在与自己的他者打交道的时候

13

并没有背叛自己,仿佛因此遗忘和放弃了自己,它也没有软弱到不能把握那个与它区分开的东西,而是把它自己和它的对立面包揽进来。因为概念是一个在发生特殊化的时候维持自身的普遍者,一个把自身和他者统摄进来的普遍者,因此是这样一种力量和行动,即重新扬弃概念在前进的道路上发生的异化。艺术作品是思想的外化,就此而言也属于概念把握式思维的领域,而精神在对艺术作品进行科学考察时,仅仅满足了自己的最本真的本性的需要。正因为思维是精神的本质和概念,所以只有当精神用思想渗透它的活动的全部产物,从而让这些产物真正成为它自己的产物,它才会最终得到满足。但正如我们还会更明确地看到的,艺术远远说不上是精神的最高形式,毋宁只有在科学之内才获得它的真正保障。

同样,艺术也不是因为杂乱任意而不能成为哲学考察的对象。因为我们已经指出,艺术的真正职责在于让我们意识到精神的最高旨趣。由此可见,从**内容**的方面来看,美的艺术不可能放纵于粗野的胡思乱想,因为无论艺术的形式和形态多么千变万化,这些精神性旨趣都为艺术的内[29]容设定了明确的界限。同样的道理也适用于形式本身。形式并非听命于单纯的偶然性。并非每一个形态都能够表达和呈现精神性旨趣,或把它们先吸收进来再展现出去,毋宁说,特定的内容已经决定了适合它的形式。

从这个方面来看,我们在那些仿佛无穷无尽的艺术作品和形式里也能够遵循思想所规定的方向。

到此为止,我们首先已经说明了我们这门科学将要讨论的特定内容,同时也看出,美的艺术完全有资格成为一种哲学考察的对象,哲学考察也完全有能力去认识美的艺术的本质。

二、美和艺术的科学研究方式

当我们追问**科学考察的方式**,在这里就又遇到两种相互对立的研究方式,其中每一方看起来都排斥另一方,让我们不能得出一个**真实的结论**。

一方面,我们看到艺术科学仅仅围绕着现实中的艺术作品奔忙,把它们编排起来放进艺术史里,对现有的艺术作品提出一些见解或理论,希望为艺术批评和艺术创作提供一些普遍的观点。

另一方面,我们看到科学独自沉迷于思考什么是美,只提出一些与艺术作品的独特性毫无关系的普遍原理,从而制造出一种抽象的关于美的哲学。

1. 第一种研究方式以**经验**为出发点,它对于一个想要成为**艺术学者** [30]
的人来说是一条必经之路。好比今天的每一个人虽然不必专门去研究物理学,但仍然希望获得一些最基本的物理学知识,同样,一个有教养的人多多少少也应当掌握一些艺术知识,更何况现在很多人都标榜自己是一个艺术爱好者或艺术行家。

a)如果这些知识真的配得上博学之名,就必须具有丰富的层次,并且涉猎甚广。首先,人们必须对古代和现代的大量个别艺术作品有详细的了解,而这些艺术作品有些实际上已经失传了,有些位于遥远的异国他乡,因为残酷的命运而不能让我们亲眼得见。其次,每一个艺术作品都属于**它的时代**、**它的民族**和它的境遇,并且依赖于特殊的历史观念和另外一些目的,因此艺术领域里的博学同样需要渊博的**历史**知识,而且这些知识同时是一些很**专门**的知识,因为艺术作品的个体本性与个别东西有着最

15

为密切的联系,必须借助于专门的知识才能够得到理解和解释。最后,艺术领域里的博学不但和任何别的博学一样需要记忆力,而且需要一种敏锐的想象力,这样人们才能够牢牢把握住艺术形象的一切特征,尤其拿它们与别的艺术作品进行比较。

b)这种历史考察的内部已经包含着不同的观点,这些观点是不可忽视的,因为我们在考察艺术作品的时候是依据它们而作出判断。和其他[31]以经验为开端的科学一样,当这些观点被单独挑选出来并汇集在一起,就构成了一些普遍的标准和命题,如果再进一步在形式上得到普遍化,就构成了各种艺术**理论**。这里不是详谈这类文献的地方,因此只需随便提到几部著作就够了。比如亚里士多德《诗学》里的悲剧理论直到现在都受到关注;在古人当中,贺拉斯①的《诗艺》和朗吉努斯②的《论崇高》就是专注于这种理论化工作。这些被提炼出来的普遍规定据说可以发挥规章和规则的作用,尤其在诗歌和艺术陷于衰颓的时代,可以指导人们进行艺术创作。但这些艺术医生为治疗艺术开出的药方,比普通医生为治病开出的药方更不可靠。

关于这类理论,我只想指出,尽管它们在**个别**方面富含教益,但它们的观点是依据非常稀少的艺术作品提炼出来的,这些艺术作品虽然堪称最美好的作品,但终究只是构成艺术领域的一个狭小范围。另一方面,这类规定经常是一些平庸陈腐的反思,这些反思的**普遍性**根本不足以确立**特殊的东西**,而特殊的东西才是关键。比如刚才提到的贺拉斯的书简就充斥着这类反思,就此而言,这本书确实是一部日用手册,但正因如此也包含着许多废话,比如 omne tulit punctum, qui miscuit utile dulci[每一个把利益和美结合起来的人都值得赞扬],类似的还有"你应当留在乡下踏实生活"等劝诫,这类东西在其普遍性中诚然是正确的,但缺乏具体的规定,而这些规定才是行动中的关键。另外一种兴趣并没有明确想要直接

---

① 贺拉斯(Quintus Horatius Flaccus,公元前65—公元前8),罗马著名诗人。——译者注

② 朗吉努斯(Cassius Longinos,200-273),雅典修辞学家。——译者注

指导人们创作真正的艺术作品,而是希望通过这类理论去训练对艺术作 [32]
品的评价,尤其是**培养鉴赏力**,这方面霍姆①的《批评要素》、巴托②的论
著和拉姆勒③为巴托的四卷本《美的科学》所写的导论在当时都颇受欢
迎。"鉴赏力"在这里的意思是能够编排、整理、欣赏和发挥那些属于一
个艺术作品的外在现象的东西。除此之外,再加上一些关于鉴赏力原理
的观点,这些观点来源于当时的心理学和经验观察,比如灵魂有哪些能力
和行为,激情大概有哪些层次以及处于什么顺序等等。但每一个人任何
时候都是按照自己的认识和心情去评判艺术作品或性格、行动和事件,由
于那种培养鉴赏力的做法仅仅关注外表和细枝末节,再加上其制定的规
章同样只是取材于稀少的艺术作品和狭隘的理智和心灵,所以它的影响
范围是很小的,既不能深入把握内核和真相,也不能磨练洞察这些东西的
眼光。

　　一般而言,这些理论的做事方式和其余非哲学的科学是一样的。它
们所考察的内容来自于现成的观念。现在我们进一步追问这些观念的性
质,因为我们必须更详细地规定我们的观念,为它们提出定义。但这样一
来,我们就陷入一个充满争议的战场。乍看起来,美是一个非常简单的观 [33]
念。但我们很快就发现,它包含着很多方面,于是有人强调这个方面,有
人强调那个方面,甚至哪怕是基于相同的观点,人们也要争论哪一个方面
必须被看作本质的方面。

　　从这个角度来看,为了达到一种科学的完整性,需要阐述并批判各种
关于美的定义。对于这件事情,我们既不打算追求历史学的**完整性**,去了
解所有精雕细琢的定义,也不打算满足**历史学**的兴趣,而是仅仅就近代的
某些比较有趣的看法略举数例,因为它们更关注那种实际上已经包含在

---

① 霍姆(Henry Home, 1696-1782),苏格兰哲学家。——原编者注
② 巴托(Charles Batteux, 1713-1780),法国美学家。——原编者注
③ 拉姆勒(Karl Wilhelm Ramler, 1725-1798),德国诗人和翻译家。这里提到的《美
的科学》是巴托的《美的文学或文学原理教程》(*Cours de belles-lettres, ou principes de la littér-
ature*, 5 Bde. , Paris 1747-1750)的德译本。——原编者注

美的理念里的东西。出于这个目的,首先应当提到歌德对美的规定。迈耶尔①在其《希腊造型艺术史》②里采纳了这个规定,同时还介绍了希尔特③的看法,但没有提到后者的名字。

希尔特,当代最伟大的真正艺术行家之一,在一篇讨论艺术美的论文(发表于《时序女神》1797 年第 7 期)里面首先介绍了各种艺术里的美,然后总结道,"**性格刻画**"(das Charakteristische)的概念是正确评判艺术美和培养鉴赏力的基础。也就是说,他首先断定:"美是完满的东西,这个东西能够成为或者已经是眼睛、耳朵或想象力的对象。"接下来他把

[34] "完满的东西"定义为"合乎目的的东西",即"自然界或艺术在塑造各式各样的对象时当作前提的那个东西",正因如此,人们在对美做判断的时候,必须把目光尽可能聚焦于那些构成了一个本质的个体特征。因为这些特征恰恰是对于本质的性格刻画。按照希尔特的理解,性格作为艺术的规律乃是"一种特定的个体性,是它区分出运动和姿势、表情和表现、局部的色彩、光和影、明暗对比和姿态等等形式,而且这种区分是当前的对象所要求的"。这个规定已经比别的定义更为明确。如果我们进一步追问究竟什么是"性格刻画",那么它**首先**包括一个**内容**,比如特定的感受、情境、事件、行动、个体等等,**其次**包括呈现内容的样式和方式。性格刻画的艺术规定所指的就是这类呈现,因为它要求全部特殊的表现方式都服务于内容的特定彰显,成为内容的表现的一个环节。也就是说,按照性格刻画的抽象规定,艺术形态的特殊方面应当真正凸显出它所呈现的内容的合目的性。如果要以完全通俗的方式解释这个思想,那么它所包含的就是如下所述的限制。比如在戏剧里,构成内容的是行动,而戏剧应当呈现这个行动是如何发生的;但人们有各色各样的举动;他们整天希望

---

① 迈耶尔(Johann Heinrich Meyer,1760-1832),瑞士画家和艺术史家。——译者注

② 迈耶尔《希腊人的造型艺术史》(Geschichte der bildenden Künste bei den Griechen),后续由弗利德里希·里默尔(Fr. W. Riemer)完成,三卷本,德累斯顿 1824—1836 出版。——原编者注

③ 希尔特(Aloys Hirt,1759-1839),德国艺术学家。——原编者注

说服别人,中间抽空吃个饭,睡个觉,穿衣打扮,东拉西扯,如此等等。但在所有这些举动当中,凡是与作为真正内容的那个特定行动没有直接关系的,都应当被舍弃,这样就不会留下什么对于真正的内容而言无意义的东西。同样,在一幅仅仅抓住那个行动的一个环节的画里,也可能包含着外在世界的细枝末节,比如各种环境、人物、状况和事件,它们在这个环节 [35] 与特定的行动毫无关系,也不能彰显行动的性格。但按照性格刻画的规定,只有那些属于这个内容的现象,并且在本质上恰恰表现出这个内容的东西,才应当被纳入艺术作品;因为不应当有任何看起来无用的和多余的东西。

这是一个非常重要的规定,而且它在某些方面是有道理的。但迈耶尔在他的那部著作里却认为,这个观点已经悄然过时了,而且他认为这对艺术来说是一件好事,因为这个观点很有可能会导致漫画风气。他的这个判断包含着一个谬误,仿佛人们之所以要给美下定义,是为了**导致**什么结果似的。艺术哲学并不是要给艺术家开药方,它只希望阐明美究竟是什么,以及美在实际的艺术作品中如何展现自身,却无意于提供什么规则。至于刚才的那个批评,不可否认,希尔特的定义确实包含着漫画因素,因为漫画也能够做到性格刻画;与此同时必须指出,在漫画那里,特定的性格达到了夸张的地步,几乎可以说是性格刻画的泛滥。但泛滥不是真正的性格刻画所需要的东西,而是一种累赘的重复,会扭曲性格刻画本身。进而言之,漫画表现为丑陋的性格刻画,然而丑陋无论如何是一种扭曲。丑陋本身主要与内容有关,因此我们可以说,伴随着性格刻画的原则,丑陋和对丑陋的呈现也作为一个基本规定被接受下来。诚然,关于艺术美里哪些东西应当,哪些东西不应当得到性格刻画,关于美的内容,希尔特的定义并没有给出明确的解释,从这个角度来看,它仅仅提供了一个 [36] 纯粹形式上的规定,但这个规定在自身之内(虽然是以抽象的方式)还是包含着真相。

接下来的问题是,迈耶尔既然反对希尔特的艺术原则,那么他所强调的又是什么呢? 他首先讨论的仅仅是古代艺术作品里的原则,但这个原则必定包含着美的一般规定。随后他趁机谈到了孟斯①和温克尔曼②对于"理想"(Ideal)的规定,表明他既不反对也不完全接受这个美的规律,反之他毫不犹豫地赞成一位深刻的艺术大师(歌德)的观点,因为这个观点具有规范作用,并且看起来能够精确地解决一些谜题。歌德说:"古人的最高原理是**意蕴**(das Bedeutende),但一种成功的**操作**的最高成果却是**美**。"如果我们仔细察看这句箴言,就会在其中发现两样东西:一个是内容或题材,另一个是呈现的样式和方式。在面对一件艺术作品时,我们首先从直接展现给我们的东西出发,然后追问它的意义或内容是什么。我们并没有直接认可那个外观,而是假定它的背后有一个内核或意义,而且这个意义给外在现象注入了精神。外观意指着它的这个灵魂。一个意有所指的现象并不是代表着它自己,不是代表着它作为外在现象所是的那个东西,而是代表着另一个东西。比如象征就是如此,这一点在寓言那里更为明显,因为其教导的道德就是意义。甚至每一个词语都是意有所指的,而不是本身就具有价值。同样,人的眼睛、面庞、肌肉、皮肤乃至整个[37] 形态都透露出精神和灵魂,而且意义在这里总是展现出某种比直接的现象更为深远的东西。就此而言,艺术作品应当是意有所指的,不应当仅仅一览无遗地显现在直线、曲线、平面、石头的凹凸不平以及颜色、音调、语音之类常用的材料里面,而是应当展开一种内在的生命力、感受、灵魂,展开一个内涵和精神,而这就是我们所说的艺术作品的意义。

由此可见,相比希尔特所说的性格刻画,这种对于作品的意蕴的要求并没有什么拓展或区别。

按照这个理解,我们已经把美的要素确定为两样东西:一个是内核或内容,另一个是意指着内容的外观。内核在外观里映现出来,通过外观而被我们认识到,而外观本身就意指着内核。至于更具体的方面,这里不能详加讨论。

---

① 孟斯(Anton Raphael Mengs,1728-1779),德国画家和艺术理论家。——原编者注
② 温克尔曼(Johann Joachim Winckelmann,1717-1768),德国文艺理论家和艺术史家。——译者注

c)过去的做法,无论是理论化的工作还是制定实践规则,在德国都已经被断然抛弃了——这主要是由于一种真正具有生命力的诗歌的兴起,现在天才的权利、天才的作品及其影响已经得到承认,与那些自以为是的规律和洋洋洒洒的理论相抗衡。基于这种本身就具有精神性的艺术,加上对这种艺术的感同身受和钻研,就产生出一种大度和自由,使人们也能够享受和承认现代世界、中世纪或古代的全部外国民族(比如印度民族)的久已存在的伟大艺术作品。这些作品由于年代久远或者来自于异国他乡,在我们看来确实有点稀奇古怪,但只有那些抱着理论成见的人,才会把它们的超越了全部稀奇古怪的方面而为全人类共有的**内涵**贬低为一种野蛮而低劣趣味的产物。只要人们承认这些突破了抽象理论划 [38] 定的范围和形式的艺术作品,就会承认一种独特的艺术——**浪漫型艺术**——,因此我们必须比过去的那些理论更深入地把握美的概念和本性。与此同时,概念本身,思维着的精神也在哲学之内更深刻地认识到自身,从而能够在根本上直接把握艺术的本质。

基于这个更普遍的进程的各个环节,那种对于艺术的反思或理论思考,无论是就其原则而言还是就这些原则的实施而言,都已经过时了。只有艺术史的**博学**保留着恒久的价值,而且精神性敏感的视野愈是通过进步而在各个方向拓展自身,这种博学就愈是具有价值。艺术史的任务在于从审美的角度评价个别艺术作品,认识艺术作品的外在的历史条件;只有这种伴随着领悟力和精神,并且有着历史知识佐证的评价,才能够深入掌握一件艺术作品的完整个体性;比如歌德就撰写了很多讨论艺术和艺术作品的论文。艺术史的考察方式虽然经常也纠缠于抽象的原则和范畴,不自觉地沉迷于其中,但它的目的并不是要进行真正意义上的理论思考。当然,只要人们没有落入这种窠臼,而是仅仅关注那些具体的呈现,那么艺术史至少为艺术哲学提供了一些清晰而生动的证据,而哲学不可能去钻研各种特殊的历史细节。

以上所说的就是第一种考察艺术的方式,即那种从个别东西和现有东西出发的考察方式。

[39]　　2. 这里必须区分出一个在根本上与上述方式相对立的方面,即完整的理论反思,它致力于从自身出发去认识美本身并探究美的**理念**。

众所周知,柏拉图的出发点是以一种更深刻的方式对哲学考察提出要求,即哲学应当认识的不是**特殊的**对象,而是**普遍的**对象,即从种属和自在且自为的存在的角度来看的对象,因为他宣称真相不是**个别的**善的行动、真实的意见、美的人或艺术作品,而是**善本身、美本身、真本身**。如果我们应当从本质和概念的角度去认识美,那么这件事情只能依赖于思维着的概念,通过这些概念,无论是**一般的理念**还是特殊的**美的理念**,其逻辑的—形而上的本性就进入思维着的意识。但这种从理念中的美本身出发的考察也可能成为一种抽象的形而上学。虽然柏拉图被看作相关研究的奠基人和引路人,但哪怕对于美的逻辑理念而言,柏拉图式的抽象也已经不能令人满意。我们必须更深刻和更具体地把握这个理念,因为柏拉图的空无内容的理念已经不能满足我们当代精神的更丰富的哲学需要。诚然,我们在艺术哲学里同样必须从美的理念出发,但我们不应当坚持柏拉图的理念的那种抽象方式,因为它只是关于美的理念的初步哲学思考。

3. 关于美的哲学概念的真实本性,至少预先可以指出一点,即这个概念必须调和上述两个极端,并且把它们包含在自身之内,亦即把形而上的普遍性和实在的特殊性的规定性结合在一起。只有这样,这个概念才自在且自为地在它的真理中被把握。因为一方面看来,它不同于枯燥而片面的反思,本身是丰富的,因为它必须按照自己的概念把自身发展为各种规定的总体性,而且它自身和它的分解都包含着它的特殊方面的必然性以及这些特殊方面相互之间的进展和过渡的必然性。另一方面看来,分解出的特殊方面在自身之内也包含着概念的普遍性和本质性,因为它们是作为概念自己的特殊方面显现出来的。这两个方面是上述两种考察方式都缺失的,所以只有那个完整的概念才会导向实体性的、必然的、总体意义上的原则。

三、艺术美的概念

经过以上讨论，我们现在来到我们的真正对象，即一门研究艺术美的哲学上。因为我们的任务在于以科学的方式处理这个对象，所以我们必须以它的**概念**为开端。只有当我们确定这个概念之后，我们才能够划分题材，随之制定科学整体的计划；因为如果我们不愿意像非哲学的考察那样以一种纯粹外在的方式去进行划分，就必须在对象的概念自身之内找到它的原则。

基于这个要求，我们马上遭遇一个问题，即我们应当从哪里获得这个概念。如果我们从艺术美本身的概念开始，这个概念就会直接成为一个**前提**或单纯的假设；但哲学方法不允许单纯的假设，毋宁说，凡是哲学认可的东西，其真理都必须得到证明，亦即被表明是必然的。

接下来我们简要谈谈，为每一个单独被考察的哲学部门作出一个导论会遭遇什么困难。

对于每一门科学的对象，首先要考察两件事情：**第一**，这样一个对象 [41] **存在着**；第二，这个对象是**什么**。

关于第一个问题，这对普通科学来说不是什么难事。如果人们要求天文学和物理学去证明太阳、星辰、磁性现象之类东西存在着，这简直是一件可笑的事情。在这些与现有的感性事物打交道的科学里，对象是来自于外在经验，科学不需要**证明**对象，只需要**指出**对象就够了。但在一些非哲学的部门的内部，人们仍然可能会怀疑其对象是否存在。比如在心理学或精神学说里，人们会怀疑究竟是否**有**一个灵魂或精神，亦即一个不同于物质而自为独立的主观东西；或者在神学里，人们也会怀疑是否有一个上帝。进而言之，如果对象属于主观的类型，亦即仅仅存在于精神之内，不是外在的感性客体，我们就知道，精神里面只有精神通过它自己的活动而生产出的东西。但这里马上就有偶然性的问题，即人们究竟是不是在自身之内生产出这种内在观念或内在直观，如果确实是人们自己生产出来的，人们是不是又能够让它们消失，或至少是把它们降格为一个**单纯主观的**观念，其内容不具有一种自在且自为的存在？比如人们经常认为，美并非自在且自为地在观念中是必然的，而是一种纯粹主观的愉悦，一种纯粹偶然的感受。就连我们的外在的直观、观察和知觉都经常是欺骗性的、谬误的，内在的观念就更是如此，虽然它们本身具有最大的生命力，能够让我们不由自主地陷入激情。

[42]　　　正因为人们怀疑内在观念和内在直观的对象是否存在，正因为有那种偶然性，即不能确定主观意识是否在自身之内生产出对象，以及意识看待对象的样式和方式是否就其自在且自为的存在而言也符合对象，这才在人们心里激发起一种更高的科学需要，也就是说，哪怕我们觉得一个对象存在或有这样一个对象，这个对象也必须按照其必然性得到揭示或证明。

伴随着这个证明，对象真正以科学的方式被展开，而这同时也回答了另一个问题，即"这个对象是**什么**"的问题。但我们在这里还不能铺开阐述这个问题，只能提出以下几点。

为了揭示出我们的对象亦即艺术美的必然性，我们必须首先证明，艺术或美是某些先行事物的结果，这些事物是按照其真实的概念而以科学的必然性产生出美的艺术的概念。但我们现在希望做的是从**艺术及其概念**和这个概念的实在性出发，而不是按照艺术自己的概念反过来去讨论那些先行事物的本质，因此艺术作为特殊的科学对象对我们而言有一个前提，这个前提位于我们的考察范围之外，并且作为另一种科学研究的内容，属于另一个哲学部门。既然如此，我们只能把艺术的概念作为一个**既定事实**接受下来，这也是所有从事个别研究的**特殊哲学科学**采取的做法。因为只有整全的哲学才是对于宇宙的认识，而宇宙是一种内在**整全的**有机总体性，这种总体性是从它自己的概念中发展起来的，当它对自身表现为必然性并且作为整体返回到自身之内,就自己把自己结合为一个**整全的**真理世界。在这种科学必然性的王冠上面,每一个部分都是一个返回到自身 [43] 之内的圆圈,同时也和别的领域有着必然的联系——这既是一种倒退(每一个部分由此推导出自身),也是一种前进(每一个部分驱动着自己生产出很多别的东西,让它们成为科学认识的对象)。因此,对作为出发点的美的理念进行证明,亦即按照必然性把这个理念从它的诞生地,从那些先于科学的条件里推导出来,这不是我们当前的目的,而是整全的哲学及其特殊部门的一种百科全书式推演的任务。对我们而言,美和艺术的概念是一个由哲学体系给出的前提。但由于我们在这里不可能讨论这个体系及其与艺术的关系,所以我们还没有以**科学**的方式掌握美的概念,毋宁说,我们面对的仅仅是这个概念的一些要素和一些方面,即过去或现在的普通意识对于美和艺术的不同看法。从这里出发,我们希望过渡到对那些观点的更深入的考察,借此获得一些便利:首先,我们可以对我们的对象获得一个普遍的观念,其次,我们可以通过简要的批判预先熟悉我们接下来将要讨论的那些更高的规定。这样一来,我们的最后一部分导论式考察仿佛是正式宣讲事情本身的序曲,并且为真正的对象给出一个普遍的轮廓和方向。

A. 一些流行的艺术观念 [44]

关于艺术作品,我们已经熟悉的流行观念可以分为以下三类:

1. 艺术作品不是自然产物,而是通过人的活动产生出来的;

2. 艺术作品在本质上是**为了**人而被制造出来的,而且是诉诸人的**感性**,或多或少取材于感性事物;

3. 艺术作品有一个内在的**目的**。

1. 艺术作品作为人的活动的产物

第一个观点,即艺术作品是人的活动的产物,又分为以下几种看法:

25

a) 这个活动作为**自觉地**生产出一个外在东西的活动, 可以被**认识**和**解释**, 也可以被别人学习和仿效。因为通常看来, 无论一个人做了什么, 另一个人只要知道做事的方法, 也可以去做或者跟着做, 以至于任何人只要知道了艺术创作的规则, 就可以随心所欲地按照同样的方式做同样的事情, 亦即制造出艺术作品。前面所说的那种制定规则的理论及其为实践模仿颁布的规章就是通过这种方式产生出来的。但在这种指示之下制造出来的, 只能是某种在形式上合乎规则的、机械的东西。因为机械的东西是纯粹外在的, 也就是说, 为了知道它和应用它, 只需要一种完全麻木的活动和熟练技巧就够了, 不需要任何具体的或不能用普遍的规则涵盖的东西。当这类规章不是限定于纯粹外在的和机械的东西, 而是扩散到

[45] 富含精神性内容的艺术活动, 这一点就尤其明显。艺术领域里的规则仅仅包含着不确定的普遍性, 比如 "题材应当是有趣的", "任何人的言论都应当符合他的地位、年龄、性别、处境" 等等。在这里, 假若规则就足以应付各种情况, 它们的规章就必须明确到这个地步, 让人们无需进一步亲自进行精神活动, 完全按照规章所吩咐的去做就行了。但这些规定就其内容而言是抽象的, 根本不能够像它们吹嘘的那样去支配艺术家的意识, 因为艺术创作并不是按照给定的规定性而进行的形式上的活动, 毋宁说, 它作为精神性活动必须从自身出发去创作, 并且把完全不同的更丰富的内涵和更全面的个体形象呈现于精神性直观。因此, 就那些规则实际上包含着某种确定的、从而在实践中可以应用的东西而言, 它们也有一定的用处, 但这只能规定那些完全外在的情况。

b) 因此有些人完全抛弃了上述路线, 但又走入了另一个极端。也就是说, 他们不再把艺术作品看作一种**人人皆有的**活动的产物, 而是将其看作一个具有**特殊天赋**的精神的作品, 这个精神完完全全遵循它的如同一个特殊的自然力量的特殊性, 既不服从普遍有效的规律, 也不允许自觉的反思掺杂到它的本能式的生产活动里面, 甚至对此充满戒备, 唯恐自己的创作被这样的意识玷污和败坏。从这个方面来看, 人们把艺术作品称作**才华**(Talent)和**天才**(Genie)的产物, 并且主要强调才华和天才本身包含

的自然方面。这个看法有一定道理。因为才华是一种特殊的能力,天才 [46]
是一种普遍的能力,它们都不是人们**单凭**自己的自觉的活动就能获得的。
这一点后面再来详谈。

这里我们仅仅指出这个观点的错误方面,仿佛在进行艺术创作的时
候,一切对于自己的活动的意识不仅是多余的,而且是有害的。这样一
来,才华和天才的创作看起来仅仅是一个**状态**,确切地说,**灵感**的状态。
据说天才有时候是通过一个对象的激发,有时候能够通过他自己的意愿
进入这个状态,而这个时候当然少不了一瓶甜美的香槟酒。在德国,这个
观点兴起于所谓的"**天才时期**",这是由歌德的早期诗作开创的,随后由
席勒的诗作推波助澜。这两位诗人在他们的作品里从一开始就抛弃了过
去制定的一切规则,并且故意违背这些规则,因此他们的成就远远超过了
其他诗人。我不准备详细讨论过去盛行的关于灵感和天才的概念的混乱
看法,以及直到今天都盛行的关于灵感是否无所不能的混乱看法。在根
本上我们只需要抓住一个观点,即虽然艺术家的才华和天才本身包含着
一个自然的环节,但这个环节需要通过思想,通过反思创作方式,通过生
产活动中的训练和熟练技巧来培养。因为外在的工作毕竟是这种创作的
主要方面,因为艺术作品具有一个纯粹关乎技巧、类似于手工制作的方
面;这个方面在建筑和雕塑中最为重要,在绘画和音乐中次之,在诗歌中
又次之。这方面的熟练技巧根本不能指望灵感,毋宁只能依靠反思、勤奋 [47]
和训练。但艺术家必须具有这样的熟练技巧,这样他才能够驾驭外在的
材料,不至于因为它们的顽固而寸步难行。

进而言之,艺术家愈是立于高处,就愈是应当潜入下方去呈现心灵和
精神的深度,这种深度不是直接可知的,而是只有依靠艺术家自己的精神
指向内部世界和外部世界才可以被探究。因此艺术家仍然是通过**学习**才
能够意识到这些内涵,并且为他的构思赢得素材和内涵。

诚然,在这种情况下,一种艺术比另一种艺术更需要意识到和认识到
这样的内涵。比如音乐仅仅专注于精神性内核的完全无规定的运动,仿
佛要用声音表现无思想的感受,所以不太需要或根本不需要意识之内的

精神性材料。正因如此,音乐的才华往往在天真无邪的幼年时期就展现出来,并且能够在精神和生命尚未获得多少经验的时候就达到很显著的高度,比如我们经常看到一些在作曲和演奏方面造诣极深的音乐家在精神和性格方面却极为平庸。诗歌里的情况更好相反。诗歌的关键是以内容丰富和深思熟虑的方式去呈现人和那些推动着人去行动的更深层次的关切和力量,因此精神和心灵必须通过生命、经验和反思充分地培养自身,这样天才才可以创作某种成熟的、内涵丰富的、内在完满的东西。歌德和席勒的早期作品是不成熟的,甚至具有一种令人生厌的粗俗和野蛮。

[48] 他们早期的绝大多数诗歌习作完全是散文气的,有些则是生硬而肤浅的,这个现象足以反驳那个流行的观点,仿佛灵感必定是和青春热情和青春时代结合在一起。只有在成熟的年龄,这两位天才——可以说只有他们才给德国民族创作出真正的诗作,堪称我们的民族诗人——才赐予我们深刻的、饱满的、出自真正的灵感、同时在形式上精雕细琢的作品,正如只有白发苍苍的荷马才能够创作出他的永恒不朽的诗篇。

c) 关于艺术作品是人的活动的产物,**第三个看法**涉及艺术作品与自然界的外在现象的关系。在这件事情上,通常的看法是,人的艺术作品**低于**自然产物。因为艺术作品本身不具有情感,不是一种全身散发出生命的东西,毋宁作为一个外在客体来看是死的,而一般说来,我们总是认为有生命的东西高于死的东西。不可否认,艺术作品自己不会运动,不是活生生的。自然界的活物从内到外一直到最小的部分都是一个合乎目的的有机组织,而艺术作品仅仅在表面上具有生命力的映象,但在内部则是普通的石头、木头和麻布,或者在诗歌那里是一些通过语言和文字表达出来的观念。但一个作品之所以是美的艺术作品,不是由于外在实存的这个方面;只有当一个作品出自精神,同时扎根于精神的土壤,已经接受精神的洗礼,并且仅仅呈现出那种与精神发生共鸣的东西,才是一件艺术作品。人的旨趣、一个事件的精神性价值、一个个体的性格、一个历经周折并找到出路的行动,都被纳入艺术作品,而且相比在那些非艺术的现实性

[49] 土壤里,能够更纯粹和更鲜明地凸显出来。就此而言,艺术作品高于一切

没有经过精神渗透的自然产物;比如当画家依据自己的感受和认识呈现出一个风景,这件精神性作品就高于单纯的自然风景。因为一切精神性的东西都优于一切自然产物。无论如何,任何自然事物都不可能像艺术那样呈现出神性的理想。

精神除了能够在艺术作品里呈现出它自己的内核之外,还能够从外在实存的方面给予内核一种**持久性**;自然界的个别活物都是飘忽不定和转瞬即逝的,在外貌上也是变动不居的,而艺术作品却长久地保存下来,尽管它真正优于自然界现实性的地方不是在于单纯的持久性,而是在于凸显出精神性的灵魂活力。

但普通意识的另一个观点又反对艺术作品的这个更高地位。据说自然界及其产物是上帝的作品,是上帝出于善意和智慧而创造出来的,反之艺术作品**仅仅**是人的作品,是基于人的认识从人的手里制造出来的。在这个对立中,自然界的生产活动是一种神性的创造,而人的活动仅仅是一种有限的活动;但这里包含着一个误解,仿佛上帝**没有**在人之内并且通过人去发挥作用,而是把自己的作用范围仅仅限定于自然界似的。如果我们希望透彻地把握艺术的真实概念,就必须彻底抛弃这个错误的看法,甚至必须针锋相对地指出,精神的产物比自然产物更能够彰显上帝的荣耀。因为神性东西不仅存在于人之内,而且在人之内按照一个形式去行动,这个形式以一个完全不同于自然界并且高于自然界的方式符合上帝的本质。上帝是精神,只有在人之内,那个渗透着神性东西的媒介才在形式上 [50] 表现为一个自觉的、主动进行生产的精神;但在自然界里,这个媒介是一种无意识的、感性的和外在的东西,一种在价值上远远低于意识的东西。无论是在艺术创作中还是在自然界的现象中,上帝都在发挥作用,但那个在艺术作品身上展现出来的神性东西作为精神的产物,已经获得了一个与它的实存相匹配的中转枢纽,反之无意识的感性自然界中的定在并不是一个适合神性东西的显现方式。

d)最后,为了通过迄今所述得出一个更深刻的结论,我们必须追问,如果艺术作品是作为精神的产物被人制造出来的,那么人是出于什么**需**

要而生产出艺术作品?一方面看来,艺术创作可以被看作一种仅仅基于偶然性和臆想的游戏,而这种游戏是可有可无的,因为还有别的甚至更好的手段能够达到艺术想要达到的目的,而且人承担着比艺术所能满足的更高和更重要的旨趣。另一方面看来,艺术出自一种更高的冲动,满足了一些更高的,甚至对当代来说最高的和绝对的需要,因为它与整个欧洲和各个民族的最普遍的世界观和宗教旨趣结合在一起。——关于这个问题,即艺术的需要究竟是偶然的还是绝对的,我们还不能给出全面的答复,因为这个问题比当前所能给出的答复更具体。因此我们现阶段必须满足于仅仅确定下面所说的情况。

[51] 　　艺术(从形式的方面来看)是出于一个普遍的和绝对的需要,而这个需要的源头在于,人是一个**思维着的**意识,也就是说,人从自己出发,**为了自己**而制造出他自己和万物所是的那个东西。自然事物仅仅是**直接的、单向度的**,但人作为精神却使自己**双重化**,因为他首先和自然事物一样**存在着**,然后也是**为了自己**而存在着,直观自己,想象自己,思考自己,并且仅仅通过这种主动的自为存在才是精神。人通过两个方式获得这种对于自己的意识:**首先**是**理论**的方式,也就是说,人必须在内心里意识到那些让他心潮澎湃和焦躁不安的东西,并且必须在整体上直观自己和想象自己,把思想所发现的本质固定下来,无论在他从自身召唤出的东西里,还是在从外面接受的东西里,都仅仅认识到他自己。**其次**,人也通过**实践的**活动成为自为的,因为他有一种冲动,希望在那些直接给定的、外在于他的现成事物里制造出他自己,同时在其中认识到他自己。为了达到这个目的,他必须改变外在事物,给它们刻上他的内心的烙印,并且在它们那里重新发现他自己的规定。人之所以这样做,是为了作为自由的主体消除外在世界的顽冥不化的陌生性,并且在物的形态下仅仅享受他自己的一种外在实在性。儿童的最初冲动已经致力于以这种实践的方式去改变外在事物;比如一个小男孩把石头扔进河里,惊叹于水面上出现的波圈,并且在这个作品中赢得对他自己的直观。这个需要贯穿于各种各样的现象,一直延伸到外在事物和艺术作品里的人的自身生产方式。人不仅以

这种方式对待外在事物,也以这种方式对待他自己,比如他对自己的自然形态并不是听之任之,而是故意加以改变。这就是一切装饰和打扮的原因,哪怕它们是如此野蛮丑陋,奇形怪状,甚至伤害身体,比如中国妇女的三寸金莲或那种给耳朵和嘴唇穿孔的做法就是如此。只有在文明的人那里,形态和举止以及各种外观的改变才是出自一种精神性的教养。 [52]

简言之,对于艺术的普遍需要是合乎理性的,因为人必须把内在世界和外在世界提升为一种精神性意识的对象,在其中重新认识到他自己的自主体(Selbst)。当人一方面把一切存在的东西改造为内在地为了他自己而存在,另一方面把这种自为存在外在地加以实现,从而在他的这种自身双重化里使他内心里的东西成为自己和别人的直观对象和认识对象,他就满足了这种精神性自由的需要。这就是人的自由的合理性,它既是一切行动和知识的根据和必然源头,也是艺术的根据和必然源头。但我们后面将会看到,不同于政治行动和道德行动以及宗教观念和科学认识,艺术还有一种特殊的需要。

2. 艺术作品作为诉诸人的感性,取材于感性世界的东西

迄今为止我们所考察的是艺术作品作为人的产物的方面,现在我们必须过渡到第二个规定,即艺术作品是为了人的**感性**而被生产出来的,因此它或多或少是取材于感性世界。

a)这个反思让我们注意到,美的艺术的任务在于激发起感受,确切地说,激发起那种适合我们的感受,即愉悦的感受。从这个角度出发,人们已经把对于美的艺术的研究改造为对于感受的研究,主要追问艺术应当激发起哪些感受,比如恐惧和同情如何能够是愉悦的,看到一个不幸的 [53] 事件如何能够让人满意,如此等等。这个反思路线主要是起源于摩西·门德尔松①,人们可以在他的著作里找到很多这样的思考。但这类研究是

---

① 摩西·门德尔松(Moses Mendelssohn,1729—1786),德国启蒙哲学家。——译者注

走不远的,因为感受是精神的一个混沌模糊的区域;凡是感受到的东西,都局限于一种最抽象的个别主观性,因此感受之间的区别也是极为抽象的,不是事情本身的区别。比如恐惧、畏惧、忧虑和惊恐都是同一个感受方式的演变,但有时候仅仅是量的区别,有时候是与内容漠不相关的形式上的区别。比如恐惧的意思是,人对一个存在于眼前的东西感兴趣,同时又看到附近有一个否定者很有可能摧毁那个东西,于是在他的主观性里直接出现了兴趣和否定这两个东西的相互矛盾的情态。但这样的恐惧就其自身而言并没有提供任何内涵,只能把最为悬殊和最为对立的东西都纳入自身。感受本身是主观情态的一个极为空洞的形式。诚然,这个形式一方面在自身之内可以是非常复杂的,比如希望、痛苦、欢乐、满足,另一方面也可以通过这种差异性而吸收各种内容,比如存在着正义情感、伦理情感、崇高的宗教情感等等。但即便这样的内容存在于情感的各种形式之内,它的本质上的特定本性仍然没有浮现出来,而是保持为我自己的一个单纯主观的情态,在这个情态中,具体的事情消失了,仿佛收缩为最抽象的圆圈,亦即一个点。正因如此,当人们去研究艺术激发起或应当激发起哪些感受,就完全处于不确定的境地,而且这种考察恰恰抽离了真正[54] 的内容及其具体的本质和概念。因为对于感受的反思满足于考察主观的情态及其特殊方面,而不是深入研究事情本身亦即艺术作品,而且在这样做的时候仍然夹带着单纯的主观性及其各种状态。在感受里,这种空无内容的主观性不仅保留下来,甚至还成了主要事务,因此人们都喜欢沉迷于感受。但这样的考察仅仅是不确定的和空洞的,所以是无聊的,而由于它只关注细枝末节的主观特殊性,也不免让人厌恶。

b)艺术作品之所以是艺术作品,并非在于它应当一般地激发起感受(因为修辞学、历史著作、宗教冥想等等都能达到这个目的,没有什么专门的区别),而仅仅在于它是美的。有鉴于此,过去有些人觉得必须为美寻找一种**独特的审美感受**,并且挖掘出一个特定的**审美感官**。但他们很快发现,这样的感官不是一种生而具有的、自在且自为地就能够分辨出美的盲目本能,因此他们要求**培养**这个感官,把这个经过培养的审美感官称作**鉴赏力**,并且认为鉴赏力虽然是一种经过培养的对于美的把握和发现,但在方式上始终应当是一种直接的感受。此前我们已经谈到过抽象的理论如何培养这样的鉴赏感官,以及这样的感官如何始终是一种外在而片面的东西。一方面,人们没有掌握**普遍的**原理;另一方面,在那些观点盛行的时候,对于**个别的艺术作品**的特殊批评并不是致力于论证一个**特定的判断**(因为还缺乏这方面的条件),而是泛泛地要求培养鉴赏力。正因如此,这种培养同样处于一种更不确定的境地,只希望把感受当作审美感 [55] 官来培养,仿佛这样一来,无论美出现在什么地方,是什么样子,都可以直接被发现。但事情的深刻内核对鉴赏力来说始终是封闭的,因为这个深刻内核不仅需要感官和抽象的反思,而且需要完全的理性和丰盈的精神,而鉴赏力仅仅指向那些与感受有关,并且可以把片面的原理拿来就用的外在表面。正因如此,所谓的良好鉴赏力就害怕一切更深刻的效果,而当事情本身成为关键,外在事物和次要事物消失的时候,它就哑口无言。因为当一个深刻的灵魂展现出它的伟大激情和活动,这个时候的关键就不再是鉴赏力的精细区分和对于个别方面的斤斤计较;鉴赏力察觉到天才超出了这个范围,它震慑于天才的力量,同时自惭形秽,手足无措。

c)由于上述原因,人们在考察艺术作品的时候不再只关注鉴赏力的培养或只愿意展示鉴赏力;鼓吹鉴赏力的艺术裁判被**学者**取代了。此前我们曾经说过,艺术学的肯定方面,就其深入掌握了一件艺术作品里的全部个别要素而言,对于艺术考察来说是必不可少的。因为艺术作品同时具有物质的本性和个体的本性,所以它在本质上是从无比繁复的特殊条件里产生出来的,这些方面包括艺术作品产生的时间和地点,艺术家的特定的个体性,最重要的是艺术的技巧训练。为了以特定的基本方式去直观、认识乃至欣赏一件艺术作品,对所有这些方面的考察都是不可或缺 [56] 的;艺术学主要就是研究这些方面,而我们应当带着感恩的心去接受它以自己的方式取得的成就。与此同时,这样的博学虽然理应被看作某种本质性的东西,但在精神与一件艺术作品乃至与全部艺术的关系中,却不可以被看作唯一的和最高的因素。因为艺术学——这是它的有缺陷的方面——也有可能拘泥于对单纯外在的方面(比如技巧和历史背景等等)的认识,对于艺术作品的真正本性知之甚少或一无所知;它甚至会贬低一种更深刻的考察的价值,认为这还不如纯粹的实证知识、技巧知识和历史知识。尽管如此,如果艺术学走在正确的道路上,至少还是提供了特定的理由和认识以及合理的判断,从而可以更精确地区分一件艺术作品的各个方面(虽然其中有些是外在的),并且对艺术作品的价值进行评估。

d)以上讨论的各种考察方式都是从那样一个方面出发的,即作为感性客体的艺术作品在本质上是与作为感性主体的人相关联的。现在我们打算考察这个方面与艺术本身的更基本的关系,而且是从两个角度出发进行考察:α)关于作为客体的艺术作品;β)关于艺术家的主观性,比如他的天才和才华等等。但我们不会详细讨论那些只有认识到艺术的普遍概念才能够显露出来的东西,因为我们现在还没有真正立足于科学的根基和土壤,而是仅仅站在外在反思的领域里。

[57] α)不可否认,艺术作品是诉诸感性把握的。它是为了感性的感受(外在的或内在的感受),为了感性直观和观念而被制造出来的,正如外在的、我们周围的自然界或我们自己内心里进行感受的本性那样。比如就连一番言语也可能是为了感性的观念和感受而存在。尽管如此,艺术作品并非仅仅为了**感性**把握和作为感性对象而存在,毋宁说,它作为感性东西同时在本质上是为了**精神**而存在,即精神应当受到它的刺激,并且在它那里得到某种满足。

艺术作品的这个规定立即表明,它绝不是一个自然产物,也绝不是按照它的自然方面就具有一种自然的生命力,无论自然产物被看作一种比**单纯的**艺术作品(人们通常用这个形容词表达出一种蔑视)更低级还是更高级的东西。

原因在于,艺术作品的感性因素之所以应当存在,只是为了人的精神而存在,而非它本身作为感性东西为了自己而存在。

如果我们仔细观察感性东西以何种方式为了人而存在,就会发现感性东西和精神之间可以有以下几种关系。

αα）最糟糕的、对于精神而言最不合适的方式是单纯的感性把握。这种把握首先在于单纯地观看、聆听、触摸等等，比如对某些人而言，在精神松弛的时刻漫无目的地四处溜达，这里听一听，那里看一看，这就算是一种休闲娱乐了。但精神不可能止步于仅仅通过视觉和听觉去把握外在事物，而是必须把它们转化为它的内心的对象，而这个内心首先被驱动着以感性的形式在事物之中实现自身，并且相对于事物而言表现为**欲望**。在这个与外在世界的充满欲望的关联中，人作为感性的个别的人与同样感性的个别事物相对立；他不是作为思维者用普遍的规定对待事物，而是按照个别的冲动和兴趣去对待那些本身也是个别东西的客体，在使用它们、消耗它们的时候维持自身，并且通过牺牲它们来达到他的自我满足。在这个否定的关联中，欲望所追求的不仅有外在事物的外在映象，还包括它们的感性的—具体的实存。如果只是把欲望想要使用的木头和想要吃掉的动物画出来，这是不能令欲望满足的。同理，欲望不可能让客体保持自由，因为它的冲动正是要扬弃外在事物的这种独立性和自由，并且表明，它们之所以存在着，只不过是为了被摧毁和被消耗。与此同时，主体被它的欲望的许多受限制的和虚妄的兴趣束缚着，既非在自身之内是自由的（因为它不是从它的意志的本质上的普遍性和合理性出发来规定自己），也非在与外在世界的关联中是自由的（因为欲望始终是由事物规定的，并且与事物相关联）。 [58]

但人和艺术作品之间的关系不是这种欲望的关系。他容许对象自由地为了自己而存在着，对它没有欲望，仅仅把它当作一个为了精神的理论方面而存在着的客体。因此从这个角度来看，艺术作品虽然具有感性的实存，但并不需要一种感性的—具体的实存和一种自然的生命力，甚至不可以保持为一个自然事物，因为它仅仅应当满足精神性旨趣，并且把一切欲望排除出去。正因如此，实践的欲望当然会认为那些可供它利用的有机自然事物和无机自然事物高于艺术作品，因为后者对它而言是无用的，只能满足精神的另外一些形式。

ββ）对于精神而言，外在事物可以有第二种存在方式，亦即与感性直 [59]

观和实践欲望相对立,与**理智**处于纯粹的理论关系中。理论考察的兴趣不是在于消灭个别事物,以感性的方式通过它们来满足自己和维持自己,而是致力于认识它们的**普遍性**,找到它们的内在本质和规律,并且按照它们的概念去理解把握它们。因此理论的兴趣容忍个别事物,对感性的个别事物漠不关心,因为理智的考察所寻求的并不是这种感性的个别性。换言之,合乎理性的理智不像欲望那样属于单纯的个别主体,而是属于一个同时内在地是普遍者的个别主体。当人按照这种普遍性去对待事物,他的普遍的理性就致力于在自然界之内找到自己,随之重新制造出事物的内在本质,因为感性的实存虽然把这个本质当作根据,却不能直接将它展现出来。理论的兴趣是通过**科学**的劳作得到满足的,但就它的这个科学形式而言,它和艺术没有什么共同之处,正如艺术和单纯实践的欲望的冲动没有什么共同之处。诚然,科学可以从感性的个别事物出发,对于这个个别事物直接具有的个别的颜色、形状、大小等等获得一个观念。但这种个别化了的感性事物本身与精神没有进一步的关联,因为理智的目标是普遍者和规律,是对象的思想和概念,因此理智不是仅仅把直接的个别对象抛在一边,而是内在地把后者从一个感性的具体东西转化为一个抽象物或一个思想,从而在本质上使某个客体不再是在其感性现象中的样子。艺术不同于科学的地方在于它不会这样做。正如艺术作品在直接的

[60]   规定性和感性的实存中是从颜色、形状、声音等方面显现为外在客体或个别直观,艺术考察同样抛弃离开呈现在它面前的直接的对象性,不会企图像科学那样把这个对象性的概念当作一个普遍的概念来把握。

艺术的兴趣区别于欲望的实践兴趣的地方在于,它让对象自由地独自存在着,而欲望则是以摧毁对象的方式去利用对象;另一方面,艺术考察区别于科学理智的理论考察的地方在于,它对对象的个别实存感兴趣,不会致力于把对象转化为普遍的思想和概念。

γγ)由此可见,虽然艺术作品必须包含感性因素,但这个感性因素仅仅应当作为外表和**映象**显现出来。因为精神在艺术作品的感性因素里所寻求的既不是具体的物质(即欲望所追求的有机体的经验的内在的完整

性和扩张性),也不是普遍的、单纯观念性的思想,毋宁说,精神想要的是感性的当前现实,这个当前现实虽然应当保持为感性的,但同样应当摆脱单纯的物质性的桎梏。相比于自然事物的直接定在,艺术作品里的感性因素被提升为单纯的**映象**,因此艺术作品是**介于**直接的感性和观念性的思想**之间**。艺术作品里的感性因素**还不是**纯粹的思想,但它虽然是感性的东西,却**不再**像石头、植物和有机生命那样是单纯的物质性定在,而是一个观念性东西,但它不是思想的观念性东西,而是同时仍然作为物而外在地存在着。当精神让对象保持自由,不去深究它们的本质内核(因为这样会导致对象根本不再是个别的、存在于精神之外的东西),感性因素的这个映象就对精神显露出来,从外表来看体现为事物的形状、外观、声音。因此艺术的感性因素仅仅与**视觉**和**听觉**这两个具有**理论**性质的感官有关,而嗅觉、味觉和触觉则被艺术欣赏排除在外。因为嗅觉、味觉和触觉只涉及单纯的物质性及其直接的感性属性;比如嗅觉只涉及通过空气传播的物质,味觉只涉及溶解的物质,触觉只涉及温度和光滑度等等。由于这个原因,这些感官不可能涉及艺术的那些应当保留其实在的独立性、并非仅仅与感官发生关系的对象。令这些感官感到愉悦的东西不是艺术的美。因此从感性因素的方面来看,艺术是故意营造出一个由形状、声音和直观组成的阴影王国,而我们却绝不可能说,人在创作艺术作品的时候是由于单纯的无能和局限性才仅仅呈现出感性因素的表面或朦胧的轮廓。因为在艺术里,这些感性的形状和声音不仅仅为了它们自己或为了它们的直接样子而出现的,而是为了用这个形状去满足更高的精神性旨趣,因为它们能够在意识的一切深处召唤出一种存在于精神之内的共鸣和回响。按照这个方式,艺术里的感性因素显现为**精神化**的东西,而艺术里的**精神性因素**则是显现为感性化的东西。[61]

β)艺术作品之所以存在,只不过是因为它通过精神获得了自己的中转枢纽,并且起源于一种精神性的生产活动。这样我们就必须回答另一个问题:艺术所必需的感性方面在作为生产主体的艺术家那里是如何发挥作用的? 这种生产活动作为一种主观的活动,其自身之内包含着的规 [62]

定就是我们发现客观地存在于艺术作品之内的规定;它必须是一种精神性活动,同时在自身之内包含着感性的和直接性的环节。一方面,它并非仅仅是一种机械的工作,即那种单凭手上感觉就达到的纯粹无意识的熟练技巧或那种遵循固定的、学习来的规则而进行的形式上的活动;另一方面,它也不是一种科学的生产活动,即从感性因素过渡到抽象的观念和思想或完全在纯粹思维的要素里运作,毋宁说,在艺术家的生产活动里,精神性方面和感性方面必须合为一体。比如人们在创作诗歌的时候可以预先以散文思想的形式想好要表现的题材,然后给这个思想添加一些形象和韵脚等等,因此这种形象因素仅仅是一些依附在抽象反思身上的装饰品。但这样的方法只能制造出糟糕的诗歌,因为那种在艺术家的生产活动里只有处于不可分裂的统一体才具有效力的东西,在这里是作为**分裂的**活动而发挥作用。真正的生产活动是由艺术家的**想象**造成的。想象是一种合乎理性的东西,只有当这个东西主动地把自己带到意识,它才是精神,但与此同时,它仅仅把自身内承载的东西以感性的形式摆放在自己面前。也就是说,这种活动具有精神性的内涵,但又赋予这个内涵以感性的形态,因为它只有以这种感性的方式才能够意识到内涵。这就好比一个生活经验丰富或聪明伶俐的人,他虽然完全知道什么是生活中最重要的东西,知道什么东西作为实体把人们整合在一起,知道什么东西驱使和统

[63] 治着人们,但他自己并不能按照普遍的规则去把握这个内容,也不懂得如何按照普遍的反思给别人解释这个内容,而是始终需要借助特殊的事件、大量的例子(不管是真实的还是捏造的)才能够把填满他的意识的东西给自己和别人解释清楚;因为对于他的观念而言,一切东西和每一个东西都化作具体的、由时间和地点所规定的形象,而在这种情况下,名称和所有别的外在背景都是不可或缺的。但这样的想象力更多的是依赖对于经历过的状态和情景的回忆,而非本身具有生产能力。回忆保存并且更新个别性和这样的外在事件及其全部背景,反之不让普遍者单独凸显出来。但艺术家的生产性想象却是一个伟大的精神和心灵的想象,它掌握着并且生产出各种观念和形态,确切地说,以形象的、完全确定的感性方式呈

现出人类的最深刻和最普遍的旨趣。由此可见,想象从一个方面来看确实依赖于自然禀赋或一般意义上的才华,因为它的生产活动离不开感性。人们虽然也经常谈到"科学才华",但科学仅仅以普遍的思维能力为前提,而思维不像想象那样是以自然的方式运作,反而抽离了全部自然性,因此更正确的说法是,**单纯的**自然禀赋意义上的那种专门的科学才华并不存在。与此相反,想象具有类似于本能的生产方式,因为艺术作品在本质上的形象特征和感性特征已经以主观的方式作为自然禀赋和自然冲动存在于艺术家那里,并且作为无意识的作用也必须属于人的自然方面。但自然禀赋并不足以涵盖整个才华和天才,因为艺术创作同时是一种精神性的、自觉的活动,因此只能说精神性至少应当在自身之内具有自然的塑造活动和赋形活动这个环节。就此而言,虽然几乎每一个人都可以在 ﹝64﹞ 一门艺术里达到一定的水平,但要超越这个水平(这才是真正的艺术的起点),一种天生的更高的艺术才华是必不可少的。

作为自然禀赋,这样的才华几乎总是在青年时期已经显露出来,其表现就是焦躁不安和孜孜不倦地赋予一个特定的感性材料以形态,并且始终把这种表现和传达的方式当作唯一的或最重要和最合适的方式,而这种早熟的、在某种程度上轻而易举的熟练技巧也是天生才华的一个标志。在一位雕塑家眼里,一切东西都转化为形态,因此他马上拿起陶土进行塑造。一般而言,有这种才华的人一旦在内心里想到什么激励他和鼓动他的东西,就马上将其转化为一座雕像、一幅素描、一段旋律或一首诗。

γ)第三点,在艺术里,**内容**从某个角度来看也是取材于感性世界或自然界;换言之,哪怕内容属于精神性领域,也只能通过如下方式被把握,即它通过外在的形态或实在的现象把精神性东西(比如人与人之间的关系)呈现出来。

3. 艺术的目的

这里的问题是,当人们以艺术作品的形式生产出这样的内容时,究竟是出于什么旨趣或**目的**？这是我们针对艺术作品提出的第三个观点，而这方面的详细讨论最终会让我们接触到艺术本身的真实概念。

这个时候如果我们看一看普通的意识，就会发现下面这个最流行的观点。

[65]   a) **模仿自然**原则。按照这个观点，艺术的根本目的是模仿，即能够以逼真的方式复现自然形态本来的样子，而且这种以逼真的方式呈现自然界的做法一旦取得成功，就能完全令人满足。

α）这个规定首先仅包含着一个形式上的目的，即不管什么东西已经存在于外在世界之内，人都应当竭尽所能将它们复制出来。

αα）但这种复制可以被看作一种**多余的**操劳，因为绘画、舞台表演等等以模仿的方式加以呈现的东西，比如动物、自然场景、人的事件之类，我们在自己的花园里或房屋里，或者在大大小小的认知范围之内，早已耳熟能详。

ββ）进而言之，这种多余的操劳甚至可以被看作一种自不量力的、总是赖在自然界身上的游戏。因为艺术受到其呈现手段的限制，只能制造出片面的幻相，比如只能为了**某一个**感官而制造出现实性的映象，而且如果艺术止步于**单纯的模仿**这个形式上的目的，那么它实际上所提供的就不是现实的生命，毋宁只是生命的赝品。正因如此，我们都知道土耳其人作为穆罕默德的信徒禁止绘画和人的肖像之类东西。詹姆斯·布鲁斯①到阿比西尼亚②游历的时候，曾经拿一幅鱼的画给一个土耳其人看，后者先是大吃一惊，然后说道："如果这条鱼在最后的审判日复活过来，并且对你说，'你虽然造了我的身体，却没有给我活生生的灵魂'，这时你将如何针对这个控诉为自己辩护呢？"根据《圣训》(Sunna)③的记载，穆罕默[66]   德听到娥米·哈比巴和娥米·塞尔玛这两位妇人给他述埃塞俄比亚教堂里的图画，就对她们说："这些图画在最后的审判日会控诉它们的创作

---

①   詹姆斯·布鲁斯(James Bruce, 1730-1794)，英国探险家。——原编者注
②   即埃塞俄比亚。——译者注
③   伊斯兰教逊尼派的宗教律法书。——原编者注

者。"不可否认，以假乱真的模仿有很多例子。宙克西斯①画的葡萄自古以来都被看作艺术的胜利，同时也被看作模仿自然原则的胜利，因为真的有活生生的鸽子去啄食这些葡萄。除了这些古代的例子之外，人们还可以补充近代的例子，比如毕特纳②养的猴子把罗瑟尔③在《昆虫的乐趣》里画的甲壳虫咬成碎片，这只猴子虽然损坏了一本最珍贵的藏书，但还是得到了主人的原谅，理由是这足以证明插图的惟妙惟肖。这些和另外一些例子必定会让我们觉得，与其去赞美艺术作品（因为它们**甚至**欺骗了鸽子和猴子），还不如去谴责那样一些人，他们只会把艺术作品的这种如此低级的效果吹捧为终极的和最高的东西，以为这样就提高了艺术作品的地位。总的说来，我们必须指出，通过单纯的模仿，艺术不可能与自然界相竞争，而且这种做法看起来就像一条蠕虫企图追赶大象的脚步。

γγ）由于模仿总是无法企及自然界的原型，余下的目的无非就是制造出一件在某些方面与自然界相似的艺术作品。不可否认，当人们通过自己的劳作、技巧和勤奋生产出原本已经存在的东西，他们可以获得一些乐趣。但本身说来，模仿愈是与自然界的原型相似，这种乐趣和惊叹就愈是稀薄和冷淡，甚至转变为腻味和厌恶。按照一种俏皮的说法，有些肖像 [67]画逼真得让人讨厌。关于这种通过模仿而获得的乐趣，康德举了另一个例子，也就是说，我们对于一个擅长逼真地模仿夜莺歌声的人——确实有这样的人——很快就感到腻味，而且当我们发现是一个人在模仿夜莺，也会立即对这样的歌声感到厌恶。我们发现这只不过是一种雕虫小技，既不是自然界的自由的生产活动，也不是一件艺术作品；因为当说到人的自由的生产能力时，我们所期待的根本不是类似于夜莺的歌声那样的音乐，这种音乐之所以让我们感兴趣，只不过因为它不经意间流露出独特的生命力，并且与人感受到的音调相似。总的说来，这种对于熟练模仿的喜

---

① 宙克西斯（Zeuxis），公元前 5 世纪前后的希腊画家。——译者注
② 毕特纳（Christian Wilhelm Büttner，1716—1801），德国科学家。——原编者注
③ 罗瑟尔（August Johann Rösel von Rosenhof，1705—1759），德国动物学家和画家。——原编者注

欢总是短暂的,人们更喜欢自己制造出来的东西。在这个意义上,哪怕是发明出一个无关紧要的手工作品,也具有更高的价值,而且人们认为,发明锤子、钉子之类东西比那种从事模仿的雕虫小技更值得骄傲。因为这种抽象模仿的逞能就好比那个能够百发百中地把豆子投进一个小洞的人,他在亚历山大大帝面前展示这个熟练手法,而亚历山大大帝为了酬劳他的这种空洞无用的技巧,就赏给他一桶豆子。

[68]

β)除此之外,因为模仿原则完全是形式上的,所以当它成为目的,**客观的美**本身就在其中消失了。因为模仿并不关心它所模仿的**那个东西**具有什么性质,而是仅仅关心模仿是否**正确**。美的对象和内容被认为是完全无关紧要的。也就是说,即使人们在涉及动物、人、地点、行动和性格的时候也谈到了美和丑的区别,但依据模仿原则,这并不是一个专属于艺术的区别,因为人们已经认定艺术只能进行抽象的模仿。在选择对象并区分它们的美丑时,因为缺乏一个可以适用于自然界的无穷多形式的标准,所以最终的标准只能是一种不遵循任何规则、并且不容许任何争辩的**主观趣味**。实际上,如果人们从自己的趣味出发,选择**他们**认为美或丑的并且值得艺术模仿的东西当作呈现的对象,那么所有的自然对象都有候选资格,而且每一个对象都不会缺少喜爱者。比如我们经常看到这样的情况,即虽然并非每一位丈夫都觉得他的妻子是美的,但至少每一位新婚燕尔的男人会觉得他的新娘是美的,甚至是唯一美的;主观趣味对于这种美没有固定的规则,而人们可以说,这对于男女双方而言都是一种幸运。除了个人及其偶然趣味之外,如果我们再看看各个**民族**的趣味,也会发现这里有着巨大的差别和对立。我们常听人说,中国人和霍屯督人①不会喜欢欧洲美人,因为中国人的美的概念完全不同于黑人,黑人的美的概念又完全不同于欧洲人。如果我们再看看欧洲以外的其他民族的艺术作品,比如他们出于自己的想象而制造出来并且加以顶礼膜拜的神像,也会觉

① 霍屯督人(Hottentotten)是主要分布在纳米比亚、博茨瓦纳和南非的黑人民族。——译者注

得这是一些无比丑恶的偶像,并且觉得他们的音乐完全是噪音,而他们也会觉得我们的雕塑、绘画和音乐是一种无意义的或丑陋的东西。

γ)即使我们避而不谈艺术的客观原则,即使美应当被限定于主观的 [69] 和个别的趣味,我们很快也会发现,就艺术本身而言,虽然对于自然事物的模仿是一个普遍的原则,甚至看起来是一个得到伟大权威支持的原则,但至少不应当从这个普遍的、完全抽象的形式来理解模仿。因为当我们通观各种艺术,立即就会承认,虽然**绘画**和**雕塑**所呈现给我们的对象看起来与自然事物相似,或者说其原型在本质上是取材于自然界,但同样属于**美**的艺术的**建筑**和**诗歌**的作品却不是如此,因为这两种艺术都不是局限于单纯的描写,不能被认为是对于自然界的模仿。如果我们坚持认为模仿原则也适用于建筑和诗歌,那么我们至少必须颇经周折,亦即给这个命题加上很多条件,至少把模仿的所谓的真理性降格为或然性。但或然性也包含着巨大的困难,即很难确定究竟哪些东西是或然的,更何况人们既不愿意、也不能够把完全随意的和完全想象的杜撰排除在诗歌之外。

因此艺术的目的必定不是仅仅在于对现有事物的形式上的模仿,这种模仿在任何情况下都只能产生出单纯的**雕虫小技**,却不能产生出**艺术作品**。诚然,艺术作品有一个根本环节,既它必须以自然形态为基础,因为它借以进行呈现的形式是一种外在的、同时也属于自然界的现象。比如对于绘画而言,一项重要的工作就是应当充分了解并且模仿各种颜色相互之间的关系、光影效果、光的折射等等,以及对象的形式和形态方面 [70] 的精微细节。在这方面,主要是在近代,模仿自然界的原则和逼真原则重新兴起,以便把那种已经堕落到虚幻飘渺境地的艺术重新具有自然界的强大力量和明确规定,或者在另一方面通过强调自然界的合乎规律的、直接的和本身坚固的连贯性,让艺术走出迷途,不再沉迷于随意的或墨守成规的东西,因为真正说来,这些东西既和艺术无关,也和自然界无关。虽然这个努力有其正确的一面,但它所追求的自然性本身说来并不是艺术的立身之本,而且即便外在的、自然的显现构成了艺术一个根本规定,我们仍然不能把现有的自然性当作艺术的**规则**,也不能把单纯去模仿外在现象本身当作艺术的**目的**。

b) 因此接下来要追问,艺术的**内容**究竟是什么,以及这个内容是为了什么而被呈现出来? 这里我们立即想到一个流行的看法,即艺术的任务和目的在于把一切在人类精神之内占有一席之地的东西呈现给我们的感官、我们的感受和我们的灵感。据说艺术应当在我们身上实现那句名言: Nihil humani a me alienum puto [凡是人所固有的东西,我无不熟悉]①。因此艺术的目的被规定为: 唤醒和鼓动**全部**沉睡的情感、禀赋和激情,让它们**填满**心灵,并且让开化的和尚未开化的人都深切地感受到人类心灵在最隐秘的深处能够经验和创造的东西,那些在人类的胸腔里通过各种可能性和方式进行鼓动和激励的东西,此外还有精神在它的思维

[71] 和理念里所具有的根本性的、崇高的东西,以便让情感和直观欣赏高贵者、永恒者、真实者的辉煌状态;同样还要解释灾难和困苦、邪恶和罪行,教导人们认识一切丑恶现象和一切幸福美好的本质,最后还要让想象在想象力的悠闲里来去自如,通过一种充满诱惑的魔力让人们以感性的方式沉醉于迷人的直观和感受。据说艺术应当掌握这些全面而丰富的内容,一方面充实我们的外在生存的自然经验,另一方面激发起前面说的那种激情,这样一来,我们就不会对于人生经验无动于衷,而是对一切现象都很敏感。但这种情况下的激发不是基于现实的经验本身,而是仅仅基于经验的映象,因为艺术通过欺骗的方式用它的作品取代了现实性。艺术之所以能够用映象进行欺骗,是因为全部现实性在人那里都必须以直观和观念为媒介,并且只有通过这个媒介才进入心灵和意志。至于这里究竟是直接的、外在的现实性支配着我们,还是另一种情况,即那些包含着并呈现出现实性的内容的形象、符号和观念支配着我们,这是无关紧要的。人们可以想象那些非现实的事物是现实的东西。因此,我们无论是通过外在的现实性还是仅仅通过现实性的映象而认识到一个处境、一个

---

① 出自罗马喜剧作家特伦提乌斯(Terentius,鼎盛期为公元前 2 世纪中叶)的喜剧《自己折磨自己的人》(*Heautontimorumenos*)。——译者注

关系或任何一个生活内容,对我们的心灵来说都是一回事,都可以让我们
按照这个内涵的本质发生喜怒哀乐,让我们亲身经历愤怒、仇恨、同情、畏
惧、恐惧、爱、敬重、惊叹和荣辱之类情感和激情。 [72]

就此而言,艺术的独特而巨大的威力,主要就是通过一种单纯欺骗性
的外在现实性唤醒我们内心里的一切感受,拉着我们的心灵经历一切生
活内容,让所有这些内在的运动得以实现。

但按照这个方式,艺术可以把好的坏的东西都拿来影响心灵和观念,
既可以激励心灵,使其走向最高贵的东西,也可以腐蚀心灵,使其走向最为
淫荡自私的享乐情感,因此上述看法仍然只是给艺术提出了一个完全形式上
的任务,而艺术对于一切可能的内核和内涵也只能提供一个空洞的形式。

c)实际上,艺术还有一个形式上的方面,即它可以把一切可能的材
料呈现给直观和感受并进行修饰,正如推理式思考①也可以粉饰一切可
能的对象和行动方式,替它们找出原因和理由。但内容的这种杂多性使
我们立即注意到,艺术所应当激发或巩固的各种感受和观念是相互交叉、
相互矛盾和相互扬弃的。甚至从这个方面来看,艺术愈是执着于对立,就
愈是激化各种情感和激情之间的矛盾,把我们弄得晕头转向,或者干脆像
推理那样让我们走向诡辩和怀疑。因此材料的这种杂多性本身就迫使我
们不能止步于这个形式上的规定,因为那种渗透在丰富差异性之中的合
理性要求我们看到一个更高的、内在地更普遍的目的从这些相互矛盾的
要素里显露出来,并且懂得如何达到这个目的。比如虽然人们都承认,人 [73]
类共同体和国家的终极目的在于让**所有**人类潜能和**所有**个人能力沿着**所
有**方面和方向得到发展并表现出来,但针对这个形式上的观点,马上有人
提出质疑:什么样的**统一体**能够统摄这些复杂的塑造活动,或什么样的**单
一目标**必须被当作这些塑造活动的基本概念和最终目的? 艺术的概念和
国家的概念一样,不但需要各个特殊方面**共有**的一个目的,也需要一个更

---

① 在德国古典哲学(尤其是谢林和黑格尔)那里,"推理"(Räsonnement)和我们通常
所说的"抬杠"或"喷子"基本是同样的意思。——译者注

高的**实体性的**目的。

谈到这样的实体性目的,反思首先会认为,艺术的职责和能力在于舒缓欲望的粗野性。

α)关于第一个观点,首先需要搞清楚,究竟是艺术的哪个独特方面能够消除粗俗,并且约束和塑造冲动、偏好和激情。一般而言,粗俗的根据在于一种直接的自恋冲动,即不顾一切只想要满足自己的欲望。但欲望愈是作为个别的和受限制的东西控制着**整个的人**,就愈是粗俗并占据统治地位,使得作为普遍者的人不能摆脱这个规定性并成为自为的普遍者。当人们在这样的情况下说"激情比我更强大",这虽然在意识里把抽象的自我和特殊的激情区分开,但仅仅是在形式上区分开,因为这个区分仅仅表明,作为普遍者的自我根本不能抵抗激情的威力。也就是说,激情的粗野性在于作为普遍者的自我与它的欲望的有限内容的统一,以至于

[74] 人除了这个个别的激情之外不具有别的意志。但艺术恰恰舒缓了激情的这种粗俗和野蛮力量,因为艺术把人在这类状态下察觉到的东西和实施的行为摆放在人面前。哪怕艺术仅限于把激情的方方面面呈现给直观,甚至迎合激情,这里也已经包含着舒缓的力量,因为人至少通过这个方式已经意识到他的直接的**存在**。也就是说,人如今在**观察**他自己的那些通常说来无意识地驱遣着他的冲动和偏好,当他把这些东西看作位于他自身之外的客体,就获得了去反抗它们的自由。正因如此,艺术家在感到痛苦的时候,经常通过呈现痛苦来舒缓和削弱他的感受的强度。甚至眼泪已经蕴含着一种慰藉;当人完全沉浸在痛苦中的时候,至少可以通过眼泪以直接的方式把这个单纯的内在感受表现出来。但更为有效的方式是通过词语、形象、声音和形态去表现出内在感受。因此有一个优良的古老风俗,在丧葬的时候雇用一些负责哀嚎的妇人,以便让人直观到这种表现出来的痛苦。通过悼念的方式,也可以把不幸事件的内容摆在当事人面前,使他经过许多叙说和反思之后舒缓下来。因此,自古以来,放声大哭和畅所欲言都被看作一个摆脱沉重的悲痛或至少是舒缓心灵的手段。简言之,激情的力量之所以能够舒缓下来,一般是因为人摆脱了感受的直接束

缚,意识到感受是一个外在于他的东西,而且现在必须以观念性的方式去对待这个东西。艺术的呈现虽然位于感性层面之内,但同时也摆脱了感 [75] 性世界的力量。诚然,人们经常引用一个颇受欢迎的说法,即人必须与自然界保持在直接的统一体之中,但这样的统一体作为抽象的东西只不过是粗俗和野蛮,而艺术恰恰为人打破了这个统一体,从而用温柔的双手为人解开自然界的束缚。对于艺术对象的研究始终是纯粹理论性的,这种研究虽然起初仅仅关注一般意义上的呈现,但随后还是会关注呈现的意义,从而拿它们与别的内容进行比较,并且为观察及其视角的普遍性打开大门。

β)与此密切相关的第二个规定被有些人看作艺术的根本目的,也就是说,艺术应当**净化激情**、进行说教和促进**道德**的完满。因为"艺术应当克制粗俗并教化激情"这个规定始终只是形式上的、普遍的,所以现在需要追问这种教化的**特定**的方式和根本的**目标**。

αα)虽然这个净化激情的观点和前面所说的舒缓欲望的观点有着同样的缺陷,但它至少更明确地强调指出,艺术的呈现需要一个尺度去衡量其是否具有价值。这个尺度就在于是否能够在激情里把不纯粹的东西从纯粹的东西那里剥离出去。因此,艺术需要一个能够表现出这种净化力量的内容,而由于艺术的实体性目的在于产生出这样的净化作用,所以我们必须去认识那个具有净化力量的内容的**普遍性**和**本质性**。

ββ)按照第二个规定,艺术的目的是进行**说教**。也就是说,一方面看 [76] 来,艺术的独特之处在于情感(比如恐惧、同情、伤心或震惊)的活动和通过这些活动而获得的满足,亦即在于满足情感和激情,或者说借助于艺术对象及其呈现和作用而获得快慰、满足和享受。但另一方面看来,这个目的的更高尺度仅仅在于说教,在于 fabula docet[托物言志],亦即在于艺术作品能够给主体带来的用处。从这个角度来看,贺拉斯的那句箴言,Et prodesse volunt et delectare poetae[诗人既追求用处,也追求娱乐]①,只用

---

① 出自贺拉斯《诗艺》,第 333 行,准确的原文为:aut prodesse volunt aut delectare poetae(诗人要么追求用处,要么追求娱乐)。——原编者注

寥寥数语就点出了关键,而这个思想经过无穷地发挥和注水之后,已经成为一种最为肤浅烂俗的艺术观。关于这样的说教,人们首先会追问,它究竟是直接地还是间接地,究竟是公开地还是隐秘地包含在艺术作品之内?如果这里所谈论的在根本上是一个普遍的而非偶然的目的,那么鉴于艺术的本质上的精神性,这个终极目的本身只能又是一个精神性目的,亦即一个必然的、自在且自为地存在着的目的。既然如此,这个说教的目的就只是让我们通过艺术作品去认识那个自在且自为的、本质上的、精神性的内涵。从这个方面来看,我们必须宣称,愈是高级的艺术,愈是必须把这样的内容纳入自身,并且以这个内容的本质为尺度去衡量表现出来的东西是否妥当。实际上,艺术是各个民族的第一位**教师**。

[77] 　　但如果人们过于看重说教的目的,以至于认为被呈现的内容的普遍本性应当作为抽象的命题、枯燥的反思或普遍的教条直接地显露出来和展现出来,而不是仅仅间接地隐含在具体的艺术形态之内,那么通过这样的分裂,那些感性的、生动的形态,那些使得艺术作品之所以为**艺术**作品的形态,就成了无用的累赘,仅仅是摆放在那里的**单纯外壳**或单纯映象。但这就扭曲了艺术作品本身的本性。因为艺术作品不应当把内容放在单纯的普遍性里,而是应当将这种普遍性彻底地个体化,作为感性的个别东西呈现给直观。如果艺术作品不遵循这个原则,而是出于抽象说教的目的强调普遍性,那么生动性和感性因素就仅仅是一个多余的和外在的装饰,艺术作品也成了一个内在破碎的东西,形式和内容不再交融在一起。这样一来,感性的个别东西和精神性的普遍者也是彼此外在的。进而言之,如果艺术的目的被限定为进行**说教**,那么艺术的另一个方面,亦即快慰、娱乐和享受等等,就会被看作本身**无关紧要**的东西,仿佛它们只不过是说教的附庸,只有说教的用处才是实体。这等于说,艺术不是在自身之内承担着它的规定和它的终极目的,而是作为**手段**服务于另一个东西,只能在那个东西里找到它自己的概念。在这种情况下,艺术仅仅是服务于说教目的的诸多手段之一。这样我们就来到了一个界限,在那里,艺术不再以它自己为目的,而是要么被贬低为一种单纯的娱乐游戏,要么被贬低

为一个仅仅服务于说教的手段。

γγ) 如果我们追问, 净化激情和教导人类究竟是为了什么最高的目 标和目的, 这个界限就最为鲜明地显露出来。在近代, 这个目标经常被认 [78] 为是**道德**的改良, 因此艺术的目的在于让偏好和冲动为道德完满做好准 备, 并且把它们导向这个终极目标。这个观念把说教和净化统一起来了, 因为艺术应当让人认识真正的道德上的善, 同时通过说教而要求净化, 从 而把人的改良作为它的用处和最高目的加以实现。

关于艺术和道德改良的关系, 前面关于说教目的的讨论也适用于这 里。不可否认, 艺术就其原则而言不应当故意提倡不道德的东西。但不 提倡不道德的东西是一码事, 不把道德当作艺术呈现的明确目的又是另 一码事。从一切真正的艺术作品里都可以引申出一种良好的道德, 但这 取决于解释, 因此取决于是**谁**引申出道德。我们经常听到有人替那些最 淫秽的描述作辩护, 说什么我们必须首先认识到恶和罪孽, 然后才能够按 照道德去行动; 但反过来也有人指出, 关于抹大拉的美丽妓女玛利亚①的 描述已经引诱很多人去卖淫, 因为艺术让忏悔看起来是如此美好, 仿佛事 先必须去卖淫。关于道德改良的说教如果贯彻到底, 就不会满足于仅仅 能够从一件艺术作品里引申出道德, 而是希望道德说教作为艺术作品的 实体性目的清楚地显露出来, 甚至明确地只允许艺术去呈现道德对象, 比 如道德的品格、行动和事件等等。因为艺术可以选择自己的对象, 不像历 [79] 史或科学那样只能处理给定的材料。

为了能够从这个方面出发在根本上评判艺术以道德为目的的观点, 首先需要追问这个观点所依据的特定的道德立场。如果我们按照"道 德"(Moral) 这个词语在当代的最优意义去仔细考察它的立场, 马上就会 发现, 它的概念并非直接等同于我们通常所说的美德、伦理 (Sittlichkeit)、 正派之类东西。一个在伦理方面有美德的人并不因此就是一个**道德的**

---

① 抹大拉的玛利亚原本是一位妓女, 后皈依耶稣。《圣经》记载其著名的事迹, 包括 用自己的泪水给耶稣洗脚, 看着耶稣在十字架上受难, 并且第一个发现耶稣死而复活等 等。——译者注

人。因为道德包含着对于义务的**反思**和特定意识以及一个起源于这种先行意识的行动。义务本身是意志的法则,而人是从自身出发自由地确定这个法则,并且应当为了义务本身而履行义务,即他之所以行善,仅仅是因为他已经确信这件事情是善。但法则,亦即那个出于本身的缘故被自由的信念和内在的良知选择为行动准绳的义务,本身说来是意志的抽象普遍者,其直接的对立面是自然界,即感性冲动、自私追求、激情以及人们统称为"心灵"的一切东西。对立双方被看作相互**扬弃**的,而由于二者作为相互对立的东西出现在主体之内,所以是主体自己作出决定,究竟选择服从这一方还是另一方。就此而言,这个决定和相应的行动之所以是道德的,只不过是因为它一方面是出自对于义务的自由信念,另一方面不仅克服了特殊的意志、自然的冲动、偏好和激情等等,甚至还克服了一些高[80] 贵的情感和更高级的冲动。因为现代道德观是从普遍的精神性意志和特殊的感性意志(自然意志)的对立出发的,而且它不是看重对立双方的完满和解,而是看重它们的相互斗争,而这个斗争本身就要求冲动在与义务的对抗中缴械投降。

对于意识而言,这个对立不仅出现于道德行动这个局部的领域,而且表现为**自在且自为的东西**与外在实在性和定在的一个彻底割裂和对立。从完全抽象的角度看,这是普遍者和特殊东西之间的顽固对立,而在更具体的情况下,这个对立在自然界里面显现为抽象的规律和大量个别的、本身具有特色的现象之间的对立,在精神里面显现为人的感性因素和精神性因素之间的对立,显现为精神和肉体之间的斗争,为义务而义务的冰冷诚命和特殊兴趣、温暖心灵、感性偏好和冲动等一切个体事物之间的斗争,显现为内在的自由和外在的自然必然性之间的尖锐对立,进而显现为僵死的、内在空洞的概念和完全具体的生命力之间的矛盾,显现为理论或主观思维和客观定在或经验之间的矛盾。

这些对立不是由机智的反思或学院派哲学观点发明出来的,而是自古以来就以各种各样的形式纠缠并扰乱着人的意识,但只有经过近代的教化,它们才激化起来,被驱使着走向最为尖锐的矛盾。这种精神性教化或现代知性在人那里制造出这个对立,让他左右为难,因为他如今必须生 [81] 活在两个相互矛盾的世界里,以至于意识也在这个矛盾里徘徊不定,从这一方被抛到那一方,在任何一方那里都不能得到满足。也就是说,一方面我们看到人被囚禁于普通的现实性和尘世的时间性,受到需要和贫困的压迫,在自然界的驱使下深陷于物质、感性目的及其享受之中,成为自然冲动和激情的奴隶;但另一方面,人又把自己提升到永恒的理念,进入思想和自由的王国,并且作为意志给自己颁布普遍的法则和规定,剥离世界的生机勃勃的现实性,把世界消解在抽象的思想中,因为精神只有通过粗暴无情地对待自然界才能够维持自己的权利和尊严,它必须把它从自然界那里经验到的困苦和暴力回敬给自然界。但生命和意识的这种分裂给现代教化及其知性提出了一个要求,即这样的矛盾必须得到解决。然而知性不可能摆脱这些顽固的对立,因此对于意识而言,矛盾的解决始终是一个单纯的**应当**,而当下的现实性只能焦躁地来回奔走寻找一种和解,却始终徒劳无功。因此我们要问,这种无处不在的对立,这种不能超越单纯的应当和悬设的解决方案的对立,究竟是不是自在且自为的真相和最高的终极目的? 如果普遍的教化都陷入了同样的矛盾,那么哲学的任务就是去扬弃各种对立,亦即表明对立双方作为抽象而片面的东西都不具有真理,毋宁都是一种自行瓦解的东西;真理仅仅在于双方的和解与调和,而这个调和不是一个单纯的要求,而是一个自在且自为地已经得以实现, [82] 并且始终在实现自身的东西。这个认识与朴素的信仰和意愿是直接吻合的,因为后者恰恰总是着眼于这个对立的解决,并且将其当作行动的目的并予以实施。哲学仅仅让我们以思维的方式认识到对立的本质,也就是说,哲学表明真理仅仅在于对立的解决,而且是这种方式的解决,即不是让对立双方**根本不存在**,而是让它们处于和解之中。

既然所谓的终极目的(道德改良)已经暗示着一个更高的立场,我们就必须把这个更高的立场指派给艺术。这样一来,刚才已经指出的那个错误观点就不能成立了,因为它认为艺术作为手段必须通过说教和改良去服务于普通的道德目的和整个世界的终极的道德目的,于是艺术的实体性目的就不是位于艺术自身之内,而是位于别的东西之内。因此如果我们仍然要谈论一个终极目的,首先必须抛弃人们在追问目的并且顺带追问用处的时候坚持的一个错误观念。这个观念的错误之处在于,它认为艺术作品应当与别的东西相关联,把那个东西当作对意识而言本质性的、应当存在的东西,因此艺术作品的意义仅仅在于作为一个有用的工具去实现那个位于艺术领域之外的、独立有效的目的。反之我们必须指出,艺术的职责是以感性的艺术形态的形式去揭示出**真理**,并呈现出那个得到和解的对立,真理在感性艺术形态的形式里揭示,职责在于呈现出那个得到和解的对立,于是艺术的终极目的位于艺术自身之内,位于这个呈现和揭示之内。至于另外的目的,比如说教、净化、改良、追求名利等等,和艺术作品毫不相干,而且并不能规定艺术作品的概念。

[83]

B. 历史上对于艺术的真实概念的演绎

从反思的考察所得出的这个立场来看,我们必须按照一个概念的内在必然性去把握艺术的概念,因为历史上对于艺术的真正重视和认识也是从这个立场出发的。也就是说,我们遭遇到的那个对立既出现在普遍的反思教化之内,也出现在哲学自身之内,而且哲学只有懂得如何在根本上克服这个对立之后,才掌握了它自己的概念,随之也掌握了自然界的概念和艺术的概念。

因此这个立场不仅一般地标志着哲学的重新觉醒,也标志着艺术科学的重新觉醒。真正说来,正是由于这个重新觉醒,美学作为一门科学才真正产生出来,艺术也才获得更高的地位。

因此我希望简略谈谈我对于这个过渡的历史进程的看法,一方面是为了历史本身,另一方面是因为这样可以进一步澄清那些为我们的后续研究奠定了基础的关键立场。这个基础按照其最普遍的规定来说就是:艺术美已经被认识到是那样一些手段之一,这些手段能够解决内在抽象的精神和自然界——既指外在地显现出来的自然界,也指主观的情感和心灵的内在的自然界——之间的对立和矛盾,并且把它们导向统一体。

1. 康德哲学

康德哲学不仅察觉到了对于这个统一点的需要,而且对这个统一点有明确的认识和展示。总的说来,无论是对于理智还是对于意志,康德都 [84] 把一种与自身关联的合理性,一种自由,一种在自身之内发现并知道自己是无限者的自我意识,当作基础;对于理性的这种内在绝对性的认识构成了近代哲学的转折点,而这个绝对的出发点必须得到承认,不容反驳,哪怕我们认为康德哲学是有缺陷的。但康德重新落入主观思维和客观对象之间、意志的抽象普遍性和感性个别性之间的顽固对立,尤其是把前面提到的道德的对立当作最重要的对立予以强调,因为他认为精神的实践方面高于理论方面。面对这些通过知性思维认识到的顽固对立,康德别无他法,只能把统一体称作理性的主观理念的形式,却不能证明有一种与这个形式匹配的现实性;同样,悬设(Postulate)虽然是从实践理性中演绎出来的,但它们的本质上的自在体(Ansich)却不能通过思维而加以认识,而且它们在实践上的满足始终只是一个单纯的、无限推迟的应当。因此,康德虽然想到了一个已经和解的矛盾,但既不能以科学的方式展开这个矛盾的真正本质,也不能表明它是真实的和唯一现实的东西。当然,康德还是前进了一步,因为他在所谓的**直觉知性**里重新发现了他所要求的统一体;但即使在这里,他仍然止步于主观性和客观性的对立,因此他虽然提出了概念和实在性、普遍性和特殊性、知性和感性之类对立的抽象解决方案,随之提出了理念,但他又把这种解决或和解当作一个单纯**主观的**解决,而不是当作一个自在且自为地真实的和现实的解决。从这一点来看, [85] 他的那部考察审美判断力和目的论判断力的《判断力批判》是很有启发性和值得注意的。通过自然界和艺术里的美的对象(合乎目的的自然产物),康德达到了有机体和生命力的概念,但他只是从主观的方面亦即进行判断的反思出发去考察那些对象。康德把一般的判断力定义为"这样一种能力,把特殊东西作为包含在普遍者下面而加以思考",然后把那种"为单纯给定的特殊东西找到普遍者"的判断力称作**反思的**判断力。① 为了做到这一点,判断力需要一个法则或原则,同时必须自己给予自己这个法则,而这个法则在康德看来就是**合目的性**。在实践理性的自由概念里,目的的实现始终是一个单纯的应当;但在目的论判断里,康德又通过生命力的概念去考察活生生的有机体,也就是说,概念或普遍者在这里仍然包含着特殊东西,而且它作为目的不是顺应外部情况,而是从内部出发去规定特殊的和外在的东西(各个环节的性质),让特殊东西本身就符合目的。但康德又宣称,这样的判断不是让我们去认识对象的客观本性,而是仅仅表达出一个主观的反思方式。相应地,在他看来,**审美**判断既不是产生于单纯的知性(概念的能力),也不是产生于单纯的感性直观及其丰富的杂多性,而是产生于知性和想象力的自由游戏。通过这两种认识能力的交融,对象就与主体及其舒适愉悦的感觉发生关系。

[86]   a)但首先,这种愉悦不应当有任何利益关切,也就是说,不应当与我们的**欲求能力**有关。比如当我们关心一个东西是否能够满足我们的感性需要,或产生出占有和使用一个东西的欲望,这时对象的重要性就不是取决于它们自身,而是取决于我们的需要。这样一来,存在者的价值就仅仅取决于这样的需要,而在这个关系里,一边是对象,另一边是一个规定,这个规定本身不同于对象,但被我们强加在对象身上。比如当我想要吃掉一个对象获得营养,这个关切就仅仅出现在我这边,对于客体本身来说始终是陌生的。但康德指出,我们和美的关系不是这样的。审美判断让外在的现有事物自由地独自存在着,并且是从客体本身所引起的一种快感出发的,也就是说,这种快感容许对象把自己当作自己的目的。正如我们前面已经看到的,这是一个重要的观点。

  b)其次,康德说,美应当是那种无需借助概念(亦即知性的范畴)就成为一种**普遍的**快感的客体的东西。只有一个有教养的精神才有资格评

---

① 康德《判断力批判》导论,第 IV 节。——原编者注

判美,反之那些只懂得吃喝拉撒的人不可能作出审美判断,因为这种判断要求普遍有效性。诚然,单纯的普遍者是一个抽象的东西;但那个自在且自为的真相本身就肩负着一个规定和要求,也成为普遍有效的东西。在这个意义上,美也应当得到普遍的承认,尽管单纯的知性概念不能提供审美判断。比如个别行动中的善和正义就被统摄在普遍的概念下面,如果一个行动能够符合这些概念,就被认为是一个善的行动。反之美应当无需借助这类概念就直接唤起一种普遍的快感,而这无非意味着,我们在观 [87] 察美的时候没有意识到概念以及概念的统摄关系,没有像普通判断那样割裂个别的对象和普遍的规定。

c)第三,美应当具有**合目的性**的形式,好比我们在一个对象那里无需借助一个目的的观念就知觉到合目的性那样。这在根本上只是重复了前面所说的观点。任何一个自然产物,比如一株植物或一个动物,都是一个具有合目的性的有机体,并且在这种合目的性中直接摆在我们面前,以至于我们不能单独提出目的的观念,将其与这个有机体的当前的实在性区分开。对我们而言,美也应当作为合目的性按照这个方式显现出来。在有限的合目的性里,目的和手段始终是彼此外在的,因为目的和实现目的的材料之间没有本质上的内在关联。在这种情况下,目的的观念本身不同于那个看起来实现了目的的对象。与此相反,美作为一种合乎目的的东西存在于自身之内,手段和目的也没有表现为两个分裂的方面。比如有机体的各个肢体的目的就是那种在肢体之内本身现实地存在着的生命力;当这些肢体脱落,就不再是肢体。因为在生命力里,目的和目的的材料是直接统一起来的,以至于只有包含着目的的东西才能够存在。从这个方面来看,合目的性不应当是一个附加在美身上的外在形式,毋宁说内核和外观的合乎目的的一致应当是美的对象的内在本性。

d)第四,按照康德的看法,美应当无需借助概念就成为一种**必然的**快感的对象。必然性是一个抽象的范畴,所指的是两个方面的一个内在的 [88]本质关系;如果一方存在,或者说因为一方存在,另一方也就存在。一方在它的规定里同时包含着另一方,比如原因离开作用就是毫无意义的。美在

55

与概念(亦即知性范畴)毫无关系的情况下就包含着这样一种必然的快感。比如,虽然那些依据一个知性概念而造出的合乎规则的东西让我们感到愉悦,但康德认为这样的快感所要求的不止是知性概念的统一体和均匀性。

在康德的所有这些论点里面,我们发现这样一件事情,即那些通常在我们的意识里被假定为分离的东西也是不可分裂的。这种分裂在美那里被扬弃了,因为普遍者和特殊东西、目的和手段、概念和对象完全交融在一起。就此而言,康德把**艺术美**也看作特殊东西在符合概念的情况下形成的一致性。单纯的特殊东西不仅相互之间是偶然的,对普遍者而言也是偶然的;但在艺术美里,这些偶然的东西,比如感官、情感、心灵、偏好等等,不仅被**统摄**在普遍的知性范畴下面并**服从**一个抽象而普遍的自由概念,而且与普遍者这样结合在一起,即特殊东西表明自己内在地和自在且自为地符合普遍者。这样一来,艺术美成为思想的形体,而且艺术美的材料不是由思想外在地加以规定的,而是自由地存在着,也就是说,自然的、感性的东西和心灵等等本身就具有尺度、目的和一致性,而直观和感受也被提升为精神性的普遍性,与此同时,思想不仅摆脱了对自然界的敌意,而且在自然界之内得到升华,而感受、愉快和享受也得到辩护并且成为神圣的东西;这样一来,自然界和自由、感性和概念就在**同一个东西**之内获得了它们的权利和满足。尽管如此,这个看起来完满的和解无论对于艺术批评而言还是对于艺术创作而言都仅仅是主观的,不是自在且自为的真相和现实东西本身。

以上就是康德的批判哲学在我们目前可能感兴趣的几个问题上的主要结论。康德哲学构成了真正理解把握艺术美的出发点,但这种理解把握只有克服康德的缺陷之后,才能够在更高的层次上掌握必然性和自由、特殊东西和普遍者、感性和理性的真实统一体。

2. 席勒、温克尔曼、谢林

必须承认,一位深邃的、同时热爱哲学思考的人物首先凭借他的艺术

[89]

领悟力去反对思想的那种抽象无限性,反对那种为义务而义务的做法,反对那种无形态的知性——它把自然界和现实性,把感官和感受仅仅当作一个**限制**或一种彻底敌对的东西,并且在哲学自身还没有认识到总体性与和解之前就已经提出了这方面的要求。我们必须承认,席勒的伟大功绩在于克服了康德的主观性和抽象思维,并且敢于超越这些缺陷,试图以思维的方式把统一体与和解理解为真相,然后以艺术的方式去实现这个真相。因为席勒在他的美学研究中并不是仅仅局限于艺术及其关心的东西,却不考虑这些东西与真正的哲学的关系,而是把他对于艺术美的兴趣与哲学原则进行比较,然后才从这些原则出发并且带着这些原则去探究美的更深刻的本性和概念。正如我们看到的,他在某个创作时期沉迷于思考,哪怕为此牺牲了艺术作品的朴素的美。从他的某些诗作可以看出,[90] 他是故意进行抽象的反思,并且确实对哲学概念感兴趣。有人因此谴责他,尤其是拿歌德的那种始终保持平静的、不受概念侵扰的朴素性和客观性作为参照物去反对他和贬低他。但在这件事情上,席勒作为诗人只不过是替他的时代还债,而这种折磨正是这个崇高的灵魂和深刻的心灵的荣耀之所在,并且让科学和知识受益。

正是在同一个时代,这种科学热情也促使歌德离开他的专门领域,离开诗歌艺术;总的说来,席勒沉迷于考察**精神**的内在深度,而歌德的独特兴趣在于艺术的**自然**方面,即外在的自然界,比如植物和动物的有机结构、结晶体、云的形成、颜色等等。歌德把他伟大的领悟力应用于科学研究,在这些领域里推翻了单纯的知性研究及其谬误,反之席勒则是在意愿和思维的领域里拒斥知性研究,力图确立美的自由的总体性的理念。席勒关于艺术的本性的这些真知灼见体现于他的一系列著作,尤其是《审美教育书简》里。在这部著作里,席勒的基本出发点是:每一个人在自身之内都有成为一个理想的人的禀赋。国家代表着这个真正意义上的人,因为它是一个客观的、普遍的、仿佛公理化的形式,在其中,个别主体的杂多性致力于把自己整合为统一体。至于时间中的人如何与理念中的人合而为一,可以设想两种方式;也就是说,第一种方式是国家作为伦理、法律 [91]

和理智的种属扬弃个体性,第二种方式是个体把自己提升为种属,时间中的人把自己尊奉为理念中的人。现在,理性要求单纯的统一体或种属,而自然界则要求杂多性和个体性,因此人必须同时服从两种立法。但在对立双方的冲突中,审美教育恰恰应当满足它们的调和与和解的要求,因为在席勒看来,审美教育致力于这样塑造偏好、感性、冲动和心灵,即让它们本身成为合乎理性的,从而也让理性、自由和精神性摆脱它们的抽象性,与这个本身已经合乎理性的自然方面结合在一起,在其中获得血肉。也就是说,美被看作理性与感性的一体化塑造(Ineinsbildung),而这个一体化塑造又被看作真正现实的东西。一般而言,席勒在《秀美和尊严》和许多诗歌里已经表达出这个观点,而且他尤其赞美妇女,因为他恰恰在妇女的性格里认识到精神性因素和自然因素的这种浑然天成的结合。

席勒以科学的方式把普遍者和特殊东西、自由和必然性、精神性因素和自然因素的这个**统一体**理解为艺术的原则和本质,并且孜孜不倦地力图通过艺术和审美教育而让这个统一体进入现实的生活。随后在谢林那里,这个统一体**作为理念本身**成为认识和存在的本原,理念也被认识到是唯一真实的和现实的东西,而科学因此攀登上它的绝对的立场;如果说席勒已经开始让艺术通过与人的最高旨趣相关联来主张自己的独特本性和尊严,那么谢林则是发现了艺术的**概念**和科学地位,并且按照其崇高而真实的规定接纳了艺术,尽管这种接纳从一个方面来看有失偏颇(关于这一点,这里没办法详谈)。当然,温克尔曼①早就已经通过直观古代的理想得到启发,为艺术考察展示出一种新颖的领悟力,并且强烈要求艺术考察不要局限于日常目的和单纯模仿自然界之类视角,而是在艺术史的艺术作品里寻找艺术理念。因为温克尔曼属于那样一类人,他们在艺术的领域里擅长为精神发明一个新颖的官能和一种全新的考察方式。但在艺术的理论和科学知识方面,他的观点没有产生多大影响。

[92]

---

① 温克尔曼(Johann Joachim Winckelmann,1717-1768),德国文艺理论家和艺术史家。——译者注

至于接下来的发展过程,简单地说是这样的:伴随着哲学理念的重新觉醒,热衷于标新立异的奥古斯特·威廉·施莱格尔①和弗利德里希·冯·施莱格尔②也生出觊觎之心,但因为他们不太懂哲学,毋宁在本质上是**批评家**,所以只能在他们的能力范围之内接受哲学理念。简言之,这两兄弟还不够格从事思辨的思考,但他们仍然凭借自己的批评才华接近了理念的立场,然后以直言不讳和勇于革新的形象(虽然其中只有稀少的哲学成分)去猛烈抨击迄今的各种观点,并且确实在艺术的各个分支里面引入了一个新的评价尺度,提出了一些比他们反对的观点更高明的观点。但由于他们在进行批评的时候对他们使用的尺度没有深刻的哲学认识,所以这个尺度是某种不确定的、动摇不定的东西,以至于他们做起事情来时而太过、时而不及。诚然,我们必须承认他们作出的一些贡献,包括带着热爱去颂扬和推崇一些陈旧的、在当时遭到蔑视的东西,比如早期的意大利和荷兰的绘画,《尼贝龙根之歌》③等等,并且满怀热情地学习和 [93] 讲授人们不太熟悉的一些东西,比如印度的诗歌和神话,甚至给予这段时期过高的评价;但没过多久,他们又堕落如斯,不但对一些平庸的东西(比如霍尔贝格④的喜剧)推崇备至,而且断言那些只有相对价值的东西具有普遍的价值,甚至厚颜无耻地把一个错误的路线和许多低级的观点当作最高成就来顶礼膜拜。

3. 反讽

各式各样的所谓的**反讽**(Ironie)就是从弗利德里希·冯·施莱格尔

---

① 奥古斯特·威廉·施莱格尔(August Wilhelm Schlegel, 1767–1845),德国文艺理论家和翻译家。——译者注

② 弗利德里希·冯·施莱格尔(Friedrich von Schlegel, 1772–1849),德国哲学家。——译者注

③ 《尼贝龙根之歌》(Nibelungenslied)是一部出现于13世纪的德语史诗,作者不明。——译者注

④ 霍尔贝格(Ludvig Holberg, 1684–1754),丹麦文学家。——译者注

的这个路线,尤其是从他的观点和学说发展出来的。从某一个方面来看,反讽的更深刻的根源是费希特的哲学,也就是说,反讽是把这种哲学的本原应用于艺术得出的结果。弗利德里希·冯·施莱格尔和谢林一样都是从费希特的立场出发,但谢林的目标是完全超越这个立场,而施莱格尔的目标是以自己的方式改造这个立场,然后从中挣脱出来。至于费希特的观点与反讽路线的密切关系,我们只需要强调如下几点即可。

首先,费希特把自我,亦即那个保持为绝对抽象和形式意义上的自我,确立为一切知识、一切理性和认识的绝对本原。

其次,这个自我本身是绝对单纯的,也就是说,一方面看来,任何特殊性和规定性,任何内容都在其中遭到否定——因为一切事物都淹没在这个抽象的自由和统一体里面;另一方面看来,任何内容如果对自我有效,都仅仅是由自我所设定和所承认的。凡是存在的东西,都仅仅通过自我而存在,凡是通过自我而存在的东西,自我同样可以重新将其消灭。

[94]　　如果停留在这些起源于抽象自我的绝对性的完全空洞的形式上,那么没有任何东西**自在且自为地**本身看来就具有价值,毋宁都是通过自我的主观性制造出来的。这样一来,自我也可以保持为一切东西的主宰和掌控者,无论是在伦理和法律的层面,还是在人性和神性或世俗和神圣的层面,一切东西都仅仅是由自我所设定的,因此同样只能被自我消灭。在这个意义上,一切自在且自为地存在着的东西都仅仅是一个**映象**,并非由于自身和通过自身就是真实的和现实的,毋宁只是自我的一种单纯的**映现活动**,只能按照自我的权力和意愿被随便摆布。一切东西究竟是具有意义还是应当被扬弃,都取决于自我的喜好,因为自我本身已经是绝对的自我。

第三,自我是一个**活生生的**、行动着的个体,而他的生命就在于能够把它的个体性展现在自己和别人面前,并且把自己外化为现象。因为每一个人在活着的时候都力图实现自己并且已经实现自己。就美和艺术而言,这件事情的**意义**就在于作为艺术家而活着,并且以**艺术**的方式刻画他的生命。但按照这个原则,只有当我的全部行动和外化活动——就其涉及某个内容而言——对我自己始终是一个**映象**,而且其形态完全是由我自己掌控的,我才作为艺术家而活着。因此无论是对于这个内容,还是对于这个内容的外化和实现,我都不会抱着真正**严肃的态度**。因为真正严肃的态度仅仅出自于一个实体性的兴趣,出自于一件充满内涵的事情(比如真理、伦理等等),出自于一个本身对我而言已经根本重要的内容,因此只有当我沉浸在这样的内涵里,而且我的全部知识和行动都符合它,我对于自己而言才是根本重要的。当那个从自身出发设定一切和消灭一切的自我在这个立场上成为艺术家,就没有什么内容在意识看来是绝对的和自在且自为的,毋宁都是一个由它自己制造出来的、可以消灭的映象,而那种真正严肃的态度也不可能出现,因为只有自我的形式主义才是有效的——虽然我在别人面前表现出严肃的样子,让他们觉得我确实是关注事情本身,但这些目光短浅的可怜虫只不过是被我骗了,根本没有能力理解和达到我的崇高立场。因此我发现,并非每一个人都具有我这样的自由(亦即形式上的自由),能够看出通常所说的一切具有价值、尊严和神圣性的东西只不过是我自己出于喜好制造出来的产物,既可以通过这些东西来规定自己和满足自己,也可以不这样做。如今这种反讽式艺术家在生活中表现出来的本事被看作一种**神性的天才**,对它而言,一切东西和每一个东西都仅仅是一个无本质的受造物,而高高在上的创造者并不受它们约束,因为他既可以创造,也可以消灭这些东西。凡是自认为具有这种神性天才的人,都可以高傲地俯视狭隘而肤浅的芸芸众生,因为他们仍然把法律和伦理之类当作坚固的、有约束力的和根本重要的东西。这种过着艺术家生活的人虽然也与别人发生关系,也会有朋友、情人等等,但与此同时,在作为天才的他看来,这样的关系无论是对于他的特定的现实性和特殊的行动,还是对于自在且自为的普遍者,都是一种虚幻的东西,因此他对这一切都抱着反讽的态度。

　　以上所说的就是天才的神性反讽的普遍意义,即自我聚焦于自身,无视一切约束,只愿意生活在自恋的极乐中。这种反讽是弗利德里希·冯·施莱格尔先生发明的,而且过去和现在都有很多人跟在他后面鹦鹉

[95]

学舌。

[96]　　　至于反讽的这种否定性的首要形式,有两种表现。一方面,它认为一切现实的、伦理的、充满内涵的东西都是**虚妄的**,认为一切客观的、自在且自为地有效的东西是虚幻的;如果自我停留于这个立场,就会觉得除了自己的主观性之外一切东西都是虚幻而虚妄的,殊不知这种主观性因此变得空洞无聊,本身也成为**虚妄**。另一方面,自我在这种自恋中也得不到满足,而是必定会觉得自己也有缺陷,从而渴求坚固的和实体性的东西,渴求一些特定的、根本重要的兴趣。这样一来,就出现了哀怨和矛盾,即主体一方面想要深入了解真理并追求客观性,另一方面又不能离开这种内在的孤独和自闭,不能摆脱这种无法满足的、抽象的内心生活,而是落入我们在费希特哲学那里也清楚看到的一种自恋。安静软弱的自我没有能力去行动和接触任何东西,既不想放弃内在的和解,又想追求实在性和绝对性,因此它虽然保持为内在纯粹的东西,但终究是不真实的、空洞的,而在这种不满之中,产生出一种病态的优美灵魂和自恋。因为真正优美的灵魂是要采取行动的,是现实的。但那种自恋仅仅察觉到空洞的、虚妄的主体的虚幻状态,却没有能力摆脱这种虚妄,用实体性的内容满足自己。

　　　当然,这种反讽在成为艺术的形式之后,并没有止步于仅仅以艺术的方式去刻画反讽主体自己的生活和特殊个体性,毋宁说,艺术家除了创作表现他自己的行动的艺术作品之外,还应当创作表现想象的外在的艺术
[97]　作品。这些创作基本上只能出现在诗歌里,而它们的原则仍然是把神性东西表现为反讽的东西。但反讽作为天才的个体性关心的是辉煌的、伟大的、杰出的事物的自我消灭,因此客观的艺术形态也必须仅仅呈现绝对主观性的原则,也就是说,把通常认为具有价值和尊严的东西表现为一种自我消灭的虚幻东西。这里的意思是,它不但不以严肃的态度对待法律、伦理和真相,而且根本不承认什么崇高的和美好的东西,因为它通过个体、性格、行动之类现象自己反驳自己,自己消灭自己,从而同时是一种对于它自己的反讽。这个形式抽象地看来近似于喜剧原则,但尽管有这种相似性,喜剧和反讽却有着本质上的区别。因为喜剧有一个限制,即凡是

自己把自己消灭的,本身必定是一种虚幻的东西,一个虚假的和自相矛盾的现象,比如无病呻吟、自私、执拗而古怪的情绪,或一个自以为是的原理和固定准则。反之如果把那些实际上符合伦理的、真实的东西或任何实体性的内容在一个个体那里并且通过他而展现为虚幻的东西,这就完全是另一回事了。因为这样的个体按照其性格而言就是虚幻的和可鄙的,而现在所展现的也是他的孱弱和平庸。因此,反讽和喜剧的区别在本质上取决于被摧毁的东西的**内涵**。有些人不能坚持稳固而重要的目的,而是将其放弃并听任其毁灭,因此他们是一些糟糕的、碌碌无为的人。反讽就喜欢去挖苦这样的平庸。因为真正的性格在于一方面把根本重要的内涵当作目的,另一方面坚持这些目的,以至于一个人如果放弃这些目的,就会生不 [98] 如死。这种坚定性和实体性构成了性格的基调。加图①仅仅作为罗马人,作为共和制的拥护者而活着。但如果把反讽当作呈现的基调,就等于把最违背艺术的东西当作艺术作品的真正原则。因为一方面会出现肤浅的人物形象,另一方面会出现无所节制的东西,因为实体性东西在其中表明自己是虚幻的东西,甚至还会出现一些心灵的那种自恋和不可解决的矛盾。这样不但会出现一些呆板的人物形象,也会出现一些毫无内涵的人物形象,让实体性东西看起来是虚幻的,甚至会出现前面所说的那种心灵的自恋和不可解决的矛盾。这样的呈现根本不可能唤醒真正的兴趣。正因如此,那些鼓吹反讽的人经常抱怨公众缺乏深刻的思想、艺术观点和天才,不理解反讽的这种崇高意义;这等于说,他们抱怨公众不喜欢这种普通的、幼稚而平庸的东西。但这些毫无内涵的、自恋的东西不讨人喜欢,这恰恰是一件好事,而我们欣慰地看到,人们并不赞许这种诡诈和虚伪,而是既追求那些丰富而真实的兴趣,也追求那些对重要的内涵忠贞不渝的性格。

此外还需要指出一个历史事实,即主要是索尔格②和路德维希·蒂

---

① 加图(Marcus Porcius Cato,公元前 234—公元前 149),罗马政治家。——译者注
② 索尔格(Karl Wilhelm Ferdinand Solger,1780–1819),德国浪漫派作家和文艺理论家。——译者注

克①主张反讽是艺术的最高原则。

索尔格本来值得详细讨论②,但我们在这里只能简略谈谈。索尔格不像其余的人那样满足于肤浅的哲学修养,而是发自内心地追求真正的思辨,并且在这个动力的驱使之下深入探究哲学理念。在这些方面,他认识到了理念的辩证环节,即我所说的"无限的绝对否定性"这个点,认识[99]到理念的活动在于作为无限者和普遍者自己否定自己,成为有限性和特殊性,同时又扬弃这种否定性,从而在有限者和特殊东西之内重新制造出普遍者和无限者。索尔格执着于这种否定性;不可否认,这种否定性是思辨理念内部的一个**环节**,但它作为无限者和有限者的单纯辩证的躁动和瓦解,也**仅仅是一个环节**,而非如索尔格所希望的那样是**整个理念**。遗憾的是,索尔格英年早逝,未能具体地阐发哲学理念。因此他也止步于那种与反讽相似的否定性,即去消解特定的东西和本身具有实体性的东西,并且把它看作艺术活动的原则。但索尔格在现实生活中是一个坚定、严肃而卓有成就的人,不是前面描述的那种反讽式艺术家,而且他通过长期研究艺术而获得的对于真正艺术作品的深刻领悟力也和反讽无关。以上是从生平、哲学和艺术等方面对索尔格的辩护,而这足以把他和当代的那些反讽信徒区分开。

至于路德维希·蒂克,他的观点也是形成于那个以耶拿为精神核心的时期。蒂克和另外那些高雅人士虽然天天把反讽之类说法挂在嘴边,却不解释它们究竟是什么意思。他总是提倡反讽,但当他自己去评价伟大的艺术作品时,他对这些作品的伟大特征的认识和描述却是很深刻的;有些人以为,现在是绝佳的时机去展示反讽在诸如《罗密欧与朱丽叶》这样的作品里的表现,但他们很快大失所望,因为蒂克在评价这部作品的时候根本没有提到反讽。

---

① 路德维希·蒂克(Ludwig Tieck,1773-1853),德国浪漫派作家。——译者注
② 参阅索尔格的两卷本《埃尔文;关于美和艺术的四篇对话》(*Erwin. Vier Gespräche über das Schöne und die Kunst*),柏林 1815 年版。——原编者注

四、全书的划分

经过以上讨论,现在是时候去考察我们的对象本身了。但我们仍然处在导论的阶段,而这个导论目前唯一能够做的事情,就是为我们随后的科学考察的总体进程给出一个概观。我们既然已经指出艺术起源于绝对理念本身,甚至已经宣称绝对者本身的感性呈现是艺术的目的,那么我们在提出这个概观的时候必须采用这个方法,即至少以最概括的方式表明,艺术的特殊部分作为绝对者的呈现如何起源于一般的艺术美的概念。正因如此,我们也必须尝试让读者以最概括的方式大致了解这个概念。

我们已经说过,艺术的内容是理念,艺术的形式是感性的、形象化的形态。现在艺术应当调和这两个方面,使其成为一种自由的、已经和解的总体性。这里的**第一个**规定或要求,就是艺术所呈现的内容必须表明自己能够胜任这个呈现,否则我们只能得到一种糟糕的结合,即一个不适合形象化和外在现象的内容偏偏应当接纳这个形式,或者说一个本身很枯燥的材料偏偏应当在一个与它的本性相对立的形式里找到适合它的显现方式。

由此派生出来的**第二个**要求是,艺术的内容本身不应当是一个**抽象东西**,但这并非仅仅指它应当是感性事物那样的具体东西,却反过来把一切精神性东西和思想当作内在单纯的和抽象的东西。因为在精神和自然界里,一切真实的东西在其自身之内都是具体的,虽然具有普遍性,但同时在自身之内也具有主观性和特殊性。比如,当我们说"上帝是单纯的太一"或"上帝是最高本质本身",这就仅仅说出了不合乎理性的知性的一个僵死的抽象东西。这样的上帝不是在其具体的真理中被把握的,因

65

此没有给艺术尤其是造型艺术提供任何内容。犹太人和土耳其人的上帝绝非仅仅是知性所理解的抽象东西,因此他们不可能像基督徒那样以一种肯定的方式借助于艺术去呈现他们的上帝。基督教的上帝在其真理中——从而在其自身之内——是绝对具体的,因此表现为人格和主体,并且按照一个更深刻的规定性呈现为精神。按照宗教的理解,上帝作为精神所展现出来的是三个人格,但这个"三"本身同时是"一"。在这里,既有本质性、普遍性和特殊化,也有它们的已和解的统一体,而这样的统一体才是具体的东西。简言之,正如一个内容只有作为具体的东西才是真实的,艺术也要求同样的具体性,因为单纯抽象的普遍者本身并不能走向特殊化和现象,不能在它们之内成为一个自身统一体。

第三,如果一个感性的形式或形态应当符合一个真实的、因而具体的内容,那么这个形式必须是一个个体的、内在完整的具体东西和个别东西。只有当艺术的两个方面(内容和呈现)都是具体的东西,二者才能够合而为一,彼此符合,比如人体的自然形态就是这样的感性的具体东西,能够呈现出内在具体的精神并表明自己与之符合。因此我们必须抛弃一个看法,仿佛外在世界的一个现实现象被当作这样的真实形态,这件事情纯属偶然。艺术之所以抓住这个形式,既不是因为这个形式是现成的,也不是因为没有别的形式,而是因为具体的内容本身就把外在的、现实的乃至感性的现象当作它的一个环节。这个感性的具体东西,其身上已经带有一个就其本质而言精神性的内涵的烙印,而它本质上也是为了内核而存在;通过形态的外表,内容成为可直观和可表象的东西,而且这个外表的目的仅仅在于为了我们的心灵和精神而存在。唯有基于这个理由,内容和艺术形态才达到了一体化塑造。但**单纯**感性的具体东西,外在的自然界本身,却不是仅仅起源于这个目的。鸟儿的羽毛在没人看见的时候也是五彩斑斓的,它们的歌声在没人听见的时候也会响起;只绽放一夜的火炬蓟独自在荒无人烟的南方森林里凋谢,这些森林即使充满了最为美丽繁盛的草木,弥漫着最为浓郁香甜的芬芳,也在无人欣赏的情况下枯萎腐烂。但艺术作品并不是这样无拘无束地独自存在着,毋宁说,它在本质

[102]

上是一种对于知音的询问和攀谈,一种对于心灵和精神的召唤。

虽然从上述情况来看,艺术的感性化不是偶然的,但反过来也必须指出,它并不是把握精神性具体东西的最高方式。相比通过感性的具体东西来呈现,思维是一个更高的形式,它虽然在相对的意义上是抽象的,但为了成为真实的和合乎理性的东西,它必须不是片面的而是具体的思维。如果我们拿希腊诸神和基督教所理解的上帝来比较,就会立即发现这个区别,即一个特定的内容是应当把感性的艺术呈现当作适合它的形式呢,还是就其本性而言在本质上需要一个更高的、精神性的形式。希腊的神不是抽象的,而是个体的,接近于自然形态;基督教的上帝虽然也是具体的人格性,但这种人格性是**纯粹的**精神性,并且应当在精神之内被认识到是**精神**。就此而言,上帝的定在要素是内在的知识,而不是外在的自然形态,因为通过这个形态,上帝只能以不完满的方式,而不是按照他的概念的完全深度呈现出来。 〔103〕

既然艺术的任务在于以感性的形态,而非以思维和纯粹精神性的形式把理念呈现给直接的直观,而且,既然这种呈现的价值和尊严在于理念及其形态这两个方面的符合和统一,那么艺术在那个适合它的概念的实在性里所具有的崇高性和卓越性,就取决于理念和形态的相互塑造所达到的内在交融的程度。

艺术科学的划分根据就在于这一点,即更高的真理作为精神性的真理获得了一个适合精神的概念的形态。因为精神在达到自己的绝对本质的真正概念之前,必须经历一个由这个概念本身奠定的逐级上升的进程,即精神自身生发出的内容的进程,与此相对应的,是各种艺术形态的一个与之直接联系在一起的进程,在这些艺术形态的形式里,精神作为艺术精神自行达到了自我意识。

艺术精神之内的这个进程按照其自己本性而言,又有两个方面。也就是说,**第一**,这个发展过程本身是一个**精神性的**、**普遍的**发展过程,因为逐级规定的**世界观**作为一种以自然事物、人性东西和神性东西为对象的意识,虽然具有规定性,却是无所不包的,能够以艺术的方式自己给予自己以形态;**第二**,这个内在的发展过程必须为自己提供直接的实存和感性的定在,而感性的艺术定在的各种特定方式本身是艺术的各种必然的区别——各门**特殊的艺术**——的一种总体性。一方面看来,艺术形态及其各种区别作为精神性的东西具有普遍性,并不受限于**唯一的**材料,而感性定在本身是千差万别的;另一方面看来,因为感性定在本身和精神一样都把概念当作自己的灵魂,所以在这种情况下,一个特定的感性材料和艺术形态的各种精神性区别和形式具有一个更密切的关系和一种秘密的一致性。

[104]

因此完整地看来,我们的科学划分为三个主要部分。

第一,我们得到一个**普遍的**部分。它的内容和对象是作为**理想的**艺术美的普遍理念,以及理想一方面与自然界的密切关系,另一方面与主观的艺术创作的密切关系。

第二,从艺术美的概念发展出一个**特殊的**部分,即这个概念本身包含着的各种本质性区别演化为逐级上升的特殊的形态分化形式。

第三,**最后的**一个部分必须考察艺术美的个别化,即艺术推进到它的各种形象的感性实现,形成一个由个别艺术及其种属构成的体系。

I.关于第一个部分和第二个部分,为了澄清后面所说的情况,首先必须指出,作为艺术美的理念不是理念本身,亦即不是一种形而上的逻辑学理解为绝对者的那个理念,而是一个推进到现实性的形态,与这个现实性直接对应和统一起来的理念。因为**理念本身**虽然是自在且自为的真相本身,但真相在这里仅仅是一种尚未客观化的普遍性;反之作为**艺术美的理念**是一个带有更具体的规定的理念,也就是说,它在本质上既是个体的现实性,也是现实性的一个个体形态,能够让理念在它自身之内显现出来。

[105]

这样就提出了一个要求,即理念和它的形态分化(具体的现实性)应当被造成彼此完全适合。按照这个理解,理念作为一个在形态上符合其概念的现实性,就是**理想**。可能有些人会完全在形式上去理解这样的符合,仿佛理念可以是**这个**或**那个**理念,而且只要是现实的形态(无论是哪一个），都可以恰恰呈现出这个特定的理念。但这就把我们所要求的理想的**真理**和单纯的**正确性**混为一谈，因为后者就是以恰当的方式表现出某个意义，从而只要看到一个形态就可以立即认识到它的意义。但理想不是这个意思。因为虽然一个内容能够以它的本质为尺度完全恰当地呈现出来，但并不因此有资格被称作理想的艺术美。甚至可以说，相比于理想的美，这种呈现看起来是有缺陷的。就此而言，这里可以预先指出一件后面将会得到证明的事情，即艺术作品的缺陷并非总是归咎于主体方面的笨拙，毋宁说，**内容的缺陷**也会导致**形式的缺陷**。比如通过中国人、印度人、埃及人的神像和偶像等艺术形态可以看出，他们要么缺乏形式，要么拘泥于糟糕的、不具有真实规定性的形式，不能掌握真正的美，因为他们的神话观念，他们的艺术作品的内容和思想，本身仍然不具有规定性，或者说只具有糟糕的规定性，不是一个绝对的内容。在这个意义上，愈是卓越的艺术作品，其内容和思想也愈是具有深刻的内在真理。但我们在这里不要只想到那种按照自然形态在外在现实性里的样子去把握和模仿它们的技巧的熟练程度。因为在艺术意识和艺术呈现的某些层次上，对自 [106] 然形象的舍弃和扭曲不是出于无心之失或技巧生疏，而是出于一种故意的改变，这种改变是从意识里面的内容出发并由其决定的。因此存在着一些从这个方面来看不完满的艺术，也就是说，它们虽然从技巧和别的角度来看在**它们的特定层面**里做到了尽善尽美，但从艺术本身的概念和理想的角度来看却是有缺陷的。只有在最高的艺术里，理念和呈现才做到了彼此真正符合，即理念的形态本身就是一个自在且自为的真实形态，因为理念表达出的内容本身就是一个真实的内容。正如已经指出的，这要求理念在其自身之内并且通过自身被规定为具体的总体性，从而把它自己当作特殊化和现象的规定性的原则和尺度。比如基督教的想象只能通过人的形态及其**精神性**表现去呈现上帝，因为上帝本身在这里完完全全被认识到是**精神**。规定性仿佛是通往现象的桥梁。当这种规定性不是一种从理念本身流溢出的总体性，当理念不是被看作一个自己规定自己并将自己特殊化的理念，它就始终是抽象的，并且不是在自身之内，而是从自身之外获得规定性和原则,以决定那个特殊的、唯一适合它的显现方式。正因如此,一个仍然处于抽象阶段的理念的形态就不是由它自己所设定的,而是外在的。与此相反,一个内在具体的理念本身就包含着它的显现方式的原则,因此能够自由地给予自己各种形态。简言之,只有真实而具体的理念才生产出真实的形态,而双方的这种符合就是理想。

[107] II.因为理念按照以上所述是一个具体的统一体,所以只有通过理念的各种特殊性的分化和重新调和,这个统一体才能够进入艺术意识,而通过这个发展过程,艺术美也获得了一种**包含着特殊层次和特殊形式的总体性**。因此,我们在考察过自在且自为的艺术美之后,必须看看整个美如何分裂为许多特殊的规定。这样就得出**第二个部分**,即**一种关于艺术形式的学说**。这些形式起源于把理念作为内容来把握的各种方式,因此那些作为理念的显现条件的形态分化也是有所不同的。由此可见,各种艺术形式无非是内容和形态的不同关系,这些关系出自理念本身,从而为这个层面提供了真正的划分根据。因为划分必须总是包含在**概念**之内,而概念的特殊化就是划分。

在这里,我们必须考察理念和它的形态分化的**三种**关系。

1. 理念**首先**构成一个**开端**,这个时候理念仍然是无规定的、模糊不清的,或者说只具有一种糟糕的、不真实的规定性,并且在这种情况下被当作艺术形态的内涵。作为无规定的东西,理念本身尚且不是理想所要求的那种个体性;它的抽象性和片面性导致形态在外表上是一个有缺陷的、偶然的东西。因此,第一种艺术形式与其说能够真正去呈现,不如说**仅仅**是一种对于形象化的**追求**。理念尚未在自身之内发现形式,因此仅仅是在摸索和追求形式。一般而言,我们可以把这种形式称作**象征型艺术**。在这种形式里,抽象的理念是从自身之外的自然的感性材料那里获得它的形态,而形态分化就是从这些材料出发并且看起来被束缚在它们上面。一方面,自然直观的对象保留着原来的样子,但与此同时,实体性的理念作为它们的意义被放置到它们之内,于是它们的任务就在于表达出这个意义,并且应当这样加以解释,仿佛理念当下就存在于这些对象里

[108]

面。之所以如此,是因为现实对象在某种情况下能够呈现出一个普遍的意义。但由于一种完整的符合尚且是不可能的,所以这个关联只能涉及一个**抽象的规定性**,比如用狮子去指代强大。

另一方面,通过这种抽象的关联,人们也意识到理念和自然现象相互之间的**生疏性**。理念既然不能把别的现实性当作自己的表现,就潜入所有这些形态,在其中焦躁而忙乱地寻找自己,却发现这些形态都不适合它,于是干脆把现实性的自然形象和现象本身夸大为无规定和无尺度的东西;它在这些形态里晕头转向,大发雷霆,对它们施加暴力,以违背自然的方式扭曲它们和夸大它们,并且试图通过制造出铺陈、庞大和富丽堂皇的形象而把现象提升为理念。因为理念在这里仍然或多或少是无规定和无形态的东西,反之自然对象在它们的形态里却是完全确定的。

由于两个方面互不适合,理念就以**否定的**态度对待对象,也就是说,作为内核本身不会满足于这样的外观,因此它把自己设定为外观的内在的普遍的实体,把自己**提升**到这些不符合它的形态之上。通过这种提升,虽然自然现象以及人的形态和事件保留着原来的样子,但人们同时也认识到这些东西并不符合它们的那个远远超于全部世界内容之上的意义。

一般而言,这些方面构成了东方最初的艺术泛神论的特性,这种艺术泛神论一方面把绝对的意义放置到最低劣的对象里面,另一方面强迫现象去表现它的世界观,从而成为一种稀奇古怪的和无聊的东西,要不然就凭借实体的无限而抽象的自由去蔑视一切现象,把它们贬低为虚幻的和转瞬即逝的东西。在这种情况下,意义不可能完全内化塑造到表现里面,而且不管怎样努力和追求,理念和形态的互不适合都是不可克服的——这就是第一种艺术形式,即象征型艺术形式,以及它的追求和躁动,它的谜一般的特征和崇高性。 [109]

2. 在**第二种**艺术形式亦即我们所说的**古典型**艺术形式,象征型艺术的双重缺陷都被克服了。象征形态是不完满的,因为在它那里,首先,理念只能伴随着**抽象的**规定性或者干脆以无规定的样子出现在意识里,其次,在这种情况下,意义和形态的一致性始终是有缺陷的,而且必定永远都是抽象的。作为这种双重矛盾的解决,古典型艺术形式让理念自由而充分地内化到那个按照其概念专属于它的形态里面,从而让理念和这个形态达到一种自由的、完满的和谐。就此而言,只有古典型形式才保障了完满理想的生产和直观,并且把理想呈现为已经实现的东西。

但是,和在理想那里一样,我们也不能仅仅**从形式上**把古典型艺术里的概念和实在性的符合理解为一个内容与它的外在形态的一致性。否则的话,自然界的每一幅肖像,每一个面容、风景、花卉、场景之类东西,只要构成了呈现的目的和内容,只要达到了内容和形式的一致性,就都算是古典型艺术了。与此相反,古典型艺术内容的独特性在于,这个内容本身是具体的理念,并且作为这样的理念本身是具体的精神性东西;因为只有真正的精神性东西才是真正的内核。为了在自然事物里面找到这样的内 [110] 容,我们只能去探寻一个本身就归属于自在且自为的精神性的东西。这个东西必定是**原初的**概念,它预先已经为具体的精神性**发明**出一个形态,于是**主观的概念**——这里即艺术的精神——只需要**发现**这个形态,并且让它作为一个具有自然形态的定在去符合自由的、个体的精神性。这个形态是理念作为精神性的理念——亦即作为个体的、特定的精神性——本身就具有的形态,当它把自己投射到时间性的现象里面,就是**人的形态**。诚然,人们经常污蔑人格化或拟人化是对于精神性东西的贬低,但艺术既然必须以感性的方式把精神性东西呈现于直观,就必定会走向拟人化,因为精神只有在它的身体里才充分地以感性的方式显现出来。从这个角度来看,灵魂转世是一个抽象的观念,而生理学必须把这样一个论点当作它的主要原理之一,即生命力在其发展过程中必定会达到人的形态,因为这是唯一适合精神的感性现象。

在古典型艺术形式里,人体及其形式不再仅仅被当作感性的定在,而是完全被当作精神的定在和形态,因此必定不会像感性事物和偶然而有限的现象那样是一种有缺陷的东西。如果形态通过这个方式得到净化,以表达出与之符合的内容,那么意义和形态在另一个方面必定是完全一致的,正如那个构成了内容的精神性也必须能够在人的形态里完整地表现出自身,而无需超出感性因素和身体因素里的这个表现。这样一来,精神在这里同时被规定为特殊精神或人的精神,而不是被规定为绝对精神或永恒精神,因为后者只能作为精神性本身把自己展现出来和表现出来。

　　最后这一点又是一个缺陷,导致古典型艺术形式走向瓦解,并且要求 [111] 过渡到更高的**第三种**艺术形式,即**浪漫型**艺术形式。

　　3. **浪漫型**艺术形式重新扬弃了理念和实在性的完满统一体,在一个更高的层次上回到了双方在象征型艺术里未能被克服的对立和区别。也就是说,古典型艺术已经达到了艺术的感性化所能获得的最高成就,如果它那里仍然有某种缺陷,那么这只能归咎于艺术本身,归咎于艺术层面的局限性。这个局限性在于,总的说来,艺术是在**感性的**具体形式里面把那个按照其概念而言无限具体的普遍者(精神)当作对象,并且在古典型艺术里制造出精神性定在和感性定在的完满的一体化塑造,以此作为二者的**符合**。但在这种融合中,精神实际上**并没有**按照其**真实的概念**呈现出来,因为精神是理念的无限主观性,这种主观性作为绝对的内在性如果被桎梏在与之符合的定在亦即身体因素里面,就不能够自由地给予自己形态。从这个原则出发,浪漫型艺术形式重新扬弃了古典型艺术形式的那个不可分割的统一体,因为它已经具有一个超越了古典型艺术形式及其表现方式的内容。这个内容——借用大家熟悉的一个观念来说——和基督教关于作为精神的上帝的思想是一致的,却不同于希腊人对于诸神的信仰,而后者恰恰构成了适合古典型艺术的本质内容。在古典型艺术里,具体的内容**本身**就是人的本性和神的本性的统一体,这个统一体正因为仅仅是**直接的**和**自在的**,所以也按照一种直接的和**感性的**方式充分展示出来。希腊人的神是朴素直观和感性观念的对象,因此神的形态就是人 [112] 体的形态,神的权力和本质的范围也是一个个体的、特殊的范围,并且相对于主体而言是这样一个实体和权力,借助这个权力,主观的内核仅仅自在地位于统一体之内,而不是作为内在的主观知识本身拥有这个统一体。对于这个**自在地**存在着的统一体的**知识**是一个更高的层次,而古典型艺术仅仅把这个统一体当作一个可以在身体因素里呈现出来的内涵。但从自在体(Ansich)到自觉的知识的提升造成了一个巨大的区别。比如那个从根本上把人和动物分开的东西是一个无限的区别。人是动物,但即使在他的动物性功能里,他也没有像动物那样止步于自在体,而是意识到这些功能,认识了它们,并且把它们(比如消化过程)提升为一种自觉的科学。通过这个方式,人消除了他的自在存在着的直接性的限制,也就是说,正因为他**知道**自己是动物,所以他不再是动物,而是作为精神达到了自我认知。

通过这个方式,前一个层次的自在体,亦即人的本性和神的本性的统一体,从一个**直接的**统一体提升为一个**自觉的**统一体,对于这个内容的实在性而言,**真正的**要素不再是精神性东西的感性的、直接的定在(亦即人体的形态),而是一种**具有自我意识的内在性**。基督教把上帝理解为**精神**,而且不是个体的、特殊的精神,而是那个位于**精神和真理之内**的**绝对的精神**,正因如此,基督教从感性的表象活动返回到精神性的内在性,并且把这种内在性而非身体因素当作它的内涵的材料和定在。同理,人的本性和神的本性的统一体必须是一个自觉的、仅仅通过一种**精神性知识**并且在精神之内被实现的统一体。由此获得的崭新内容不再被束缚于与之符合的感性呈现,而是已经摆脱这个直接的定在,后者必须被设定为否定的东西,必须被克服并反映在精神性统一体里。就此而言,浪漫型艺术是艺术的自我超越,但这件事情仍然是在它自己的领域内部,在艺术本身的形式之内发生的。

[113]

简言之,在这第三个层次上,艺术的对象是一种**自由的**、**具体的精神性**,而且它应当对于**精神性的内核**而言显现为**精神性**。因此,一方面看来,符合这个对象的艺术不可能诉诸感性直观,而是只能诉诸那种直接把对象当作它自己而与之汇合的内在性,诉诸主观的内在交融、**心灵**(Gemüt)、感受,后者作为一种精神性的感受,在自身之内追求自由,仅仅在内在的精神里寻找并找到它的和解。这个**内在的**世界构成了浪漫型艺术的内容,因此它必须作为这个内核在这种内在交融的映象里呈现出来。内在世界庆祝自己战胜了外在世界,而且它在外在世界里并且借助外在世界来彰显自己的胜利,而通过这个胜利,感性现象就沦为无价值的东西。

但另一方面看来,这个形式和全部艺术一样,需要把外在的东西当作自己的表现。由于精神性已经从外在东西以及它和外在东西的统一体里退回到自身之内,所以和在象征型艺术里一样,形态分化的感性的外在性被接纳和呈现为非本质的、飘忽不定的东西;相应地,主观的、有限的精神和意志也被接纳和呈现为个体的特殊意愿、性格、行动和各种错综复杂的事件。外在的定在这个方面听从偶然性,全凭幻想的任意驰骋,这种随意的幻想既可以照射出现有事物的**原样**,也可以歪曲外在世界的形态,把它们弄得光怪陆离。因为这些外在的东西不再像在古典型艺术里一样在自身之内自在地具有它的概念和意义,而是取决于心灵,而心灵不是在外在的东西及其实在性形式里,而是在自身之内发现自己的现象,进而能够在一切偶然事件里,在一切独自具有形态的偶然事物里,在一切困难和痛苦里,甚至在罪行本身里,保持或重新赢得它与自己的和解。 [114]

这样一来,理念和形态重新成为漠不相关的、彼此不符合的和分裂的东西,和在象征型艺术里一样。但这里有一个本质上的**区别**,即在象征型艺术里,理念的缺陷造成了形态分化的缺陷,而在浪漫型艺术里,理念作为精神和心灵必须在自身之内显现为**完满的**,进而通过这种更高程度的完满不再与外在的东西合为一体,因为它只能在自身之内寻找和发现它的真正的实在性和现象。

一般而言,这就是象征型艺术形式、古典型艺术形式和浪漫型艺术形式作为理念在艺术领域里与它的形态的三种关系所具有的特性。它们依次追求、达到并超越美的真实理念(亦即理想)。

III.相对于前两个部分而言,**第三个部分**已经以理想的概念和上述三种普遍的艺术形式为前提,因为它仅仅是这些普遍的艺术形式在特定的感性材料里的实现。因此我们现在不再关注艺术美按照其普遍的基本规定而言的内在发展过程,而是必须考察这些规定如何进入定在,从外部相互区分,以及美的概念的每一个环节如何独立地作为**艺术作品**,而非仅仅

作为**普遍的形式**实现自身。但由于艺术设定在外在定在之内的那些区别

[115] 是美的理念内在的固有的区别,所以在这第三个部分里,普遍的艺术形式同样必须作为基本规定体现于**各门艺术**的区分和界定;换言之,我们此前所说的三种普遍的艺术形式必须也是各门艺术在自身之后具有的本质区别。这些形式通过一种感性的、因而**特殊的**材料进入**外在的**客观性,而这种客观性使这些形式获得各种特定的实现方式,亦即**分化为**一些特殊的、独立的艺术门类,因为每一个形式的特性都适合一种特定的外在材料,并且在这种材料的呈现方式里得到充分的实现。但另一方面,那些艺术形式虽然具有规定性,但仍然是**普遍的**形式,因此它们可以突破一个**特定的**艺术类型所达到的**特殊的**实现,同样通过别的艺术(哪怕是按照一种次要的方式)获得它的定在。因此特殊艺术一方面专属于**一种**普遍的艺术形式,构成与之**符合**的外在的艺术现实性,另一方面又以它们的各种外在形态呈现出三种艺术形式的总体性。

因此,一般而言,我们在第三个主要部分里必须讨论艺术美如何在各门艺术及其作品里展开为一个已实现的美的**世界**。这个世界的内容是美,而正如我们看到的,真正的美是一种具有形态的精神性,亦即理想,或更确切地说,是绝对精神或真理本身。这个以艺术的方式把神性真理呈现给直观和感受的领域构成了整个艺术世界的核心,而这个核心作为一个独立的、自由的、神性的形态,完全掌握了形式和材料的外在方面,把它

[116] 们当作展示它自己的手段。但由于美在这里是作为**客观的**现实性展开自身,从而把自己区分为个别的方面和环节等独立的特殊东西,所以这个核心与它的两个已经成为独特现实性的东西相对立。其中一个极端是**无精神的客观性**,即上帝所创造的单纯的自然环境。在这里,外在的东西在形态上就是外在的东西,不是把自己,而是把他者当作它的精神性目的和内容。

另一个极端是内在的、具有意识的神性东西(das Göttliche),即神性的各种特殊的、**主观的**定在:那个在个别主体的感官、心灵和精神里发挥着作用的、活生生的真理,不是被禁锢在它的外部形态里,而是已经返回

到主观的、个别的内核。这样一来，神性东西本身也不同于它的纯粹展示，亦即**神性**（Gottheit），而是亲自进入每一个个别的和主观的知识、情感、直观和感受所具有的特殊性。在与最高层次上的艺术有着直接联系的宗教的类似领域里，我们**这样**理解这个区别：首先，我们面对的是有限的尘世生命或自然生命；其次，意识把**上帝**当作自己的对象，在这个对象那里消除了客观东西和主观东西的区别；最后，我们从上帝本身走向**宗教社团**的祈祷，走向那个在主观意识里活生生地临在的上帝。在艺术的世界里，这三个主要区别也出现于独立的发展过程中。

1. 按照这个基本规定，我们首先要讨论的**第一种**特殊艺术就是美的**建筑**。建筑的任务是把外在的无机自然界加工改造为一个符合艺术的外部世界，并且与精神具有一种亲缘关系。建筑的材料本身是直接外在的物质，即机械性的重物，而建筑的形式始终是无机自然界的形式，同时服从知性偏爱的对称关系。由于理想在这些材料和形式里面不可能作为具体的精神性实现自身，而且建筑所呈现出的实在性作为外在的东西与理念绝缘，或者说与理念仅仅处于一种抽象的独立关系中，所以建筑的基本原型是**象征型**艺术形式。建筑首先为上帝的完满现实性铺平了道路，围绕着客观的自然界辛苦劳作，使其摆脱有限性的纷乱状态和偶然性的奇形怪状。通过这些劳作，建筑为神铺平一块场地，安顿外在环境，修建神庙，让人们聚集在其中崇拜精神的绝对对象。建筑为人们的集会修建顶棚和围墙，用于挡风遮雨，防范野兽，并且以一种虽然是外在的、但毕竟符合艺术的方式彰显出那个集会的意愿。建筑可以在各种程度上把这个意义注入它的材料及其各种形式之中，而这取决于它为之服务的内涵的规定性是有意义的还是无意义的，是具体的还是抽象的，是深潜入自身之内还是模糊地流于表面。从这个角度来看，建筑甚至可以用它的形式和材料为那个内涵创造出一种完满的艺术定在，但这样一来，它已经超越自己的领域，飘向它的更高的层次，亦即雕塑。因为建筑的局限性恰恰在于它总是让精神性东西作为内核与它的外在形式相对立，从而只能把充满灵魂的东西当作一个他者指示出来。

[117]

2. 通过建筑, 无机自然界得到净化, 被安顿在对称的秩序之中, 与精神具有一种亲缘关系, 而神庙作为宗教社团的活动场所也建造完成。接

[118] 下来的**第二步**, 就是神亲自进入这座神庙, 也就是说, 个体性的光芒照耀并渗透到沉闷的材料里, 而精神的无限的、不再仅仅对称的形式集中于身体因素, 赋予其形态。这是**雕塑**的任务。在雕塑那里, 建筑只能指示出来的精神性内核寓居在感性的形态及其外在的材料里, 让双方形成一体化塑造, 不让其中一方占据优势。就此而言, 雕塑的基本原型是**古典型艺术形式**。对于感性的东西而言, 一切表现都是精神性本身的表现, 正如反过来对于雕塑而言, 一切精神性内容都可以完满地呈现出来, 都可以完全通过一个身体形态恰当地呈现于直观。因为精神应当通过雕塑而与它的身体形态处于一个宁静而极乐的直接统一体之中, 而形式应当通过精神性个体性的内容获得一个身体。在这种情况下, 外在的感性材料也不再仅仅按照它的机械性质作为沉重的质料被加工, 也不再在无机物的形式中与染色之类东西漠不相关, 而是处于人的形态的理想形式里, 亦即处于空间维度的总体性里。就最后这一点而言, 我们必须明确指出, 在雕塑那里, 内核或精神性东西第一次显现出它的永恒的肃穆和本质上的独立性。符合这种肃穆和自身统一体的, 只有那种本身仍然保持在这个统一体和肃穆之内的外观。这就是那种依据其**抽象的空间性**的形态。雕塑呈现出的精神是一个内在坚实的精神, 不会分裂为杂多的偶然性和激情; 因此雕塑不让外在的东西成为这种杂多的现象, 而是只抓住这个唯一的方面, 即维度的总体性里的抽象空间性。

[119] 3. **第三**, 当建筑修建了神庙, 雕塑家也把神像放置其中之后, 这位以感性的方式临在的神在他的神庙的开阔大厅里就面对着**宗教社团**。宗教社团是那个感性定在的一种精神性自身内反映, 是充满灵魂的主观性和内在性, 因此无论是对于艺术内容而言, 还是对于外在的呈现材料而言, 特殊性、个别化及其主观性都成为起规定作用的原则。雕塑那里的神的内在坚实的统一体分裂为众多个别的内在性, 这些内在性的统一体不是感性的, 而是完全观念性的。只有这样, 只有当神本身作为这种来回摆

动,在它的内在统一体和主观知识及其特殊化里的实现之间切换,在普遍性和多样性的结合之间切换,他才真正是精神,亦即在其宗教社团中的精神。神在宗教社团里不但摆脱了抽象的、未开启的自身同一性,而且摆脱了雕塑所呈现的他的那种直接陷入身体性的状态,被提升到他的一个镜像里,这个镜像就是精神性和知识,它在本质上是内在的,并且显现为主观性。在这种情况下,更高的内容现在是精神性东西,而且是绝对的精神性东西;但通过那个分裂,精神性东西同时显现为**特殊的**精神性和特殊的心灵;而由于现在的主要事务不是神的内在的无忧无虑的肃穆,而是一般意义上的映现活动、为他存在、自身展示,所以那种处在其活生生的运动和活动中的最杂多的主观性,比如人的激情、行动和事件,以及人的感受、意愿和克制等开阔的领域,本身就成为艺术呈现的对象。按照这个内容,艺术的感性要素本身同样特殊化了,表明自己符合主观的内在性。颜色和声音,还有那种仅仅与内在的直观和观念相关联的声音,表明自己就是 [120] 这种材料,而绘画、音乐和诗歌就是那个内涵通过这些材料而获得的实现方式。由于感性材料本身在这里特殊化了,并且在任何地方都显现为观念性的,所以它最符合艺术的整个精神性内涵,而精神性意义和感性材料的联系也达到了一种比建筑和雕塑所能够达到的更高的内在交融。但这是一个完全出现在主观方面的更为内在的统一体,因为形式和内容必须特殊化,并且把自己设定为观念性东西,而这只能以牺牲内涵的客观普遍性以及这种普遍性与直接的感性东西的交融为代价。

既然形式和内容已经提升为理念性,抛弃了建筑的象征和雕塑的古典型理想,那么上述几门艺术就把**浪漫型**艺术形式当作它们的基本原型,因为它们最擅长展现浪漫型艺术的形态分化方式。它们也代表着各门艺术的总体性,因为浪漫型艺术本身是一个内在的最具体的形式。

至于各门艺术的**第三个层面**,可以按照如下方式确定其内在的结构。

a)紧接雕塑的**第一种**艺术是**绘画**。绘画把单纯的可见性当作材料去呈现它的内容及其形态分化,与此同时,可见性本身也特殊化了,亦即把自己规定为颜色。建筑和雕塑的材料虽然也是可见的和有颜色的,但绘画是让材料本身作为可见的东西成为可见的,好比单纯的光在它的对立面亦即黑暗那里将自身特殊化,并且与黑暗结合成为颜色。这种内在地主观化的、观念化的可见性既不需要建筑里的那种沉重质料的抽象而机械的体积区别,也不需要雕塑里的那种感性空间性的总体性,哪怕雕塑是以集中的方式在有机体的形式里保持着那些空间性。毋宁说,在绘画里,可见性和可见化所包含的区别是一种比颜色的特殊性更具有观念性意义的区别,从而把艺术从材料的感性的—空间的完整性那里解放出来,因为绘画把自己限定于平面的维度。

[121]

另一方面,内容也获得最为开阔的特殊化。许许多多的东西,比如那些能够作为感受、观念、目的而在人的胸膛里具有地位的东西,那些能够促使人去行动的东西,都可以构成绘画的丰富内容。特殊性的整个王国,从精神的最高内涵到最个别的自然对象,都获得自己的地位。因为就连那个处于特殊场景和现象里的有限自然界也可以在绘画里出现,哪怕它仅仅影射着精神的一个要素,也与思想和感受形成一种更密切的亲缘关系。

b) 浪漫型艺术形式借以实现自身的**第二种**艺术,是与绘画相对立的**音乐**。音乐的材料尽管仍然是感性的,但达到了更为深刻的主观性和特殊化。因此我们必须这样理解音乐把感性东西设定为观念性东西,也就是说,当绘画仍然保留着空间的总体映象并故意加以展示时,音乐已经扬弃了漠不相关的、分散的空间,将其观念化为个体的、单一的点。作为这种否定性,点在自身之内是具体的,并且是物质内部的一种积极的扬弃活动,表现为质料物体在自身之内并且与自身相关联时候的运动和颤动。物质的这种开始出现的理念性不再显现为空间性质的理念性,而是显现为时间性质的理念性,而这就是声音,一种以否定的方式被设定的感性东西,它的抽象的可见性已经转化为可听性,因为声音仿佛把观念性东西从物质的束缚中解脱出来。物质的这种最初的内在交融和灵魂化提供了材料,以呈现出精神的本身仍然无规定的内在交融和灵魂,并且通过声音而让心灵与它的全部感受和激情发生共鸣。通过这种方式,正如雕塑表现

[122]

为建筑和主观的浪漫型艺术之间的桥梁,音乐也构成了浪漫型艺术的核心,成为绘画的抽象的空间性质的感性和诗歌的抽象精神性之间的枢纽。就其自身而言,音乐作为感受和内在性的对立面,和建筑一样具有一种知性式的量的关系,并且把声音的固定的规律性及其汇合承续当作它的基础。

c)至于浪漫型艺术形式的**第三种**呈现亦即最具精神性的呈现,我们必须在**诗歌**里去寻找。诗歌的独特之处在于,虽然音乐和绘画已经开始把艺术从感性要素中解放出来,但诗歌能够让这些感性要素服从精神及其各种观念。因为声音作为诗歌的最终的外在材料,在诗歌那里不再是发出声音的感受本身,而是一个本身无意义的**符号**,它代表着一个已经变得具体的观念,而不是代表着无规定的感受及其深浅程度。在这种情况下,**声音**转变为**词语**或一种内在的清楚分节的语音,而词语的意义在于标示观念和思想,因为音乐所达到的那个内在否定的点现在已经成为一个完全具体的点,成为精神这个点,成为一个具有自我意识的个体,这个个体从自身出发,把观念的无限空间和声音的时间结合在一起。这个点在音乐里仍然与内在性直接合为一体,但在诗歌里已经脱离意识的内容,因为精神在自身之内把这个内容规定为观念,而为了表现这个观念,精神虽然使用声音,但仅仅把它当作一个本身无价值和无内容的符号。因此声音同样可以作为单纯的字母而存在,因为可听的东西和可见的东西都已经降格为精神的单纯暗示。这样一来,诗歌呈现的真正要素就是诗歌**观念**和精神性直观本身,而由于这个要素是全部艺术形式共有的,所以诗歌贯穿于全部艺术,并且在其中独立地展开自身。诗歌艺术是精神的普遍艺术,在这里,精神在自身之内已经获得自由,不再被束缚于外在的—感性的材料以实现自身,而是在观念和感受的内在空间和内在时间里翱翔。但恰恰在这个最高的层次上,艺术也超越了自身,因为它抛弃了精神借以达到和解的感性化要素,从观念的诗歌过渡到思维的散文。

[123]

以上就是各门特殊艺术——作为外在艺术的建筑、作为客观艺术的雕塑以及作为主观艺术的绘画、音乐和诗歌——的层次分明的总体性。诚然,人们尝试过另外许多划分方法,因为艺术作品展现出如此之多的方面,以至于人们可以时而把这个方面,时而把那个方面当作划分根据。比如有人把感性材料当作划分根据,这样一来,建筑就是结晶体,而雕塑是物质在其感性的一空间的总体性里的有机形态;绘画是有颜色的平面和线条;在音乐里,空间完全过渡到一个内在充实的时间点;最后在诗歌里,外在的材料被完全贬低为无价值的东西。此外人们也从空间性和时间性之类极为抽象的方面出发去理解各门艺术的区别。但艺术作品的这种抽象的特殊性和材料一样,虽然可以依据其特点得到连贯的研究,却不能作为最终的根据贯彻到底,因为这个方面本身起源于一个更高的原则,从而必须服从这个原则。

[124]

正如我们看到的,这个更高的原则就是象征型、古典型和浪漫型这三种艺术形式,它们是美的理念本身的普遍环节。

这三种艺术形式和各门艺术的具体形态处于这样一种关系,即各门艺术构成了艺术形式的实在的定在。也就是说,**象征型艺术**在**建筑**里达到了最符合它的现实性和最完善的应用,可以按照它的完整概念发挥作用,而不是降格为另一种艺术的无机自然界;反之对于**古典型艺术形式**而言,雕塑是无条件的实在性,因此它仅仅把建筑当作环绕之物接受下来,还不能把绘画和音乐当作绝对的形式去塑造它的内容;最终,**浪漫型艺术形式**以独立的和无条件的方式不但掌握了绘画和音乐的表现手段,而且掌握了诗歌的呈现手段;但诗歌符合美的全部形式,并且扩散到全部形式里面,因为它的独特要素是美的想象,而想象对于美的一切创作来说都是必不可少的,无论这些创作属于哪一个形式。

特殊艺术在个别的艺术作品里所实现的,就其概念而言仅仅是美的展开自身的理念的普遍形式,而宏伟的艺术万神殿就是这个理念的外在实现。这座万神殿的建筑师和设计师是美的自己把握着自己的精神,但它是经过世界史的数千年的发展才完成的。

第一部分

艺术美的理念,或理想

艺术与有限的现实性以及与
宗教和哲学的关系

　　我们既然从导论进入对我们的对象的科学考察,就应当首先简略说明艺术美在整个现实性领域里的一般地位以及美学与哲学的其他部门的关系,以便建立一种真正的关于美的科学的出发点。

　　这样看来,合适的做法似乎是首先叙述各种以思维方式去把握美的尝试,然后分析并评价这些尝试。但一方面我们已经在导论里做了这件事情,另一方面真正的科学性不可能在于**仅仅**审查别人做的事情是否正确,或仅仅向他们学习。实则需要再次强调的是这样一件事情,即许多人认为,美正因为是美,所以不能通过概念来把握,随之对于思维而言始终是一个不可把握的对象。针对这个主张,我们在这里只能给出一个简要的答复:虽然直到今天仍然有人宣称一切真相都是不可把握的,只有有限的现象和时间性的偶然性才是可把握的,但实际上正相反,唯有真相才是完全**可把握的**(begreiflich),因为它把绝对的**概念**,进而言之把理念当作自己的基础。美仅仅是真相的一个特定的外化方式和呈现方式,因此它对于概念把握式的思维而言是全方位彻底开放的,但前提是思维已经真正掌握了概念的力量。诚然,近代以来没有**哪一个**概念比"概念"本身(自在且自为的**概念**)遭到更恶劣的对待,因为人们通常把概念理解为表象活动或知性式思维的一种抽象规定性和片面性,而这样的概念当然不可能让我们以思维的方式认识到真相的总体性和内在具体的美。因为正如此前说过和后面还会阐述的,美并不是知性所理解的那种抽象东西,而是内在具体的、绝对的概念,或更确切地说,是出现在与它符合的现象中的绝对理念。

如果我们想要简略说明那个在其真实的现实性中的**绝对理念**,我们就必须说,它是**精神**,当然,不是处于有限的束缚状态和限制状态中的精神,而是普遍的、无限的、从自身出发去规定什么真正是真相的**绝对精神**。如果我们仅仅审视自己的日常意识,当然会觉得精神和自然界是对立的,然后认为二者具有同等的地位。但像这样把自然界和精神当作两个同样根本的领域并列起来和联系起来,就仅仅是把精神看作有限的、受限制的东西,而不是看作无限的、真实的东西。因为自然界既不具有和精神相同的价值,也不是精神的界限,毋宁说,自然界的地位在于被精神设定为一个产物,一个没有能力去成为界限和限制的产物。与此同时,绝对精神只能被理解为一种绝对的总体性,进而被理解为绝对的自身区分。当精神自己区分自己,其区分出来的他者就是自然界,而精神则是一种善意,亦即愿意把它的全部固有的本质赐予它的这个他者。正因如此,我们必须认为自然界在自身之内承载着绝对理念,但自然界是处于这样一个**形式**中的理念,即它是通过精神而被设定为精神的他者。在这个意义上,我们把自然界称作一个受造物。但正因如此,自然界的真理是那个设定者本

[129]

身,亦即作为同一性和否定性的精神,因为精神虽然将自身特殊化并否定自身,但又扬弃了这种**由它设定的**特殊化和否定,并且不是将其当作一种界限和限制,而是让自己在自由的普遍性里与它的他者融合在一起。这种理念性和无限性构成了精神的**主观性**这一深刻概念。精神作为主观性起初仅仅**自在地**是自然界的真理,因为它还没有给自己提出它的真实概念。因此,自然界并没有表现为一个**由精神设定的**他者,精神也没有在这个他者之内返回自身,毋宁说,自然界表现为一个未被克服的、作出限制的异在,而精神作为主观东西始终存在于自己的知识和意愿之内,把自然界当作一个现成已有的客体而与之相关联,只能成为自然界的对立面。理论精神和实践精神的有限性、认识活动里的局限性、善的实现过程里的单纯应当,都属于这个层面。无论在这里还是在自然界里,现象都不同于它的真实本质,我们只能隐约看到各种技能、激情、目的、观点和才华,它

们相互寻求又相互逃离,相互成就又相互阻碍,错综复杂,而在它们的意愿、追求、意谓和思维里,混杂着无数的起促进作用或阻碍作用的偶然性形态。这就是那个单纯有限的、时间性的、自相矛盾的因而飘忽不定的、不满足的和悲惨的精神所处的立场。因为这个层面所提供的满足在形态上是有限的,始终是受到限制的、混乱的、相对的和零散的。正因如此,直观、意识、意愿和思维超越了这个层面,在别的地方,在无限者和真相那里,寻找并且发现它的真实的普遍性、统一体和满足。只有当精神的躁动的合理性超越有限的质料,达到这个统一体和满足,这才真正实现了现象 [130] 世界按照其概念而言所是的那个东西。精神认识到有限性是它自己的否定方面,因此就获得了它的无限性。有限精神的这个真理就是绝对精神。但在这个形式里,精神只不过是现实地成为绝对的否定性;它在自身之内设定自己的有限性,然后将其扬弃。通过这个方式,精神在它的最高领域里把自己当作它的知识和意愿的对象。绝对者本身成为精神的**客体**,因为精神出现在**意识**的层次上,在自身之内把自己**区分为认知者**和与之对立的知识的绝对**对象**。从精神的早先的有限性立场来看,当精神把绝对者当作**与它对立**的无限客体去认知,就被规定为不同于绝对者的**有限者**。但从更高的思辨考察来看,却是**绝对精神本身**为了成为一种自我认知,才在**自身之内**区分自己,从而设定精神的有限性,在这种有限性的内部,精神成为它的自我认知的绝对对象。因此精神在它的宗教社团里是绝对精神,一个作为精神和自我认知而具有现实性的绝对者。

这就是我们在艺术哲学里的出发点。因为艺术美既不是**逻辑理念**或思维的纯粹要素里发展出来的那种绝对思想,反过来也不是**自然理念**,而是属于一个**精神性的**领域,同时并不局限于**有限精神**的认识和行为。这里我们只能指出,美的艺术的王国是**绝对精神**的王国,而对于这件事情的科学**证明**则是属于那些先行的哲学部门,即以绝对理念本身为内容的逻辑学、自然哲学以及研究精神的有限层面的哲学。因为这些科学的任务是要表明,逻辑理念如何按照自己的概念首先把自己转化为自然界的定 [131] 在,然后摆脱这种外在性,成为精神,最后又摆脱精神的有限性,成为永恒的、真正的精神。

从这个赋予艺术以最高地位和真实地位的立场立即可以看出,艺术与宗教和哲学属于同一个领域。在绝对精神的全部层面里,精神都摆脱了它的定在的局促限制,因为它摆脱了它的尘世存在的偶然关系以及它的目的和兴趣的有限内涵,转而考察并实现它的自在且自为的存在。

关于艺术在自然生命和精神性生命的整个领域里的地位,我们可以通过如下更具体的方式获得进一步的理解。

只要我们通观我们的生存的全部内容,就会在我们的意识里发现无比繁复的兴趣及其满足方式。首先是生理需要方面的广大体系,各种大规模的密切相关的行业,比如商业、航运、工艺等等,都是为其服务的;比这些更高一层的世界是法权、法律、家庭生活、阶层分化和整个无所不包的国家;再然后是宗教的需要,这种需要出现在每一个人的心灵里,并且在教会生活里得到满足;最后是科学里的各种交织在一起的活动,即包罗万象的认识和知识的总体。艺术活动,对美的兴趣,以及美的形象带来的精神性满足,也属于这个领域。这里的问题在于,这样一种需要与其余的[132] 生活领域和世界领域是否有一个内在必然的联系? 总的说来,这些层面起初对我们而言仅仅是一个现成的事实。但按照科学的要求,我们应当知道它们的本质的、内在的联系以及它们对于彼此而言的必然性。因为它们不是处于相互利用的关系,而是相互成就,因此一个领域里的行动方式要高于另一个领域里的行动方式;正因如此,较低的领域努力超越自身,而当更深刻的兴趣以更深刻的方式得到满足,就补全了那种在一个较低的领域里得不到解决的东西。只有这样才能揭示出一个内在联系的必然性。

如果我们再回想一下我们关于艺术和美的概念已经确定的事实,就会在其中发现双重因素:**第一**是一个内容、目的或意义;**第二**是这个内容的表现、现象和实在性;**第三**,这两个方面融为一体,以至于外观或特殊东西仅仅显现为内核的呈现。在艺术作品里,一切东西都与内容有一个本质性的关联,并且将其表现出来。我们所说的内容或意义,是指一个内在单纯的东西或事情本身,它返回到最单纯的、同时又无所不包的规定,区别于阐述。比如一本书的内容可以用几个词语或几句话表现出来,除了一般地已经在内容里指出的之外,都不应当出现在这本书里。这个单纯的东西,这个构成了阐述的基础的主题,是一个抽象的东西,反之阐述是具体的东西。

但这个对立的双方不应当是彼此漠不相关和彼此外在的,不应当像三角形、椭圆等数学形状那样,其内在单纯的内容和形状的特定大小、颜色之类外在现象是漠不相关的,毋宁说,抽象的意义作为**单纯的**内容本身就应当得到阐明,从而使自己成为具体的东西。这样在本质上就出现了 [133] 一种**应当**。无论一个内涵本身是如何有效的,我们都不会满足于这种抽象的有效性,而是要求更进一步。刚开始的时候,这仅仅是一个没有得到满足的需要,在主体里表现为某种得不到满足,努力想要扬弃自身而寻求满足的东西。在这个意义上,可以说内容起初是**主观的**,是一个与客观东西相对立的单纯内核,因此我们要求将这个**主观东西客观化**。主观东西和客观性的这种对立,以及这种对立的**应当**被扬弃,是一个绝对普遍的、贯穿一切东西的规定。我们的身体活力,尤其是我们的精神性目的和兴趣的世界,都是基于这个要求,即让那个起初仅仅以主观的、内在的方式存在着的东西通过客观性而得以实现,进而在这个完整的定在里得到满足。但是,由于兴趣和目的的内容起初仅仅存在于主观东西这个片面的形式中,而片面性是一个限制,所以这个缺陷同时表明自己是一种躁动,一种痛苦,一种**否定的**东西,它作为否定的东西必须扬弃自身,致力于克服感受到的缺陷,超越那个被认识到和被思考的限制。但这并不意味着主观东西本身就欠缺另一个方面的客观东西,而是意味着一个更确定的联系,即**主观东西**包含的这个欠缺本身**对于主观东西**而言就是一个缺陷,一个**内在的**否定,因此主观东西致力于重新否定这个否定。也就是说,自在地看来或就其概念而言,主体是**总体**,不仅是内核,而且是这个内核在外观那里并通过外观的实现。如果主体**仅仅**片面地存在于某一个形式里,就会因此陷入一个矛盾,即它按照概念而言应当是整体,但按照存在 [134]

而言却仅仅是某一个方面。因此,生命只有通过扬弃自身之内的这种否定才对自身具有肯定的意义。能够经历对立、矛盾和矛盾的解决过程,这是活生生的自然存在者的更高的特权;凡是从一开始就**仅仅**是并且保持为肯定者的东西,都始终没有生命。生命走向否定及其痛苦,只有通过消灭对立和矛盾才对自身具有肯定的意义。如果它止步于矛盾却不能将其解决,就会因为矛盾而走向灭亡。

我们在这里所需要的那些规定,抽象地看来就是如此。

至于主观东西能够在自身之内把握的最高内容,我们可以简明地称作**自由**。自由是精神的最高规定。起初从其完全形式上的方面来看,自由意味着主体发现它的对立面不是什么陌生的东西,不是界限和限制,而是它自己。单是按照这个形式上的规定,一切困苦和不幸都消失了,主体与世界和解并在其中得到满足,一切对立和矛盾也瓦解了。确切地说,自由是把合乎理性的东西(比如行动中的伦理,思维中的真理)当作它的内涵。但由于自由本身起初仅仅是主观的,尚未去实施,所以主体是不自由的,与作为自然必然性的客观东西相对立,因此我们要求它让这个对立达到和解。与此同时,内核和主观东西本身包含着一个类似的对立。一方面是自由,包含着内在普遍的、独立的东西,以及法权、善、真相等普遍的法则。另一方面是人的冲动、感受、偏好、激情以及一切撩动着个体的人[135]的具体内心的东西。这个对立同样发展为斗争和矛盾,然后在这个冲突中产生出全部渴慕、最深的痛苦、烦恼和失望。动物的生命和它们周围的事物处于一片祥和之中,但人的精神性本性却制造出分裂和纷乱,让人陷入这些矛盾中。因为人不可能安然置身于单纯的内核、纯粹的思维和一个由普遍法则构成的世界,而是也需要感性的定在、情感、情绪、心灵等等。哲学按照一种彻底的普遍性去思考上述情况造成的对立,同样也以**普遍的**方式去扬弃对立;但人希望在生命的直接性里得到**直接的**满足。这种通过消除对立而直接获得的满足主要出现在感性需要的体系里。在这些层面里,比如饥饿、口渴、困倦、吃饭、喝水、饱足和睡眠等等就是矛盾及其解决的体现。但在人的生存的这个自然领域里,满足的内容是有限的、受到限制的;满足不是绝对的,因此也无休止地唤起新的需要;今天吃饱睡足了,不能阻止明天又出现饥饿和困倦。于是在精神性的要素里,人又努力通过知识和意愿、通过认识和行动去获得一种满足和自由。无知的人是不自由的,因为他所面对的是一个陌生的世界,依赖于一个位于自己之上和之外的东西,因为他不是亲自制造出这个陌生的世界,也不能把它当作他自己的世界而安然于自身。求知的冲动,对于从最低层次的知识一直到最高层次的哲学洞见的渴求,都仅仅是发源于那样一种冲动,即希望扬弃那个不自由的关系,让自己在观念和思维里占有世界。与此相反,行动中的自由是致力于让意志的理性获得现实性。意志在国家生活里实现了这个理性。在真正以合乎理性的方式建立的国家里,全部法律和机构都仅仅是自由按照其各种本质上的规定而获得的实现。在这种情况下,个别的理性在这些制度里看到的仅仅是它固有的本质的现实性,因此它在服从这些法律的时候不是与陌生的东西,而是仅仅与它固有的东西契合。诚然,人们经常也把任意(Willkür)称作自由,但这只不过是一种非理性的自由,它作出的选择和自身规定不是基于意志的理性,而是基于偶然的冲动及其对于感性东西和外在东西的依赖性。

[136]

实际上,人的生理需要以及知识和意愿都在世界上得到了满足,都以自由的方式消除了主观东西和客观东西、内在自由和外在必然性的对立。但这种自由和满足的内容始终是**受到限制的**,因此自由和自身满足也保留着**有限性**的一面。但哪里有有限性,哪里就总是会重新爆发对立和矛盾,而满足也摆脱不了相对性。比如在法权及其现实性里,我的合理性、我的意志及其现实性得到了承认,我被当作个人(Person),并且作为个人而受到尊敬;我拥有财产,它应当始终属于我的所有权;当遭遇危险的时候,法庭会保障我的权利。但这种承认和自由始终只涉及个别的、相对的方面及其个别的客体,比如这座房屋,这笔钱财,这个特定的权利和法律,这个个别的行动和现实性等等。意识在这里面对的是个别事物,这些事物虽然相互关联并且构成一个整体,但其本身仅仅是相对的范畴,有着各种各样的条件,在这些条件的制约之下,我们有时候能得到满足,有时候

[137]

91

得不到满足。进而言之,国家生活构成了一种内在完满的总体性;它包含着君主、政府、法庭、军队、市民社会的机构、社会交往、权利和义务、目的及其满足、各种颁布的行为方式、事业等等,因此整体才实施并保持着它的稳固的现实性,而在一个真正的国家里,这个整全的有机体才是完满而完整的,在自身之内已经被实现的。但国家生活的现实性所依赖的**原则**,那个让人得到满足的原则,无论其在内在的和外在的机构里展示出多少丰富性,本身仍然是**片面的**和抽象的。其中展示出的仅仅是**意志**的合乎理性的自由;只有通过**国家**,而且是通过这个**个别的**国家,亦即通过定在的一个**特殊的**层面及其个别的实在性,自由才得以实现。因此人们也觉得,权利和义务在这些领域及其尘世的、有限的定在方式里是不能令人满意的,它们无论是作为客观事物,还是在与主体的关联中,都仍然需要一种更高的保障和批准。

当人纠缠于所有这些有限事物,他所寻求的就是一个更高的、更具有实体性的真理王国,在其中,有限者的全部对立和矛盾都能够得到最终的解决,自由也能够得到完全的满足。这是自在的真理本身的王国,不是相对真实的东西的王国。最高的真理,真理本身,就是最高的对立和矛盾的解决。在这种真理中,自由和必然性、精神和自然界、知识和对象、法律和[138]冲动的对立,乃至一切形式的对立和矛盾,**作为**对立和矛盾而言都不再具有任何效力和力量。由此可见,单独的自由作为主观的、脱离了必然性的东西,并不是一个绝对真实的东西,单独的必然性作为孤立的东西同样是不真实的。普通意识没有超越这个对立,要么对于矛盾感到绝望,要么把矛盾抛开另寻出路。但哲学进入这些相互矛盾的规定,从概念出发认识这些规定,也就是说,哲学认识到它们在其片面性中不是绝对的,而是自身瓦解的,并且把它们设定到和谐与统一体之内,而这种和谐与统一体就是真理。哲学的任务在于掌握真理的这个概念。与此同时,虽然哲学在一切东西里认识到概念,从而是一种概念把握式的、真实的思维,但概念、自在的真理和与之符合或不符合的存在又是另一回事。在有限的现实性里,那些隶属于真理的规定显现为彼此外在的,也就是说,那些按照其真理而言不可分裂的东西显现为分裂的。比如有生命的东西是个体,但它作为主体又与周围的无机自然界相对立。概念确实包含着这些方面,但这些方面已经和解了;反之有限的存在却割裂这些方面,因此是一种不符合概念和真理的实在性。就此而言,虽然概念是无处不在的,但现在的关键是,概念是否也按照它的真理而言在这个统一体里得以实现,也就是说,那些特殊的方面和对立相互之间不是保持为真正独立的和固定的东西,而是仅仅作为一些观念性的、已经和解的、达到了自由的和谐的环节。只有这个最高统一体的现实性才是真理、自由和满足的王国。我们可以把这个层面里的生命,把这种对于真理的享受(它作为感受就是极乐,作为思维就是认识)一般地称作宗教里的生命。因为宗教是一个普遍的层面,它让人意识到**唯一**的具体的总体性既是它自己的本质,也是自然界的本质,而且只有这种唯一的真实的现实性才对人显现为一种凌驾于特殊东西和有限者之上的最高力量,通过这种力量,一切本来分裂的和对立的东西被带回到一个更高的、绝对的统一体中。 [139]

艺术从事的工作把真相当作绝对的对象,因此也属于精神的绝对层面,并且在一种更为专门的意义上就内容而言与宗教和哲学站在同一片土壤上。因为哲学也是把上帝当作唯一的对象,从而在本质上是一种理性神学,相当于永远以敬拜真理的方式去敬拜上帝。

鉴于内容上的这种等同,绝对精神的三个王国的区别仅仅体现于它们在认识它们的客体(绝对者)时依据的**形式**。

这些形式的区别包含在绝对精神自身的概念之内。精神作为真正的精神而言是自在且自为的,因此它不是一个抽离了对象性,位于对象性彼岸的本质,而是在对象性内部通过有限的精神回忆①万物的本质:有限者在它的本质性里把握着自身,从而本身是本质性的、绝对的。这种把握的**第一个**形式是一种**直接的**、正因如此**感性的**知识,一种基于感性东西和客

---

① 正如我在黑格尔《精神现象学》和《逻辑学》的译本中多次指出的,黑格尔的"回忆"(Erinnerung, Er-Innerung)同时意味着"深入内核",因此这里的"回忆万物的本质"也是指"深入万物的本质的内核"。——译者注

93

观东西本身的形式和形态的知识,在其中,绝对者成为直观和感受的对象。**第二个形式**是**表象式**的意识,最后**第三个形式**是绝对精神的**自由的思维**。

[140]　　1. **感性直观**的形式属于艺术,因此艺术通过感性的形态分化方式把真理呈现给意识,而且这种感性的形态分化在它的这个现象自身之内就具有一个更高的、更深刻的意义,同时并不企图通过感性的媒介去把握普遍的概念本身,因为普遍概念和个体现象的**统一体**恰恰是美的本质,也是通过艺术而进行的美的生产的本质。这个统一体在艺术里**也是借助表象的要素**而完成的,而不是仅仅借助感性的外在性,尤其在诗歌里是如此;但哪怕是在这种精神性的艺术里,意义和它的个体形态的结合——虽然是对于表象式的意识而言——也是现成的,每一个内容都是以直接的方式被把握并呈现于观念。总的说来,我们必须指出,艺术既然把真相、精神当作它的真正对象,它就不可能通过特殊的自然对象本身(比如太阳、月亮、地球、星辰等等)让我们去直观这个对象。这些对象虽然是感性的存在,但始终是孤立的,本身并不能让我们直观到精神性东西。

我们既然承认艺术具有这个绝对的地位,就明确抛弃了前面已经提到的一个观点,即认为艺术可以利用很多从别处拿来的内容为一些外在于它的旨趣服务。与此相反,**宗教**经常利用艺术,以便让人们更容易感受到宗教真理或用形象的方式去想象真理,而在这种情况下,艺术确实是服务于一个不同于它的领域。但只要艺术达到了最高程度的完满,它就恰

[141]　恰通过形象的方式获得一种最符合真理的内涵、最具本质性的展现。比如在希腊人那里,艺术就是整个民族想象诸神和认识真理的最高形式。因此是诗人和艺术家为希腊人创造出他们的诸神,也就是说,是艺术家为整个民族提供了关于神性东西的行动、生命和作用的特定观念,亦即提供了宗教的特定内容。我们的意思并不是说这些观念和学说在诗歌**之前**已经以抽象的方式作为普遍的宗教命题和思维规定存在于意识之内,然后被艺术家包装到形象里面,用诗歌作为外在的装饰,毋宁说,艺术创作的方式是这样的,即那些诗人**只能**用艺术和诗歌的形式制造出那个在他们

内心里酝酿的东西。在宗教的另外一些层次上,当宗教内涵不太适合艺术的呈现,艺术的发挥空间就受到限制。

以上就是艺术作为绝对精神的最初直接的自身满足所具有的原初的、真正的地位。

虽然艺术在自然界和生命的有限领域里具有一个**优势**,但它同样具有一个**劣势**,也就是说,艺术具有一个超越了它对于绝对者的把握方式和呈现方式的范围。因为艺术本身仍然包含着一种局限性,于是过渡到意识的一个更高的形式。这个局限性也决定了我们在现代生活里通常为艺术指定的地位。我们不再把艺术看作真理为自己创造存在的最高形式。总的说来,这个思想从很早开始就反对把艺术当作神性东西的感性化表现;比如在犹太人和伊斯兰教徒那里就是如此,甚至在希腊人那里,我们 [142] 也看到柏拉图激烈地批评荷马和赫西俄德的诸神。在持续推进的教化过程中,每一个民族那里都会出现一个时期,艺术在这个时候超越自身。比如基督的显灵、他的生和死等等基督教历史要素为艺术尤其是绘画提供了大量的形象化题材,而教会甚至把培育艺术或庇护艺术当作自己的任务;但随着知识和研究的冲动以及对于内在精神性的需要导致宗教改革,宗教观点也摆脱了感性要素,被带回到心灵和思维的内在性,而在这种情况下,艺术的**劣势**就在于,精神觉察到一个需要,即仅仅把它自己的内核当作真理的真正形式而在其中满足自身。艺术在初始阶段仍然保留着神秘的要素,保留着一种隐秘的憧憬和一种渴慕,因为它的形象还没有把它的全部内涵完满地呈现给形象化的直观。但是,当完满的内容完满地出现在艺术形态中,高瞻远瞩的精神就从这种客观性返回到自身之内,将这种客观性排除在外。我们当前的时代就是这样一个时期。诚然,人们可以期盼着艺术不断攀升并达到完满,但它的形式已经不再是精神的最高需要。即使我们仍然觉得希腊的神像是如此之优美,天父、基督和玛利亚的呈现也是如此之庄严和完满,但这些都是徒然的,我们已经不再对其顶礼膜拜。

2. 从艺术王国往上的最接近的领域是宗教。**宗教**把**观念**当作意识

[143] 的形式,因为绝对者已经从艺术的对象性转移到主体的内在性,并且以主观的方式被给予表象,以至于情绪和心灵,简言之内在的主观性,成为一个主要环节。当人们说艺术对于宗教意识而言仅仅是**某一个**方面,这就指出了从艺术到宗教的这个进步。也就是说,如果艺术作品是以感性的方式把真理或精神当作客体制造出来,并且把绝对者的这个形式当作合适的形式,那么宗教则是为此补充了内心对于绝对的对象的默祷。单纯的艺术并不包含默祷,而默祷之所以出现,仅仅是因为主体让艺术作为外在的感性而加以客观化的东西进入心灵,与之达成同一,以至于这个**内在的**当下在感受的观念和交融里成为绝对者的定在的本质性要素。默祷是宗教社团在其最纯粹的、最内在的、最主观的形式里进行的祭拜,在这种祭拜中,客观性仿佛被吞噬和消化了,而它的内容不需要这种客观性就已经成为情绪和心灵的财富。

3. 绝对精神最后的**第三个形式**是**哲学**。在宗教里,上帝起初对意识而言是一个外在的对象,因为宗教必须首先教导上帝是什么以及如何启示自身,然后宗教社团才会沉浸在内核的要素里并得到充实;但心灵的默祷和观念的内在性并不是内在性的最高形式。我们必须承认自由的**思维**是知识的这个最纯粹的形式,在其中,科学把同样的内容提供给意识,随之成为一种精神性的祭拜,这种祭拜通过体系性的思维牢牢把握着那些本来仅仅是主观的感受或观念的内容的东西。就此而言,哲学把艺术和宗教这两个方面集于一身:哲学具有艺术的**客观性**,这种客观性在这里虽

[144] 然失去了外在的感性,但恰恰因如此获得了客观东西的最高形式,即**思想**的形式;哲学也具有宗教的**主观性**,而这种主观性已经被净化为**思维**的主观性。因为思维一方面是最内在的、最本真的主观性,即真实的思想,另一方面同时是最实在的、最客观的普遍性,而这种普遍性只有在思维里才能够用它自己的形式把握自身。

关于艺术、宗教和科学之间的区别,我们在这里必须满足于上述解释。

意识的感性方式对于人类而言是起初的方式,因此宗教的最早阶段

也是一种以艺术及其感性呈现为形式的宗教。只有在精神宗教里,上帝才按照一种更高的、符合思想的方式被认识到是精神,而这同时表明,真理在感性形式里的显现并不真正适合精神。

我们既然已经知道艺术在精神领域里的地位以及艺术哲学在各种特殊的哲学部门里的地位,就必须在这个普遍的部分里首先考察艺术美的**普遍理念**。

但为了达到总体上的艺术美的理念,我们又必须经历如下三个阶段:

第一个阶段考察**美的一般概念**;

第二个阶段考察**自然美**,而自然美的缺陷将表明作为**艺术美**的**理想**是必不可少的;

第三个阶段的考察对象是**理想的实现**,亦即理想在**艺术作品**里的**艺术呈现**。

第一章　美的一般概念

1. 理　念

我们已经把美称作美的**理念**（Idee）。也就是说，美本身必须被理解为理念，而且是一个特定形式中的理念，亦即**理想**（Ideal）。一般而言，理念无非是概念、概念的实在性以及二者的统一体。因为虽然人们经常**混用**概念和理念这两个表述，但单纯的概念本身还不是理念，毋宁说，只有那个当下存在于它的实在性中，并且与这个实在性形成统一体的概念才是理念。但这个统一体不应当被想象为概念和实在性的单纯**中和**，仿佛双方都失去了自己的独特性和性质，好比碱和酸在中和为盐之后就不再是相互对立的了。正相反，概念在这个统一体里始终占据统治地位，因为自在地看来，它按照它自己的本性已经是这个同一性，因此它是把实在性当作它自己的实在性而制造出来。这个实在性是概念的自身发展，因此概念在这里没有放弃任何东西，而是仅仅把自己作为概念而加以实现，始终位于它自己和它的客观性的统一体中。概念和实在性的这样的统一体就是理念的抽象定义。

虽然艺术理论经常使用"理念"这个词语，但一些声誉卓著的艺术学者却对这个表述深恶痛绝。这方面最新和最有趣的例子，就是冯·鲁默尔先生①在他的《意大利研究》②里提出的论辩。这个论辩是从艺术的实

———————

① 冯·鲁默尔（Karl Friedrich von Rumohr, 1785–1843），德国艺术史家。——译者注

② 冯·鲁默尔《意大利研究》（*Italienische Forschungen*），三卷本，柏林和斯特汀1826—1831年版。——原编者注

践兴趣出发的,与我们所说的理念毫无关系。因为冯·鲁默尔先生不懂 [146] 近代哲学所谓的理念为何物,于是把理念和不确定的观念以及某些著名的艺术理论和艺术学派所主张的抽象而无个体性的理想混为一谈,反过来把那些就其真理而言具有明确而完满的特征的自然形式和理念以及艺术家自己臆想出来的抽象理想对立起来。按照这种抽象的理想去进行艺术创作,就好比一位思考者按照无规定的观念去思考,并且仅仅止步于无规定的内容,这当然是不正确的,也是不能让人满意的。但这样的指责根本不能适用于**我们**所说的"理念",因为理念是绝对地内在具体的,是规定的总体性,并且只有在与符合它的客观性直接合为一体的时候才是美的。

按照冯·鲁默尔先生在《意大利研究》里(第一卷,第 145 页以下)的说法,他发现"美按照最一般的理解,或者说按照现代的理解,囊括了事物的所有那些属性,它们要么给视觉带来满足的刺激,要么通过视觉而契合灵魂并让精神感到愉悦。"这些属性又分为三种:"第一种仅仅作用于感性的眼睛;第二种仅仅作用于人类与生俱来的对于空间关系的领悟;第三种首先作用于知性,然后通过认识作用于情感。"据说这第三种最重要的规定(第 144 页)是基于那样一些形式,它们"在完全独立于感官快感和尺度之美的情况下就唤醒某种伦理的—精神性的愉悦,这种愉悦一方面是起源于上述观念(大概就是伦理的—精神性的观念?)所带来的快乐,另一方面则是直接起源于一种清晰的认识活动本身就一定会带来的满足感。"

按照这位深刻的学者的看法,以上所述就是美的主要规定。这些说 [147] 法大致可以应付有一定文化修养的人,但从哲学的角度来看却是完全不能令人满意的。因为从根本上看,这个考察的结论仅仅是:视觉、精神或知性**感到快乐**,而所谓情感受到激发,就是一种愉悦被唤醒。整个论点都是围绕着如何唤醒快乐的感觉喋喋不休。但康德早就批驳了这种把美的作用还原到情感(舒适、愉悦等等)的做法,因为他已经超越了对于美的感受。

如果我们从这个论辩回到它并没有推翻的理念,那么正如我们此前看到的,理念包含着**概念**和**客观性**的统一体。

a)就**概念本身**的本性而言,自在地看来,它并不是一个与**实在性的各种区别**相对立的**抽象统一体**,毋宁说,它作为概念已经是各种规定性的统一体,从而是一种具体的总体性。就此而言,"人""蓝"之类观念起初不应当被称作概念,而应当被称作抽象的—普遍的观念,只有当我们表明它们本身把不同的方面包含在统一体里,而且这个内在地已规定的统一体构成了概念,它们才成为概念。比如"蓝"这个颜色的观念把统一体(确切地说明和暗的特别的统一体)当作它的概念,而"人"的观念则是包揽了感性和理性、身体和精神的对立,但人并非仅仅是由这些漠不相关的方面组成的,而是就概念而言包含着这些方面的具体的、经过中介的统一体。但概念是它的各个规定性的绝对统一体,因此这些规定性不可能单独存在,不可能异化为独立的个别东西①,否则它们就会脱离统一体。就此而言,概念在它的全部规定性的**观念性的**统一体和普遍性的形式里包含着这些规定性,而这个形式构成了概念之区别于实在东西和客观东西的**主观性**。比如黄金具有特定的比重、特定的颜色以及对于各种酸的特殊关系。这些是不同的规定性,但集中于同一个东西里面。因为任何一粒最微小的金屑也把它们包含在不可分割的统一体里。这些规定性对我们而言是分裂的,但自在地看来,就其概念而言,却是处于一个不可分裂的统一体里。真正的概念所包含的各种区别都具有同样非独立的同一性。一个更贴近的例子是我们对于自己的观念,即一个具有自我意识的自我。我们称作灵魂,进而称作自我的东西,是一个在其自由的存在中的概念。自我包含着许多最为悬殊的观念和思想,是一个观念世界;但这些无限杂多的内容就其位于自我之内而言,都是无形体的、非物质的,仿佛被挤压到这个观念性的统一体里,成为自我的纯粹的、完全透明的自身内映现。以上所述就是概念如何把它的各种规定包含在观念性的统一体里

[148]

---

① 这句话在第一版里为:"不可能实现为独立的个别东西。"——原编者注

的方式。

　　至于概念就其自己的本性而言包含着的更具体的规定,则是**普遍者**、**特殊东西和个别东西**。这里的每一个规定单独看来都是一种纯粹片面的抽象。但在这种片面性里,它们就并没有存在于概念之内,因为概念构成了它们的观念性的**统一体**。因此概念是这样一个**普遍者**,它一方面自己否定自己,成为规定性和**特殊东西**,另一方面重新**扬弃**了这种作为普遍者的否定的特殊性。也就是说,特殊东西仅仅是**普遍者本身**的特殊方面,而普遍者并没有把特殊东西当作绝对的他者,因此在特殊东西里重新制造出它与作为普遍者的自己的统一体。在这种自身回归里,概念是无限的否定;这不是一种针对他者的他者,而是一种自身规定,通过这个方式,概念始终只是一个与自身相关联的、肯定的统一体。在这种情况下,概念作为一种在其特殊性里仅仅与自身相结合的普遍性,是真正的**个别性**。前面关于精神的本质的简略说明可以被看作概念的这个本性的最高例子。 [149]

　　通过这种内在的无限性,概念自在地看来已经是总体性。因为概念是在一个异在之内与自身形成的统一体,随之是一个自由的东西,它把全部否定仅仅当作自身规定,而不是当作一个他者给它带来的陌生限制。但作为这种总体性,概念已经包含着一切让实在性本身成为现象,并且把理念带回到经过中介的统一体的东西。有些人以为理念是某种完全不同于概念的特殊东西,这就没有认识到理念和概念的本性。但与此同时,概念区别于理念的地方在于,它只有从抽象的角度看才发生特殊化,因为规定性作为概念之内的规定性始终处于统一体和观念性的普遍性,而这种普遍性是概念的要素。

　　但这样一来,概念本身仍然处于片面性中,并且摆脱不了这样一个缺陷,即它虽然自在地看来已经是总体性,但仅仅在统一体和普遍性的方面享有自由发展的权利。因为这种片面性不符合概念自己的本质,所以概念按照自己的概念扬弃了这种片面性。概念否定了作为这种观念性的统一体和普遍性的自己,把封闭在观念化主观性里的东西释放出来,使其成为实在的、独立的**客观性**。简言之,概念通过它自己的活动把自己设定为客观性。

[150]　　b)因此客观性单就其自身而言无非是**概念的实在性**,但概念在这里已经处于全部环节的独立特殊化和**实在区别**的形式中,而概念作为主观的概念曾经是这些环节的观念性的统一体。

但因为只不过是**概念**在客观性里给予自己定在和实在性,所以客观性本身必须使**概念**达到现实性。然而概念是它的各个特殊环节的经过中介的**观念性的统一体**。正因如此,一方面各种特殊性保持着实在的区别,另一方面特殊性的观念性的、合乎概念的统一体必须在特殊性那里重新制造出自身。实在的特殊性必须存在,它们的已经达到理念性的统一体也必须在它们那里存在。这是概念的威力,因为概念在分化的客观性里并没有放弃或失去自己的普遍性,反而是通过实在性并且在实在性之内启示出它的统一体。因为概念的本质就在于在它的他者那里保持为一个自身统一体。只有这样,概念才是现实的、真正的总体性。

c)这种总体性是**理念**。也就是说,理念是概念的观念性的统一体和主观性,同样也是概念的客观性,但概念并非仅仅把这种客观性当作自己的对立面,而是在其中与自身相关联。从主观概念和客观概念这两个方面来看,理念是一个整体,同时也是这些总体性的一个永恒的正在完成和已经完成的和谐一致和经过中介的统一体。只有这样,理念才是真理和全部真理。

2. 理念的定在

因此,一切存在着的东西只有作为理念的一个存在才是真理。因为唯有理念才是真正现实的东西。也就是说,显现者之所以是真实的,不是[151] 因为它具有内在的或外在的定在,从而是一般意义上的实在性,而是仅仅因为这种实在性符合概念。惟其如此,定在才具有现实性和真理。这不是**主观**意义上的真理,即一个实存符合**我的**观念,而是**客观**意义上的真理,即自我或一个外在的对象、行动、事件、状态在其现实性中实现概念本身。只要这种同一性没有确立起来,定在者就仅仅是一个现象,在这个现象里发生客观化的就不是总体的概念,而是概念的某一个抽象的方面,当这个方面针对总体性和统一体而让自己独立化,就可能退化为真正的概念的对立面。因此,只有符合概念的实在性才是一种真实的实在性,而这种实在性之所以是真实的,是因为理念在其中使自己达到实存。

3. 美的理念

我们曾经说过,美是理念,因此**美**和**真理**从一个方面来看是同一个东西。也就是说,美必须自在地看来已经是真实的。但从另一个方面来看,真实的东西又不同于美的东西。也就是说,只有当理念按照其自在体和普遍本原而言是理念,并且被当作这样的东西来思考,它才是**真实的**。这样一来,思维的对象就不是感性的和外在的实存,毋宁仅仅是其中的**普遍理念**。但理念同样应当以外在的方式实现自身,并且获得特定的、既有的实存,将其当作自然的和精神的客观性。真相,单纯的真相本身,也实存着。当真相在它的这个外在定在里直接成为意识的对象,而且概念也直接保持着与它的外在现象的统一体,理念就不仅是真实的,而且是**美的**。通过这个方式,**美**把自己规定为理念的感性**映现**(Das *Schöne* bestimmt sich dadurch als das sinnliche *Scheinen* der Idee)①。也就是说,一切感性东西和客观东西在美里都不具有独立性,而是必须放弃其**存在**的直接性,因为这个存在仅仅是概念的定在和客观性,并且被设定为这样一种实在性,[152]

---

① 朱光潜先生在其译本里把这句话翻译为:"美因此可以下这样的定义:美就是理念的感性显现。"(《美学》第一卷,商务印书馆 1979 年版,第 142 页)从此以后,这个说法在我国学界广为流行,被视为黑格尔关于"美"的一个经典定义。但严格说来,这句话并不是一个定义,而即使我们把它当作一个定义予以接受,更重要的关键却是在于,黑格尔这里所说的不是"显现"(Erscheinen),而是"映现"(Scheinen)。须知黑格尔对于"显现"和"映现"这两个概念的使用是有着严格而精微的区别的,因为"显现"意味着把内核无所保留地完全表现出来,反之"映现"更强调的是内核和外观的张力以及这种张力之中的平衡,而这正是"美"之区别于"真"的关键之所在。——译者注

103

它把与客观性合为一体的**概念**呈现出来,随之在这个客观的定在——它仅仅被当作概念的映现——里把理念本身呈现出来。

a)基于这个理由,知性也不可能把握美,因为知性并不追求那个统一体,而是坚持把统一体的各种区别当作独立的、分裂的东西,以至于实在性完全不同于理念性,感性东西完全不同于概念,客观东西完全不同于主观东西,而且这样的对立不应当被统一起来。因此知性总是止步于有限的、片面的、不真实的东西。反之美本身是**无限的**和自由的。虽然美的内容可能是特殊的,因而是受到限制的,但这个内容在它的定在里必须作为内在无限的总体性,作为**自由**显现出来,因为美完完全全是这样一个概念,它不是与自己的客观性对立,从而陷入片面的有限性和抽象与客观性的对立中,而是与自己的对象性融合,并通过这个内在的统一体和完满而成为内在无限的。按照同样的方式,当概念在它的实在的定在里为这个定在注入灵魂,就在这种客观性里自由地**安然于自身**。因为概念不允许美那里的外在存在独自遵循它们自己的规律,而是从自身出发规定它的显现结构和显现形态,这些结构和形态作为概念的自身一致性在概念的定在里恰恰构成了美的本质。但这种整合的纽带和力量却是在于主观性、统一体、灵魂、个体性。

b)因此,当我们从**主观精神**的角度去考察美,它就既不是那种坚持**有限性**的、不自由的理智的对象,也不是有限的意愿的对象。

[153]　作为有限的理智,我们感受内在的和外在的对象,观察它们,以感性的方式把它们接纳为真相(知觉到它们),让它们成为我们的直观和观念的对象,甚至让它们成为我们的思维着的知性的抽象对象,而知性赋予它们以普遍性这个抽象形式。但这些活动是有限的、不自由的,因为我们预先设定事物是独立的。在这种情况下,我们以事物为准绳,对其听之任之,让我们的观念受到对于事物的信念的束缚,因为我们相信,只有当我们保持被动的状态,把我们的全部活动限定于一种形式上的东西(注意到哪些是我们的想象或成见,然后将其抛弃),我们才能够正确地把握客体。伴随着对象的这种片面的自由,就直接设定了主观把握的不自由。

因为主观把握的内容是**给定的**,单纯的感受和对于客观事物的接纳取代了主观的自身规定。也就是说,只有通过主观性的屈服才能够达到真理。

　　同样的事情在有限的**意愿**那里也发生了,只不过采取了**相反的**方式。这时兴趣、目的和意图都位于**主体**之内,而主体希望它们克服事物的存在和属性而得以实现。因为主体为了实现自己的决定,只能去消灭客体,或至少是将其改变,予以加工改造,扬弃它们的各种性质或让它们相互作用,比如让水作用于火,让火作用于铁,让铁作用于木头,如此等等。这样一来,事物就被剥夺了独立性,因为主体用它们为自己服务,把它们当作**有用的东西**来看待和对待,亦即当作这样一些对象,它们不是在自身之内,而是在主体之内具有它们的概念和目的,以至于它们和主观目的的关系构成了它们的真正本质。主体和客体交换了它们的角色。对象成为不自由的,主体成为自由的。 [154]

　　但实际上,在这两种关系里,**双方**都是有限的和片面的,而它们的自由仅仅是一种意谓中的自由。

　　在**理论**的领域里,当事物被假定为独立的,**主体**就是有限的、不自由的;而在**实践**的领域里,主体也是如此,因为目的与由外激发的冲动和激情之间的斗争和内在矛盾是片面的,客体的反抗也是永远不能完全消除的。对象和主观性这两方的分裂和对立构成了这个关系的前提,并且被看作这个关系的真实概念。

　　在这两种关系里,**客体**同样是有限的、不自由的。在**理论**的领域里,客体的独立性虽然被当作前提,但这只是一种虚假的自由。因为客观性就其自身而言仅仅**存在着**,并没有在自身之内把它的概念(即主观的统一体和普遍性)当作**它的对象**。概念位于客观性之外。因此在概念的这种外在性里,每一个客体都作为单纯的特殊性存在着,这种特殊性伴随着它的杂多性指向外部,并且显现为在无穷无尽的关系里通过别的事物而产生、变化、壮大和毁灭。在**实践**的领域里,这种依赖性更是被明确地设定下来,而事物对于意志的反抗始终是相对的,本身并没有能力维持最终的独立性。

c）当客体作为**美的**客体存在着，并被看作这样的客体，就把上述两个视角统一起来，因为在这种情况下，主体和对象的片面性都被扬弃了，而它们的有限性和不自由也随之被扬弃了。

因为从**理论**的方面看，客体不再被仅仅当作存在着的个别对象，这种对象的主观概念位于它的客观性之外，并且在它的特殊实在性里沿着最繁复的方向分化出千丝万缕的外在关系；正相反，**美的**对象在它的存在里让它自己的概念作为已经实现的东西显现出来，并且本身就展现出主观的统一体和生命力。这样一来，客体就把向外的方向弯折回自身，消灭了对于他者的依赖性，并且在观察者看来已经把它的不自由的有限性转化为自由的无限性。

与此同时，自我在与客体的关联中也不再仅仅是抽象的注意、感性的直观和观察，或把个别的直观和观察消解在抽象的思想当中。自我在这个客体之内本身成为具体的，因为它为自己制造出概念和实在性的统一体，把迄今为止在自我和对象那里分裂的、因而抽象的方面统一为具体的东西。

至于**实践**的方面，正如我们此前已经指出的，在观察美的时候，欲望也消退了；主体不再利用客体去实现自己的目的，而是把客体看作内在独立的，把客体本身看作目的。这样一来，主体与对象的单纯有限的关联也瓦解了，而在此之前，对象是作为一个有用的手段而服务于外在的目的，因此客体在这种情况下要么是不自由地进行反抗，要么是被迫把陌生的目的接纳到自身之内。与此同时，实践主体的不自由的关系也消失了，因为它不再按照主观意图区分相应的材料和手段，在实现主观意图的时候也不再止步于单纯的应当之类有限关系，而是直面一个已经完满实现的概念和目的。

正因如此，对美的观察具有解放的意义，它让对象保持内在的自由和无限性，既无占有之欲，也不把它们当作有用的东西而服务于有限的需要和意图，而在这种情况下，美的客体仿佛既没有受到我们的压迫和强制，也没有受到其他外在事物的侵扰和征服。

　　按照美的本质，在**美的客体**里，无论是其概念、目的和灵魂，还是其外在的规定性、杂多性和实在性，都必须显现为自己规定自己，而不是受他者支配，因为正如我们看到的，美的客体只有作为特定的定在与真正的本质和概念形成的内在统一体和内在一致性才具有真理。除此之外，由于概念本身是具体的，所以它的实在性也完全显现为一个完整的形象，而这个形象的各个部分同样表明自己处于观念性的灵魂灌注和统一体之中。因为概念和现象的一致就是完满的贯通。正因如此，外在的形式和形态并没有与外在的材料分裂，也没有强迫材料以机械的方式服务于别的目的，而是显现为一个按照其概念而言寓居于实在性之内，又从其中脱颖而出的形式。最后，正如美的客体的各个部分、环节等特殊的方面也形成了一个观念性的统一体，并且让这个统一体显现出来，这种一致性在特殊的方面也必须成为可见的，即它们让彼此保留着独立自由的映象，也就是说，它们不应当如同在**单纯的概念本身**那里一样**仅仅**具有一个观念性的统一体，而是必须也凸显出独立的实在性这个方面。二者都必须出现在美的客体里：一个是由概念所设定的特殊方面的**必然的**共同归属，另一个是特殊方面的**自由的**映象，即这些特殊方面作为各个部分是为了自己，而**不是仅仅为了统一体**显露出来。单纯的必然性是指各个方面按照其本质这样衔接起来，以至于一方的出现就直接设定了另一方。这样的必然性虽然在美的客体里是不可或缺的，但不应当以必然性的形式出现，而是必须隐藏在无意图的偶然性的映象后面。否则的话，特殊的、实在的部分就不是出于它们自己的现实性而存在，而是仿佛仅仅服务于它们的观念性的统一体，而且始终是以抽象的方式从属于这个统一体。[157]

　　通过美的概念、美的客观性以及主体对美的观察都在自身之内包含着的这种自由和无限性，美的领域摆脱了有限关系的相对性，上升到理念及其真理的绝对王国。

第二章　自然美

美是这种意义上的理念:它是概念及其实在性的直接统一体,但这个统一体直接存在于感性的、实在的映现活动之内。现在,理念的下一个定在是**自然界**,而最初的美是**自然美**。

A. 单纯的自然美本身

1. 理念作为生命

在自然世界里,我们必须区分,概念为了成为理念,需要通过哪些方式而在它的实在性里获得实存。

a)**第一**,概念直接沉陷在客观性之内,因此它作为主观的观念性的统一体本身不会浮现出来,而是毫无灵魂地完全过渡到感性的物质性。[158] 单纯以机械的、物理的方式分化的**特殊**物体就属于这个类型。比如一块金属虽然自在地是机械性质和物理性质的杂多性,但它的每一个部分都以同样的方式包含着同样的性质。这样的物体缺乏一个总体上的组织结构,也就是说,每一个区别单独而言都保留着一个特殊的物质存在;此外它也缺乏这些区别的否定的观念性的统一体,一个表现为灌注灵魂的统一体。区别仅仅是一种抽象的多样性,而统一体仅仅是这些性质的漠不相关的统一体或等同性。

这就是概念的第一种实存方式。它的各种区别没有获得独立的实存,而它的观念性的统一体也没有表现为观念性的东西;正因如此,这样

108

的物体自在地看来是一些有缺陷的、抽象的实存者。

b）**第二**，与此相反，一些更高的自然存在者让概念的各种区别保持自由，于是每一个区别都可以在别的区别之外独自存在着。这里才体现出客观性的真实本性。也就是说，客观性所指的正是概念的各种区别的这种独立的、外在于彼此的情况。在这个层次上，概念这样确立自己的地位，即它作为它的各种规定性的总体性使自己成为实在的，把特殊的物体统摄于**同一个体系**，哪怕每一个物体本身都具有独立的定在。比如太阳系就属于这个类型。一方面看来，太阳、彗星、月亮和行星显现为彼此有别的、独立的天体，但另一方面看来，它们只有依据于它们在整个体系里的特定位置才是其所是。它们的特殊运动方式以及它们的物理属性都仅仅是从它们在这个体系里所处的地位推导出来的。这个联系构成了它们的内在统一体，而这个统一体让特殊的实存相互关联，把它们整合在一起。

但概念并没有止步于独立实存着的特殊物体的这个仅仅**自在存在着**的统一体。因为无论是它的各种区别，还是它的与自身相关联的统一体，都必须成为实在的。统一体区别于客观的特殊物体的相互外在，因此在这个层次上针对这种相互外在而获得了一个实在的、形体式的独立实存。比如在太阳系里，太阳作为体系的这个统一体实存着，与体系的各种实在的区别相对立。——但观念性的统一体的这种实存仍然是有缺陷的，因为它一方面只有作为特殊的独立物体的关联和关系才成为实在的，另一方面作为体系里的**一个物体代表着统一体本身**，与各种实在的区别相对立。虽然我们希望把太阳看作整个体系的灵魂，但它本身仍然在那些展现这个灵魂的环节之外具有一种独立的持存。太阳本身仅仅是概念的**一个环节**，即统一体的环节，与实在的特殊化区分开，因此这个统一体始终只是**自在的**，从而是抽象的。比如太阳按照其物理性质而言是一个绝对同一的东西，是光源，是单纯的发光体本身，但它也仅仅是这种抽象的同一性。因为光是一种单纯的、无区别的自身内映现。——因此，我们虽然在太阳系里看到概念本身已经成为实在的，而且展现出了它的各种区别

[159]

的总体性(因为每一个物体都让**一个**特殊的环节显现出来),但概念在这里仍然沉陷在它的实在性之内,没有作为它们的理念性和内在的自为存在而显露出来。概念的存在的基本形式始终是它的各个环节的独立的相互外在。

但概念的真实存在所要求的是,那些**实在的有差异的东西**(亦即实在的、独立的各种区别和同样独立的、客观化的统一体本身)必须被收回到统一体之内,也就是说,自然区别的这个整体一方面应当表明概念是它的各种规定性的实在的相互外在,另一方面又应当在每一个特殊东西那里将其内在封闭的独立性设定为已扬弃的,从而让各种区别在理念性里回归主观的统一体,并且让理念性作为它们的普遍的灌注灵魂在它们那里显露出来。这样它们就不再只是一些相互联系和拼凑在一起的**部分**,而是**环节**;也就是说,它们不再孤立地单独实存着,而是只有在它们的观念性的统一体里才真正实存着。只有在这样的有机组织里,观念性的概念统一体才会寓居在各个环节之内,成为它们的承载者和内在灵魂。概念不再沉陷于实在性之内,而是在实在性那里作为内在的同一性和普遍性本身显露到存在里面,因为这种同一性和普遍性构成了概念的本质。

[160]

c)唯有自然界的这**第三种**显现方式才是**理念**的定在,而理念作为自然的理念就是**生命**。僵死的无机自然界不符合理念,只有活生生的—有机的自然界才是理念的现实性。因为生命力包含着三个特征:**第一**,概念的各种区别作为实在的区别具有实在性;**第二**,这些区别作为单纯实在的区别遭到否定,因为概念的观念性的统一体统治着这种实在性;**第三**,有灵魂的东西作为概念的肯定现象在它的身体性那里表现为一个无限的形式,而且这个形式能够在它的内容里保持为形式。

α)如果我们询问我们的日常意识对于生命力是什么看法,就会一方面想到身体,另一方面想到灵魂。我们认为二者各有其独特的性质。灵魂和身体的这个**区分**对于哲学研究也具有极为重要的意义,而我们在这里也必须接受这个区分。但灵魂和身体的**统一体**同样是知识感兴趣的一个重要问题,而且自古以来都给合乎思想的认识制造了极大的困难。正

[161]

是由于这个统一体,生命才是理念的最初的自然现象。因此我们不应当把灵魂和身体的同一性理解为单纯的**联系**,而是必须以更深刻的方式去理解这个问题。也就是说,我们必须把身体及其组织看作概念本身的系统组织的存在,这个概念在活生生的有机体的各个环节里赋予它的规定性一种外在的自然定在,比如在较低层次上的太阳系那里就是如此。在这个实在的存在内部,概念又把自己提升为所有这些规定性的观念性的统一体,而这个观念性的统一体就是灵魂。灵魂是实体性的统一体和渗透一切的普遍性,而这种统一体和普遍性又是一种单纯的自身关联和主观的自为存在。我们必须在这个更高的意义上理解灵魂和身体的统一体。也就是说,二者不是可以拼凑起来的不同东西,而是同一些规定的同一种总体性;而且,正如理念一般而言只能被理解为一个在它的实在性里独自作为概念而存在着的概念,其中既有概念和它的实在性的区别,也有二者的统一体,同样生命只能被看作灵魂及其身体的统一体。灵魂的统一体既是主观的,也是实体性的,而感受就是这个统一体在身体内部的各种表现之一。活生生的有机体的感受不仅独立地属于一个特殊的部分,而且是整个有机体的这个观念性的、单纯的统一体本身。感受贯穿全部环节,无处不在,但同一个有机体里面并没有成千上万个感受者,毋宁只有一个感受者,只有**一个**主体。正因为有机自然界的生命力包含着这样一个区别(一方面是环节的实在的存在,另一方面是在这些环节中单纯自为地存在着的灵魂),同时又把这个区别当作一个经过中介的统一体,所以它才高于无机自然界。因为只有活生生的东西才是理念,只有理念才是真相。诚然,这个真理在有机体那里也有可能被破坏,比如在生病的时候,身体就不能完整地实现它的理念性和灌注灵魂,而在这种情况下,概念就不是作为唯一的权力进行统治,而是与别的权力分而治之。但这样的实存就是一种糟糕的、残废的生命力,它之所以还活着,只不过是因为概念和实在性的不符合仅仅是相对而不是绝对压倒性的。假若二者完全不再一致,身体就会失去真正的组织及其真正的理念性,于是生命立即转化为死亡,而死亡就是让那些原本通过灌注灵魂而处于不可分割的统

[162]

111

一体中的东西四散分离,彼此独立。

β)我们曾经说过,灵魂作为概念的总体性表现为内在的、主观的、观念性的统一体,而结构分明的身体虽然也是同一种总体性,却是表现为全部特殊方面的分解和感性的相互外在,而且二者被设定在作为**统一体**的生命力之内。这个说法确实包含着一个矛盾。因为观念性的统一体不仅**不是**感性的相互外在(在这种情况下,每一个特殊性都具有一个独立的持存和一种封闭的独特性),而且是这种外在的实在性的直接对立面。这里的矛盾恰恰在于,相互对立的东西应当是同一的。但如果有人要求一切存在者都不应当包含着对立面的同一性这个矛盾,这就等于要求一切活生生的东西都不应当存在。因为生命的力量,尤其是精神的力量,恰恰在于在自身之内设定矛盾、忍受矛盾和克服矛盾。这种在各个环节的观念性的统一体和实在的相互外在之间设定矛盾和消解矛盾的做法构成了生命的绵延过程,而生命仅仅是一个**过程**。生命过程包含着双重的活动:一方面,它不断地让那些实在的区别(即有机体的全部环节和规定[163] 性)获得感性的实存,另一方面,如果这些区别企图坚持独立的特殊化,相互之间封闭为固定的区别,它就在它们那里彰显那种给它们带来生命的普遍的理念性。这就是生命力的唯心主义。因为不仅哲学是唯心主义的,自然界作为生命实际上也做着唯心主义哲学在精神性领域里所做的事情。

但只有当两种活动合而为一,有机体的规定性不断得到实现,同时那些实在的事物在观念上被设定为它们的主观的统一体,这才是生命的完满过程。但这里我们无暇讨论这个过程的具体形式。总之通过双重活动的这个统一体,有机体的全部环节始终保留下来,也不断地被收回到那种给它们带来生命的理念性。这种理念性的表现,就是它与它为其带来生命的那些环节不是漠不相关的,而是实体,只有在这个实体之内并且通过这个实体,诸环节才能够维持它们的特殊的个体性。这一点恰恰构成了整体的部分和有机体的环节之间的根本区别。比如一座房屋的特殊部分是个别的石头、窗户等等,它们无论是否构成一座房屋,都始终是同样的东西;是否与别的部分结合对它们而言是漠不相关的,而且概念对于它们而言始终是一个单纯外在的形式,这个形式并不是活在实在的部分之内,以便把它们提升为一个主观统一体的理念性。与此相反,有机体的环节虽然同样具有外在的实在性,但概念却是寓居在它们之内的固有本质,不是仅仅作为外在的结合形式套在它们身上,而是保障着它们的独特的持存。因此,诸环节所具有的实在性就不是一座房屋的石头或一个行星体系里的行星、月亮、彗星所具有的那种实在性,而是一种位于有机体内部,与任何实在性无关,在观念上被设定的实存。比如当一只手被割下来,就失去了它的独立的持存;它不再是曾经在有机体里的样子,它的灵活性、运动、形状、颜色等等都发生了变化;它甚至会腐烂,它的整个实存都会瓦解。只有作为有机体的一个环节,手才具有持存,只有当不断地被收回到观念性的统一体,手才具有实在性。这就是为什么活生生的有机体内部有一种更高的实在性;实在的、肯定的东西总是被设定为观念性的、否定的东西,而这种理念性既维护着实在的区别的持存,同时也是这种持存的要素。 [164]

γ)因此,理念作为自然的生命力所获得的实在性,是一种**显现着的或作为现象的**实在性。所谓现象,无非是指一种实在性存在着,但不是直接在其自身具有它的存在,而是在它的定在中同时被设定为否定的东西。但对于直接外在地存在着的环节的否定不仅作为理念化活动(Idealisieren)具有一个否定的关联,而且在这个否定中同时是一个肯定的自为存在。迄今为止,我们都把处于封闭的特殊性中的实在东西看作肯定的东西。但这种独立性在有生命的东西那里被否定了,唯有身体性有机体内部的观念性的统一体能够与自身形成一个肯定的关联。我们必须把灵魂理解为这种在进行否定的同时也进行肯定的理念性。因此,如果是灵魂在身体里显现出来,那么这个现象就同时具有肯定的意义。灵魂虽然表现为一种反对环节的独立特殊化的力量,但它也是这些环节的塑造者,因为它把外在地施加于形式和环节的东西作为内核和观念性东西包含在自身之内。因此在外观里显现出来的,是这个肯定的内核本身;

外观如果仅仅是外在的,就只能是一种抽象和片面性。但我们在活生生的有机体那里看到的却是这样的情形,内核在外观里显现出来,同时外观[165]本身就表明自己是这个内核,而这就是它的概念。这个概念包含着实在性,而概念在其中作为概念显现出来。但由于在客观性里,概念作为概念是一种与自身相关联的、在它的实在性里**自为**存在着的主观性,所以生命仅仅作为**有生命的东西**,作为个别的主体而实存着。只有生命才找到了这个否定的统一点;这个统一点之所以是否定的,是因为只有在观念上把实在的区别设定为**单纯实在的**区别之后,主观的自为存在才能够显露出来,与此同时,自为存在的主观的、肯定的统一体与这些区别结合在一起。——对主观性的这个方面予以强调具有极为重要的意义。生命只有作为个别的活生生的主观性才是现实的。

如果我们进一步追问,现实的、活生生的个体内部的生命理念是在什么地方体现出来的,那么下面就是答案。**第一**,生命力作为一个身体性有机体的总体性必须是实在的。**第二**,身体性有机体不是显现为一个静止固化的东西,而是显现为一个内在的持续进行的理念化过程,在其中展现出活生生的灵魂。**第三**,这种总体性不是受外在规定并发生变化,而是从自身出发给予自己形态并发生演化,并且在这个过程中始终作为主观统一体和自主目的而与自身相关联。

主观生命力的这种内在自由的独立性主要体现于**自主运动**。无机自然界的无生命的物体具有固定的场所,它们和这个场所合为一体,要么被束缚在那里,要么受到外来的推动。因为它们的运动不是出自它们自身,所以它们那里出现的运动就显现为一种外来的影响,而它们对此的反应就是努力抵消这种影响。虽然行星的运动看起来不是受外力推动的,但毕竟受制于一个固定的规律及其抽象的必然性。反之活生生的动物在其自由的自主运[166]动里已经摆脱了特定场所的束缚,而且不断地摆脱与这类规定性的感性合体。同样,虽然动物在运动的时候仅仅相对地扬弃了运动的特定的路线、速度之类抽象限制,但它毕竟是在它自己的有机体里具有感性的空间性,而生命力就是这种实在性内部的自主运动,比如血液循环、肢体活动等等。

但运动并不是生命力的唯一表现。无机物体只有在受到外来撞击时才会产生鸣响,因此它们缺乏动物声音的自由的音调,而这种音调已经是有灵魂的主观性的一种更高级的表现。但理念化活动的最透彻的表现在于,活生生的个体一方面相对于其余的实在性而言是封闭的,另一方面**为自己**制造出外部世界,部分是以理论的方式,比如通过观看等等,部分是以实践的方式,比如让外物服从自己,利用它们,通过进食过程同化它们,从而在它的他者那里不断地把自己作为个体重新生产出来,而在一些更高级的有机体那里,这种重新生产就表现为在特定的时间间隔里发生的需要、进食、满足和饱足。

这一切就是生命力的概念在有灵魂的个体那里显现出来的活动。这种理念性并非仅仅是**我们的**反思,而是**客观地**存在于活生生的主体自身之内,因此我们可以把这种主体的定在称作一种客观唯心主义。灵魂,作为这种观念性东西,让**自己**映现出来,也就是说,它总是把身体的**单纯**外在的实在性降格为映象,而它自己则是在身体性里客观地显现出来。

2. 自然的生命力作为美的生命力

[167]

当真相或者说理念在其最初的自然形式里作为生命直接存在于个别的、合适的现实性之内,自然界里的生命力作为感性的、客观的理念就是**美的**。但从这种感性的直接性来看,活生生的自然美既非**为了自己**而是美的,也非把美的现象当作目的而**亲自**把自己作为美的东西**生产出来**。自然美之所以是美的,仅仅是为了别的东西,亦即**为了我们**,为了一个把握着美的**意识**。因此现在的问题是,生命力在其直接的定在中究竟是以什么方式并且通过什么东西而对我们显现为**美的**?

a)当我们观察有生命的东西起初如何在实践中实现自己和维系自己,首先看到的就是**任意的运动**。这种运动作为一般意义上的运动来看,只不过是一种完全抽象的自由,即能够在时间里改变位置,而动物通过这种运动就表明自己是完全任意的,它的运动也是偶然的。与此相反,音乐和舞蹈虽然也包含着运动,但即使我们不考虑这种运动的意义或美的表现,它也并非仅仅是偶然的和任意的,而是内在地合乎规律的、特定的、具体的和充满尺度的。进而言之,如果我们把动物的运动看作一个内在的目的的实现,那么这个目的作为一种被激发的冲动也是完全偶然的,是一个完全受到限制的目的。接下来,如果我们把运动看作所有部分的合乎目的的活动和共同作用,那么这样的观察方式仅仅是依据我们的知性的活动。同理,当我们反思动物如何满足自己的需要和寻求营养,如何捕捉、吞噬、消化食物乃至完成一切为了达到自身维持而必须去做的行为,

[168] 这也是依据知性的活动。因为我们在这里看到的,同样只是个别欲望的外观以及这些欲望的任意而偶然的满足,而这些东西还根本没有体现出有机体的内在的活动;要么所有这些活动及其外化方式都成为知性的对象,而知性则是致力于从动物的内在目的和实现这些目的的器官之间的一致出发去理解合目的性。

无论是对于个别而偶然的欲望及其任意的运动和满足的感性直观,还是对于有机体的合目的性的知性观察,都不能让我们把动物的生命力看作一种自然美;毋宁说,美涉及的是个别形态在其静止状态和运动状态中的映现,既和满足需要的合目的性无关,也和自主运动的完全个别化的偶然性无关。但美只能通过一个**形态**表现出来,因为唯有形态才是外在的现象,在其中,生命力的客观唯心主义成为我们的直观和感性观察的对象。思维是在它的**概念**里把握这种唯心主义,并按照它的**普遍性**将其当作对象,但对美的观察却是依据其**映现着的实在性**。这种实在性是结构分明的有机体的外在形态,而这个有机体对我们而言既是一个定在者,也是一个**映现者**,因为特殊环节的单纯实在的杂多性在形态的**有灵魂的**总体性里必须被设定为一个映象。

b)按照前面已经解释过的生命力的概念,可以推导出这种映现活动的如下几个更具体的特征;形态是空间里的广延、界限和形状,在形式、颜色、运动等方面各有不同,并且是这些区别的一种杂多性。如果有机体要体现为一个有灵魂的东西,就必须表明它没有把这种**杂多性**当作它的真

实存在。具体的做法就是,现象的不同部分和方式对我们来说是感性的
东西,但它们同时也形成一个整体,随之显现为这样一个**个体**,它作为一 ［169］
个单一体虽然包含着不同的特殊性,但这些特殊性是协调一致的。

α)**第一**,这个统一体必须表现为**无意图**的同一性,因此不能作为抽
象的合目的性发挥作用。各个部分既不应当仅仅是一个特定目的的手段
并作为这样的服务者呈现于直观,也不应当放弃它们在结构和形态方面
的区别。

β)**第二**,与此相反,环节对于直观而言获得了**偶然性**的映象,也就是
说,一个环节并没有设定另一个环节的规定性。没有哪一个环节是因为
别的环节具有某个形式,所以它也具有这个形态,如同规则性
(Regelmäßigkeit)所表明的那样。在规则性里,某一个抽象的规定性决定
了所有部分的形态、大小等等。比如一座房屋的所有窗户或至少是同一
个序列里的窗户是同样大小的;在一座整齐有序的军营里,士兵也穿着同
样的军装。在这里,衣服的形式、颜色之类特殊部分不是显现为彼此偶然
的,而是一个部分规定着另一个部分的特定形式。在这里,无论是形式的
区别还是它们的独特的独立性都没有立足之地。反之在有机的一活生生
的个体那里却是完全不同的情形。这里的每一个部分都是区分开的,鼻
子区别于额头,嘴唇区别于脸颊,胸腔区别于脖子,手臂区别于腿脚,如此
等等。正因为对于直观而言每一个环节都不是具有别的环节的形态,而
是具有其独特的、并非由另一个环节所绝对地规定的形态,所以诸环节显
现为内在独立的,随之对彼此而言是自由的和偶然的。也就是说,质料上
的共同归属与它们的形式本身无关。

γ)**第三**,对于直观而言,这种独立性必须体现出一个内在的联系,但 ［170］
统一体不应当如同在规则性那里一样是抽象而外在的,而是非但不消除
独特的特殊性,反而将它们召唤出来并加以维护。这种同一性对于直观
而言不是感性的和直接的,不像诸环节的区分那样一目了然,因此始终是
一种隐秘的、**内在的**必然性和协调一致。但假若这种同一性是**单纯**内在
的、外在地不可见的,那么它就只能被思维把握,并且完全摆脱了直观。

但这样一来,它就缺失了美的面貌,而直观活动在有生命的东西那里所看到的也不是一个实在地显现着的理念。因此,虽然统一体作为在观念上灌注灵魂的东西不应当仅仅是感性的和空间性的,但它还是必须走出自身,进入外观。它在个体那里显现为各个环节的普遍的理念性,而这种理念性构成了一个起维护作用和承载作用的基础,构成了主体的载体。在有机的有生命的东西那里,这个主观的统一体作为感受而出现。在感受及其表现里,灵魂**作为灵魂**展现出来。因为对于灵魂而言,各个环节的单纯的并列持存并不具有真理,而且空间形式的多样性对于灵魂的主观的理念性而言也不存在。虽然灵魂以各个部分的杂多性、独特形式和有机结构为前提,但当感受着的灵魂及其表现在各个部分那里显露出来,无处不在的内在统一体看起来就恰恰扬弃了单纯实在的独立性,于是这些独立性不再仅仅呈现出它们自己,而是呈现出它们的感受着的灵魂。

c)但刚开始的时候,充满灵魂的感受所表现出的样子既不能让人看出特殊环节相互之间的一种必然的归属,也不能让人直观到**实在的**组织结构和**主观的**感受统一体本身的一种必然的同一性。

[171]   α)如果形态作为形态仍然让这种内在的协调一致及其必然性显现出来,那么这个联系只能是出于我们的**习惯**,即我们经常看到这些环节是并列持存的,而这种并列持存不但产生出一个类型,而且产生出这个类型的惯有形象。但习惯本身仅仅是**一种主观的必然性**。比如按照这个尺度,我们之所以觉得某些动物是丑陋的,只不过是因为它们的有机体和我们常见的直观不同,甚至与之矛盾。我们之所以说某些动物有机体是稀奇古怪的,是因为它们的器官组合方式和我们常见的情况大相径庭:比如有些鱼的大肚子和短尾巴很不相称,其眼睛也是长在同一边。在植物界,我们更是看到许多违背惯常情形的东西,比如仙人掌的尖刺及其笔直的方形躯干就令人感到惊奇。但只要一个人具有丰富的博物学知识,就会在这种情况下不但对于个别部分有着准确的认识,而且回想起将许多相互依赖的类型,从而不觉得这是什么非同寻常的东西。

β)**其次**,只要我们更深入地考察这种协调一致,就会掌握一种见识

和技能,依据**个别的**环节立即推断出它必然所属的**整个**形态。比如居维
叶①在这方面就享有盛誉,因为他只要看到一块骨头——不管它是不是
一块化石——就能够断定它属于哪一种动物。这里真正做到了字面意思
上的 ex ungue leonem[由爪见狮];从爪子和腿骨可以推断出牙齿的形状, [172]
反过来从牙齿也可以推断出股骨的形状和脊椎的形式。但在这种考察
里,对于类型的认识已经不再是单纯的习惯,毋宁说,反思和个别的思想
规定已经作为主导因素出现。比如居维叶在进行推断的时候已经对内容
丰富的规定性和通盘的属性了如指掌,这些规定性和属性作为统一体在
所有特殊的、彼此不同的部分里发挥作用,因此可以在其中被重新认识。
这样的规定性就是肉食的性质,而这个性质又构成了所有部分的有机组
织的规律。比如肉食动物需要另外一些牙齿和颚骨,它在狩猎的时候必
须抓紧猎物,因此就不能使用蹄子,而必须使用爪子。因此这个规定性对
于所有部分的必然形态和相互依赖关系而言是主导因素。通常的观念,
比如认为狮子和老鹰等等具有强大的力量,也会发展为这类普遍的规定
性。这种考察方式作为一种**观察**而言,确实可以说是**美的**、机智的,因为
它让我们认识到形态分化及其形式的统一体,这个统一体不是单调地重
复自身,而是同时保留着各个环节的完全区分。但这种观察的决定性因
素不是**直观**,而是一个普遍的、起主导作用的**思想**。这样看来,我们就不
能说对象本身是**美的**,毋宁只能说观察作为主观的观察是**美的**。更仔细
地看,这些反思是把个别的、受到限制的方面亦即动物的维生方式(比如
肉食或素食之类规定)当作主导原则而由之出发。但这样的规定性并不
能让我们直观到整体、概念和灵魂本身的那个联系。

γ)因此,如果我们希望在这个层面上认识到生命的那个内在的、总 [173]
体的统一体,就只能借助于思维和概念把握,因为在自然事物里,灵魂还
不能**作为灵魂**成为认识对象,主观统一体在其理念性里还没有成为自己
的对象。但如果我们通过思维在概念上把握灵魂,就会看到两个东西:一

---

①　居维叶(Georges Cuvier,1769-1832),法国自然科学家。——原编者注

个是对于形态的直观,另一个是对于作为灵魂的灵魂所思考的概念。但对美的直观却不应当是这样的,因为在这个时候,对象既不应当作为思想而浮现出来,也不应当激发思维的兴趣,制造出思维和直观之间的区别和对立。因此唯一的办法就是,对象总是为了**感官**(Sinn)而存在着,而我们因此获得一种对于自然形象的**充满意义的**(sinnvolle)直观,作为真正的观察自然界里的美的方式。因为"Sinn"是一个神奇的词语,本身在两个相反的意义上被使用。它既标示着直接把握的官能,也意味着意义、思想、普遍者。就此而言,感官一方面与存在的直接外表相关联,另一方面又与存在的内在本质相关联。一种充满意义的观察并非**分割**两个方面,而是在一方之中也包含着对立的另一方,在感性的、直接的直观活动里同时把握本质和概念。但由于这种观察恰恰把这两个规定包含在不可分割的统一体里,所以它不是把概念本身带入意识,而是止步于对概念的憧憬预感。比如当矿物界、植物界和动物界这三个自然王国被确定下来,我们[174]在这个层级秩序里就预感到一种内在必然的、合乎概念的有机组织,而不是仅仅具有一个外在的合目的性的观念。在这些王国的繁复形象内部,感性的直观也预感到一种合乎理性的进步,在各种山脉形成中是如此,在植物和动物的种属序列中也是如此。同理,个别的动物有机体,比如昆虫区分为头、胸、腹、尾的情况,也被直观为一个内在的合乎理性的有机结构,五个感官的区分虽然乍看起来可能是一种偶然的多样性,但同样被认识到是符合概念的。歌德对于自然界及其现象的内在合理性的观察和解释也属于这个类型。凭借伟大的领悟力,他以朴素的感性方式去观察对象,同时完全预感到了它们的合乎概念的联系。同理,我们也可以这样去理解和叙述历史,即它的本质意义和必然联系是通过个别的事件和人物悄悄地透露出来的。

3. 对自然的生命力的观察方式

既然因此,自然界作为具体的概念和理念的感性呈现一般而言可以被称作美的,也就是说,我们在对于合乎概念的自然形态的直观中预感到了这样一种符合,在感性的观察中同时领悟到了整个组织结构的内在必然性和协调一致。但在直观到自然界是美的之后,顶多只能预感到概念,此外不能更进一步。这样一来,虽然我们已经看到各个部分本身作为自由的东西显露出来,看到它们在形态、轮廓和运动等方面的协调一致,但这种把握始终是**不确定的**和**抽象的**。内在的统一体**始终是内在的**,并没有在具体的观念性形式中显露给直观,观察也仅仅在一般的意义上满足于一种必然的灌注灵魂的协调一致。

a)因此我们现在仅仅看到自然形象的合乎概念的对象性里有一个 [175] 获得内在灵魂的联系,并且把这当作自然界的美。质料和这个联系是直接同一的,而形式就直接寓居在质料之内,作为其真正的本质和赋予形态的力量。这些可以被看作这个层次上的美的普遍规定。比如自然结晶体通过其合乎规则的形态让我们感到惊奇,这种形态不是由外在的机械作用造成,而是通过内在的独特规定和自由的力量而产生出来,从对象本身的各个方面来看都是自由的。因为一个位于对象之外的活动虽然作为这样的活动同样能够是自由的,但在结晶体那里,赋予形态的活动不是外在于客体,而是这种矿物按照自己的本性而言具有的一个主动的形式;质料本身的一种自由的力量通过内在的活动塑造自己,而不是被动地从外部获得它的规定性。因此质料在其已经实现的形式里把这个形式当作它自己的形式,自由地安然于自身。内在形式的类似活动的更高级和更具体的体现,就是活生生的有机体及其各个环节的轮廓和形态,尤其是感受的运动和表现。因为在这里,内在的激动性本身活生生地显露出来。

b)尽管如此,自然美作为内在的灌注灵魂仍然是不确定的。对此需要指出以下几点。

α)按照生命力的观念,按照我们对于生命力的真实概念的预感,以及按照常见的类型在相应现象中体现出的本质上的区别,我们把动物称作美的或丑的,比如树懒只能艰难地爬行,其整个举动都表明它没有能力做出快速的运动和活动,而这种令人昏昏欲睡的惰性就让我们感到讨厌。

[176]　因为活动和敏捷运动才是生命的更高的理念性的体现。同样,我们不可能觉得两栖动物、某些鱼类、鳄鱼、青蛙和许多昆虫种类是美的;尤其是某些混种动物,它们从一个特定形式过渡到另一个特定形式并且混杂了二者的形态,虽然看起来颇为奇特,但不可能是美的,比如混杂着鸟儿和四足动物的特征的鸭嘴兽就是如此。当然,这种情形也可能是出于习惯,因为我们对于动物种属的固定类型已经有一个观念。但这个习惯同时也包含着一个预感,比如鸟儿的身体构造是遵循一个必然的联系,并且就其本质而言不可能接纳一些专属于别的物种的形式,否则它就会生产出混种动物。因此这样的混杂看起来是稀奇古怪的、自相矛盾的。总而言之,无论是那种片面的、受到限制的有机组织(它们看起来是有缺陷的、无意义的,仅仅暗示出一种外在地受到限制的需要),还是那种混杂和过渡(它们虽然本身不能说是片面的,但毕竟没有能力坚持区别的规定性),都不属于活生生的自然美的领域。

　　β)除此之外,即使我们没有面对有机体的活生生的形象,我们也在另一个意义上也谈到自然界的美,比如在直观风景的时候就是如此。在这里,各个部分并没有由概念规定为一个有机的组织结构,并为概念的观念性统一体带来生命,毋宁说,一方面只有繁多的对象以及各种有机的或无机的形态分化的外在结合,比如起伏的山脉、蜿蜒的河流、树林、茅屋、房子、城市、宫殿、道路、船只、天空和大海、山谷和丘壑等等;另一方面,这种差异性的内部出现一种令人喜悦或激动的外在和谐,引人入胜。

[177]　　γ)最后,自然美通过激发心灵的情绪并契合这些情绪而获得一个独特的情形。比如寂静的月夜、小溪潺潺的宁静山谷、一望无际而波涛汹涌的海洋、肃穆广阔的星空都带有这样的特征。在这里,意义不再属于对象本身,而是必须在唤醒的心灵规定里面去寻找。同样,如果动物表现出一种与人的属性相契合的灵魂特征,比如勇猛、强大、狡猾、和善等等,我们也称它们为美的。这种表现一方面属于对象本身,呈现出动物生命的某些特点,但另一方面却是位于我们的观念和我们自己的心灵之内。

　　c)虽然动物的生命作为自然美的巅峰已经表现出一种灌注灵魂,但每一种动物生命都是完全受到限制的,并且被完全束缚于某些特定的性质。动物的生存范围是狭小的,它的兴趣也是受制于维生和繁衍等自然需要。它的灵魂生命作为一个在形态中表现出来的内核,是贫乏的、抽象的和无内涵的。除此之外,这个内核并未**作为内核**而走出自身,进入现象,自然的有生命的东西并没有在其自身那里启示出它的灵魂,因为所谓自然的东西,就是指它的灵魂始终保持为内在的,亦即没有作为观念性的东西外化出来。也就是说,正如我们已经指出的,动物的灵魂并非**自为地**就是这个观念性的统一体;假若这个统一体是**自为的**,它就会在这个自为存在中也为别的东西**展现**自身。只有具有自我意识的自我才是单纯的观念性东西,它自为地是观念性的,知道自己就是这个单纯的统一体,因此给予自己一种实在性,这种实在性并非仅仅是外在感性的、身体性的,而是观念性的。只有在这里,实在性才具有概念本身的形式,概念也才与自己相对立,把**自己**当作它的客观性,并且在这种客观性里是自为的。反之动物的生命仅仅**自在地**是这个统一体,在其中,实在性作为身体性具有一个不同于灵魂的观念性统一体的形式。具有自我意识的自我**自为地**是这个统一体,其各个方面把同样的理念性当作自己的要素。但对于直观而言,动物通过其形态只能让我们预感到一个灵魂,因为动物本身仅仅具有一个灵魂的朦胧映象,这个映象像气息或芬芳一样弥漫于整体,把各个环节统一起来,并且在动物的整个举止里启示出一个特殊性格的最初萌芽。这是自然美的最明显的缺陷,即使从其最高效用来看也是一个缺陷,而它将带着我们走向作为**艺术美**的**理想**的必然性。但在我们和理想之间还横亘着**两个**规定,它们是全部自然美的那种缺陷的直接后果。

[178]

我们曾经说过,灵魂在动物形态里仅仅朦胧地显现为有机体的联系,显现为灌注灵魂的统一点,一个缺乏充盈内涵的点。只有一种无规定的、完全受到限制的灵魂性浮现于表面。因此我们必须简要地考察一下这个抽象的现象。

B. 抽象形式的外在美和感性材料的
抽象统一体的外在美

有一种外在的实在性,它作为外在的实在性虽然是已规定的,但它的内核却没有作为灵魂的统一体而达到具体的内在性,而是只能保持为无规定的和抽象的东西。正因如此,这种内在性并没有作为观念性形式里的自为的、内在的内在性,没有作为观念性内容获得一个适合于它的定在,而是显现为一个以外在的方式在外在的实在东西里作出规定的统一体。内核的具体统一体意味着:一方面,灵魂性在自身之内并且自为地具有丰富的内容;另一方面,外在的实在性和它的这个内核融为一体,从而使实在的形态成为内核的公开展现。但这个层次上的美并没有达到这样一个具体的统一体,而是将其当作一个位于前方的理想。因此,具体的统一体现在还不能进入形态,而是只能以分析的方式被考察,也就是说,我们只能把统一体所包含的**各个方面孤立出来**单独加以考察。在这种情况下,赋予形态的**形式**和**感性的外在实在性**作为区分开的东西**分裂**了,而我们获得**两个**现在必须加以考察的不同方面。但在这种一方面是分裂另一方面是抽象的情况下,内在的统一体对于外在的实在性而言本身是一个外在的统一体,因此它在外观里不是显现为总体内在的概念的一个绝对内在的形式,而是显现为外在地起支配作用的理念性和规定性。

以上就是我们现在需要详细讨论的一些视角。

按照顺序,我们首先要讨论的是抽象形式的美。

1. 抽象形式的美

自然美的形式作为抽象的形式一方面是一个特定的、从而受到限制的形式,另一方面包含着一个统一体和一个抽象的自身关联。确切地说,它按照它自己的规定性和统一体为外在的杂多东西制定规则,但这个规

[179]

定性和统一体并没有成为一个内在的内核和灌注灵魂的形态,而是保持为外在事物身上的外在的规定性和统一体——这类形式就是人们所说的规则性、对称乃至规律性与和谐。

a. 规则性(Regelmäßigkeit)　　　　　　　　　　　　　[180]

α)总的说来,规则性本身是指外表的等同,进而指同一个特定形态的同样的重复,而这种重复为对象的形态提供了一个起规定作用的统一体。由于其起初的抽象性,这样的统一体远远说不上是具体概念的合乎理性的总体性,因此它的美成为抽象知性所理解的那种美,因为知性把抽象的而非内在地已规定的等同性和同一性当作原则。比如在各种线条里面,直线是最具有规则性的,因为它具有**唯一的**抽象地保持自身等同的方向。正方体也是一个完全合乎规则的物体,它的每一面都具有同样大小的面积,同样长的线条和同样大的角度,这些角度作为直角不可能像钝角或锐角那样改变大小。

β)**对称**(Symmetrie)与规则性密切相关。也就是说,形式不可能止步于那种最为外在的抽象性,亦即规定性的等同。非等同的东西来到等同性身边,区别突破了空洞的同一性。这样就出现了**对称**。对称的特点在于,一个抽象的同样的形式并非仅仅重复自身,而是与同类型的另一个形式相结合,后者本身看来也是一个特定的、自身等同的形式,但又不同于前一个形式。通过这种结合,必定会产生一个新的、具有更多的规定性、内在地更为杂多的等同性和统一体。比如一座房屋的一面墙上有三个大小相同和距离相同的窗户,然后其上方有三个或四个彼此相距更远或更近的窗户,然后其上方又有三个和第一排的窗户在大小和距离方面等同的窗户,这样看起来就是一种对称的安排。因此同一个规定性的单纯的等同和重复还没有构成对称;为此还需要大小、位置、形态、颜色、音调和其他规定方面的区别,但这些规定必须以同样的方式结合起来。只有这种彼此非等同的规定性的同样的结合才造成对称。　　　　　　　　　[181]

规则性和对称这两个形式作为单纯外在的统一体和秩序,主要出现于**大小的规定性**。因为一般而言,量的规定性是外在设定的、而非绝对内在的规定性,反之是质使得一个特定的事物是其所是,以至于质的规定性的变化会导致其成为一个完全不同的事物。但大小及其变化如果没有把自己确立为尺度,而是单纯的大小,那么它对于质的东西而言就是一个漠不相关的规定性。也就是说,只要量本身重新具有质的规定作用,以至于特定的质与一个特定的规定性相结合,这时量就是尺度。规则性和对称主要局限于大小的规定性及其在非等同的东西里面的等同和秩序。

如果我们进一步追问这种对于大小的安排在哪里获得其正确地位,就会发现有机自然界和无机自然界在其大小和形式上都是合乎规则的和对称的,比如我们人的有机体的某些部分是合乎规则的和对称的,我们有两只眼睛,两只手和两条腿,还有同样的股骨和肩骨,如此等等。但我们也知道另外一些部分并不是合乎规则的,比如心、肺、肝、肠等等。这里的问题是:为什么有这种区别呢? 那个体现出大小、形态、位置等等的规则[182] 性的方面,始终是有机体之内的单纯外在的方面。也就是说,按照事物的概念,只要客观东西按照其规定性对于自身而言是外在的东西,没有表现出主观的灌注灵魂,规则性和对称就会出现。那种抽象的、外在的统一体所具有的实在性,就是止步于这种外在性。与此相反,在具有灵魂的生命力和还要更高级的精神性里,单纯的规则性已经让位于活生生的主观统一体。虽然自然界相对于精神而言是一个本身外在的定在,但在自然界里,只有在外在性本身占据统治地位的地方,规则性才发挥作用。

αα)当我们大致审视一下它的几个主要层次,就会发现矿物(比如结晶体)作为没有灵魂的形体把规则性和对称当作它们的基本形式。正如已经指出的,它们的形态是内在的,不是由外在的作用所规定的;它们在本性上具有的那个形式通过一种隐秘的活动塑造了内在的和外在的构造。但这种活动还不是具体的、理念化的概念的总体活动,这个概念把独立部分的持存设定为否定的持存,随之如同在动物的生命里那样为其灌注灵魂;毋宁说,形式的统一体和规定性始终是抽象的知性所理解的那种片面东西,因此它作为本身外在的东西身上的统一体只能达到单纯的规则性和对称,即只有抽象活动在其中起规定作用的那些形式。

ββ)接下来的**植物**已经比结晶体更高级。它已经达到一种组织结构的开端,并且通过不断的营养活动吸收物质。但植物的生命力也还是一种真正具有灵魂的生命力,因为尽管它已经具有有机体的组织结构,但它的活动始终是表露在外的。植物在地里扎根,不能独立地运动和改变位置,它持续生长,但它的持续不断的同化活动和营养活动不是安静地维持 [183] 着一个内在封闭的有机体,而是一直向外重新生产出它自己。动物虽然也会生长,但它会止步于一个特定的大小,并作为自身维持重新生产出同一个个体。植物几乎可以一直生长下去,只有枯死才会使它的枝叶等等不再增长。它在这个生长过程中所产生的,始终是同一个完整有机体的一个新的样本。因为每一根枝条都是一株新的植物,不像在动物有机体那里仅仅是一个个别化的环节。在这个不断增长并分化为许多植物个体的过程中,植物缺乏一种具有灵魂的主观性及其感受的观念性统一体。总的说来,从植物的整个存在和生命过程来看,无论它怎么积极地吸收营养并将其消化,并且从自身出发通过它的变得自由的、在物质里活动的概念去规定自己,它都始终被束缚于一种缺乏主观的独立性和统一体的外在性,而它的自身维持也不断地在外化自身。正是这种不断地超越自身而走向外部的特征构成了规则性和对称,即自身外化中的统一体,而这是植物形象的一个主要环节。诚然,规则性在这里不像在矿物里一样占据严格的统治地位,并且不再具有抽象的线条和角度等形态,但它仍然是主导性的。植物的躯干绝大部分是笔直的,高级植物的年轮是圆形的,叶子具有结晶体的形式,花瓣的数目、位置和形状按照其基本类型而言都带有合乎规则的和对称的规定性的印记。

γγ)最后,**动物**的活生生的有机体那里出现了各个环节的根本区别,即一种双重的形态分化方式。因为在动物尤其是高级动物的身体里,有 [184] 机体时而是内在的、内在封闭的、与自身相关联的有机体,仿佛作为一个圆球回归自身,时而是外在的有机体,表现为外在的、指向外在性的过程。关键的内脏器官都是内在的,比如肝、心、肺等等,而生命本身就和它们结合在一起。它们不是按照单纯的规则性类型而被规定的。反之在那些始终与外部世界相关联的环节那里,即便是动物的有机体也服从于一种对称的安排。属于这一类型的,既有理论过程的也有向外的实践过程的环节和器官。视觉器官和听觉器官掌管纯粹的理论过程;凡是我们看到的和听到的,我们都听之任之。反之嗅觉器官和味觉器官已经属于实践关系的开端。因为我们只会嗅闻我们准备吃掉的东西,我们也只会品尝我们咀嚼的东西的味道。虽然我们只有**一个**鼻子,但它也是分为两个孔,按照规则性各占一半。嘴唇、牙齿等等也是同样的道理。在位置和形态等方面完全合乎规则的是眼睛、耳朵和那些用来改变位置,在实践中掌控和改变外部事物的环节,即手臂和腿脚。

因此在有机事物里,规则性也具有合乎其概念的权利,但这种权利仅仅限于那些让有机体与外部世界直接发生联系的器官,却不适用于那些让有机体和生命的自身关联的、返回自身的主观性发生联系的器官。

以上所述就是自然现象里的合乎规则的和对称的形式及其对于形态的统治地位的主要规定。

但我们必须把这种较为抽象的形式与规律性区分开。

[185]　　b. 规律性(Gesetzmäßigkeit)

规律性已经处于一个更高的层次,开始过渡到(自然的和精神性的)有生命的东西的自由。虽然单就其自身而言,规律性还不是主观的、总体上的统一体和自由本身,但它毕竟已经是那些**本质性**区别的一种**总体性**,这些区别不是仅仅表现为**区别**和对立,而是在其总体性中展示出统一体和联系。这个合乎规律的统一体及其统治虽然也适用于量的领域,却再也不能够归结为那些本身就外在的、仅仅可计数的区别,即单纯的大小,而是已经表现出各个方面的一种**质的**关系。在这种情况下,我们看到的既不是同一个规定性的抽象重复,也不是相同的东西和不同的东西的一种均匀的更替,而是那些在本质上不同的方面的并存。当我们看到这些区别完整地汇聚在一起,我们就感到满足。这种满足包含着一种合理性,即只有通过总体性,而且是通过事物的本质所要求的区别的总体性,感官才能够得到满足。尽管如此,这个联系仍然只是一个隐秘的纽带,它对于直观而言有时是通过习惯而知悉的,有时是通过一种更深层次的预感而知悉的。

至于从规则性到规律性的更明确的过渡,可以通过几个例子略加解释。比如同样长短的平行线是抽象地合乎规则的。进一步则是不同的大小具有单纯相同的关系,比如在相似的三角形那里,角的度数和边的比例关系是相同的,但面积是不同的。——圆虽然并不具有直线的规则性,但 [186] 它始终服从于抽象等同性的规定,因为全部半径都具有同样的长度。正因如此,圆是一种比较无趣的曲线。反之**椭圆**和**抛物线**已经不太体现出规则性,只能从它们的规律出发加以认识。比如椭圆的 radii vectores[矢径]虽然是不同的,却是合乎规律的,同理,长轴和短轴有着根本的区别,焦点也不像在圆那里一样位于中心。因此这里已经表现出一些以这些线的规律为基础的质的区别,而它们的联系是由规律造成的。但如果我们按照长轴和短轴去划分椭圆,就仍然会得到四个同等大小的部分;因此这里在整体上仍然服从于等同性。——在内在的规律性方面达到了更高自由的是蛋形曲线。它是合乎规律的,但人们不可能通过数学找到并计算它的规律,因为它不是椭圆,而是上下具有不同的弧度。尽管如此,如果我们依据长轴去划分这个在本性上更自由的线条,还是会得到相等的两半。

最后还有一些线条仅仅服从于规律性而消除了规则性,它们类似于蛋形曲线,但当我们依据长轴去划分它们,却得到不同的部分,因为其中一方并不在另一方那里重复自身,而是有着不同的曲度。这就是所谓的波浪线,而霍加斯①已经把它们称作美的线条。比如左右两条手臂的线条有着不同的曲度。这里只有规律性,没有单纯的规则性。这个类型的

---

① 霍加斯(William Hogarth,1697-1764),英国版画家、讽刺画家,号称"英国绘画之父"。——译者注

规律性在各种各样的情况下规定着那些更高级的有生命的有机体的形式。

规律性是一种掌控着区别及其统一体的实体性东西,但它一方面本身**仅仅**抽象地占据统治地位,不让个体性具有任何自由的运动,另一方面仍然缺乏一种更高级的主观性自由,因此还不能够让这种自由地灌注灵魂的活动和理念性出现在现象中。

[187]

因此比单纯的规律性更高一级的是和谐。

c. 和谐(Harmonie)

和谐是质的区别的关系,确切地说是这些区别的立足于事物的本质的总体性。这种关系超越了那种本身仍然具有规则性的规律性,进而超越了等同性和重复。但与此同时,质的区别不仅表现为区别及其对立和矛盾,而且表现为协调一致的统一体,这个统一体虽然把所有归属于它的环节制造出来,但又把它们作为一个内在统一的整体包含在自身之内。它们的这种协调一致就是和谐。和谐一方面是立足于**本质上的各个方面**的**总体性**,另一方面是立足于这些方面的**已瓦解的对立**,而通过这个方式,它们的**相互归属**和内在联系就表现为它们的统一体。在这个意义上,人们经常谈到形态、颜色、音调等等的和谐。比如蓝、黄、绿和红是一些包含在颜色的本质之内的必然的区别。这里我们看到的,并非只是对称中的不同事物按照规则将自身整合为一个外在的统一体,而是直接的对立(比如黄和蓝)及其中和作用和具体同一性。这两种颜色的和谐之美在于消除了它们本身应当被瓦解的突兀区别和对立,从而在区别自身之内展现出协调一致。也就是说,它们是相互依存的,因为颜色不是片面的,而是一种本质上的总体性。对这种总体性的要求可以达到这个地步,正如歌德所说,哪怕眼睛仅仅看到**一种**颜色,但在主观上仍然看到另一种颜色。在音调方面,比如主音、中音和属音就是这种本质上的音调区别,当它们结合为一个整体,就在区别中达到协调一致。形态、位置、静止和运动等等的和谐也与此类似。在这些地方,任何区别都不可以片面地单独

[188]

显露出来,因为这会破坏协调一致。

尽管如此,和谐本身仍然不是自由的、观念性的主观性和灵魂。在灵魂里,统一体不是单纯的相互依存和协调一致,而是把区别设定为否定的东西,这样才确立它们的观念上的统一体。和谐还不能达到这样的理念性。比如一切旋律性的东西虽然总是以和谐为基础,但在自身之内具有一种更高的和更自由的主观性,并将其表达出来。总的说来,单纯的和谐既不能展现出主观的灵魂灌注活动本身,也不能展现出精神性,尽管从抽象形式的方面来看,它已经是最高的层次,并且已经接近一种自由的主观性。

以上所述就是抽象的统一体作为各种**抽象的形式**所具有的初步规定。

2. 美作为感性材料的抽象统一体

抽象统一体的第二个方面不再涉及形式和形态,而仅仅与质料或严格意义上的感性东西有关。在这里,统一体作为特定的感性材料的内在的完全无区别的协调一致而出现。这是质料本身作为感性材料唯一可以形成的统一体。就此而言,材料在形态、颜色、音调等方面的抽象**纯粹性**在这个层次上成为本质性的东西。笔直延长的而非东摇西晃的线条、光滑的平面以及此类东西通过其固定的规定性和均匀的自身统一体而让人满足。从这个方面来看,纯净的天空、清澈的空气、波光粼粼的湖面和微波荡漾的海面也让我们感到愉悦。音调的纯粹性也是如此。纯净的语音作为纯粹的音调已经是无比动听的,反之含混的语音却让器官一起振动,不是发出一种与自身相关联的声音,而是发出一种不纯粹的、偏离其规定性的音调。类似地,语言也具有纯粹的音调,比如 a,e,i,o,u 等元音和 ä,ü,ö 等复合元音,而民间方言尤其具有 oa 之类含混的声音和中音。除此之外,音调的纯粹性还体现于元音的纯粹性并没有受到前后辅音的影响,比如北欧语言的辅音就经常掩盖了元音的音调,反之意大利语就保留着

[189]

这种纯粹性,因此最适合歌唱。——纯粹的、内在单纯的、未经混合的颜色(比如纯粹的红或纯粹的蓝)也具有同样的效果。但纯粹的蓝是很少见的,因为它通常夹杂着浅红、浅黄和绿。紫虽然可以是纯粹的,但仅仅外在地是如此,亦即在没有浊化的情况下是如此,因为它不是内在单纯的,不属于那些由颜色的本质所规定的基本颜色。这些纯粹的原色是很容易被感官认识到的,但它们摆放在一起的时候很难达到和谐,因为它们的区别太过于鲜明了。混浊的、经过多次混合的颜色虽然很容易协调一致,却让人觉得不舒服,因为它们缺乏对立的力量。诚然,绿也是一种由黄和蓝混合而成的颜色,但它是二者的单纯的中和,因此当它在真正的纯粹性中消解了对立,相比有着明确区别的蓝和黄反而更让人愉悦,不那么刺眼。

[190]　　关于形式的抽象统一体,关于感性材料的单纯性和纯粹性,最重要的就是以上所述的情况。由于它们的抽象性,这两种统一体都不具有生命力,不是真正现实的统一体。因为从完整的现象来看,自然美完全缺失真正现实的统一体所具有的观念上的主观性。这个本质上的缺陷必定促使我们走向那种在自然界里无处可觅的理想,而相比于理想,自然美看起来是一种次要的东西。

C. 自然美的缺陷

我们的真正对象是艺术美,因为只有艺术美才是与美的理念相符合的实在性。迄今为止,我们一直把自然美看作美的最初存在,因此现在的问题是,自然美和艺术美的区别究竟在哪里?

人们可以抽象地说,理想是内在完满的美,而自然界是不完满的美。但这类空洞的谓词并没有解决任何问题,因为我们的任务恰恰是要明确地指出,是什么东西造成了艺术美的完满性和单纯的自然事物的非完满性。因此我们必须追问:为什么自然界的美必然是不完满的? 这种非完满性体现在哪里? 只有这样,我们才能够清楚地认识到理想的必然性和本质。

　　因为我们到目前为止已经攀升到动物的生命力,并且已经看到美在这里如何能够展现出来,所以我们接下来需要做的事情就是去更细致地考察生物的主观性和个体性这一环节。

　　我们此前把美称作理念,这和人们把善和真相称作理念是同样的意思,也就是说,理念是绝对实体性的东西和普遍者,是绝对的而非感性的质料,是世界的支柱。但正如我们已经看到的,在更明确的意义上,理念 [191] 并非仅仅是实体和**普遍性**,而是**概念**及其**实在性**的统一体,而这里所说的"概念"是指那个在其客观性内部作为概念而被制造出来的概念。我们在本书导论已经指出,柏拉图强调理念是唯一的真相和普遍者,而且是内在**具体的**普遍者。但柏拉图的理念本身仍然不是真正具体的东西,因为它按照其**概念**和**普遍性**来理解已经被当作真实的东西。按照这种普遍性,理念不是**被实现的**,不是一种立足于现实性的**自为的真相**。理念止步于单纯的**自在**。但是,正如概念失去其客观性就不是真正的概念,同样,当理念失去其现实性,位于现实性外部,就不是真实的理念。正因如此,理念必须推进到现实性,而且理念只有通过那种本身就符合概念的、现实的主观性及其观念上的自为存在,才获得现实性。比如种只有作为自由的、具体的个体才是现实的;**生命**只有作为**个别的有生命的东西**才存在着,**善**是通过**个别的**人才得以实现的,而全部真理只有作为**认知着的**意识,作为**自为存在着的**精神,才是真理。因为只有具体的个别性才是真实的和现实的,反之抽象的普遍性和特殊性并不是真实的和现实的。因此这种自为存在,这种主观性,正是我们在本质上必须坚持的一个要点。但主观性位于一个否定的统一体之内,通过这个统一体,各种区别在其实在的持存中表明它们同时被设定为观念性东西。因此理念与其现实性的统一体是**理念本身**与其**实在性**的**否定的**统一体,亦即两个方面的区别的**设定**和**扬弃**的统一体。只有在这种总体性中,理念才是一种肯定地自为存在着的、与自身相关联的、无限的统一体和主观性。因此我们必须在本质上把在其现实的定在中的美的理念理解为具体的主观性,进而理解为个 [192]

别性,因为它只有作为现实的东西才是理念,并且只有在具体的个别性中才具有其现实性。

就此而言,这里必须区分个别性的**双重**形式,区分直接的、**自然的**个别性和**精神性的**个别性。理念在这两个形式里都给予自己一个定在,因此在这两个形式里,实体性的内容,亦即理念本身和我们所讨论的作为美的理念,是同一个东西。从这个方面来看,我们必须宣称,自然美和理想具有**相同的**内容。但从另一个方面来看,刚才所说的那个使理念获得现实性的双重形式,即自然的个别性和精神性的个别性的区别,也给在这个形式或那个形式中显现出来的内容本身带来一个**本质上的区别**。也就是说,这里的问题在于,究竟哪一个形式是真正符合理念的? 因为只有在那个真正符合它的形式里,理念才展现出它的内容的**整个真实的总体性**。

以上就是我们现在必须考察的要点,因为自然美和理想的区别取决于个别性的这个形式上的区别。

就**直接的**个别性而言,可以说它既属于自然事物本身,也属于精神,因为第一,精神在**身体**里具有它的外在存在;第二,即使在那些**精神性的**关系中,精神起初也只有在直接的现实性里获得一种存在。因此我们在这里可以从**三个角度**出发去考察直接的个别性。

1. 直接事物里的内核作为单纯的内核

a)我们已经看到,动物有机体只有通过一个内在的持续不断的过程才获得它的自为存在,而通过吞噬、消化和吸收那个对它而言无机的自然界,它把外在的东西转化为内核,从而使它的内化存在(Insichsein)成为现实的。同时我们也发现,生命的这个持续不断的过程是一个由各种活动构成的体系或系统,这个系统把自己实现为一个器官系统,而那些活动就在器官中运行。这个封闭的系统的唯一目的就是通过这个过程来达到生物的自我保存,因此动物的生命仅仅是一种充满欲望的生命,其运行和满足就是通过刚才所说的器官体系来实现的。在这种情况下,生物的构

[193]

造服从于**合目的性**；全部环节都仅仅作为手段服务于自我保存这一目的。生命内在于这些环节；它们依附于生命，生命也依附于它们。这个过程的结果，就是动物成为一种具有自身感受、被灌注了灵魂的东西，因此动物满足于把自己当作个别的东西。就此而言，如果我们把动物拿来与植物进行比较，就会发现植物缺乏自身感觉和灵魂性，因为它们总是自行生产出新的个体，却不能把这些个体集中于一个否定的点，以形成一个个别的自主体。反之我们在活生生的动物有机体那里看到的，就不是生命的这个**统一点**，而仅仅是器官的**杂多性**；生物还不是自由的，不能够**显现**为个别的、具有点的性质的主体，与它的分化为外在实在性的环节相对立。有机生命的活动的真正枢纽对于我们而言始终是被遮蔽着的，我们仅仅看到形态的外在轮廓，而这个形态又是被羽毛、鳞片、毛发、毛皮、棘皮、甲壳之类东西覆盖着。这类覆盖物当然属于动物有机体，但作为动物的产物却具有植物的形式。这就是动物生命的美的一个主要缺陷。我们在有机体那里看到的，不是灵魂；那些向外突出并且随处显现出来的东西，不是内在的生命，而是比真正的生命低一级的构造。动物**仅仅在自身之内**是 ［194］有生命的；也就是说，内化存在并非在内在性的形式里本身就是**实在的**，因此这种生命并不是在任何地方都可以看到的。因为内核始终是**单纯的内核**，所以外观也**仅仅**显现为一种**外观**，而不是在每一个部分那里都完全被灵魂渗透。

b）从这一点来看，**人**的身体就位于一个更高的层次，因为人体的任何地方都彰显出人是一个灌注了灵魂、具有感受的单一体。皮肤不像植物那样被无生命的外壳覆盖着，血脉在整个表面上浮现出来，生命的跳动着的心脏仿佛无处不在，仿佛作为独特的生命力，作为 turgor vitae［生命的膨胀］，作为这个膨胀着的生命，出现在外在现象中。同样，皮肤是非常敏感的，其体现出的细腻的肉色和肤色对艺术家而言也是一个难题。虽然人体与动物躯体的区别在于前者对外散发出它的生命力，但这个表面仍然通过纹路、褶皱、毛孔、纤毛、脉络等局部的皮肤状况表达出自然界的需要。虽然皮肤让内在的生命自行散发出来，但它本身是一种以自我保存为目的的外部遮盖,一个仅仅服务于自然需要的手段。总的说来,人体现象的巨大优越性在于敏感,这种敏感虽然不一定是现实的感受,但至少提供了感受的可能性。与此同时,这里也有一个缺陷,即这种感受没有在自身之内聚集起来并呈现于所有肢体,毋宁说在身体之内,一部分器官及其形态仅仅具有动物的功能,而另一部分器官则是更明确地表现出感受和激情等灵魂生命。从这个方面来看,灵魂及其内在生命也没有通过整个实在的身体形态完全显现出来。

[195]

c)如果我们在其直接的生命力里考察**精神性**世界及其组织机构,就会发现同样的缺陷在一个更高的层次上凸显出来。这个世界的各种机构愈是庞大和丰富,那个为整体带来生命并构成其内在灵魂的**唯一**目的就愈是需要许多辅助手段。在直接的现实性里,这些手段确实表明自己是合乎目的的工具,一切发生和完成的事情都只有通过意志的中介活动才确立下来;这样的有机体之内的每一个点,比如一个国家或一个家庭,亦即每一个个别的个体,都有自己的**意志**,并且在与这个有机体的其余环节的联系中展现出自身,但这个联系的**唯一的**内在灵魂,即唯一的目的的自由和理性,并没有作为这个唯一的自由而完整的内在灵魂灌注活动体现于实在性,也没有在每一个部分那里启示出自身。

同样的情况也体现于一些类似于有机整体的特殊行动和特殊事迹中。它们由之所出的内核并没有在任何地方都显露于它们的直接实现过程的表面和外部形态。显现出来的仅仅是**一种实在的**总体性,但其最为内在地整合起来的生命活动却**作为内在的东西隐藏起来**。

最后,从这个角度看,我们发现个别的个体也是如此。精神性的个体是一种内在的总体性,通过一个精神性的中心点聚合在一起。在它的直接的现实性中,它仅仅以片段的方式显现于生命、行动、放弃、愿望和冲动,而我们只能从它的一系列行动和遭遇中认出它的性格。在这个构成了它的实在性的序列里,聚集的统一点并没有作为整合性的核心而成为可见的和可认识的。

2. 直接的个别定在的依赖性

由此得出如下这个重要的观点。理念是伴随着直接的个别东西而进入现实的定在。但通过这种直接性，理念同时与外部世界纠缠在一起，被卷入外部状况的依赖性和目的与手段的相对性，总而言之被卷入现象的整个有限性。因为直接的个别性起初是一个内在完满的单一体，但正因如此，这个单一体以否定的方式把他者排除在外，而由于它在它的直接的个别化中只具有一种有条件的存在，所以它在那个不在它之内的总体性的逼迫之下，与他者发生关系，并且在方方面面都依赖于他者。理念在这种直接性中以**个别孤立的**方式实现它的所有方面，因此始终只是一种**内在的**力量，使个别的（自然界的和精神性的）存在相互关联。个别存在之间的这个关联本身是一个外在的关联，因此在它们那里也显现为一种**外在的必然性**，即个别存在以最繁复的方式依赖于彼此和规定着彼此。从这个方面看，定在的直接性是那些虚假独立的个体和力量之间的必然关系的体系，在这个体系中，每一个个别东西都作为手段服务于对它而言陌生的目的，要么就是需要把一个外在于它的东西当作手段。而由于理念在这里总的说来只能以外在的东西为基础实现自身，所以一切看起来都取决于随意和偶然，取决于各种迫切的需要。直接的个别东西就生活在这个不自由的领域里。

a）比如个别的**动物**从一开始就被束缚于空气、水文或土地之类特定的自然要素中，而这些东西规定着它的整个生活方式、进食方式乃至整个生活习惯。这造成了动物生命的巨大区别。虽然也存在着一些居间的物 种，比如游泳的鸟、生活在水里的哺乳动物、两栖动物以及其他过渡物种，但它们仅仅是混种，不是更高级的、具有涵盖和中介意义的物种。除此之外，动物在它的自我保存中总是受制于外在的自然界，比如寒冷、干旱、食物匮乏等等，因此有可能在这种恶劣环境中失去其美丽形态，变得干瘪瘦小，仅仅暗示着这种全方位的匮乏。它究竟是保持还是失去其天然具有的美，取决于外在的条件。

b) **人的**有机体就其身体的定在而言同样依赖于外在的自然力量（虽然程度有所不同），并且受制于同样的偶然性、得不到满足的自然需要、致命的疾病和各种类型的穷困和匮乏。

c) 由此往上，在**精神性**旨趣的直接的现实性里，真正体现出对于最完整的相对性的依赖性。这里展现出人类生存的全篇枯燥的散文。属于这类情况的是，单纯生理上的生命目的与精神的更高目的是相互对立的，因为它们会相互阻碍、相互破坏和相互消灭。除此之外，每一个人为了维护他的个别性，必须在多方面成为别人的手段，服务于别人的狭隘目的，而为了满足他自己的狭隘兴趣，他也把别人当作单纯的手段。因此，出现在这个日常世界和散文世界里的个体不是出于他自己的总体性而行动，不是从他自己出发，而是从别人出发才可以被理解。因为每一个人都依赖于他所面对的法律、国家机构、市民关系等外在的影响，无论他是否把它们当作他自己的内核，都必须向其屈服。更有甚者，个别的主体在别人看来并不是这样的内在总体性，毋宁说，只有当他的行动、愿望和观点对别人而言关涉到切近的个别利害关系，他才出现在他们眼前。人们首先感兴趣的，仅仅是那些与他们自己的意图和目的有关系的东西。

[198]

在相对现象的这个领域里，哪怕是一个集团作出的重大行动和重要事迹，也仅仅表现为杂多的个别努力。这个人或那个人各司其职，为着这个或那个目的，而这些目的要么失败要么成功，在幸运的情况下最终会达到某种相对于整体而言微不足道的成就。绝大多数个体所做的事情，相比于他们各有贡献的伟大事业和总体目的而言，只不过是沧海一粟；哪怕是那些身居高位，在情感和意识里面把整件事情当作自己的事业的人，看起来也迷失于各种特殊的状况、条件、阻碍和相对关系。从所有这些方面来看，个体在这个层面上没有展现出独立的、总体上的生命力和自由，而这些恰恰是美的概念的基础。诚然，人类的直接现实性及其事迹和组织机构并不缺乏一个体系和一个由各种活动构成的总体性，但整体仅仅显现为个别性的堆积；各种事务和活动分化为不可胜数的特殊部分，以至于落到每一个人身上的只不过是整体的一粒灰尘。无论个体如何坚持自己的目的,仅仅促成那些满足他们的个别兴趣的东西,他们的意志和独立性和自由都或多或少是形式上的,都是由外在的偶然状况所规定的,并且受到自然条件的阻碍。

这就是每一个人自己和别人都意识到的散文世界,一个有限的、变动不居的世界,一个充斥着相对的事物和每一个人都不能逃脱的必然性压迫的世界。因为每一个有生命的东西都始终处于这样一个矛盾之中:一方面必须自为地作为这个封闭的单一体而存在,另一方面又必须依赖于他者。为了解决这个矛盾而作出的斗争总是在进行尝试,一直在进行持续不断的搏斗。

3. 直接的个别定在的局限性

第三,自然世界和精神性世界的直接的个别东西不仅完全处于依赖性,而且缺乏绝对的独立性,因为它是**受到限制的**,或更确切地说,因为它在自身之内是**特殊化的**。

a)每一个个别的动物都属于一个特定的、因而受到限制的和固定的物种,不可能超越这个物种的界限。诚然,生命力及其组织机构的一个普遍形象浮现在精神眼前,但在现实的自然界里,这个普遍的有机体分化为一个特殊性王国,在其中,每一种特殊性在形态上都具有一个确定的类型,并且构成发展过程的一个特殊层次。此外,在这个不可逾越的界限内部,每一个个别的个体仅仅以偶然的方式在局部表现出那些偶然的条件和外在事物以及对于这些事物的依赖性,因此从这个方面来看也破坏了独立性和自由的形象,而这些东西对于真正的美来说是必不可少的。

b)虽然精神发现它自己的身体有机体已经完全实现自然生命力的完整概念,以至于相比这个有机体,动物的物种是不完满的,甚至在一些低级层次上可能显现为卑微的生命力,但人的有机体同样(尽管是在较低的程度上)分化为种族的区别及其不同等级的美的形体。除了这些较为普遍的区别之外,还有偶然固定下来的家族特性及其混合,表现为特定的生活习惯、仪表和行为举止,这种特殊性本身已经是不自由的,同时还附带着有限的生活范围之内的事务和工作的职业特性,最后还要加上所有单独的特殊性格和特殊脾气,以及连带的各种扭曲和混乱。贫穷、操劳、愤怒、冷酷和漠然,狂躁的激情,对于片面目的的执着,精神上的变化无常和分裂,对于外在自然界的依赖等等,简言之人类生存的整个有限性都分化为偶然的、完全特殊化的面貌及其恒常的表现。比如一些久经风霜的面貌就保存着全部激情的毁灭性风暴的印记;另一些面貌仅仅透露出一种内在的贫瘠和肤浅;还有一些面貌是如此之奇特,仿佛形式的普遍类型已经消失无踪。形态的偶然性是无穷无尽的。儿童之所以一般而言是最美的,是因为在他们身上,所有特殊性都仿佛沉睡在一个寂静封闭的萌芽里,没有什么狭隘的激情在他们的胸膛里涌动,也没有什么迫切的世俗利益给他们的多变的神情留下固定的印记。当然,儿童在其生动活泼

[201] 中尽管显现为一切事物的可能性,但也缺乏精神的一些更为深刻的特征,因为精神必须在自身之内展开行动,专注于根本重要的方向和目的。

c)直接的(无论是自然的还是精神性的)定在的这种缺陷在本质上必须被理解为一种**有限性**,确切地说,这种有限性不符合它的概念,并恰恰通过这种不符合展示出自己的有限性。因为概念(具体而言即理念)是一种内在**无限的和自由的东西**。动物的生命作为生命而言固然已经是**理念**,但并没有呈现出无限性和自由本身,而为了呈现出无限性和自由,概念必须完全渗透与之符合的实在性,以至于概念在实在性之内仅仅拥有它自己,在实在性那里仅仅让它自己显露出来。只有这样,概念才是真正自由的、无限的个别性。自然的生命不能够超越那种局限于**自身之内**的感受,不能够完全渗透整个实在性,此外它还直接处于一种有条件的、受到限制的和有所依赖的状态,因为它并非本身就是自由的,而是由别的东西所规定的。精神在其知识、意愿、事迹、行动和命运的直接有限的现实性里也面临着同样的情形。

也就是说,虽然精神这里已经形成了一些更根本的中心点,但这些中心点和特殊的个别性一样,并非自在且自为地本身就具有真理;而是仅仅

140

在相互关联中通过整体才呈现出真理。这个整体本身说来是符合它的概念的,但并没有在它的总体性中展现出自己,因此它在这种情况下保持为内核,随之仅仅是另一个内核(思维着的认识主体)的对象,而不是作为完全的"符合"本身就显现于外在的实在性,把成千上万的个别性从它们的分裂状态中召唤回来并集中在一起,使其成为**唯一的**表现和**唯一的**形态。

正因如此,精神在定在的有限性及其局限性和外在必然性里不能直 [202] 接观照并欣赏它的真正的自由,于是对于这种自由的需要只有在另一个更高的领域里才能够得到满足。这个领域就是艺术,而艺术的现实性就是理想。

换言之,艺术美的必然性来源于直接的现实性的缺陷,因此艺术美的任务是以外在的方式把生命力(尤其是精神性灵魂灌注)的现象在其自由中呈现出来,使外在的东西符合其概念。只有这样,真相才摆脱它的时间背景,摆脱那种迷失在一系列有限性之中的局面,同时赢得一个外在的现象,这个现象不再透露出自然界和散文的枯燥无味,而是呈现出一个配得上真理的定在。这个定在本身就立足于自由的独立性,因为它的规定是它原本就具有的,而不是通过别的东西强加在它身上的。

第三章 艺术美,或理想

关于艺术美,我们必须考察三个主要方面:

第一,理想本身;

第二,理想如何被规定为艺术作品;

第三,艺术家进行创作的主观性。

A. 理想本身

1. 美的个体性

通过迄今的考察,如果以一种完全正规的方式谈论艺术的理想,我们就可以得出这样一个最普泛的结论:一方面看来,真相只有在展开为外在的实在性时才具有定在和真理;另一方面看来,真相的分化同样可以整合并保持为一个单一体,使这个展开过程的每一个部分都在自己身上显现出这个灵魂或整体。以人的形态为例,正如我们已经看到的,它是一种由各种器官构成的总体性,在其中,概念已经分化了,在每一个环节那里都只展现出一个特殊的活动和特殊的功能。但如果我们问,整个灵魂在哪一个特殊器官里作为灵魂显现出来,我们就会立即回答说,在眼睛里。因为灵魂集中在眼睛那里,不但通过眼睛去观看,而且通过眼睛被看到。正如人体与动物躯体的区别在于,人体表面的每一处地方都展现出心脏的脉搏,在同样的意义上我们也可以说,艺术在可见的表面的每一个点都把每一个形态转化为眼睛,因为眼睛是灵魂的居所,并且让精神显现出来。

142

或者如柏拉图在那句著名的短诗里对阿斯特尔①所说的:

> 噢,我的阿斯特尔,当你仰望群星的时候,
>
> 但愿我就是天空,
>
> 用一千只眼睛俯视着你。

反过来说,艺术让它的每一个形象都成为千眼的阿耳戈斯②,以便让内在的灵魂和精神性在每一个点都被看到。艺术在任何地方不仅把面部表情、仪态和姿势等身体形态,而且把行动和事迹、言语和音调及其在各种 [204] 条件下的显现过程都转化为眼睛,让我们从中认识到自由的灵魂的内在无限性。

　　a)在这样要求一种彻底的灵魂灌注时,马上产生出一个问题:如果现象的每一个点都应当成为灵魂的眼睛,那么灵魂究竟是**什么样的东西**呢? 确切地说,灵魂具有什么样的性质,使它在本性上就表明自己能够通过艺术而达到其真正的展现? 因为在通常的意义上,人们也说金属、石头、天体、动物、人类的形形色色的性格及其表现有一个特殊的灵魂。但在刚才所说的意义上把"灵魂"这个说法用于石头、植物之类自然事物,这是不恰当的。单纯的自然事物的灵魂本身是有限的、飘忽不定的,与其说是灵魂,不如说是一种特殊本性。就此而言,这类事物的特定的个体性通过它们的有限定在已经完整地显露出来。这种个体性只能呈现出某一种局限性,至于把它提升到无限的独立性和自由,这无非是一个映象,这个映象虽然可以出现于这个层面,但如果这件事情真的发生了,那也始终只是通过艺术从外面造成的,而非事物本身就具有这种无限性。同理,有感受的灵魂作为自然的生命固然是一种主观的个体性,但这仅仅是一种内在的个体性,仅仅**自在地**出现于实在性,却不知道自己已经返回自身,从而在自身之内是无限的。正因如此,它的内容始终是受到限制的,它的展现一方面只能达到一种形式上的生命,达到这种有所依赖的生命的躁

---

　　① 阿斯特尔(Aster)是柏拉图最亲密的朋友之一,其名字同时是"星辰"的意思。——译者注

　　② 阿耳戈斯(Argus),希腊神话中的百眼巨人。——译者注

动、运动、恐惧和畏惧等等,另一方面只能表现出一种本身有限的内在性。唯有**精神**的灵魂灌注和生命才是自由的无限性,这种无限性在实在的定[205]在里本身就是内核,因为它在外化的时候返回自身,安然于自身。因此,唯有精神能够一方面通过自身的外化而进入局限性,另一方面为这种外化打上它的无限性和自由地回归自身的烙印。但精神只有在这种情况下才是自由的和无限的,即它现实地把握着自己的普遍性,把它设定在自身之内的目的提升为普遍性,并且在**尚未**掌握这种自由的时候,就其自己的概念而言仍然能够作为受到限制的内容、扭曲的性格、残缺而平庸的心灵而存在着。鉴于这种内在虚无的内涵,精神的无限展现始终只是形式上的,因为我们在这种情况下获得的无非是自觉的精神性的抽象形式,其内容与自由精神的无限性相矛盾。只有通过一种真正的、本身就具有实体性的内容,那种受到限制的和变化无常的定在才具有独立性和实体性,而这样一来,规定性和内在的充实性、有限而封闭的内涵和实体性的内涵才在同一个定在里成为现实的,定在因此也能够通过自己的有限内容同时展现为普遍性,展现为一个安然于自身的灵魂。一言以蔽之,艺术的使命在于把现象中的定在作为**真实的**东西而加以把握和呈现,也就是说,表明定在符合那个符合自身的、自在且自为地存在着的内容。因此,艺术的真理不应当是单纯的正确性(所谓对于自然界的模仿就局限于这种正确性),毋宁说,外观必须与一个内核协调一致,这个内核本身与自己是协调一致的,因此能够在外观里把自己如实地启示出来。

b)艺术既然使那种在普通的定在里被偶然性和外在性污染的东西[206]重新达到与它的真实概念的和谐,就抛弃了一切在现象里不符合这个概念的东西,而且只有通过这种**净化**(Reinigung)才制造出理想。人们可以宣称这是艺术的一种谄媚,随之指责某些肖像画家的做法是谄媚其所画的人。但哪怕是那些根本不懂艺术理想的肖像画家,也**必须**在这个意义上去谄媚,亦即必须抛弃形态和表现、形式、颜色、表情等外在细节,抛弃茸毛、毛孔、疤痕、皮肤色斑等纯粹自然的枯燥定在,仅仅按照对象的普遍性格和恒常特征去把握和描绘对象。画家究竟是完全以模仿的方式依据表面现象和外在形态去描绘坐在他面前的那个人的相貌,还是擅长于呈现出那些真正把对象最独特的灵魂表现出来的特征,这里有着天壤之别。因为理想始终要求外在的形式本身就符合灵魂。比如最近流行的所谓的"身临其境的画像"(Lebende Bilder)①就是热衷于故意模仿著名的大师作品,并且正确地描绘了摆放的物品和帷幔之类东西,但在涉及形态的精神性表现时,它们却总是画上一些平庸的面孔,而这就造成了糟糕的效果。反之拉斐尔的圣母像给我们展示出的面孔、脸颊、眼睛、鼻子、嘴唇的形式一般地作为形式而言已经符合那种幸福而快乐的、同时又谦卑的母爱。我们确实可以说,所有的妇女都能够具有这种情感,但并非每一个形式的面孔都能够完全表现出这样深邃的灵魂。

　　c)艺术理想的本性就在于把外在的定在还原到精神性东西,从而使外在的现象符合精神,成为精神的揭示。但这种还原到内核的做法并不是一路来到抽象形式的普遍者,来到**思想**这个极端,而是止步于一个中 ［207］点,在那里,纯粹的外观与纯粹的内核汇合了。因此理想是一种从繁复的个别事物和偶然事物里收取回来的现实性,这样一来,内核在这个与普遍性相对立的外在性自身之内显现为**活生生的个体性**。因为个体的主观性本身包含着一种实体性内涵,同时又让这种内涵在它身上外在地显现出来,于是它就处于这样一个中点,在这里,内容的实体性不可能抽象地独自按照它的普遍性凸显出来,而是仍然始终封闭在个体性之内,因此看上去是与一个特定的定在交织在一起——这个定在本身已经摆脱了单纯的有限性和依赖性,与灵魂的内核结合为一种自由的和谐。席勒在《理想与生命》这首诗里用"寂静的阴影王国的美"去凸显现实世界及其痛苦和斗争。这样的阴影王国就是理想,而那些出现于其中的**魂灵**相对于直接的定在而言是已经死去的,他们已经摆脱了自然存在的需要,不再依赖于外在的影响,也不再依赖于所有那些与有限现象联系在一起的颠倒和歪

---

　　① 18世纪末兴起的一股潮流,模仿一些经典画作(比如《最后的晚餐》《马拉之死》等)的场景,但把画中人物替换为当代的普通人,其做法类似于我们今天所说的cosplay(角色扮演)。——译者注

曲。但理想同样立足于感性世界及其自然形态,同时又把外在世界拉回到自身之内,因为艺术懂得如何给外在现象借以保存自身的那套装置重新加上一些界限,在这些界限之内,外在的东西能够展现出精神性的自由。只有通过这个方式,理想才在外在的东西里返回自身,自由地依靠自己,作为感性的东西享受着内在的极乐和欢乐。这种极乐的悦音回荡于

[208]

理想的整个现象,因为外部形态无论多么广阔,理想的灵魂都不会在其中迷失。只有在这种情况下,理想才真正是美的,因为美只能是一个总体上的、主观上的统一体,而理想的主体也必须显现为从原本分裂的个体性及其各种目的和追求中返回自身,汇聚为一种更高级的总体性和独立性。

α)从这个角度来看,我们可以把那种明朗的宁静和极乐,把那种在自己的完满性中的恬淡自足当作理想的基本特征置于最高地位。理想的艺术形态就好像一位极乐的神屹立于我们面前。也就是说,极乐的诸神不会严肃看待有限领域和有限目的范围内的困苦、愤怒和利益关切,而这种在面对一切特殊东西的否定性时肯定地回归自身的做法,使他们具有明朗和宁静的气象。在这个意义上,席勒说:"生命是严肃的,艺术是**明朗的**。"诚然,很多学究经常拿这句话开玩笑,认为通常的艺术(尤其是席勒自己的诗歌)属于最严肃的类型——因为艺术实际上也并不缺乏严肃,但即便在严肃中,内在的明朗始终是艺术的基本特性。我们在古代艺术作品的那些明朗而宁静的形态里面看到的,恰恰是个体性的这种力量,这种聚焦于自身的具体自由的胜利。不仅那些与斗争无关的满足是这样,哪怕是主体内心发生深刻的分裂,仿佛他的整个存在都已经被撕碎,也还是这样。比如悲剧英雄虽然看起来屈服于命运,但他们的心灵仍然单纯地安然于自身,仿佛在说:"不过如此!"主体在这种情况下始终忠于

[209]

自己;他放弃了被夺走的东西,但没有放弃他一直遵循的目的,而是泰然任之,从而并没有因此迷失自己。束缚于命运枷锁的人可以失去他的生命,但不能失去自由。正是这种镇定自若才在痛苦之中保持住宁静的明朗并使其显现出来。

β)在浪漫型艺术中,内核的分裂和失衡变得更为严重,其中呈现出

的对立也更为深刻，而这些对立的分裂可能根本没法被消弭。比如绘画
在呈现耶稣受难的时候，有时候会侧重于表现行刑士兵的讥笑表情和丑
陋狰狞的面孔，通过这种坚持分裂尤其是着重描绘丑恶罪孽的做法，理想
的宁静经常就消失无踪了，因为这里虽然并非处于总是破碎的状态，但经
常（哪怕并非总是）出现一些丑陋的、至少不太美丽的画面。又比如早期
的尼德兰绘画经常通过一种坦率、自信和坚定的信心展现出心灵的内在
和解，但并没有让这种坚定性达到理想的明朗和自足。而在浪漫型艺术
里，虽然烦恼和痛苦比在古代艺术里更深刻地激发心灵和主观的内核，但
还是能够表现出一种精神性的内省，一种坦然的欢乐，一种烦恼痛苦中的
极乐，甚至一种苦难中的狂喜。哪怕是意大利的严肃的宗教音乐，怨诉的
曲子也透露出痛苦带来的喜悦和升华。这种表现在浪漫型艺术里一般说
来就是"噙着泪水的微笑"。泪水来自于痛苦，微笑来自于明朗，因此哭
泣时的微笑标示着这种处于折磨和苦难时的镇定自若。当然，这种微笑
不应当是一种单纯感伤的触动，不应当是主体在面对悲惨事件时的虚假 [210]
的自我美化和顾影自怜，毋宁必须让美在一切痛苦中表现出镇定和自由，
正如《熙德之歌》①在谈到西蒙娜的时候所说的："噙着泪水的她是多么
的美。"与此相反，人在慌乱无措的时候要么是丑陋恶心的，要么是滑稽
可笑的。比如有些小孩遇到鸡毛蒜皮的事情就放声大哭，让我们感到好
笑，反之一个严肃而镇定的男人出于深刻的感受而流出的眼泪却给我们
留下完全不同的印象。

　　当然，笑和哭也可以抽象地彼此分立，并且在这种抽象状态中被错误
地用作艺术的一个动机，比如韦伯②《魔弹射手》中的一段笑声合唱就是
如此。笑通常是一种爆发，但不应当是无节制的，否则理想就荡然无存
了。同样抽象的笑声也出现于韦伯《奥伯龙》中的一段二重唱，以至于听

---

　　① 西班牙中世纪的叙事诗，其主人翁熙德（Cid）为西班牙民族英雄，西蒙娜是他的妻
子。——译者注
　　② 卡尔·玛利亚·冯·韦伯（Karl Maria von Weber，1786-1826），德国作曲家。——
译者注

众担心女歌手的喉咙和胸膛会炸裂。反之在荷马史诗里,诸神的回荡不绝的笑声就完全不同,这种笑声出自于诸神的极乐的宁静,仅仅是一种明朗,不是一种抽象的放纵。另一方面,哭泣也不应当作为无节制的哀嚎出现在理想的艺术作品里,而我们在韦伯的《魔弹射手》里又听到这种抽象的悲泣。在所有的音乐里,歌唱都是一种欢乐和喜悦,就好像是云雀在空旷的高空中欢唱那样;把痛苦和欢乐嘶喊出来并不是音乐,毋宁说,哪怕是在苦难中,甜蜜的怨诉音调也必须渗透于痛苦,让人们觉得能听到这样的怨诉,即使忍受那些苦难也是值得的。这就是全部艺术里的甜蜜旋律和歌唱。

[211]   γ)在某种意义上,这个原理也为现代的反讽原则作出了辩护,只不过反讽一方面看来缺乏任何真正的严肃,对一些恶劣的主体津津乐道,另一方面又以心灵的单纯渴慕为结局,而不是以现实的行动和存在为结局。比如诺瓦利斯①就是一位处于这个立场的高贵人士,他对一切都缺乏明确的兴趣,畏惧现实世界,最终死于这种精神的痨病上。这种渴慕不愿意委屈自己去从事现实的行动和生产活动,因为它害怕与有限性接触之后会玷污自己,哪怕它也察觉到了自身之内的这种抽象性的缺陷。不管怎样,反讽包含着一种绝对的否定性,基于这种否定性,主体通过消灭规定性和片面性而与自身相关联;但正如我们此前在考察这个原则的时候已经指出的,那种消灭不仅像在喜剧里一样针对着一种本身就虚妄飘渺的东西,而且同样针对着一切本身就卓越而充实的东西,因此反讽无论是作为这种全方位的否定艺术还是作为那种渴慕,相比于真实的理想而言都同时保留着一种内在的违反艺术的散漫无度。因为理想需要一个内在的实体性的内涵,虽然这个内涵也在外在事物的形式和形态里呈现自身,从而成为特殊性乃至于局限性,但它在包含着局限性的同时,也消除和消灭了其中的一切**单纯**外在的东西。只有像这样否定单纯的外在性,理想的

———————————

①　诺瓦利斯(Novalis,1772—1801),本名哈登贝格(Friedrich von Hardenberg),德国浪漫派诗人和哲学家。——译者注

特定的形式和形态才会把那种实体性内涵带入一种适合于艺术直观和艺术观念的现象。

2. 理想与自然界的关系 [212]

形象的外在方面和内在充实的内容对于理想而言都是必不可少的,而二者的融合方式促使我们去考察艺术的理想呈现与自然界的关系。因为这个外在的因素及其形态分化与我们通常所说的"自然界"密切相关。关于这一点,有一个古老的、反复被提起却又没有解决的争论,即艺术究竟应当逼真地去呈现眼前的外在事物呢,还是应当美化和修饰自然现象?围绕着"自然界的正当性和美的正当性"、"理想和自然真理"之类从一开始就含糊不清的词语,人们可以无休止地争吵。因为艺术作品确实应当是逼真的,但也存在着普通的、丑陋的、不应当被模仿的自然界,而另一方面——如此这般,没有终点,也没有可靠的结论。

近代以来,主要是通过温克尔曼,理想和自然界的对立重新成为一个重要的问题。正如我早先已经指出的,温克尔曼主要是受到古代艺术作品及其理想形式的启发,对此进行潜心研究,最终认识到这些形式的卓越性,促使人们重新承认并研究这些艺术杰作。但这种承认产生出一种对于理想呈现的追求,人们以为在其中发现了美,实际上却落入枯燥而无生命的、平庸的肤浅。冯·鲁默尔先生在抨击理念和理想的时候,主要就是针对绘画中的这种空洞理想。

理论现在的任务是消除对立;至于艺术本身的实践意义,我们在这里 [213]可以完全抛开不论,因为无论人们选择什么原理去指导他们的平庸天赋和才能,结果都是一样的:也就是说,无论他们是依据错误的理论还是依据最好的理论,最终生产出来的都始终只是平庸的和软弱的东西。除此之外,所有的艺术,尤其是绘画,都已经在另外一些影响之下放弃了对于所谓的理想的追求,而在它们的发展道路上,人们因为对早期意大利的、德国的和后期荷兰的绘画重新产生兴趣,所以至少是尝试在形式和内容方面达到一些更具有内涵和生命力的东西。

从另一方面看,人们在艺术里无论是对于那种抽象的理想还是对于曾经备受喜爱的逼真都感到腻味。比如在戏剧里,每一个人都发自内心地对日常家庭故事及其逼真的呈现感到厌倦。妻子和儿女给父亲带来的烦恼、日常的收入和开销、对于长官的依赖、侍从和秘书的勾心斗角、主妇和女仆在厨房里的争吵、女儿在闺房里的多愁善感的呼叹——每一个人在自己家里可以更忠实和更详细地看到所有这些忧烦和苦恼。

在谈到理想与自然界的对立时,人们主要想到的是某一种艺术,尤其是绘画,其范围领域恰恰是一种可直观的特殊性。正因如此,关于这个对立,我们希望在更普遍的意义上提出一个问题:"艺术应当是诗歌抑或散文?"因为艺术里面的真正诗歌因素恰恰是我们所说的理想。如果事情的关键只在于"理想"这个名称,我们可以轻松地将其弃之不用。但问题在于,艺术里面究竟什么是诗歌,什么是散文? 不可否认,对于某些特定[214] 的艺术,坚持纯粹诗歌因素的做法可能而且已经走入迷途:也就是说,那些明确地属于诗歌(尤其是抒情诗)的东西,也通过绘画而被呈现出来,因为这种内容确实具有某种诗意。比如最近(1828 年)的一次艺术展览陈列了同一个画派(所谓的"杜塞尔多夫画派"①)的许多画作,这些作品全都是取材于诗歌,而且只选取了诗歌用来描绘情感的方面。人们愈是频繁和仔细观看这些画作,就愈是觉得它们甜腻而枯燥。

在理想与自然界的对立中,包含着如下一般的规定:

a)艺术作品的完全形式上的理念性,因为一般而言,"诗歌"(Poesie)正如其名称所暗示的,是一种被造作的、由人制造出来的东西,即人首先将其纳入他的观念,经过加工改造之后,再通过他自己的活动而呈现出来的东西。

α)在这种情况下,内容可以是完全无关紧要的,或者如果脱离艺术

---

① 杜塞尔多夫画派(Düsseldorfer Schule)是 19 世纪 30 年代兴起的德国浪漫主义绘画流派,主要代表有沙多(Wilhelm von Schadow,1789-1862)、阿辛巴赫(Andrea Achenbach,1815-1910)、莱辛(Karl Friedrich Lessing,1808-1880)等。——译者注

呈现而出现在我们的日常生活中，只能引起短暂的兴趣。比如荷兰绘画就擅长通过这个方式把眼前的飘忽不定的自然现象呈现为由人重新制造出来的东西，为它们增添几千种效果。天鹅绒、金属的光泽、灯、马、仆人、老妇人、拿着烟斗吞云吐雾的农民、透明杯子里闪闪发亮的葡萄酒、衣衫褴褛的玩着破旧纸牌的年轻人等等，都在这些画作里出现在我们眼前。这些以及类似的大量题材是我们在日常生活中很少注意到的，因为我们虽然也玩牌、喝酒、闲聊扯淡，但我们真正感兴趣的是完全不同的东西。但当艺术把这些内容呈现给我们，我们就必须认为这是由**精神**生产出的对象的映现和显现，即精神已经把全部材料的外在方面和感性方面转化为最内在的东西。因为我们看到的不是存在着的毛绒、丝绸，不是现实的 [215] 头发、杯子、肉和金属，而是单纯的颜色，不是自然事物为了显现出来而需要的全部维度，而是一个单纯的平面；与此同时，我们看到的仍然是现实世界的样子。

β）因此相比于眼前的散文气的实在性，这个由精神生产出的映象是理念性的奇迹，甚至如果人们愿意的话，可以说这是对于外在的自然定在的一种嘲弄和反讽。因为自然界和日常生活中的人必须做出大量安排，借助不计其数的手段，尤其克服加工材料（比如金属）时遇到的大量困难，才能够制造出这样的映象。与此相反，艺术所依据的观念是一个柔软而单纯的因素；自然界和手无寸铁的人必须耗费大量力气才能够获得的东西，观念可以轻而易举地从它的内核里拿出来。同理，被呈现的对象和日常生活中的人也不是取之不竭的财富，而是受到限制的；宝石、黄金、植物、动物等等本身仅仅是这种受限制的定在。但人作为进行创作的艺术家是一个内容极其丰富的世界，他从自然界取来内容，将其在观念和直观的广阔领域里积累为一个宝藏，然后以简单的方式自由地将其呈现出来，不需要考虑实在性的纷乱条件和烦琐安排。

在这种理念性里，艺术是介于单纯客观的有限定在和单纯内在的观念之间。艺术把对象本身提供给我们，但这些对象是出自内核；艺术提供这些对象，不是为了别的用途，而是为了把我们的兴趣限定于抽象的观念性定在,以从事纯粹的理论考察。

[216] γ)通过这种理念性,艺术同时**提升**了普通的无价值的客体,虽然这些客体的内容是无关紧要的,但艺术把它们固定下来,成为目的,让本来对它们毫无兴趣的我们去关注它们。对于时间而言,艺术也具有同样的效果,因此也是观念性的。艺术把自然界里的飘忽不定的东西固定下来,成为恒常;无论是一个眨眼即逝的微笑、嘴唇边突然出现的一个狡黠表情、一个目光、一个电光火石的闪现,还是人类生活中的各种精神性特征,比如各种纷乱的很快被遗忘的事件,所有这一切都被艺术剥夺了瞬间的定在,而在这个意义上,也可以说艺术征服了自然界。

但在艺术的这种形式上的理念性里,真正吸引我们的并不是内容本身,而是精神性生产活动的满足。艺术的呈现必须看起来是自然的,但形式意义上的诗意因素和理想并不是单纯的自然事物本身,而是那种制造活动,即消除了感性材料和外在条件。我们为之感到喜悦的那种呈现必须看起来仿佛是由自然界制造出来的,但实际上却是精神的生产活动,并没有借助自然界;对象之所以让我们着迷,不是因为它们如此的逼真,而是因为它们被**制作**得如此的逼真。

b)此外还有一个更深刻的兴趣,即让内容不仅在那些直接出现于我们眼前的形式里被呈现,而且作为被精神把握的东西,在那些形式的内部也得到拓展并转化为别的东西。凡是自然地存在着的东西,都完完全全是个别的,亦即无论从哪一个点或哪一个方面来看都是个别的。反之观念本身包含着**普遍者**的规定,因此凡是出自于它的东西,都已经具有普遍性的特征,区别于自然的个别事物。在这种情况下,观念有一个优点,即

[217] 它的范围更为宽广,因此能够把握和凸显内核,将其更明显地呈现出来。诚然,艺术作品不仅仅是普遍的观念,而是观念的特定的形体化,但艺术作品作为出自于精神及其观念性因素的东西,无论具有多少可直观的生命力,都必须通体表现出普遍者的这个特征。因此,相比于那种形式上的、单纯的制作,诗意因素具有更高级的理念性。在这里,艺术作品的任务是抓住对象的普遍性,并且在对象的外在现象里抛弃那些对于内容的

表现而言单纯外在的和无关紧要的东西。艺术家不会因为他在外在世界里看到了什么东西,就把这些东西纳入形式和表现方式,毋宁说,如果他想要创作真正的诗歌,就只能抓住那些正确的、符合事情的概念的特征。当他把自然界及其产物乃至于现有事物当作模型,也不是因为自然界随随便便把这些东西制造出来,而是因为自然界把它们**正确地**制造出来;但这个"正确"恰恰是一种比现有事物更高级的东西。

比如在处理人的形态时,如果是修复古画,就必须在重新描绘的地方去模仿那些由于油漆和颜色的崩裂而像一面网那样平铺在画面的更古老的部分上的裂痕,但创作肖像画的艺术家并不采取这个做法,他们不会画出皮肤上的网纹,更不会画出雀斑、肿囊、个别的麻点和痘痣之类,因此并不遵循著名的丹纳①所推崇的逼真原则。同样,虽然肌肉和经脉也若隐若现,但不应当像在自然界里一样明确而详细地展现出来。因为这类东西很少包含或者说根本不具有精神性,而精神性的表现才是人的形态的本质因素。正因如此,我也不认为近代裸体雕像的数量少于古代是一个 [218] 缺点。反之必须承认,近代的服装裁剪相比于古代的那些更具有理想性的服装是缺乏艺术的、散文气的。两种服装的目的是相同的,都是为了遮盖身体。但古代艺术呈现出的服装本身是一个在某种程度上无形式的平面,只有附着于身体(比如披在肩膀上)才具有规定性。此外古代的服装可以适应各种形式,只依照它自己的重量简单而自由地下垂,或者是由身体的姿态、肢体的姿势和运动所规定的。这个规定性表明,外在东西完全和仅仅服务于形体中的精神的变动不居的表现,因此服装的特殊形式(比如褶皱、下垂和垫高等等)完全是从自身内部规定自己的形态,仅仅在某一时刻表现为适合这个姿态和运动——这个可规定性构成了服装中的理想。反之我们近代的服装却是这样:全部材料都已经是制成的,并按照身体尺寸裁剪和缝纫完毕,以至于根本没有或只有很少的褶皱起伏的自由。因为就连褶皱的样式也是由缝口所规定的,而一般说来,裁剪和褶

---

① 丹纳(Balthasar Denner,1685-1749),德国画家,尤精于肖像画。——译者注

皱完全取决于裁缝的手艺。虽然衣服的形式通常取决于肢体结构,但在这个身体形式里,衣服仅仅是一种糟糕的模仿,或者是一种按照陈旧模式和偶然时尚而对于人的肢体的歪曲,因为裁剪好的样式永远是这个样子,不受姿态和运动的影响。比如无论我们怎样摆动手臂和腿脚,袖口和裤

[219] 筒都不会变形。褶皱也许有各种各样的方式,但始终取决于固定的缝口,比如沙恩霍斯特①雕像的长裤就是如此。总而言之,我们的衣服样式作为外在的东西不足以与内核区分开,不能反过来仿佛是从自身内部获得形态,而是错误地模仿自然形式,在裁剪完成之后就不再有任何变化。

　　关于人的形态及其服装,刚才所说的观点也适用于人类生活中的许多外在的事物和需要,这些东西本身是必不可少的,对于全人类而言都是共通的,尤其是吃饭、喝水、睡觉、穿衣等身体方面的需要,从外表来看也与那些从精神出发的行动交织在一起。尽管如此,它们与本质性的规定和兴趣没有任何关系,而这些规定和兴趣恰恰构成了人类生存中就其内涵而言真正普遍的东西。

　　这些东西当然也可以被接纳到诗歌的艺术呈现里面,比如我们都承认荷马在这方面做到了最大的逼真。但荷马无论对此描绘得多么栩栩如生(ἐνάργεια),他都必须把自己限定于仅仅一般地提到这些状态,而且没有任何人会要求他在这种情况下把全部细节按照实际情形加以列举和描述。比如在描述阿喀琉斯的身体时,荷马虽然提到了高高的额头、匀称的鼻子、修长而强壮的双腿,但并没有精确地描述这些肢体的现实存在的细节,比如各个部分的位置、相互关系以及颜色之类真正符合逼真原则的东西。除此之外,在诗歌艺术里,表现方式始终是一种区别于自然细节的普

[220] 遍观念;诗人说出的不是事物本身,毋宁只是名称和词语,而个别东西在其中成为一种普遍性,因为词语是产生于观念,随之本身已经具有普遍者的特征。诚然人们可以说,观念和语言很**逼真地**把名称和词语当作自然

───────────────

　　① 沙恩霍斯特(Gerhard Johan David von Scharnhorst,1755–1813),普鲁士将军。——译者注

事物的无限缩写而加以使用，而这是一种与前面的逼真相对立并将其扬弃的逼真。既然如此，问题就在于，究竟什么样的逼真是与诗歌相对立的？因为一般而言，"逼真"是一个无规定的、空洞的词语。诗歌只需要提炼出现实的、本质性的、具有标示作用的东西，而这种充满表现力的本质性东西恰恰是观念，不是单纯的现有事物。如果人们在描述一件事情和一个场景的时候把现有事物的细节逐一列举出来，这必定是枯燥无味的、令人厌倦的和不可忍受的。

　　就这种普遍性而言，某些艺术更具有理想性，反之某些艺术更多是指向广阔而外在的形象生动。比如雕塑在形象上比绘画更抽象，而在诗歌艺术里，叙事诗一方面就外在的生命力而言比不上戏剧作品的现实表演，但另一方面就形象生动的丰富性而言又胜过戏剧艺术一筹，因为叙事诗的吟唱者是通过直观各种事件而展示出具体的形象，反之戏剧诗人必须满足于行动的内在动机，比如对于意志的作用和内心的反作用等等。

　　c）进而言之，因为**精神**在外在现象的形式里把它的自在且自为地充满兴趣的内涵或它的内在世界予以实现，所以在这种情况下也产生出一个问题，即理想与逼真的对立具有什么意义？在这个层面里，我们不能按照严格的字面意思去使用"逼真的"这个词语，因为自然事物之所以被看作精神的外在形态，不只是因为它们像动物的生命或自然风景那样直接存在着，毋宁说，因为**精神**将**自身**形体化，自然事物才按照其规定性显现为精神性东西的表现，从而已经理念化了。因为所谓"理念化"（Idealisieren），就是把某东西纳入精神，由精神对其进行塑造并赋予其形态。人们经常说，死者的面容重新回到童年的样子；在这个时候，激情、习惯和奋斗在身体上形成的固定表现，全部意愿和行动的特征，都已经烟消云散，返回到童年特征的无规定性。但在人活着的时候，各种特征和整个形态都是从内核获得它们的独特表现，比如不同的民族和阶层就外在的形态而言已经显露出在精神追求和精神活动方面的区别。所有这些情况都表明，外观被精神渗透并受其影响，相对于单纯的自然界而言已经理念化了。只有这样，才可以在真正的意义上追问自然事物与理想的关系。因

［221］

155

为一方面有人主张,精神性东西的自然形式在现实的、未经艺术重新改造的现象里本身已经如此完满、美好和卓越地存在着,以至于不可能还有别的美的东西表明自己是比现有事物更高级的理想,而且艺术根本没有能力完全达到这种在自然界里现成已有的美。但另一方面人们又要求,必须为艺术找到一些独立的、比现实事物更具有理想的形式和呈现。尤其从这一点来看,前面提到的冯·鲁默尔先生的争辩是很重要的,因为别人是把理想挂在嘴边,居高临下以蔑视的态度谈论自然界,而鲁默尔先生却是带着同样的傲慢蔑视的姿态谈论理念和理想。

[222]   但实际上在精神性世界里,有一种外在和内在都平凡的自然界,这种自然界的外观是平凡的,因为它的内核也是平凡的,并且在其行动和外观中仅仅表现出妒忌怨恨的目的和卑鄙荒淫的贪欲。艺术也可以把这种平凡的自然界当作素材,而且已经这么做了。但这就出现两种情况:要么正如之前所说,艺术唯一的根本兴趣在于呈现活动本身和生产活动的技巧,于是我们很难指望一个有教养的人对于整个艺术作品及其内容产生共情,要么艺术家必须通过他的理解制造出某种更开阔和更深刻的东西。所谓的风俗画(Genremalerei)就不蔑视这类对象,并且在荷兰人那里臻于完满。究竟什么原因促使荷兰人走上风俗画的道路,究竟什么内容在这些微型画面里展现出巨大的吸引力呢?我们不能给这些画作扣上"平凡的自然界"这顶帽子,对其不屑一顾,因为只要我们仔细研究它们的真正素材,就会发现这些东西并不像人们通常以为的那样平凡。

    荷兰人是从自身出发,从他们自己的现实生活里挑选呈现的内容,因此我们不能谴责这种通过艺术而让现有事物再次具有现实性的做法。那个时代的人通过眼睛和精神认识到的东西,必须还原到那个时代,这样我们才能够理解它的全部兴趣。为了知道荷兰人当时的兴趣之所在,我们必须追问他们的历史。荷兰人所居住的绝大部分土地是他们自己制造出来的,而且他们必须持续地防止这些土地遭受海水的侵蚀。经过勇敢而
[223] 坚韧不拔的斗争,市民和农民推翻了西班牙菲利普二世(卡尔五世之子)

这位强大的世界之王的统治①,获得了政治方面和宗教方面的自由。正是这种无论在大事上还是小事上,无论在自己的国家里还是在遥远海外的市民精神和进取心,这种精打细算同时又纯朴而宽厚的富足生活,这种通过自力更生而获得的快乐和骄傲,构成了荷兰绘画的普遍内容。但这不是什么平凡的素材和内涵,因此人们不应当站在王室宫廷和上流社会的角度趾高气扬地看待它们。基于这种勤勉的国民性,伦勃朗创作了著名的收藏于阿姆斯特丹的《夜巡》,范·戴克创作了许多肖像画,沃维曼创作了《骑士》组画②,甚至那些描绘乡村的酒席、喧闹和欢声笑语的作品也属于这个类型。

作为对照,我们必须提到德国今年的画展上的一些同样画得不错的风俗画,但它们在艺术呈现方面远远赶不上荷兰人的同类画作,在内容方面也没有提升到类似的自由欢乐的气氛。比如一幅画描绘的是一位妇女走进酒馆去骂她的男人,其表现的无非是几个尖酸恶毒的人。反之在荷兰人描绘的酒馆、婚庆歌舞和酒宴里,哪怕出现了争吵和斗殴,也仍然是其乐融融的,而且妇女和少女也参与其中,每一个人都洋溢着自由而放松的感觉。这种通过合理的享受而获得的精神性明朗甚至在动物画里也表现出满足和欢乐,而荷兰绘画的更高级的灵魂就在于它能够理解和呈现这种被重新唤醒的精神性自由和生命力。

在这个意义上,穆里罗③创作的《小乞丐》组画(收藏于慕尼黑的中 ［224］央画馆)也是很优秀的。外在地看来,这里的对象也是取材于平凡的自然界:母亲正在给她的小孩抓虱子,而小孩则是安静地啃着面包;另一幅

---

①　菲利普二世(Philipp II.,1527-1598)是哈布斯堡王朝神圣罗马帝国皇帝卡尔五世(Karl V.,1500-1558)的儿子,西班牙和葡萄牙的国王。他的执政时期是西班牙历史上最强盛的时代,但自从1588年无敌舰队被英国海军摧毁之后,他的统治由盛转衰,包括荷兰在内的许多属地陆续独立。——译者注

②　伦勃朗(Rembrandt Harmenszoon van Rijn,1606-1669)、范·戴克(Anthony van Dyck,1599-1641)、沃维曼(Philips Wouwerman,1619-1668)均为17世纪荷兰著名画家。——译者注

③　穆里罗(Bartolomé Esteban Murillo,1618-1682),西班牙画家。——译者注

类似的画里,两个衣衫褴褛的穷孩子在吃甜瓜和葡萄。但这些衣不蔽体的穷孩子里里外外都透露出一种全然的心安理得和无忧无虑,可以说就连一位苦行僧也不能比他们更自信地看待自己的健康身体和生命乐趣。理想的概念所要求的,正是这种对于外在事物的漠不关心以及外在事物中体现出的内在自由。巴黎有一幅拉斐尔画的男孩肖像:他的头悠闲地靠在手臂上,眼光带着一种欣然而无忧无虑的满足神情望向辽阔的远方,简直让我们舍不得离开这幅洋溢着精神性的愉悦和健康的画。穆里罗描绘的那些小孩也表现出同样的满足神情。他们显然没有什么远大的兴趣和目的,但这不是出于愚笨,而是像奥林波斯山的诸神那样闲散地蹲在地上;他们不做什么,也不说什么,但他们是由**整块**材料做成的人,没有烦恼和争吵;看到这些才能的基础,人们就会设想这样的小孩将来能做的一切事情。这种理解方式完全不同于我们看到的另外一些情景,比如尖刻叫骂的妇女、捆扎马鞭的农民或睡在草料上的马车夫等等。

但这些风俗画必须具有较小的尺寸,并且就整个外观而言显现为某种琐碎的东西,以便我们超越外在的对象和内容。假若它们把题材画得和实物一样大小,仿佛这种真实的整全状态会让我们喜欢,这就令人无法忍受了。

[225] 通常所说的"平凡的自然界"必须符合上述理解,才有资格出现在艺术里。

但对于艺术而言,除了用一些本身无关紧要的琐碎事物去呈现那种欢乐气氛和市民生活之外,也有一些更高级和更符合理想的素材。因为人具有一些最严肃的兴趣和目的,它们来自于精神的自身展开和自身深化,而精神必须在其中保持自身和谐。更高级的艺术的任务就在于呈现出这个更高级的内容。只有从这一点来看,我们才可以追问,哪里能够找到适合于这种精神产物的形式? 有些人认为,艺术家既然首先在自身之内具有他想要表现的崇高理念,就必须亲自提供相应的崇高形式,比如希腊诸神、基督、使徒、圣徒等等的形态。冯·鲁默尔先生尤其反对这个观点,他认为如果艺术家凭借自己的能力发明出有别于自然界的形式,就会让艺术走上歧途。反过来,他主张应当把意大利人和荷兰人的杰作当作模范,并且针对这个问题指出(《意大利研究》,第一卷,第105页以下):"最近六十年的艺术理论竭力想要证明,艺术的目的乃至于主要目的在于在个别形态方面胜过自然造化,制造出一些异想天开的形式,这些形式据说可以让自然造化变得更美,仿佛自然界不懂得制造出比凡人设想的更美的形态。"正因如此,他建议艺术家(第63页):"克制自己的胆大妄为,不要妄图去美化和升华**自然形式**,或者打着别的旗号去鼓吹某些艺术理论著作加以夸大的人类精神。"他坚持认为,哪怕对于那些最具有精神性的对象,现实中也已经存在着完满的外在形式,因此在他看来(第83页):"无论艺术的对象具有多么伟大的精神性,艺术的呈现也绝不应当立足于随意确定的符号,而是应当完全立足于一个已经出现于自然界的富有意义的有机形式。"冯·鲁默尔先生在说这番话的时候,主要想到的是温克尔曼提出的古代的理想形式。温克尔曼的不朽贡献在于提炼出这些形式,并且把它们搜集起来,尽管他对于某些特殊特征的看法可能是错误的。比如温克尔曼在其《古代艺术史》(1764年版,第5卷,第4章,第2节)指出,延长的下身是古代艺术理想的一个特征,而冯·鲁默尔先生似乎认为(第115页注释)这其实是来源于罗马的站立雕像。他在反对理想的时候,要求艺术家竭尽全力研究自然形式,只有这样才能够找到真正的美。他说(第144页):"最重要的美是立足于那些给定的、存在于自然界中、而非由人随意制造出的象征形式,通过这种象征,形式才与某些特征和符号结合在一起,使我们只要看到它们就必然回想起特定的观念和概念,或者更明确地意识到一种沉睡在我们内心里的情感。"他还说(第105页注释):"精神有一个秘密的特点,把通常所谓的理念,把艺术家和相关的自然现象结合起来,通过研究这些现象,艺术家愈来愈清晰地逐渐认识到自己的意愿,并且能够把这种意愿表达出来。"

[226]

无论如何,理想的艺术与随意确定的符号毫无关系。假若古代的那些理想形式确实抛弃了真正的自然形式并导致虚假空洞的抽象化,那么冯·鲁默尔先生对它们的尖锐抨击就是合理的。

[227]

但关于艺术理想和自然界的对立,关键是要确定如下几个事实。

实际上,精神性内涵的现有的自然形式只能被理解为一般意义上的象征,即它们并非直接地本身就成立,而是它们所表达的内核和精神性东西的一种显现。它们的这种位于艺术之外的现实性已经构成了它们的理念性,区别于没有呈现出任何精神性东西的自然界本身。精神的内在内涵应当在艺术的一个更高的层次上获得其外部形态。这个内涵存在于人类精神里,正如人的内核有一个外部形态,它也有它的外部形态,在其中表现出自身。虽然这一点是公认的,但还是有人会提出一个从科学的角度来看无聊的问题,即在现有的现实世界里,是否也存在着一些如此美丽和充满表现力的形态或面貌,可以被艺术直接拿来呈现朱庇特——他的崇高、宁静和威力——朱诺、维纳斯、彼得、基督、约翰、玛利亚等等的相貌? 人们可以对此争论不休,但这始终是一个完全经验性的并且从经验出发无法裁决的问题。因为唯一的裁决办法就是在现实中指出证据,但这个办法比如对于希腊诸神就是行不通的,而且在现实生活中,有些人认为看到了绝代美人,有些人却只看到面目可憎的人。除此之外,形式的美不一定就是我们所说的理想,因为理想同时还包含着内涵的个体性,随之也包含着形式的个体性。比如一个从形式来看完全合乎规则的美的面孔,却可能是冰冷呆板的。但希腊诸神的理想是一些在普遍性之内也没有失去独特规定性的个体。理想的生命力恰恰在于,这个特定的精神性基本意义应当被呈现出来,通过外在现象的所有特殊方面——姿势、姿态、运动、面部特征、肢体的形式和形态等等——完完全全表现出来,不留下任何空洞的和无意义的东西,毋宁说一切都表明自己渗透着那个基本意义。比如最近被证明实际上出自菲迪亚斯①之手的那座希腊雕像主要就是通过这种通透的生命力让我们感到心潮澎湃。理想还保留着自己的严肃性,还没有过渡到秀美、温柔、丰盈和优雅,每一个形式都保留着与那个应当躯体化的普遍意义的稳固联系。这种最高的生命力是伟大艺术家的标志。

[228]

---

① 菲迪亚斯(Phidias),公元前 5 世纪的希腊雕塑家。——译者注

相对于现实的现象世界的局部性而言,这个基本意义可以被称作内在抽象的,在仅仅强调一个瞬间而不能全面铺陈的雕塑和绘画那里尤其是如此,而通过那种全面铺陈,比如荷马可以把阿喀琉斯的性格既刻画为坚强残暴的,也刻画为温和友善的,并且描绘他的另外许多灵魂特征。在现有的现实世界里,这个基本意义当然也能够找到它的表现,比如有些面孔就能够展现出虔诚、凝思、开朗等等,但这些面貌另外还表现出大量状态,要么根本不适合有待突出的基本意义,要么与之没有密切的关系。因此,一幅肖像画之所以是肖像画,就在于它的局部性。比如早期德国和早期尼德 〔229〕兰的画作,经常把布施者及其妻子儿女当作题材。他们全都应当处于凝思的状态,而这种虔诚确实通过所有特征显露出来;但我们此外也看得出来,那些男人是勇猛的军人,是行动果敢的人或经受过生命和激情的考验的人,而那些女人则是精明能干和充满生命力的家庭主妇。这些画作注重的是表现自然真实的面貌,但如果我们把它们拿来和玛利亚或站在她身边的圣徒和使徒作比较,就会发现后者的面孔上只有**一种**表现,而一切的形式,比如骨骼结构、肌肉、静态的和动态的特征等等,都是集中于这种唯一的表现。只有整体形式结构的一致才体现出真正的理想与肖像画的区别。

或许有人会认为,艺术家应当在现有事物里面仔细挑选最好的形式,然后把它们合并起来,或者像很多人实际上已经做的那样,在铜版画展览和木刻画展览里搜寻一些面貌和姿势,以便为他的内容找到真正的形式。但这种搜集和挑选的做法是无济于事的,毋宁说,艺术家必须表现出创造性,在他自己的想象里不但凭借对于合适形式的认识,而且凭借深刻的领悟力和感受力,像**整块浇筑**那样塑造那个渗透于他的灵魂的意义并赋予其形态。

B. 理想的规定性

迄今为止,我们是从普遍的概念出发考察理想,而单纯的理想本身相对而言是很好理解的。但艺术美作为理念不可能止步于单纯普遍的概

[230] 念,而是按照这个概念也具有规定性和特殊性,因此必须走出自身,过渡到现实的规定性。这就引发了一个问题:理想在走出自身而进入外在性和有限性,随之进入非理想的情况下,如何能够保持自身? 反过来,有限的定在如何能够把艺术美的理念性接纳到自身之内?

针对这个问题,我们必须讨论如下几点:

第一,理想的**规定性本身**;

第二,这种规定性如何通过其特殊性在自身之内发展为**差异**,然后发展为差异的消除,即我们通常所说的**行动**;

第三,理想的**外在的**规定性。

I. 理想的规定性本身

1. 神性东西作为统一体和普遍性

我们已经看到,艺术必须首先把神性东西当作它所呈现的中心点。但当神性东西被固定为**统一体和普遍性**,在本质上就仅仅是思想的对象,并且作为本身无形象的东西摆脱了想象力的塑造活动和赋形活动。比如犹太人和伊斯兰教徒就禁止制作神像以供感官直观。这就没有给那些完全依赖于形态的最具体的生命力的造型艺术留下任何余地,只有抒情诗才能够在崇拜上帝的时候颂唱他的威力和荣耀。

[231]   ### 2. 神性东西作为神族

但从另一个方面看,神性东西虽然具有统一体和普遍性,但在自身之内同样具有本质上的规定性,从而摆脱了抽象化,理应具有形象性和直观性。当想象在规定性的形式里把握了神性东西并通过形象将其呈现出来,就出现了各种各样的规定活动,这样才进入理想艺术的真正领域。

第一,唯一的神性实体在希腊艺术的多神论观念里分化和分裂为许多独立自足的神,即便对于基督教观念而言,上帝也与他自身之内的纯粹精神性统一体相对立，显现为一个现实的人，与尘世事物直接交织在一起。**第二**，神性东西在它的特定的现象和现实性中，一般地也出现于人的感觉和心灵、意愿和活动，并在其中发挥作用，因此在这个层面里，那些受到上帝精神感召的人，比如圣徒、殉道者、极乐者和一般的虔诚信徒，都成为理想艺术的合适对象。**第三**，伴随着神性东西及其特定的、从而世俗性的定在这个原则，现实的人类世界的局部性也浮现出来。从此以后，具体的生命——人的整个心灵以及一切在最深处推动着它的东西，每一种力量，每一种感受和激情，胸腔中的每一种深刻旨趣——构成了艺术的活生生的材料，理想也成为这种具体生命的呈现和表现。

神性东西作为内在的纯粹精神仅仅是思维着的认识的对象。反之那个在活动中形体化了的精神却属于艺术，因为它永远只能与人的胸腔产生共鸣。尽管如此，这里同样显露出特殊的兴趣和行动、特定的性格及其瞬时的状态和情景，总之是与外在东西纠缠在一起。因此我们必须首先指出，一般而言，理想与这个规定性有什么关系。 [232]

3. 理想的宁静

按照之前所述，理想的最高纯粹性只能意味着，诸神、基督、使徒、圣徒、忏悔者和虔诚的信徒在我们面前表现出极乐的宁静和满足，仿佛摆脱了尘世中的苦难和纷争、斗争和对立。在这个意义上，尤其雕塑和绘画以理想的方式为个别的神祇，为救世主基督以及个别的使徒和圣徒找到了形态。这里所呈现的是定在里的自在真实的东西，它仅仅在**它的**定在之内与自身相关联，而不是走出自身进入纷乱的有限关系。这种内在的封闭性虽然不排除局部性，但那种在外在事物和有限事物里四散分离的特殊性已经净化为单纯的规定性，看起来已经完全消除了外在影响和外在关系的痕迹。这种清静无为而永恒的内在宁静，这种安息——比如在赫拉克勒斯那里——也在规定性里构成了理想本身。因此，哪怕诸神也被呈现为陷入纷纭，也仍然必须保持着他们的恒定的、凛然不可侵犯的崇高品格。比如朱庇特、朱诺、阿波罗和玛尔斯虽然具有规定性，但他们是一些固定的力量和威力,即便展示出指向外部的活动,也在自身之内保持着独立的自由。因此在理想的规定性内部,不能只表现出个别的局部性,毋宁说精神性的自由本身必须表现为总体性,并且在这种内在的完满自足中表现为全部可能性。

[233]

除此之外,理想在尘世事物和人类事务的领域里也发挥着作用,也就是说,任何一个掌控着人的实体性内涵都有能力纠正单纯局部的主观性。在这种情况下,感受和行动中的特殊东西摆脱了偶然性,呈现出具体的局部性与它的真正内在的真理的和谐一致。通常说来,人心的高贵、卓越和完满无非意味着,精神性东西的真正实体、伦理、神性表明自己掌控着主体,因此人只有把他的生命活动,把他的意志行为、兴趣和激情等等投入这种实体性东西,才能够在其中使他的真实内在的需要得到满足。

虽然精神性东西及其外表的规定性在理想里看起来已经回归单纯的东西,但与进入定在的特殊性直接结合起来的,是**发展**的原则以及各种对立在外部关系中的区别和斗争。这促使我们进一步考察理想的那种内在分化的、处于发展过程中的规定性,即我们通常所说的**行动**(Handlung)。

II. 行动

规定性本身作为理想的规定性具有天使般的上界极乐和温柔纯洁、清静无为的宁静、独立而完满自足的力量的崇高性,以及一切内在的实体性东西的卓越和完满。但内核和精神性也只有表现为积极的运动和展开过程,而展开过程又离不开片面性和分裂。当完满整全的精神分散在它的各种特殊性中,就离开了它的宁静,进入混乱世界的对立中,随之在这种分裂状态中不能逃脱有限事物的不幸和灾难。

[234]

即便多神论的永恒诸神也不是生活在永恒的和平之中。他们拉帮结派,带着相互冲突的激情和目的不断斗争,并且必须服从于命运。基督教的上帝也不得不遭受屈辱的受难,甚至遭受死亡的羞辱,因为不能摆脱灵魂的痛苦而高声呐喊："我的上帝，我的上帝！为什么离弃我？"①他的母亲遭受着同样尖锐的痛苦，而人的生命总的说来是一种充斥着争执、斗争和痛苦的生命。因为真正的伟大和强大是以对立的伟大和强大为标尺，而精神是从对立中整合自身，重新成为内在的统一体；周遭环境愈是严重分裂，矛盾愈是具有破坏性，就愈是凸显出那种在其中坚如磐石的主观性的强度和深度。理念和理想的力量只有在这个展开过程中才保持自身，因为力量仅仅体现为在自身否定中维护自身。

但由于理想的特殊性通过这样的发展过程陷入外部关系中，随之陷入这样一个世界，这个世界不是呈现出概念与它的实在性本身的那种符合理想的、自由的和谐一致，而是呈现出一种本来不应当是这样子的定在，所以我们在考察这个关系的时候必须搞清楚，理想所具有的规定性究竟是本身就直接包含着理念性，还是在某种程度上能够获得理念性。

就此而言，以下三点值得我们注意：[235]

第一，普遍的世界状态，它是个体的行动及其性格的前提；

第二，状态的**特殊性**，这个状态的规定性在那个实体性统一体里面制造出差异和张力，使其成为行动的诱因——即**情境**及其冲突；

第三，主观性方面对情境的理解和反应，由此达到差异的斗争和解决——即真正的**行动**。

1. 普遍的世界状态

理想的主观性作为活生生的主体注定要去行动、推动自身和实现自身，因为它必须实施和完成那种内在于它的东西。为此主观性需要一个环绕的世界，作为其实现活动的一般基础。我们在这个语境下谈到**状态**（Zustand），所指的是现有的普遍存在着的实体性东西，它作为真正的本质，在精神性现实世界的内部统摄着这个世界的全部现象。比如人们可

---

① 参阅《旧约·诗篇》22,1 以及《新约·马可福音》15,34。——译者注

以在这个意义上谈到教育、科学、宗教意识的状态,以及财政、司法、家庭生活和其他社会机构的状态。但所有这些方面实际上只不过是同一个精神和内涵的形式,这个精神和内涵在其中展开自身并实现自身。但在这里更明确地谈到**精神性**现实世界的状态时,我们必须从**意志**的方面去理解这个状态。因为一般而言,精神是通过意志才进入定在,而且现实世界[236] 的直接的实体性纽带有一个特殊的表现方式,通过这个方式,意志的规定、伦理和法律的概念以及我们通常所说的正义才得以实现。

因此问题在于,这个普遍的状态必须具有怎样的性质,才能够表明自己符合理想的个体性。

a. 个体的独立性:英雄时代

由上所述,可以确定如下几点。

α)理想是内在的统一体,不仅是形式上的外在的统一体,而且是内容本身的内在统一体。此前我们已经把这种本身统一的、实体性的自给自足称作理想的完满自足、宁静和极乐。但在当前的层次上,我们希望把这个规定作为**独立性**而加以强调,并且要求普遍的世界状态在独立性的形式中显现出来,以便在自身之内接纳理想的形态。

但"独立性"是一个模棱两可的表述。

αα)因为人们通常把那个基于自身的实体性东西称作绝对独立的东西(就其具有实体性和原因性而言),甚至经常把它称作神性东西和绝对者。但这个东西如果固守于普遍性和实体本身,就不是内在主观的,随之把具体的个体性的特殊方面当作固定的对立面。但这个对立和所有对立一样不具有真正的独立性。

ββ)反过来,人们经常宣称那种仅仅在形式上基于自身的个体性的主观性格具有坚固的独立性。但这种主体并不具有真实的生命内涵,因为这些力量和实体在它之外独自存在着,对它的内在的和外在的定在而[237] 言始终是一个陌生的内容,因此主体是与真正的实体性东西相对立的,随之并不具有充满内容的独立性和自由。

真正的独立性仅仅在于个体性和普遍性的统一和融贯,因为普遍者只有通过个别东西才获得具体的实在性,个别的和特殊的主体也只有在普遍者之内才找到它的现实性的不可动摇的基础和真正的内涵。

γγ)因此对于普遍的世界状态,我们在这里只能这样看待独立性的形式,即实体性的普遍性为了成为独立的东西,必须本身就具有主观性的形态。这里我们可能想到的同一性的最贴切的显现方式,就是思维的显现方式。因为思维一方面是主观的,另一方面作为它的真实活动的产物是普遍者,并且让普遍性和主观性成为一个自由的统一体。但思维的普遍者并不属于美的艺术,更何况在思维那里,特殊的个体性无论是就其自然状态和形态而言,还是就其现实活动而言,与思想的普遍者并非必然协调一致。与此相反,处于具体的现实性中的主体与思维着的主体有一种差异,至少是可能有一种差异。普遍者本身的内涵也面临同样的分化。因为如果说真正的真相在那些思维着的主体那里仅仅有别于主体其余的实在性,那么它在**客观的**现象里作为自为的普遍者已经和其余的定在分离了,并且相对这些定在而言保持着坚固而强大的持存。但在理想里,特殊的个体性恰恰应当与实体性东西保持着牢不可分的协调一致,因此,就理想具有自由和独立性而言,周围世界的状态和关系不可以本身就具有一种本质上的、不依赖于主体和个体的客观性。理想的个体必须是内在完满的,客观东西必须归属于它,而不是脱离主体的个体性去独自运动和独自完成,否则主体相对于已经完结的世界而言就会退缩为一种单纯附属的东西。 [238]

从这个角度看,个体之内的普遍者作为其固有的乃至于最固有的东西必须是现实的,但这个固有方面不是属于一个具有**思想**的主体,而是属于主体的**性格和心灵**。换言之,我们要求普遍者和个体的统一体有别于思维的中介和区分,具有**直接性**的形式,而我们期待的那种独立性应当获得**直接的**独立性的形态。但这就与**偶然性**联系在一起。因为人类生活的普遍者和统摄者在个体的独立性里**仅仅**表现为个体的主观情感、心灵、性格禀赋,而它既然不应当具有别的存在形式,就不得不听命于偶然的意志和现实活动。这样一来,普遍者始终只是这些个体及其感受方式的独特方面,而且它作为个体的特殊方面本身没有力量和必要去实现自身,因此它不是以普遍的、本身已经固定的方式不断地重新实现自身,而是纯粹表现为一个仅仅基于自身的主体的决心和行动,听命于他的偶然的感受、禀赋、力量、才能、计谋和技巧。

我们要求一个状态作为理想的基础和整全的显现方式,而上述偶然性就构成了这个状态的特色。

[239]　　β)为了更清楚地展现上述现实性的特定形态,我们不妨看看那种与之对立的存在方式。

αα)这种存在方式的表现,就是伦理概念、正义及其合乎理性的自由已经在一个**法律**秩序里确立下来并得到认可,这个秩序在外在东西里也作为岿然不动的内在必然性存在着,不依赖于心灵和性格的特殊个体性和主观性。**国家生活**就是这种情形,而它是按照国家的概念显现出来的;因为并非每一个由个体组成的社会团体,并非每一个家长制集团都可以被称作国家。在真正的国家里,发挥作用的是法律、习俗、法权,因为它们构成了自由的普遍的、合乎理性的规定,即便作为一种**普遍的**和抽象的东西,也不受制于偶然的偏好和个别的独特性。人们既然意识到规章制度和法律的普遍性,那么它们即便作为外在的东西,也是现实地作为这个普遍者遵循着它的秩序井然的进程,如果个体企图随意触犯法律,就会遭到公开的暴力和权力的制裁。

ββ)这样一个状态的前提,就是立法知性的普遍性和直接的生命已经出现了分裂。我们这里所说的"生命"是那样一个统一体,在其中,伦理和正义的一切实体性和本质性只有在**个体**那里作为情感和意念才获得现实性,并且只有通过个体才得以实现。在国家的文明状态里,法权和正义、宗教和科学(或至少是为培养宗教心思和科学精神而作出的关怀)都

[240]　属于**公开的**权力,而且是由其主导并加以实施。

γγ)**个别的**个体之所以在国家之内有一席之地,是因为他们必须遵循并且服从现有的这个稳定秩序,这样他们的性格和心灵就不再是伦理

力量的唯一存在，正相反，在真正的国家里，他们的全部特殊的思考方式、主观意见和感受都必须受法律约束，必须与法律协调一致。遵循不依赖于主观随意的国家的客观理性，可以有两种情况：要么是单纯地服从，因为法权、法律和制度作为强大而有效的东西具有强制力；要么是因为对于现有事物的合理性具有了自由的认同和理解，于是主体在客观东西之内重新发现了自己。但即便是这样，个别的个体也是并且始终是无关紧要的，一旦脱离国家的现实性就不再具有任何实体性。因为实体性恰恰不再只是这个或那个**个体**的**特殊**所有物，而是**自为地**在所有方面乃至于最微末的地方都以**普遍的**和**必然的**方式打上自己的烙印。因此个人哪怕是按照整体的利益和进程去实施他们的法律行动和伦理行动，相对于整体而言，他们的意愿和行为和他们自己一样始终只是无关紧要的，仅仅是个别事例。因为他们的行动永远只是个别事件的局部实现，而不是普遍意义上的事件的实现，也就是说，这个行动和事件并没有因此成为法律或作为法律显现出来。反过来，法权和正义是否有效，根本不取决于单纯的个人及其愿望；法权和正义自在且自为地是有效的，即使个人不愿意，它们 ［241］ 也是有效的。诚然，普遍和公开的东西的意图是让每一个人都服从于它，但个别的个体之所以遵从这个意图，却不是因为法权和伦理要经过这人或那人的同意之后才有效；法权和伦理不需要这些个别的同意，它们一旦受到触犯，就实施惩罚。

最后，个别的主体在文明国家里的从属地位还体现在，每一个个体在整体中获得的都只是一个完全特定的、始终受到限制的部分。也就是说，在真正的国家里，为普遍者所做的工作和市民社会里的商业贸易活动一样，是以最精细的方式加以分工的，因此整个国家不是显现为**某一个**个体的具体行动，而且总的说来不可能托付给个体的意愿、力量、胆量、勇气、权力和见识等等，毋宁说，国家生活的无数事务和活动必须交给无数的行动者去实施。比如对于一个犯罪行为的惩罚就不是一个主体的个体的英雄行为和美德行为，而是区分为许多环节，比如对于事实的调查和评估、审判以及判决的执行，而且这些主要环节本身又具有更专门的区别，个人在其中只能做**某一个**方面的工作。因此,法律的实施不是取决于**某一个**个体,而是确定下来的秩序里面的多方合作的结果。除此之外,每一个人都应当把普遍的规则当作自己的行为准绳,他按照这些规则所做的事情也是服从于上级部门的判断和控制。

[242]　　　γ)在上述所有情况下,各种公开的权力在一个具有法律秩序的国家里都不是本身就具有个体的形态,毋宁说,普遍者本身依据它的普遍性行使统治,而个体的生命则是显现为被扬弃的或次要的和无关紧要的。这个状态里面找不到我们要求的那种独立性。正因如此,为了让个体具有自由的形态分化,我们要求相反的状态,在这些状态里,伦理的效力仅仅仰仗于个体,而个体则是出于他们的特殊意志和伟大而强劲的卓越性格把自己放置于他们所处的现实世界的巅峰。于是正义始终是**他们的**最本己的决定,当他们用自己的行动触犯了自在且自为的伦理,也没有公开的权力对他们进行报复而施加惩罚,毋宁说,这时只有一种内在必然性的正义,这种必然性活生生地个体化为特殊的性格、外在的偶然性和处境等等,并且只有在这个形式里才是现实的。这里恰恰体现出**惩罚**(Strafe)与**复仇**(Rache)的区别。法律的惩罚用普遍地确定下来的法权反对犯罪行为,并且借助于它的公开权力的工具亦即法庭和法官(法官作为个人而言同样是无关紧要的)按照普遍的标准来执行。复仇本身也有可能是正义的,但它是基于个人的**主观性**,这些人对已经发生的行为感同身受,然后出于他们自己在思想情感上了解的正义对罪犯的非法行为作出报复。比如俄瑞斯特①的复仇可以说是正义的,但他只是按照他个人的道德准则,而不是按照审判和法权去实施复仇。因此在我们认为艺术必须呈现出的状态里,伦理和正义应当在如下这种意义上完全具有个体的形态,即
[243]　伦理和正义完全依赖于个体,而且只有在个体之内并且通过个体才具有生命力和现实性。但需要指出的是,在有秩序的国家里,人的外在存在

---

①　俄瑞斯特(Orestes)的父亲阿伽门农被妻子克吕泰涅斯特拉杀害。俄瑞斯特为父亲报仇,杀死了自己的母亲。——译者注

是有保障的,他的财产是受到保护的,而且真正说来,他仅仅为了自己和通过自己才具有他的主观的意念和见识。反之在那个无国家的状态里,生命和财产的保障也仅仅依赖于每一个人自己的力量和勇气,每一个人都必须操心如何保障自己的生命,如何维护他所拥有的和应当获得的东西。

这样的状态就是我们通常所说的**英雄时代**。至于这两个状态(文明的国家生活和英雄时代)哪一个是更好的,这里无暇讨论。这里我们只需要讨论艺术的理想,而对于**艺术**而言,普遍性和个体性的分化绝对不能以上述方式出现,尽管这个区别对于精神性定在的其余的现实性而言是必要的。因为艺术及其理想恰恰是一个可直观的、具有形态的普遍者,随之与局部性及其生命力仍然处于直接的统一体之内。

αα)所谓的英雄时代就是这种情况,在这个时代里,希腊人心目中的"美德"(ἀρετή)构成了行动的根据。这里有必要区分希腊人心目中的"美德"(ἀρετή)和罗马人心目中的"美德"(Virtus)。罗马人已经拥有城邦和法律制度,而个人在作为普遍目的的国家面前应当扬弃自身。罗马美德的严肃性和高贵性在于,个人仅仅抽象地作为一个罗马人而存在,他自己的充满活力的主观性仅仅代表着罗马国家,代表着他的祖国及其崇高和强大。反之英雄是这样一些个体,他们承担和实施的全部行动都是从他们的独立的性格和意愿出发,因此当他们实现了正义和伦理,这些东 [244] 西就显现为个体的意念。希腊人的美德就包含着实体性东西和个体性(偏好、冲动、意愿等等)的这个直接的统一体,因此个体性本身就是法律,不需要服从一种本身就存在着的法律、审判和法庭。比如希腊英雄都是在一个尚未制定法律的时代出现的,或者他们本身就是国家的创制者,于是法权和秩序、法律和伦理都是由他们制定的,并且作为与他们密切相关的个人作品得到实现。在这个意义上,赫拉克勒斯已经受到古人赞美,并且被他们看作原初英雄时代的一个理想。他出于自己的意志去维护正义,与自然界和人类中的庞大怪物作斗争,这种自由而独立的美德不是他那个时代的普遍状态,毋宁完全只是他的个人特色。他并不是一个道德

171

意义上的英雄,据说他一夜之间就让忒斯庇俄斯的 50 个女儿怀孕①,而且从奥基阿斯的牛栏这件事来看②,他也不是高尚的。总的说来,他的形象是一个凭借完全独立的强大力量去维护正义的人,而且他是出于自由的选择心甘情愿去做无数艰辛的工作,以实现正义。诚然,他的一部分行为是服从欧律斯透斯③的命令,但这种依赖性只是一个完全抽象的联系,不是一个完全符合法律的固定约束,不足以剥夺他的为了自己而独立地行动着的个体性的力量。

[245] 荷马笔下的英雄也与此类似。他们虽然有一个共同的首领,但他们与首领的联合同样不是一个预先由法律确定下来的,必须去服从的关系;他们是自愿追随阿伽门农,而阿伽门农并不是今天意义上的君主。正因如此,每一位英雄都自有主张,愤怒的阿喀琉斯可以脱离群体独自行动。总的说来,每一位英雄是来还是去,是战斗还是罢兵,都听凭他的心情。古代阿拉伯诗歌里的英雄也具有同样的独立性,不是仅仅作为一个永恒固定的秩序的个别成员而受其约束;此外斐尔都什的《沙赫纳梅》④也给我们展示出类似的形态。在基督教的西方世界里,封建关系和骑士制度是自由的英雄人物和独立的个体的基础。属于这个类型的有圆桌英雄⑤和那些以卡尔大帝⑥为核心的英雄。卡尔和阿伽门农一样都是统帅着一些自由的英雄,而这同样不是一个牢固的关系,因为卡尔必须不断地听取他的领主们的意见,并且无可奈何地看着他们放任自己的激情,哪怕他像

----

① 忒斯皮亚的国王忒斯庇俄斯(Thespios)有 50 个女儿,为了拥有像赫拉克勒斯一样英勇的孙子,他让女儿们陪赫拉克勒斯睡觉并怀孕。——译者注
② 伊利斯的国王奥基阿斯(Augias)让赫拉克勒斯清洗他的极为肮脏的牛栏,但事后不支付承诺的佣金,因此被赫拉克勒斯杀死。——译者注
③ 欧律斯透斯(Eurystheus)是赫拉克勒斯的孪生哥哥,在赫拉的安排下抢先出生而成为迈肯尼的国王和赫拉克勒斯的主人。——译者注
④ 斐尔都什(Firdus,935-1026)是波斯诗人,其创作的叙事诗《沙赫纳梅》(Schah-nameh)是波斯文学的瑰宝。——译者注
⑤ 古不列颠传说中的亚瑟王所统帅的骑士团体。——译者注
⑥ 卡尔大帝(Karl der Große,742-814),法兰克王国加洛林王朝的缔造者。——译者注

奥林波斯山上的朱庇特一样咆哮怒吼,这些领主仍然独立地从事自己的冒险事业,全然不顾他的困境。在熙德那里,我们看到了这种关系的完满写照。熙德也是一个联盟的成员,依赖于一位国王,必须履行他作为领主的义务,但与这个联盟相对立的是荣誉法则,即他自己的统治权,而他的一切斗争都是为了捍卫这种统治权,捍卫卡斯蒂利亚人的高贵和荣耀。在这种情况下,国王也只能听取他的领主们的意见,只有得到他们同意之后才能够作出决定,进行战争;如果领主们不愿意,就不会协同他作战,也不会服从多数人的投票,而是各自按照自己的意志和力量去行动。关于这种无所依赖的独立性,那些在我们看来具有更粗暴的形态的撒拉逊英雄①提供了类似的光辉形象。甚至《列那狐》②也让我们重新看到了一个类似的状态。狮子虽然是主子和国王,但狼和熊等等同样有发言权;列那和别的动物也可以为所欲为;当发生争吵,狡猾的列那就撒个谎溜之大吉,或者在国王和王后那里投其所好,同时中饱私囊,因为它擅长于吹捧主子并骗取其信任。 [246]

ββ)在英雄的状态里,主体和他的全部意愿、行动和成就始终是处于直接的联系中,因此他也必须为这些行动的后果完全负责。反之**我们现代人**在行动或评价行动的时候,要求个体已经意识到和认识到他的行动方式和行动得以实施的背景,这样他才能够为一个行动负责。如果背景的内容有所变化,如果客观性所具有的规定不同于行动者的意识里出现的规定,那么今天的人就不会为他所做的事情完全负责,而是把行为的一部分归咎为不知道或错认了背景,或违背了他的意志等等,这样他就仅仅把他所知道的以及与这个知识相关联的决心和意图算在自己身上。但英雄的性格不会作出这个区分,而是用他的整个个体性为他的整个行为负责。比如俄狄浦斯在祈求神谕的路上遇到一个人,在争吵中杀死了对方。在那个好勇斗狠的年代,这个行为本来不算是什么罪行,因为那个被杀死

---

①　撒拉逊(sarazenisch)是中世纪欧洲人对阿拉伯人的蔑称。——译者注
②　《列那狐》(*Reineke Fuchs*)是歌德创作的一部寓言诗作,描写了一只名叫列那(Reineke)的狡猾狐狸的各种遭遇。——译者注

的人也对俄狄浦斯施加暴力。但死者是他的父亲。俄狄浦斯娶了一位女王,这位女王是他的母亲,而他是在无知的情况下犯了乱伦的罪过。尽管如此,他还是承认全部罪行,把自己作为弑父者和乱伦者加以惩罚,虽然[247] 杀死**父亲**和迎娶**母亲**这两件事情既不是他所知道的,也不是他所愿意的。独立而饱满的、整全的英雄性格不愿意划分责任,也不承认主观意图和客观行为及其后果之间的对立,反之在当今的错综复杂的行动里,每一个人都和别人纠缠不清,尽可能地推诿责任。就此而言,我们现代人的观点是以**道德**为准,因为道德就是把主观的方面——比如对于背景的知识、对于善的信念、内心的意图等等——当作行动的主要环节。但在英雄时代,个体在本质上是单一体,而客观东西作为他的后果是而且永远是归属于他,因此主体认为他所做的事情完全是由他自己做的,愿意对已经发生的事情完全负责。

英雄个体也没有脱离它所隶属的伦理整体,而是意识到自己与整体仅仅处于一个实体性的统一体中。反之**我们现代人**按照我们今天的观念却是作为个人把我们的个人目的和个人关系与总体的目的切割开;个体是作为个人从他的私人性出发为自己做事,因此他仅仅为他自己的行动负责,而不是为他所隶属的实体性整体的行动负责。比如我们把个人和家庭区分开,但英雄时代不会做出这种切割,祖先的罪孽连累到子孙,整个家族都要因为最初犯罪的祖先而遭殃;罪孽和过错的命运代代相传。在我们看来,这种诅咒作为一种违背理性的灾祸是受盲目命运支配的。在我们看来,正如祖先的功绩不能给子孙带来荣耀,前人犯下的罪行和遭受的惩罚也不能连累后人,更不能玷污后人的主观性格;甚至按照今天的[248] 观念,没收家庭财产之类惩罚措施也是对于一种更深刻的主观自由原则的伤害。但在古代的饱满的总体性里,个体不是孤立个别的,而是他的家庭和家族的一个成员。正因如此,家庭的性格、行动和命运始终是每一个成员自己的事务,所以每一个人都不会否认其祖先的行为和命运,而是自愿把这些看作他自己的行为和命运;祖先在他身上活着,因此他的祖先是什么,做了什么或遭受什么,他**就是**什么。我们觉得这种事情太残酷了,但从另一个方面来看,"仅仅为自己负责"和由此赢得的更主观的独立性也仅仅是个人的抽象的独立性;与此相反,英雄的个体性是一种更符合理想的个体性,因为它不满足于自身之内的形式上的自由和无限性,而是与那些让它达到活生生的现实性的精神性关系的全部实体性内容始终保持着直接的同一性。实体性内容在它之内直接是个体的,因此个体本身是实体性的。

γγ)由此也解释了,为什么理想的艺术形态以神话时代,一般而言以更古老的过去时代作为其现实性的最佳土壤。也就是说,如果材料是取自于当代,那么它们在现实中的独特形式从各方面来看都已经是固定下来的,但诗人免不了要对形式加以改造,于是这种改造很容易给人留下矫揉造作和刻意为之的印象。反之过去仅仅属于回忆,而回忆本身已经给性格、事件和行动披上普遍性的纱罩,把特殊的外在事物和偶然的局部情况掩盖起来。一个行动或者一个性格的现实存在包含着许多细枝末节的起中介作用的背景和条件,包含着许多个别的事件和行动,但在回忆的景象中,所有这些偶然事物都烟消云散了。如果行为、事件、性格属于过去的时代,从而摆脱了偶然的外在事物,艺术家在处理局部和个体的时候就可以更自由地运用他的艺术表现方式。虽然艺术家也回忆起历史,必须让相关内容具有普遍者的形态,但正如之前所说,过去的形象作为形象而言其优势在于具有更大的普遍性,与此同时,各种由条件和关系形成的中介线索加上有限世界的全部背景给他提供了手段和立足点,不至于抹杀艺术作品所需要的个体性。进而言之,英雄时代相对于后来的文明时代而言的优势在于,在前者那里,个别的性格和全部个体并不认为伦理和法律之类实体性东西是一种与他们相对立的必然法则,因此诗人信手拈来的正是理想所要求的东西。 [249]

比如莎士比亚的悲剧就是大量取材于编年历史或古代故事,这些历史或故事所叙述的是一个尚未经过分化而形成完整而固定的秩序的状态,在其中,个体的生命在作出决定和实施行为的时候仍然占据主导地位,始终起着决定性的作用。与此相反,他的真正的历史剧却是以单纯外在的历史事件为主要材料,因此远离理想的呈现方式,尽管各种状态和行动在这里也是依附于一些坚强独立的和固执己见的性格。诚然,这些独立的性格绝大多数情况下只是一种形式上的独立自足,反之独立的英雄性格在本质上必须也具有坚实的**内容**,而他们的目的就是要实现这些内容。

[250]

最后这一点也反驳了那样一个观念,即认为**田园诗**的情景最适合成为理想的普遍土壤,因为在这个状态中,自为的规律性和必然性尚未与活生生的个体性发生分裂。但是,无论田园诗的情景是多么单纯和原始,无论它是如何刻意洗刷精神性定在的有教养的散文气,这种单纯性从另一个方面来看就其**真正的**内涵而言令人毫无兴趣,根本没有资格成为理想的真正的根据和土壤。因为这片土壤没有英雄性格、祖国、伦理、家庭等最重要的动机及其发展过程,反而把整个核心内容限定于一只羊的丢失或一个小姑娘的恋爱之类事情。因此田园诗经常被当作心灵的一种逃避和消遣,而格斯纳①等人还给它们添加了一种甜蜜而松弛的情调。此外我们当代的田园状态还有一个缺点,即这种单纯性,这种乡村家庭中的恋爱或在草地上喝一杯美味咖啡的感受同样是无聊透顶的,因为这种乡村牧师生活完全脱离了那些更具有内涵的目的和关系,与之没有任何深刻的联系。因此从这一点来看,歌德的天才也是令人赞叹的,他的《赫尔曼和窦绿苔》虽然也是聚焦于类似的领域,在当代的生活中抓住一种很狭隘的特殊性,但仅仅把它当作一系列事件的背景和气氛,以烘托出革命和他的祖国的重大关切,并且把本身狭隘的材料和那些最为壮阔而重要的世界大事联系在一起。

[251]

总的说来,理想并不排斥灾祸和罪恶、战争、屠杀、复仇之类东西,正相反,英雄时代和神话时代愈是远离法律秩序和伦理秩序,其内容和土壤就愈是以一种残忍而粗野的形态出现。比如在那些叙述骑士的冒险故事里,骑士们四处奔波,本意是要铲除罪恶和祸害,但他们自己也

---

① 格斯纳(Salomon Geßner,1730-1788),瑞士诗人和画家。——原编者注

经常做些野蛮粗俗的事情，而按照同样的道理，殉道者的宗教式英雄气概也以这种野蛮而残忍的状态为前提。尽管如此，基督教的理想在整体上是立足于内心的真挚深沉，因此对于外在世界的各种关系是漠不关心的。

　　既然更理想的世界状态主要是符合一些特定的时代，那么艺术在呈现其中的形象时，主要也是挑选一个特定的阶层——**王公贵族**的阶层。这不是出于精英气质和对于高贵者的偏爱，而是基于意志和生产活动的完满自由，而这种自由是在王公贵族的观念里得以实现。比如我们发现，古代悲剧里的合唱队是各种意念、观念和感受方式的与个体性无关的普遍基础，由此展现出特定的行动。然后这个基础上才凸显出行动者的个体性格，而行动者都是属于民众的统治者或国王家族。反之我们发现，低级阶层的人物形象都是在狭隘的范围内采取行动，表现出受到压迫的样子；因为在文明的状态里，他们实际上从所有方面来看都是有所依赖的、[252]
受到压迫的，他们的激情和兴趣是很狭隘的，受制于外在的必然性，因为他们后面屹立着市民秩序的不可动摇的力量，他们不能与之对抗，必须忍受主人的具有法律效力的专横意志。因此这个范围内的状态和性格更适合于一般意义上的滑稽戏和喜剧。因为在喜剧里，个体有权利随心所欲地吹捧自己；他们可以用自己的意愿、意见和观念为自己营造出一种独立性，但这种独立性通过他们本身和他们的内在的和外在的依赖性立即又被摧毁了。总的说来，个体的外在关系和卑微地位本身就戳破了这种虚张声势的独立自足。这些关系的压力对于低级阶层而言比起对于统治者和王公贵族而言要大得多。在席勒的《墨西拿的新娘》里，堂·塞萨可以理直气壮地说："没有高于我的法官。"当他愿意受到惩罚的时候，他必须亲自作出判决并亲自执行。因为他不需要遵守法权和法律的外在必然性，因此在涉及惩罚的时候也仅仅依赖于他自己。莎士比亚笔下的人物形象虽然并非全都属于王公贵族的阶层，有些是基于历史而非基于神话，但他们都是处于礼崩乐坏的内战时代，因此重新获得了我们所要求的那种非依赖性和独立性。

[253]　　b. 当前的散文气状态

当我们按照以上指出的所有方面审视我们当前的世界状态及其文明的法律关系、道德关系、政治关系，就会发现在当今的现实世界里，适合于理想形态的范围是很狭窄的。因为无论在数量上还是在广度上，可以为独立的特殊决断提供自由空间的领域都太稀缺了。从这个角度看，家长制度和正派作风，良夫贤妻的理想——他们的意愿和行动限定于人作为个体的主体仍然可以发挥自由作用的层面，亦即在这个层面里，人按照他的个体意愿是他所是的人，做他所做的事情——构成了最主要的素材。但这些理想同样缺乏更深刻的内涵，因此真正最重要的始终只是主观方面的**意念**（Gesinnung）。客观的内容已经是由现有的固定关系给定的，因此内容在个体及其**内在的主观性**、道德性等等那里的显现方式必须保持为最本质的兴趣。反过来，如果仍然企图把法官或君主之类树立为我们当代的理想，这就是不合时宜的了。当一位法务人员按照他的部门和义务所要求的去行动，这只不过是尽了法权和法律所颁布的符合秩序的特定职责；至于这些国家公务人员的个性表现，比如举止温和、机敏能干等等，并不是主要事务或实体性内容，而是无关紧要的附带现象。同样，我们这个时代的君主不再像神话时代的英雄那样是整体的一个内在**具体的**巅峰，而是那些本身已经成型的、通过法律和制度固定下来的机构内部的

[254]　　一个或多或少抽象的中心点。我们这个时代的君主已经放弃了最重要的执政行动；他们说的话不再是法律，财政、市民秩序和防务不再是他们自己的专门事务，战争与和平是由普遍的外交政治关系决定的，不取决于他们自己的领导和力量；虽然他们在所有这些情况下都有权作出最终的、最高的决断，但这些决断的真正内容在整体上却不是取决于他们的本身已经固定的意志，因此对于普遍的公众事务而言，君主自己的主观意志仅仅在形式上处于巅峰。同理，我们这个时代的将军或统帅虽然具有很大的权力，掌握着最根本的目的和利益，必须依靠他的见识、勇气、决心和精神对最重要的事情作出决断，但在这个决断里，只有很少一部分归功于他的主观性格或个人特征。因为一方面看来，他的目的是给定的，不是起源于

他的个体性,而是起源于那些位于他的权力范围之外的关系;另一方面看来,他为了达到这些目的而凭借的手段也不是他自己制造出来的;正相反,这些手段是别人为他制造出来的,因为手段并非从属于他或听从于他的个人性格,它们的地位和这种军事上的个体性毫不相干。

因此总的说来,在我们当前的世界状态里,虽然主体确实是从自身出发采取各种行动,但每一个人无论如何折腾,都隶属于一个现有的社会秩序,而且不是显现为这个社会的独立的、同时具有总体意义和个体意义的活生生的形态,而是仅仅显现为社会的一个有限环节。正因如此,他只能 [255] 带着社会的约束去行动,这样一个形态及其目的和活动的内涵只能在极为局部的地方让我们感兴趣。最终说来,这种兴趣仅限于知道这个个体有什么遭遇,他是否幸运地达到自己的目的,他遭遇到哪些障碍和困难,这些障碍和困难究竟是偶然的还是必然的,对结局是造成阻碍作用还是促进作用,如此等等。虽然现代的个人在他们的心灵和性格里认为自己作为主体是无限的,并且在他们的活动和经历中也体现出法权、法律和道德等等,但法权在个人身上的定在和这个人本身一样是有限的,不像在真正的英雄状态里是法权、伦理和法律的一般意义上的定在。现今的个人不再像在英雄时代一样是这些力量的承载者和唯一的现实性。

c. 个体独立性的重建

虽然我们承认上述状态的本质性和发展过程在文明的市民生活和政治生活里是有益的和合乎理性的,但我们不可能、也永远不会放弃对于一种现实的个体总体性和活生生的独立性的关切和需要。在这个意义上,我们不得不赞叹席勒和歌德青年时期的诗歌精神的尝试,即试图在近代的现有关系内部重新挖掘出人物形象的已经丧失的独立性。但席勒在他的早期作品里是如何作出这个尝试的呢? 仅仅通过对于整个市民社会的反抗。卡尔·莫尔受到现有秩序和那些滥用职权的人的伤害之后,就不再遵守法律秩序,而当他敢于打破那些束缚着他的枷锁,就亲自创造出一 [256] 个英雄状态,成为法权的重建者,单枪匹马报复一切非正义的冤屈和压迫。但一方面,这种私人报复由于缺乏必要的手段,所以必定是零敲碎打,另一方面,这种私人报复只能导致违法犯罪,因为它本身包含着它原本想要摧毁的非正义。对于卡尔·莫尔本人而言,这是一种不幸,一种过错,这种强盗理想虽然带有悲剧色彩,但只能吸引小孩子。同样,《阴谋与爱情》里的个体也是在受压迫的恶劣关系里因为微不足道的个性和激情而痛苦不已。只有在《斐耶斯科》和《堂·卡洛斯》里,主角的形象才显得比较崇高,因为他们的目的包含着一种实体性内涵,希望解放自己的祖国并维护宗教信念的自由,而他们是因此才成为英雄。更高一层的是掌握军权并控制着各种政治关系的华伦斯坦。他清楚地认识到这些政治关系的威力,甚至他所仰仗的军队也是依赖于从,因此他很长一段时间都是在意志和义务之间动摇不定。但他一旦作出决定,就发现他一直以来信赖的手段脱离了他的控制,他的工具破碎了。因为最终把士兵和将军维系在一起的,不是他们因为从他手里得到奖赏而表达出的感恩之心,不是他的统帅荣誉,而是他们对于得到普遍承认的权力和政府而承担的义务,他们对国家领袖亦即奥匈帝国的皇帝立下的誓言。华伦斯坦最终发现自

[257] 己处于孤苦伶仃的境地,但不是因为被一种对立的外在力量打败,而是因为失去了一切用于达到目的的手段;被军队抛弃之后,他就一无所有了。歌德的《葛兹》采用了一个类似的、但刚好相反的出发点。葛兹和弗兰茨·冯·济金根的时代是一段有趣的时期,恰逢骑士制度及其独立的贵族个体由于新产生的客观秩序和法律制度而走向覆灭。歌德的卓越见识在于第一个选取了中世纪英雄时代和遵循法律的现代生活之间的碰撞和冲突作为题材。因为葛兹和济金根仍然是英雄,他们希望凭借自己的人格性、勇气和天然正义感去独立地掌控或远或近的各种状态;但事物的新秩序导致葛兹走向非正义和覆灭。因为只有中世纪的骑士制度和封建关系才是这种独立性的真正土壤。——当法律秩序在其散文形态中完全成型并成为超级势力,骑士个体的莽撞的独立性就没有用武之地,而如果他们仍然坚持认为自己是唯一发挥作用的,并且本着骑士精神去匡扶正义和救助被压迫者,就变得非常可笑,如同塞万提斯描写的堂·吉诃德

那样。

当谈到各种世界观的对立以及这些冲突内部的行动，我们就已经达到所谓的**情境**（Situation），即普遍的世界状态的具体规定性和具体差异性。

2. 情境

艺术区别于散文气的现实性的地方在于应当呈现出理想的世界状态，而按照迄今的考察，这个理想的世界状态仅仅构成了一般意义上的精神性定在，从而仅仅构成了个体形态的**可能性**，并未构成这个形态本身。　[258]因此我们当时所面对的仅仅是艺术的活生生的个体能够在其上出现的普遍根据和土壤。这个根据虽然孕育了很多个体，并且是立足于他们的独立性，但它作为**普遍的状态**，还没有体现出个体的发挥着活生生作用的积极活动——正如艺术修建的庙宇还不是神本身的个体呈现，毋宁仅仅包含着这种呈现的萌芽。正因如此，我们必须首先把那个世界状态看作一个本身静止不动的东西，看作那些统治着它的力量的和谐，就此而言看作一种实体性的、均匀地发挥作用的持存，但不能把这种持存理解为所谓的纯洁无辜的状态。因为在这个状态的各种伦理力量里，严重的分裂只不过是沉睡着而已，我们起初**观察**到的仅仅是它的实体性统一体这个方面，也就是说，个体性仅仅按照普遍的方式存在着，并没有确立自己的规定性，而是悄无声息地重新消逝。但个体性在本质上具有规定性，理想也应当作为**特定的形态**出现在我们面前，因此理想不能仅仅保持在它的普遍性中，而是必须通过特殊的方式表现出普遍者，从而给予普遍者以定在和现象。从这一点来看，艺术不能只描绘一个**普遍的**世界状态，而是必须从这个无规定的观念推进到**特定的**性格和行动的形象。

因此从**个体**的方面来看，虽然普遍的状态是一个现成的土壤，但这个土壤分化为许多特殊状态，并且伴随着这种特殊化走向冲突和纠纷，促使　[259]个体表现出自身的**本质**，成为特定的形态。反之从世界状态的方面来看，个体的这种自身表现虽然意味着普遍性转变为一种活生生的特殊化和个别性,但与此同时,**普遍的力量**在这种规定性里仍然占据**统治地位**。因为特定的理想在本质上是把那些统治着世界的永恒力量当作它的实体性内涵。但如果只是符合现状,这种形式或存在方式就配不上这个内涵。因为所谓符合现状,一方面是指把习惯当作形式——但习惯并不符合那些最深刻的旨趣的精神性**自觉**本性,另一方面是指把个体的**偶然性和随意性**当作形式,让那些旨趣通过个体的自主活动出现于生活中——但无关本质的偶然性和随意性同样不符合实体性的普遍性,并未构成本身真实的事物的概念。正因如此,我们必须为理想的具体内涵寻找一个更明确的、同时又更有价值的艺术现象。

普遍的力量在其**定在**中只有通过如下情况才能够获得这个新的形态,也就是说,它们在自己的本质上的区别和运动中显现出来,或更确切地说,在它们的相互对立中显现出来。当普遍者在这种情况下过渡到特殊性,特殊性就包含着两个值得注意的环节:首先是**实体**,即普遍力量的总体,通过这些力量的特殊化,实体分裂为许多独立的部分;其次是**个体**,他们作为这些力量的积极实施者而出现,并且给予这些力量以个体的形态。

[260] 当起初与个体和谐一致的世界状态过渡到区别和对立,这些区别和对立就其与世界状态的关系而言,就是世界状态本身具有的**本质性内涵**的显露,反过来,世界状态所包含的实体性普遍者是以**这种方式**推进到特殊性和个别性,即这个普遍者让**自己**成为定在,因为它虽然给予自己以偶然性、分化和分裂的映象,但由于它是让**自己**显现出来,所以又消灭了这个映象。

进而言之,这些力量的分道扬镳以及它们在个体那里的自身实现只能在特定的状况和状态下发生,只有在这些状况和状态下并且作为这些状况和状态,整个现象才显露于定在,换言之,这些状况和状态构成了上述自身实现的动因。这些状态本身是平淡无奇的,只有在与人的关系中才获得意义,因为那些精神性力量的内容应当通过人的自我意识转化为现象。因此从根本上看,我们只能依据这个关系去把握外在状况,因为它们的重要性仅仅取决于它们**对精神而言**是什么,也就是说,它们必须受控于个体,从而让内在的精神性需要、目的、意念乃至于全部个体形态的特定本质达到存在。作为这个进一步的动因,特定的状况和状态构成了**情境**,而对于真正的自身表现和行动而言,情境是所有那些以未展开的方式隐藏在普遍的世界状态里的东西的更为特殊的前提,因此我们在考察真正的行动之前,必须先确定情境的概念。

一般而言,情境一方面是普遍状态由于**局部化**而具有的**规定性**,另一方面在这个规定性里同时是内容的特定表现的诱因,使内容通过艺术的呈现进入定在。主要从后面这一点来看,情境提供了一个开阔的视野,因 [261]为一直以来艺术最重要的方面就是找到一些有趣的情境,即那些显现出精神的深刻重要的旨趣和真实的内涵的情境。这一点对于不同的艺术提出了不同的要求;比如在表现情境的内在杂多性的时候,雕塑受到许多限制,绘画和音乐相对而言比较宽广和自由,而诗歌是最为得心应手的。

也就是说,**第一**,情境在推进到内在的规定性之前,仍然具有**普遍性**以及**无规定性**的形式,以至于我们首先面对的仅仅是一种仿佛**无情境**的情境。因为无规定性的形式本身仅仅是**一个**与另一个形式亦即规定性的形式相对立的形式,从而本身表现为一种片面性和规定性。

第二,情境摆脱这种普遍性并发生特殊化,成为真正的、但起初**相安无事**的规定性,这种规定性尚未导致**对立**及其必然的解决。

第三,**分裂**及其规定性最终构成了情境的本质,于是情境成为**冲突**,冲突又导致反作用,就此而言构成了真正的行动的出发点和过渡。

简言之,情境是介于普遍的、内在静止不动的世界状态和通过作用和反作用而体现出来的具体行动之间的**中间层次**,因此它必须不但呈现出两端的性格,而且带领我们从一端过渡到另一端。

a. 无情境 [262]
艺术的理念既然应当让普遍的世界状态显现出来,这个状态的形式就不但是个体的独立性,而且是内在的本质上的独立性。单就其自身而言,独立性无非是一种稳妥的、严峻宁静的独立自足。因此特定的形态尚未走出自身并与别的东西发生关系,而是保持着自身统一,从内到外都是封闭着的。比如我们在艺术起源时期的古代庙宇神像那里就看到这种无情境,而且后世一直都在模仿这类神像的特性,模仿那种深沉而岿然不同的严肃,那种最宁静的、近似于严峻却又宏伟的崇高。比如埃及雕塑和最早的希腊雕塑就让我们看到这样的无情境。在基督教的造型艺术里,尤其在一些半身雕像里,圣父或基督也是这样表现的;总的说来,当神性东西的固定的实体性被理解为特定的、特殊的神或内在绝对的人格性,就适合这种呈现方式,但中世纪的肖像画本身缺乏一些能够凸显出个体性格的特定情境,只愿意表现出特定的和固定的性格的整体。

b. 相安无事的特定情境

情境既然一般地包含在**规定性**之内,第二步就是要摆脱这种寂静或极乐的宁静,或者说摆脱独立性本身具有的那种从头至尾的刻板和威严。无情境的东西和那些从内到外都静止不动的形态必须让自己运动起来,必须放弃它们的纯粹的单纯性。当它们在一个特殊的表现里以更具体的方式展现自身,这时虽然是一个特定的情境,但这个情境在本质上并没有包含着差异和冲突。

[263]

就此而言,这种起初个体化的表现没有带来任何后果,因为它并没有让自己和别的东西形成尖锐对立,从而不可能导致反作用,而是无拘无束的本身就已经达到完满。属于这类情况是那样一些情境,它们在整体上必须被看作一种游戏,因为其中发生的事情和所做的事情不具有真正的严肃性。换言之,活动和行动的严肃性只有通过对立和矛盾才显露出来,其中一方必须遭到扬弃或被打败。正因如此,这些情境本身既不是行动,也不是行动的诱因,毋宁要么是一些特定的、但内在地完全单纯的状态,要么是一种没有根本目的和严肃目的,既不是产生于冲突,也不可能导致冲突的活动。

α）从这一点来看，随后就是从宁静的无情境过渡到运动和表现，无论这是一种纯粹机械的运动，还是某一种内在需要的最初的躁动和满足。比如埃及人的雕像把诸神呈现为双腿并在一起，头颅不动，手臂紧贴着身体，反之希腊人却是让手臂和腿脚不再紧贴身体，并且让身体具有一种行走的姿势，总之是一种内在杂多的、运动的姿势。按照希腊人的理解，诸神的单纯状态应当是躺卧、端坐、宁静地眺望等等；这些状态一方面让独立的诸神形态具有一个规定性，另一方面又不让这个规定性陷入进一步的关系和对立，而是始终封闭在自身之内，悠闲自得。这类最单纯的情境主要是属于雕塑，而且古人尤其擅长于发明出这类无拘无束的状态。这里同样体现出古人的卓越洞见；因为他们通过让特定的情境变得无关紧要而更明确地凸显出理想的崇高性和独立性，并且通过相安无事的、无关紧要的行动和不行动让我们更明确地直观到永恒诸神的极乐的、宁静的寂寥和恒定性。在这种情况下，情境仅仅一般地表现出一位神或英雄的特殊性格，但并没有让他与别的神发生关系，更没有让他处于敌对和分裂之中。　［264］

β）接下来，当情境暗示出一个特殊目的在其自身之内的实现或一种与外在事物有关系的活动，并且在这样的规定性内部表现出一种本身独立的内涵，它就过渡到规定性。这些表现同样没有损害形态的宁静和明朗极乐，毋宁仅仅显现为这种明朗状态的一个后果和特定方式。希腊人在这方面的发明也是带有极为深远的丰富意义。情境要做到无拘无束，就不能包含着一种看起来仅仅是行为开端的活动，仿佛由此必定会产生出进一步的纠纷和对立，毋宁说，整个规定性在这个活动中必须完全表现出来。比如人们这样理解贝尔维德雷的阿波罗①的情境，即阿波罗用箭射杀巨蟒皮同之后，以胜利者的姿态雄起起气昂昂地迈步前进。这个情境不再具有早期希腊雕塑的那种宏伟的单纯性，不像它们那样通过无关

---

①　梵蒂冈博物馆最珍贵的藏品之一，为希腊原件，上面有公元1世纪的希腊艺术家阿波罗尼奥的签名。据说米开朗基罗曾经反复研究过这件作品。——译者注

[265] 紧要的外在情况表现出诸神的宁静和天真：比如维纳斯在出浴的时候意识到自己的魅力，静静地眺望远方；法努恩和萨提尔①处于嬉戏的情境，这些情境作为情境而言不应当、也不愿意具有更多的意味；比如萨提尔把年幼的巴库斯②抱在怀里，带着无比甜蜜和优雅的微笑凝视着他；阿莫尔③在进行着最为繁多的类似的无拘无束的活动——这一切都是上述情境的例子。反之如果是一些更具体的活动，那么至少对于把希腊诸神呈现为独立力量的雕塑而言，这种更复杂的情境就不太符合目的了，因为在这种情况下，个体的神由于繁多的特定活动就不能够把他们的纯粹普遍性完全显露出来。比如皮加勒④的墨丘利像（作为路易十五的礼物陈列于无忧宫）呈现的是这位神正在系紧飞靴的鞋带。这是一个完全无关痛痒的活动。反之托瓦尔森⑤的墨丘利像包含着一个对雕塑而言太过于复杂的情境：也就是说，墨丘利一边放下笛子听着玛尔斯亚斯⑥演奏，一边狡诈地瞄着杀死对方的机会，同时悄悄把手伸向暗藏着的匕首。反过来，以最近的一件艺术作品为例，鲁道夫·沙朵⑦的系鞋带的少女像虽然和墨丘利在做同样的事情，但这个平淡无奇的情境却不能像一位神呈现出的无拘无束那样引人入胜。这位少女在系鞋带的时候无非就是在系鞋带，而这个行为本身是无意义的、无关紧要的。

γ）由此得出第三个结论，即特定的情境通常可以被看作一个单纯外在的、比较明确或不太明确的诱因，这个诱因仅仅为另外一些在某种程度上与之联系在一起的表现提供**契机**。比如许多抒情诗就具有这种契机式的情境。一个特殊的心情和感受就是一个情境，它可以通过诗人而被意

---

① 二者皆为希腊神话中的牧神，酒神巴库斯（狄奥尼索斯）的随从，其形象通常为半人半羊。——译者注

② 巴库斯（Bacchus）是狄奥尼索斯的另一个名字。——译者注

③ 阿莫尔（Amor），希腊神话中的小爱神。——译者注

④ 皮加勒（Jean-Baptiste Pigalle，1714-1785），法国雕塑家。——译者注

⑤ 托瓦尔森（Bertel Thorwaldsen，1770-1844），丹麦雕塑家。——译者注

⑥ 玛尔斯亚斯（Marsyas），希腊神话中一位擅长吹笛的林神，因为和墨丘利（赫尔墨斯）比赛吹笛，失败之后被杀和剥皮。——译者注

⑦ 鲁道夫·沙朵（Rudolf Schadow，1786-1822），德国雕塑家。——译者注

识到和把握住,并且与庆典、胜利之类外在背景联系在一起,催生出这样 [266]
那样的比较宽泛或比较狭隘的表现和一些涉及情感和观念的形态。在最
高的字面意义上,品达的颂歌就是这样的应景之作。歌德也把这种类型
的许多抒情式情境当作素材;在宽泛的意义上,人们甚至可以把他的《少
年维特之烦恼》称作应景之作,因为歌德通过这部作品把他自己内心里
的悲伤和折磨,把他自己的心事加工为艺术作品,因为所有抒情诗人都是
在宣泄自己的心情,说出他们作为主体而感受到的东西。通过这个方式,
原来闷在内心里的东西就被释放出来,成为外在的客体,人也得到了解
脱,正如泪水总是能够缓解痛苦。歌德亲口说过,他通过创作《维特》摆
脱了他所描述的那种内心痛苦和重负。尽管如此,这部作品呈现出的情
境不属于我们现在讨论的这个层次,因为它所掌握和展开的是一些最为
深刻的对立。

一方面看来,这种抒情式情境确实可以表现出一个客观的状态,一个
与外在世界有关的活动,但另一方面看来,心灵本身必须摆脱一切外在的
联系,返回到自身之内,并且把它内心里的状态和感受当作出发点。

c. 冲突

正如我们已经指出的,迄今考察过的所有这些情境本身既不是行动,
也不是真正的行动的诱因。它们的规定性在某种程度上始终是一个单纯
契机式的状态或一个本身无关紧要的活动,在其中,一个实体性内涵是以
这种**方式**表现出来的,即规定性仿佛是一个无关痛痒的游戏,不值得真正 [267]
严肃对待。特殊的情境只有在这种情况下才开始具有严肃性和重要性,
即规定性作为本质上的差异显露出来,并且在与别的东西的对立中造成
了冲突。

从这个角度看,冲突的根据是一种**损害**,但这种损害不能永远保持为
损害,而是必须被扬弃;这是原本相安无事的状态的一个变化,而这个变
化本身又必须发生变化。虽然冲突揭示出的对立可能是一个早先的行动
的结果,但冲突本身却不是**行动**,而是仅仅包含着一个行动的开端和前

187

提,从而作为单纯的诱因保留了情境的特性。比如古人的三联剧就是在这种意义上层层递进,即第一部戏剧的结局导致第二部戏剧的冲突,然后这个冲突必须在第三部戏剧里得到解决。既然冲突总是需要得到解决,作为对立双方的斗争的结果,所以充满冲突的情境主要是戏剧艺术的对象,因为戏剧艺术可以呈现出美好事物的最完整和最深刻的发展过程。相比之下,雕塑就不可能完整地表现出精神性力量如何通过一个行动而走向分裂并达到和解,至于绘画虽然拥有更为开阔的施展余地,但也始终只能把行动的一个环节呈现于我们眼前。

尽管如此,这些严峻的情境本身就带来一个包含在它们的概念中的独特困难。它们立足于损害,而它们制造出的那些关系不可能持续存在,而是需要一个导致形态发生转化的助力。但美的理想恰恰是在于它的纯

[268] 粹的统一性、宁静和内在的完满。冲突打乱了这种和谐一致,把内在统一的理想设定在分歧和对立中。因此对于这种损害的呈现也损害了理想本身,而艺术在这里的任务只能是一方面让自由的美在这种差异中不至于走向毁灭,另一方面表明分裂和连带的斗争只是暂时的,这样才能够通过冲突的消解得出作为结果的和谐一致,并通过这个方式展示出和谐一致的完整本质性。至于分歧应当达到何种程度,对此根本没有什么普遍的规定,因为每一门特殊的艺术在这种情况下都是遵循它自己的特性。比如内在的观念远远比直接的直观更能够接受分裂。因此诗歌的优势在于,它既能够呈现出内心里的极端绝望的折磨,也能够呈现出外表的单纯丑陋。但在造型艺术里,在绘画尤其是雕塑里,外部形态是固定不变的,不可能又被推翻或者像音乐的音调一样转瞬即逝。这里如果找不到消除丑陋的办法就单纯将其固定下来,只会让人反感。就此而言,戏剧诗的题材并非全都适用于造型艺术,因为戏剧诗可以让一切东西如过眼云烟般稍纵即逝。

至于冲突的更具体的类型,这里只需提出几个最普遍的视角。因此我们必须从三个主要方面去考察:

第一,纯粹物理的、**自然的**状态造成的冲突,这些状态本身是某种否

定的、糟糕的、因而带来危害的东西;

第二,基于**自然禀赋**的精神性冲突,这些自然禀赋虽然本身是肯定的,但对于精神而言包含着差异和对立的可能性;

第三,**精神性差异**造成的分裂,只有它们可以作为真正令人感兴趣的 [269]对立出现,因为它们起源于人**自己的行为**。

α)第一种冲突只能作为单纯的诱因发挥作用,因为这里只有**外在的**自然界及其带来疾病、灾祸和缺陷的状况,这些状况破坏了生命原本的和谐一致,导致差异。自在且自为地看来,这样的冲突是索然无味的,其之所以成为艺术的题材,仅仅因为分裂可以作为自然灾厄的**后果**发展出来。比如欧里庇得斯的《阿尔刻斯提斯》——格鲁克①的《阿尔刻斯提斯》也是取材于此——就是以阿德墨托斯的疾病为前提。疾病本身不足以成为真正的艺术的对象,欧里庇得斯之所以采用它,目的也只是由此为某些个体制造出进一步的冲突。根据神谕,阿德墨托斯是必死的,除非另外有人代替他进入阴间。阿尔刻斯提斯决定牺牲自己,以她的死去换取她的丈夫、她的儿女的父亲和她的国王的生命。索福克勒斯《斐洛克特》里的冲突也是基于一种自然灾厄。希腊人在远征特洛伊的途中把斐洛克特遗弃于利姆诺斯岛,因为他在克里萨被一条毒蛇咬伤了脚。在这里,自然灾厄同样只是进一步冲突的最初触发点和诱因。因为根据预言,只有当攻城部队拿到赫拉克勒斯的箭,特洛伊城才会陷落,但斐洛克特拒绝把这些箭交给他们,理由是他们不讲道义,让他独自遭受 9 年的痛苦折磨。这个拒绝及其原因(联军的不讲道义的行为)当然可以通过另外许多方式表现出来,但真正的兴趣并不在于疾病及其带来的自然痛苦,而是在于斐洛克 [270]特决定不交出神箭而造成的对立。希腊军营里的瘟疫也是类似的情形,因为它本身已经被呈现为之前的损害行为的一个后果,是一种惩罚,而总的说来,叙事诗比戏剧诗更适合通过风暴、沉船、大旱之类自然灾害去表现冲突和阻碍。一般而言,艺术并不把这样的灾祸呈现为单纯的偶然事

---

① 格鲁克(Christoph Willibald von Gluck,1714-1787),德国作曲家。——译者注

件,而是呈现为一种必然的阻碍和不幸,这种阻碍和不幸只能具有这个形态而非别的形态。

β)其次,外在的自然力量本身在精神性东西的旨趣和对立里不是本质性的,因此它只有与一些精神性关系结合起来才作为一个基础而出现,在这个基础之上,真正的冲突走向决裂和分裂。所有以自然的**出身**为基础的冲突都属于这个类型。这里我们可以大致区分出三种更具体的情况。

αα)**第一**,那些与自然界密切相关的**权利**,比如亲属关系、继承权等等,正因为与**自然性**相结合,所以可能包含着**多个**自然规定,但权利这件事情本身是**唯一的**。这方面最重要的例子是王位继承权。这个权利作为潜在冲突的诱因不一定是明确规定下来的,因为否则的话,冲突的性质就变了。也就是说,如果实定的法律及其代表的秩序还没有确定继承权,那么无论是兄长还是弟弟或别的王室亲戚继位,本身都不应当被看作违法的。但由于统治权是某种质,不像金钱财物那样是某种就其本性而言可[271]以完全公平地加以分配的量,所以这样的继承权立即导致争执和冲突。比如俄狄浦斯就留下了一个没有规定统治权的王位,因此他的两个儿子,忒拜王国的俩兄弟,都享有同样的权利和诉求;虽然俩兄弟约定每年轮流执政,但厄特克勒斯打破了誓约,于是波吕尼刻斯为了捍卫自己的权利,就背叛了忒拜。总的说来,兄弟之间的仇恨是一种贯穿着所有时代的艺术的冲突,从该隐谋杀亚伯①就开始了。在波斯的第一部英雄史诗《沙赫纳梅》里,争夺王位也是各种冲突的出发点。斐里都把土地分给他的三个兄弟:塞尔姆获得鲁姆和夏维尔,图尔获得图兰和德金,伊雷奇则是统治伊朗;但每一个人都觊觎别人的土地,由此导致无尽的分裂和战争。在基督教的中世纪,家族和王朝里的纷争故事也是不胜枚举的。但这样的纷争本身显现为偶然的,因为自在且自为地看来,兄弟之间并非必然陷入

① 据《旧约·创世记》4,4—8,该隐因为嫉妒自己的弟弟亚伯而将其杀死。——译者注

仇恨，毋宁说，必须还有一些特殊的背景和更重大的原因，比如俄狄浦斯的两个儿子的出生本身就是不祥之兆，或者像《墨西拿的新娘》所尝试的那样，把兄弟之间的争执归结为一种更崇高的命运。莎士比亚的《麦克白》也是以类似的冲突为基础。邓肯是国王，麦克白是他的最近且最年长的亲属，因此比邓肯的儿子更有权利继承王位。但邓肯没有公正地对待麦克白，而是指定自己的儿子为王位继承者，这件事情就是麦克白的罪行的最初诱因。在真实的历史记载里，麦克白的行为是可以辩护的，但莎士比亚对此完全置之不理，因为他的目的只在于展示麦克白的残暴激情，以此讨好英国国王雅各布①，因为后者希望看到麦克白被写成一个罪犯。[272]但按照莎士比亚的处理方式，就不能解释为什么麦克白没有一并除掉邓肯的儿子，反而任凭他们逃走，而且没有一位贵族提醒他这件事情。不过话说回来，《麦克白》所涉及的整个冲突已经超出了这里应当讨论的情境的范围。

ββ）**第二**，这类冲突还有相反的情况，即出身的区别不但本身包含着一种**不公正**，而且通过**伦常习俗或法律**成为一个不可逾越的**限制**，以至于仿佛是一种天经地义的不公正，从而导致冲突。许多国家里面的奴隶制、农奴制、种姓区别和犹太人的地位，在某种意义上还有贵族出身和市民出身的对立，都可以被算作这类冲突。这里的冲突在于，人享有各种权利、地位、希望、目的和他按照人的概念应当享有的其他事物，但刚才提到的某一种出身的区别却作为自然力量阻碍和威胁着这些事物。关于这类冲突，需要指出以下情况。

不可否认，统治者和被统治者的等级区别之类东西是本质性的、合乎理性的，因为它们是基于整个国家生活的必然的组织结构，并通过特定类型的职业、方向、思维方式和全部精神文化在所有方面发挥着作用。但站在个人的角度来看，这些区别是由**出身**决定的，因此个人从一开始就不是

---

① 雅各布一世（König Jakob I.），更常见的称呼是詹姆士一世（James I.），1567—1625在位。——译者注

通过自己,而是通过自然界的偶然事件而永远归属于一个阶层或种姓。
[273] 由此看来,这些区别仅仅是自然的区别,却具有最强大的决定性力量。这里的关键不在于这种固定性和权力分配是如何产生的。因为国民原本可能是**合一的**,自由人和农奴的区别是后来才形成的,或者说种姓、阶层、特权者等等的区别是起源于最初的国民区别或族群区别,比如有人认为印度人的种姓区别就是如此。对我们来说这一点不重要;关键仅仅在于,这些支配着人的整个生存的生活关系应当是起源于自然的出身。就事情的概念而言,阶层的区别确实是合理的,但与此同时,不应当剥夺个人出于自己的自由进入这个或那个阶层的权利。只有禀赋、才华、技能和受教育程度才能够在这件事情上作出裁定。如果人从一开始就由于他的出身而被剥夺了选择权,从而依附于自然界及其偶然性,那么在这种不自由的状态下,就可能产生出个人由于出身而获得的地位和他的精神性教养及其合理要求之间的冲突。这是一种可悲的、不幸的冲突,因为自在且自为地看来,它是基于真正的自由艺术不可能予以尊重的一种**不公正**。从我们当代的情况来看,除了一小部分人之外,阶层的区别和出身是无关的。属于例外的只有那些统治着国家的王室和贵族,因为他们是依据国家的概念本身在更高的层次上考虑问题。至于一个人是否愿意或是否能够进入某一个阶层,出身的区别不是根本重要的。正因如此,我们除了要求一个
[274] 人具有这种完全的自由之外,还要求他在教育、知识、技能和意念等方面配得上他所选择的阶层。但如果一个人本来可以通过自己的精神性力量和活动满足这些要求,而他的出身却成为一个不可克服的阻碍,这在我们看来不仅是一种不幸,而且在本质上是他遭遇的一种不公正。他本来可以凭借精神、才华、感受和内外的教养翻过这堵单纯自然的、本身不讲道理的墙,但这堵墙把他拦在他本来能够获得的东西之外,而那些仅仅通过人的随意而被固定为合法规定性的自然事物,给精神的合理的自由设下了各种不可逾越的限制。

为了进一步评估这类冲突,需要指出以下几个根本方面:

第一,个人必须能够凭借他的精神性优点现实地逾越自然限制,使它

们的力量屈服于他的愿望和目的，否则他的要求就是痴人说梦。比如如果一个仆人只具有他这个层次的教养和技能，却爱上了一位公主或贵妇，或者一位公主或贵妇爱上了这样的仆人，那么这样的爱情只能是荒谬和无趣的，无论对于这种激情的描述是多么深厚和炙热。因为这里真正的隔阂不是出身的区别，而是全部更高层次的旨趣、广泛教养、人生目的和感受方式，是这些东西把一位在阶层、财富和人际交往方面有着较高地位的妇女和一个仆人分隔开。如果爱情是男女结合的**唯一**焦点，而不是把人按照他的精神性教养和他的阶层关系所必须经历的方方面面都包含在自身之内，那么它始终是空洞而抽象的，仅仅涉及感性的方面。爱情如果要成为一种整全的东西，就必须与整全的意识、与全部高贵的意念和旨趣联系在一起。 [275]

　　与此有关的**第二种**情况，就是出身的依赖性作为一种在法律上起阻碍作用的枷锁，束缚着原本自由的精神及其合理的目的。这种冲突同样包含着某种违背审美的东西，与理想的概念相矛盾，尽管人们很喜欢这类题材，而且很容易想到使用这类题材。也就是说，如果出身的区别已经通过实定的法律及其有效性成为一种固定的不公正，比如生来就是贱民、犹太人等等，那么当事人完全可以凭借内心的自由去反抗这个障碍，认为它是可以消除的，他自己也可以不受其束缚。正因如此，与这些障碍作斗争看起来就是绝对合情合理的。但由于这些限制通过现有的状态的力量成为不可逾越的，已经固定为一种不可克服的必然性，所以这只能形成一个不幸的、本身错误的情境。因为一个明事理的人如果没有办法抵御必然性的力量，就必须屈服于必然性，也就是说，他必须不去反抗，而是安静地对不可避免的事情听之任之；他必须放弃那些被这样的限制扼杀的兴趣和需要，从而带着平静的勇气和逆来顺受的心态去忍耐那些不可克服的东西。当斗争无济于事的时候，合理的做法就是放弃斗争，这样至少还能够让自己回归主观自由的**形式上的**独立性。这样一来，不公正的力量就对他无计可施，反之只要他与之对抗，就立刻经验到他的整个依赖性。当然，无论是这种抽象的、纯粹形式上的独立性，还是那种徒劳无益的抗争，都不是真正美的。

[276]　　与第二种情况直接有关的**第三种**情况,同样不符合真正的理想。也就是说,某些人就出身而言通过宗教的规章制度、实定的国家法律和社会状态获得一种有效的特权之后,就希望主张并行使这种特权。就实定的外在现实世界而言,这里确实有一种独立性,但它本身是不公正和不合理的,因此同样是一种虚假的、纯粹形式上的独立性,而理想的概念也消失了。诚然,人们可能以为,当主观性与普遍的法律一致,与之处于和谐的统一体中,这就是符合理想的;但一方面,普遍者的力量和权力在这种情况下并非如英雄的理想所要求的那样体现于**这个**个体,而是仅仅体现于实定的法律及其在执行时具有的公开权威性;另一方面,个体所主张的完全是不公正的,因此正如我们看到的,他失去了那种同样包含在理想的概念里的实体性。理想的主体所做的事情必须本身就是真实的和合理的。比如法律规定统治者可以奴役奴隶和农奴,有权利剥夺外国人的自由,或把他们献祭给诸神之类,都属于这种情况。个体在行使这些权利的时候当然会理直气壮地觉得自己在捍卫正当的权利,比如印度的高级种姓利用他们的各种特权,托阿斯命令把俄瑞斯特拿去献祭,俄罗斯的地主随意鞭挞农奴;那些身居高位的人甚至觉得,只要是符合他们利益的事情,就是公正的、合法的。但在这种情况下,他们的权利仅仅是一种不公正的野蛮权利,至少在**我们现代人**看来,他们是一些肆意为非作歹的野蛮人。对[277]于主体所依据的法律,我们当然要从他的时代及其精神和文明程度出发予以尊重和辩护,但这些法律对我们来说完全是实定的,不具有任何有效性和力量。如果享有特权的个体从偶然心情和自私动机出发完全将他的权利用于他的私人目的,我们就认为他不但是野蛮人,而且品格恶劣。

　　人们经常希望利用这类冲突唤起同情乃至恐惧,因为根据亚里士多德的原则,恐惧和同情是悲剧的目的。但我们在看到这些由野蛮行径和旧时代的特权造成的不幸时,并不会产生恐惧和敬畏,而我们可能感受到的同情也很快就转化为反感和愤恨。

　　因此,这类冲突的唯一的真正解决办法只能在于中止这些虚假的权利，比如伊菲琴尼没有在奥里斯被拿去献祭，俄瑞斯特也没有在陶里斯被拿去献祭。

γγ）以自然性为基础的冲突的最后一个方面，就是脾气和性格等自然禀赋所造成的主观激情。这方面最著名的例子是奥赛罗的嫉妒。野心、贪婪乃至于爱情从某些方面来看都属于这一类。

但从根本上看，这些激情只有在成为一种诱因的时候才造成冲突，也就是说，那些完全受制于某一种情感的人违背了真实的伦理和人类生活中自在且自为地合理的东西，从而陷入一种更为深刻的冲突。

这样我们就必须去考察冲突的**第三个**主要类型，这种冲突的真正根据在于各种精神性力量之间的差异，因为这个对立是由人的行为本身造成的。

γ）在谈到纯粹自然的冲突时，我们已经指出，它们仅仅构成了进一步对立的衔接点。同样的情况在某种程度上也适用于刚才考察的第二种冲突。这两种冲突在一些意味深长的作品里并没有止步于迄今提到的争执状态，而是仅仅把这类纠纷和对立当作预理的契机，以便让那些自在且自为的精神性生命力量在它们的差异中彼此对立和相互斗争。但精神性东西只能通过精神得以实现，所以那些精神性差异也必须通过人的行为获得它们的现实性，这样才能够展现出它们的真正形态。 ［278］

因此我们现在看到的，一方面是一种通过人的现实行为而造成的困难、阻碍和损害，另一方面是一种对于自在且自为的合理利益和合理力量的损害。只有当两个规定结合在一起，才奠定了最后这种冲突的深刻性。

属于这个范围的主要事例可以按照以下方式加以区分。

αα）现在我们只是开始离开那些依据于自然性的冲突的范围，因此接下来的新的类型的事例和早先的事例仍然是有联系的。如果冲突是由人的行动造成的，那么当人还不是**精神**的时候，他的所作所为就是自然的，即他只是**出于无知**在无意间做了某些事情，后来才发现这些事情在本质上是一种对于应当敬重的伦理力量的损害。他是后来才意识到自己的行为，当他愿意为这个早先无意识的损害行为负责，就陷入冲突和矛盾。

[279]　在这里,冲突的根源在于这样一个对抗,即一方面是行为**当时**的意识和意图,另一方面是随后对于行为**本身**性质的认识。俄狄浦斯和埃阿斯可以被看作这种情况的例子。从俄狄浦斯的意愿和认识来看,他的行为只不过是在一场争执中杀了一个陌生人;但他不知道,现实的行为本身是他谋杀了自己的父亲。与此相反,埃阿斯在疯狂状态下杀死了希腊军队的一些牲畜,因为他以为这些牲畜是希腊的王公贵族。当他清醒过来看到发生的事情,就为自己的行为感到羞耻并陷入冲突。总的说来,这种在无意间被人损害的东西必须是他在本质上出于他的理性会加以敬重和尊崇的。反之如果这种敬重和尊崇只不过是一种个人之见和虚假迷信,至少我们不会觉得这样的冲突有什么深刻的意味。

　　ββ)第二,在我们现在讨论的冲突里,对于精神性力量的**精神性**损害应当是由人的行为造成的,既然如此,更为典型的冲突就是一种自觉的并且从**这个意识**出发故意造成的损害。在这里,激情、残暴、愚蠢等等同样构成了出发点。比如特洛伊战争的根源是海伦被诱拐;阿伽门农要献祭伊菲琴尼,这就损害了她的母亲,因为他所杀的是母亲最疼爱的女儿;克吕泰涅斯特拉因此谋杀了她的丈夫;因为她杀死了俄瑞斯特的父亲和国王,所以俄瑞斯特为了报仇就把他的母亲杀了。《哈姆雷特》所说的也是类似的情形:哈姆雷特的父亲被暗杀了,而他的母亲却立即嫁给凶手,以此羞辱死者的魂灵。

[280]　　在这些冲突中,关键始终在于,当事人奋起反抗而力图争取的,是某种自在且自为地符合伦理的、真实的、神圣的东西。如果不是这样,这样的冲突就没有什么价值和本质性,因为我们知道什么是真正符合伦理的和神圣的东西。比如在《摩诃婆罗多》的一个著名的插叙故事里,那罗国王娶了达摩衍蒂公主,后者本来有权利在求婚者当中作出自由选择,但别的求婚者都是一些飘浮在空中的神怪,只有那罗是站在地上,于是她出于自己的喜好选择了人类。神怪们对此怀恨在心,伺机加害那罗国王。但经过许多年之后,他们仍然找不到什么岔子,因为那罗没有做任何坏事。但他们逮着了机会,因为那罗犯了一件严重的罪行,即在一个地方撒尿之

后用脚踩了尿湿的土地。按照印度人的观念,这是一件不能免于惩罚的重罪。从此以后,神怪们就潜伏在那罗身上,有的让他沉迷于玩乐,有的唆使他的兄弟去反抗他,到最后那罗必须让出王位,一贫如洗,和达摩衍蒂一起过着颠沛流离的生活。随后那罗还被迫与达摩衍蒂分离,直到经历许多奇遇之后,才最终过上以前的幸福日子。整个故事所围绕的真正冲突只有对古代的印度人而言才是一种对于神圣事物的严重亵渎,但对我们的意识而言只不过是一件荒诞不经的事情。

γγ)第三,损害不一定是直接的,也就是说,行为就其自身而言并非必然是一个造成冲突的行为,只有当它在一些与之相对抗的、自觉的关系和背景里得到实施,才会导致冲突。比如朱丽叶与罗密欧相爱;爱情本身不包含任何损害;但他们知道他们的家族是相互仇恨的,各自的 [281] 父母不会同意这门婚事,因此他们才通过这个预设的分裂背景陷入冲突。

关于与普遍的世界状态相对立的特定情境,上述最一般的考察基本上够了。假若人们希望从所有方面和细枝末节出发去贯彻这个考察并评判每一个可能的情境,那么单是这个章节就可以引发无穷无尽的讨论。因为人们拥有无限丰盈的可能性去发明出各种情境,而这在本质上总是取决于特定的艺术及其门类。比如童话故事能够做的许多事情对于另外的理解方式和呈现方式而言就是被禁止的。总的说来,情境的发明是一个关键之点,这对于艺术家而言经常也是一件棘手的事情。尤其在现代,我们经常听到各种抱怨,说什么很难找到恰当的素材去展现背景和情境。乍看起来,当诗人具有原创性并亲自发明出一些情境,这是很光彩的一件事情,但这种自主性并非根本重要的方面。因为情境本身并不构成精神性,不构成真正的艺术形态,而是仅仅涉及一些外在材料,由此发展出并呈现出一个性格和心灵。只有把这个外在的开端加工改造为行动和性格,才体现出艺术家的真正活动。因此人们根本没有必要感谢诗人亲自制造出这个本身不具有创造性的方面,而是必须允许他从现有的事物,从历史、民间传说、神话、编年故事乃至一些已经经过艺术加工的素材和情

[282] 境出发,不断地推陈出新;比如在有些绘画里,外在的情境就是取材于圣徒的事迹,并且经常以类似的方式被重复使用。对于这种呈现而言,真正的艺术创作比发明出特定的情境深刻得多。同样的道理也适用于许多被展示过的状态和纠纷事件。从这个角度来看,人们经常吹嘘现代艺术,说它相比古代艺术提供了丰富得多的想象,而实际上中世纪和现代的艺术作品也包含着极为复杂的情境、事件、事迹和命运。但这种外在的丰富性是无济于事的。即便在这种情况下,我们也只拥有少数杰出的戏剧和叙事诗。因为关键并不在于事迹的外在进程和变化,仿佛这些事迹作为事迹和故事已经穷尽了艺术作品的内容,毋宁说,关键在于心灵和性格如何获得伦理形态和精神性形态并作出伟大的举动,因为心灵和性格是通过这个获得形态的过程展现自身和揭示自身。

如果我们审视一下我们当前所处的立场并把它当作随后的出发点,就会发现,一方面,外在和内在的特定的背景、状态和关系之所以成为情境,只不过是因为它们包含着**心灵**和**激情**并因此维系着自身;另一方面,情境按照自己的规定性分化为各种对立、阻碍、纠纷和**损害**,以至于心灵在这些背景的逼迫之下必然会**采取行动**或**发挥作用**(agieren),去**反抗**那些与它的目的和激情相对立的破坏因素和阻碍因素。只有当情境包含的对立暴露出来,才开始有真正意义上的行动。但那个导致冲突的作用既然**损害了**与之对立的方面,也就会在这个差异之中遭遇到对面的那个被攻击的力量,这样一来,**作用**和**反作用**①就直接联系在一起。只有在这种

[283] 情况下,理想才在完全的规定性和运动中出现。因为现在是两种从和谐一致中分裂出的旨趣相互对立和**相互斗争**,并且在它们的相互矛盾中必然要求一种**解决**。

这个运动作为整体而言不再属于情境及其冲突的范围,而是促使我们去考察刚才所说的那种真正意义上的行动。

---

① 从字面意思来看,"作用"(Aktion)也意味着"行动",相应地"反作用"(Reakation)也意味着"相反的行动"。——译者注

3. 行动

从我们迄今遵循的逐级进程来看,**行动**构成了普遍的**世界状态**和特定的**情境**之后的第三个阶段。

就行动和前一个章节的**外在**关系而言,我们已经发现,行动的前提是一些导致冲突,导致作用和反作用的背景。但从这些前提来看,行动必须从哪里**开始**,这是没法明确断定的。因为一件事情可能从一方面看是开端,但从另一方面看却是先前的纠纷事件的结果,因此这些纠纷事件才是真正的开端。但后者本身同样只不过是先行的冲突的结果,如此等等。比如在阿伽门农的家族里,伊菲琴尼在陶里斯赎偿了家族的罪孽和不幸。这件事情的开端仿佛是狄安娜把伊菲琴尼带到陶里斯,救了她的命;但这个背景仅仅是另一个事件亦即奥里斯的献祭的结果,后者又是源于墨涅拉俄斯受到的损害,即他的妻子海伦被帕里斯诱拐,于是这样一直追溯下去,直到著名的"丽达的蛋"①。同样,伊菲琴尼去陶里斯这件事情也以阿伽门农被谋杀为前提,而且是整个坦塔洛斯②家族的罪行导致的最终结果。忒拜的系列传说③也是类似的情形。在呈现一个行动的时候,如果要罗列它的全部前提,大概只有诗歌艺术才能够完成这个任务。但众所周知,这种通盘叙述是很无聊的,是散文的事情,而相比于散文的事无巨细,诗歌的法则却要求带着听众 in medias res[直奔主题]。艺术之所以不关心把特定行动的外在的最初开端当作起点,有一个深刻的原因,即这个开端只有在考虑到自然的外在进程时才是起点,而且行动与这个开端 [284]

———————————

① 丽达(Leda)是斯巴达国王廷达瑞俄斯的美丽妻子,与化身为天鹅的宙斯交合之后生下两颗蛋,其中一颗孵出了海伦和后来成为阿伽门农妻子的克吕泰涅斯特拉。西方谚语里有"丽达的蛋"或"从蛋开始"的说法,意思是追溯到一件事情的最初开端。——译者注

② 坦塔洛斯(Tantalus)把儿子剁成碎块宴请诸神,因此在冥间遭到惩罚:他站在没过脖颈的水池里,当他口渴想低头喝水的时候,水就退去;他的头上有果树,当他饥饿想伸手摘果子吃的时候,果树就升高。——译者注

③ 即围绕俄狄浦斯的神话传说。——译者注

的联系只涉及现象的经验统一体,但与行动本身的真正内容却可能毫无关系。即便只有同一位人物依据联络线索作出不同的事情,外在的统一体也始终是那个样子。生活背景、行为和命运的总和确实塑造了一位人物,但即使没有这些东西,他真正的本性,他的意念和能力的真实内核也会在**一个**伟大的情境和行动中显露出来,在行动的进程中揭示出他是什么样的人,而在这个行动之前,人们只能按照他的名字和外表去认识他。

因此,我们不应当在那个**经验的**起点去寻找行动的开端,而是只需要抓住那些渗透在当事人的心灵和需要中,并且导致特定冲突的背景,而这些背景带来的争执和解决构成了特殊的行动。比如荷马在《伊利亚特》里就是从一件特定的事情亦即阿喀琉斯的愤怒开始,他并没有叙述阿喀琉斯以往的事迹和人生经历,而是从一开始就给我们呈现出一个特殊的冲突,让一个伟大的旨趣构成这个画面的背景。

[285] 把行动呈现为一个内在完整的、由作用和反作用以及斗争的解决组成的运动,主要是诗歌的任务,因为别的艺术只能把行动进程及其派生事件的一个环节固定下来。诚然,如果从表现手段的丰富性来看,这些艺术是胜过诗歌的,因为它们不但可以利用所有外在的形态,而且可以利用姿态的表现、姿态与周围形态的关系以及另外一些隐约散布在四周的对象。但这一切作为表现手段而言都达不到语言的清晰性。行动以最清晰的方式把个人揭示出来,无论是就他的意念还是就他的目的而言都是如此;一个人在内心最深处是什么,只有通过他的行动才成为现实,而他的行动既然是起源于精神,就只有在精神性的表现亦即语言中才获得最大程度的清晰性和规定性。

当我们一般地谈到行动时,人们往往有这样的印象,仿佛行动具有无穷无尽的多样性。但适合于艺术呈现的行动始终限定于一个特定的范围,因为艺术只能处理行动由理念划定的那个必然的范围。

在这种情况下,既然艺术必须把行动呈现出来,我们就必须强调行动的如下三个关键点。情境及其冲突是一般意义上的诱因;但运动本身,亦即理想在活动中包含着的差异,只有通过反作用才显露出来。这个运动包含以下三点：

第一，**普遍的力量**构成了艺术需要处理的本质性内涵和目的；

第二，这些力量是由行动着的**个人**加以**运用**；

第三，上述两个方面结合为我们通常所说的**性格**。 [286]

a. 行动的普遍力量

α）虽然我们在考察行动的时候仍然停留在理想的规定性和差异性这个层次上，但在真正的美里，冲突揭示出的对立的每一个方面本身都必须带着理想的印记，因此不能缺失合理性和辩护理由。那些具有理想性质的旨趣必须相互斗争，从而以一个力量反抗另一个力量。这些力量是每一个人内心里的本质性需要，是行动的内在必然的目的，本身是合情合理的，因而恰恰是精神性定在的普遍的、永恒的力量：它们虽然不是绝对的神性东西本身，却是唯一的绝对理念的子女，因此是占据统治地位的、有效的；它们是唯一的普遍真相的子女，同时仅仅是这个真相的特定的、特殊的环节。诚然，它们会由于各自的规定性而陷入对立，但尽管有这个差异，它们必须本身就具有本质性，这样才能够作为特定的理想显现出来。这些力量是艺术的伟大动机，是永恒的宗教关系和伦理关系，比如家庭、祖国、教会、荣耀、友谊、尊严，而在浪漫的世界里尤其是名誉和爱情等等。这些力量的有效程度是各不相同的，但全都是合乎理性的。与此同时，它们是人类心灵的力量，是人作为人而言必须予以承认、听其指挥并加以运用的力量。尽管如此，它们不应当仅仅是由一种实定的立法所规定的权利。因为一方面正如我们看到的，实定的立法这个形式已经违背了理想的概念和形态；另一方面，实定的权利虽然具有法律的形式，但它们的内容仍然有可能造成一种本身就不公正的局面。与此相反，那些关系并非单纯外在地固定 [287] 下来的，而是自在且自为的实体性力量，这些力量正因为包含着神性东西和人类事物的真实内涵，所以永远在推动着行动，最终完成自身。

比如索福克勒斯《安提戈涅》描写的那些相互斗争的旨趣和目的就属于这个类型。国王克利翁作为国家的首领颁布了一道严格的命令：俄狄浦斯的儿子因为背叛了自己的祖国忒拜,所以不应当享受被安葬的荣誉。这个命令包含着根本的合理性,是为了整个城邦的福祉。但安提戈涅同样受到一种伦理力量亦即对兄弟的神圣之爱的鼓舞,不愿让他的兄弟暴尸野外,任由鸷鸟啄食。如果不履行安葬兄弟的义务,就是对家庭亲情的冒犯,因此她决定违背克利翁的命令。

β)虽然冲突可能是由各种各样的情况引起的,但反作用的必然性却不应当以某种荒诞反常的东西为诱因,而是应当基于某种本身就合情合理的东西。比如哈特曼·冯·奥埃①的著名德语诗歌《可怜的海因利希》里的冲突就让人生厌。主角患上了无法治愈的麻风病,就去向萨勒诺的修道士求助。修道士们说,必须有一个人自愿为他牺牲,因为他的病只有以一颗人心为药引子才能够治好。一位可怜的姑娘爱上了这位骑士,决心为他牺牲自己,于是带着他前往意大利。这个故事完全是野蛮粗俗的,因此这位姑娘的一片痴情和感人忠诚不可能达到应有的效果。在古人那里,虽然牺牲人命之类不公正的事情也作为冲突出现——比如在伊菲琴尼的故事里,首先是她应当被献祭,然后是她应当拿她的兄弟去献祭,但

[288] 一方面看来,这个冲突是与另外一些本身合情合理的事情联系在一起的,另一方面看来,正如我们已经指出的,整件事情的合理之处在于,无论伊菲琴尼还是俄瑞斯特都得到了拯救,由此终结了那个不公正的冲突的力量。话说回来,哈特曼·冯·奥埃的那部诗歌也是如此,因为海因利希最终决定拒绝姑娘的牺牲,在上帝的帮助之下治愈了自己的疾病,而姑娘也因为她的忠诚爱情受到奖励。

与上述具有肯定性的力量密切相关的是另外一些相反的力量,即恶劣和邪恶之类具有否定性的力量。但在一个行动的理想呈现里,单纯的否定因素不应当是必然的反作用的根本原因。诚然,否定因素的实在性可以符合否定因素及其本质和本性,但如果内在的概念和目的本身已经是虚妄的,那么内在的丑陋更不可能在其外在的实在性中得出真正的美。

① 哈特曼·冯·奥埃(Hartmann von der Aue,1165-1215),德国诗人。——译者注

激情的诡辩术虽然可以尝试通过性格的机灵、强大和活力把肯定的方面输入否定因素，但我们看到的始终只是一座精心装饰的坟墓。因为总的说来，单纯的否定因素本身是枯燥肤浅的，无论是作为一个行动的动机，还是仅仅作为引发别的东西的反作用的手段，都让我们觉得空洞无味或厌烦。残暴、灾祸、粗鲁暴力和骄横强权之类东西如果是依附于具有伟大内涵的性格和目的并得到提升，还可以说是情有可原的，但纯粹的邪恶、嫉妒、懦弱和卑鄙永远只能让人反感。正因如此，魔鬼本身是一个恶劣的、违背审美的形象，因为他无非是单纯的欺骗，从而是一位极为枯燥无味的人物。复仇女神和后来的许多寓托也属于类似的力量，它们不具有肯 [289] 定的独立性和支撑点，不适合理想的艺术呈现；当然，究竟是允许使用还是禁止使用它们，这里有一个巨大的区别，而这取决于各门特殊的艺术究竟是不是把它们的对象直接呈现在我们眼前。但不管怎样，邪恶本身始终是枯燥的和缺乏内涵的，因为它只能得出破坏和灾祸之类单纯的否定因素，而真正的艺术应当让我们看到一种内在的和谐一致。卑鄙尤其是令人蔑视的，因为它起源于对高贵事物的嫉妒和仇恨，并且不惮于把本身合理的东西当作手段，以服务于自己的恶劣而可耻的激情。因此古代的伟大诗人和艺术家不会给我们展示邪恶的和卑鄙的东西，反之莎士比亚却在他的《李尔王》里让我们领略到邪恶的全部表现。年迈的李尔在把王国分给他的几个女儿时愚蠢地听信她们的虚伪谄媚，却误解了沉默而忠诚的考狄利娅。这件事情已经是愚蠢和疯狂，而两个长女及其丈夫的最恶劣的忘恩负义和卑鄙无耻让他走向真正的疯狂。与此不同的是，法国悲剧的主角经常装腔作势地吹嘘自己有着最伟大和最高贵的动机，处处表现出极为尊贵的样子，但他们实际上的所作所为又摧毁了这些动机的观念。特别是在最近一段时间，那种贯穿着最混乱的分裂局面的内在无节制的破碎状态已经成为时髦，热衷于丑陋的幽默和怪诞的反讽，而特奥多·霍夫曼①就很喜欢

---

① 特奥多·霍夫曼（Ernst Theodor Amadeus Hoffmann，1776–1822），德国浪漫派作家。——译者注

这些东西。

[290]　　　γ)因此,只有那些本身就具有肯定性和实体性的力量才能够提供理想的行动的真实内容。但在呈现这些驱动力量的时候,它们虽然在现实的行动内部是理念的本质性环节,但不应当作为普遍者本身而出现,而是必须具有**独立的个人**的形态,否则它们就始终是普遍的思想或抽象的观念,不属于艺术的领域。一方面,它们不应当来自于单纯随意的想象,另一方面,它们必须获得规定性和封闭性,从而作为本身已经个体化的东西显现出来。与此同时,这种规定性既不应当扩散为外在定在的局部性,也不应当收缩为主观的内在性,因为否则的话,普遍力量的个体性就必定会被驱使着进入有限定在的各种纠纷局面。就此而言,普遍力量的个体性这个规定性还不是一种完全严肃的东西。

关于具有独立形态的普遍力量如何显现出来并占据统治地位,希腊诸神可以说提供了最清楚的例子。他们无论以什么样子出现,都带着极乐而开朗的气质。作为个体的、特殊的神,他们虽然相互斗争,但最终并不会严肃地看待这个冲突,并不会把他们的全部心思和全部激情都集中于一个特定的目的,并为此殊死搏斗。他们时而参与到这方,时而参与到那方,在某些具体的情况下也会把一个特定的利害关系看作与自己休戚相关,但他们很快又撒手不管,若无其事地回到巍峨的奥林波斯山。比如荷马描述的诸神在相互斗争和相互交战的时候就是这样;斗争和交战属

[291]　于他们的规定性,但他们同时始终是普遍的本质和规定性。比如当厮杀开始进入紧张激烈的局面,英雄一个接一个地登场,个人全都被卷入一场喧嚣的普遍混战,这时已经无法区分个人的特殊性,只有普遍的激昂精神在咆哮和争斗——在这个时候,那些普遍的力量亦即诸神才参与进来。但他们总是能够从这个纷乱局面和差异中脱身而出,重新回到他们的独立性和宁静。虽然他们的形态的个体性让他们陷入偶然事件,但因为神性的普遍者在他们那里是占据主导地位的,所以个体因素始终只是外在的形态,不可能渗透诸神,让他们形成真正内在的主观性。规定性是一个仅仅在某种程度上依附在神性身上的形态。但这种独立性和无忧无虑的

宁静恰恰让他们具有一种立体的个体性，这种个体性不会给被规定者带来任何烦忧。正因如此，荷马描述的诸神虽然总是忙忙碌碌，但他们在具体的现实世界里的行动不具有固定的一贯性，因为凡人的活动只不过为他们提供了做某件事情的素材和兴趣。在希腊诸神那里，我们还可以找到类似的一些更为独特的特点，而这些特点并非总是能够回溯到每一位特定的神的普遍概念：比如墨丘利是杀死百眼巨人阿耳戈斯的凶手，阿波罗是蜥蜴杀手，朱庇特有无数的风流韵事，并且曾经用一块铁砧把朱诺吊在空中。诸如此类的许多故事都仅仅是起源于诸神的自然方面，并通过象征和寓托而加于诸神身上的附会，至于它们的更为明确的起源，我们后面还会加以讨论。

虽然现代艺术看起来也认识到一些同时具有规定性和普遍性的力量，但它们绝大多数只是一些枯燥无味的寓托，以指代仇恨、羡慕、嫉妒、[292]各种各样的美德和罪行、信仰、希望、爱情、忠诚之类，而我们已经不再相信这些东西。因为我们现代人在艺术的呈现里唯一能够深刻感受到的是具体的主观性，以至于我们不愿意看到那些抽象的东西单独出现，而是只愿意把它们看作人类性格及其特殊性和总体性的各个环节和方面。同理，天使也不像玛尔斯、维纳斯、阿波罗或者俄刻阿诺斯、赫利俄斯那样本身就具有普遍性和独立性，毋宁说，他们虽然存在于观念中，但仅仅是唯一的实体性神性本质的个别仆从，不像希腊诸神那样分化为独立的个体。正因如此，我们并没有看到许多立足于自身的、本身就能够作为神性个体而呈现出来的客观力量，而是只看到这些力量的本质性内涵，这个内涵要么是以客观的方式在唯一的上帝那里，要么是以特殊的和主观的方式在人的性格和行动里得以实现。然而诸神的理想的呈现恰恰是起源于普遍力量的那种独立化和个体化。

b. 行动中的个体

正如我们刚才已经看到的，艺术在处理诸神的理想时很容易保持我们所要求的理念性。然而一旦涉及具体的行动，呈现就会遭遇一个独特的困难。也就是说,虽然诸神和普遍的力量通常是推动者和驱动者,但在现实世界里,真正的、个体的行动不是归属于他们,而是归属于人。这样一来,我们就看到两个分裂的方面。一方面是那些普遍的力量,它们具有

[293] 一种立足于自身的、因而较为抽象的实体性;另一方面是人类个体,他们经过谋划之后最终决定采取行动并现实地完成行动。真正说来,那些占据统治地位的永恒力量是内在于人的自主体,并且构成人的性格的实体性方面;但如果它们被理解为个体的神,进而被认为具有排他性,他们就立即与人处于一种外在的关系。这就带来一个根本上的困难。因为诸神与人的这种关系直接包含着一个矛盾。一方面,诸神的内容是人固有的个别激情、决定和意志;另一方面,诸神作为自在且自为的存在者,不但不依赖于个别主体,而且被理解为一些驱动着和规定着个别主体的力量,以至于同样一些规定有时候被呈现为独立的个体的神,有时候却被呈现为人心完全固有的东西。这样看来,无论是诸神的自由独立性,还是行动着的个人的自由,都受到了威胁。关键在于,如果诸神拥有发号施令的权力,这就会损害人的独立性,而我们已经指出,人的独立性对于艺术的理想而言是不可或缺的。这种关系在基督教的观念里也引起了质疑。比如有一个说法:"上帝的精神把人导向上帝。"在这种情况下,人的内心看起来是一片完全被动的、听凭上帝的精神施加影响的土壤,这样人的自由意志就被消灭了,因为上帝的意旨在施加这个影响的时候对人而言仿佛是一种宿命,完全不取决于人自己的自主体。

α)如果这样安排神与人的关系,即行动中的人外在于实体性的神并

[294] 且与之对立,那么二者的这种关联始终还是完全散文气的。因为只要神发号施令,人就只能听从。甚至一些伟大的诗人也未能避免让诸神与人处于彼此外在和相互对立的关系。比如在索福克勒斯的那部悲剧里,斐洛克特在揭穿奥德修斯的谎言之后,坚持不去希腊人的军营,直到赫拉克勒斯作为 Deus ex machina［机械降神］出现,命令他满足涅俄普托勒摩斯的愿望。诚然,这个现象的内容已经有足够的动机铺垫,也在意料之中,但转折点始终是陌生的和外在的,而且索福克勒斯在他的那些最杰出的

悲剧里从来不采用这种呈现方式,因为这种方式只要再进一步,诸神就会
变成僵死的机械,个人也会成为一种由陌生的意志所支配的纯粹工具。

　　尤其在叙事诗里,诸神经常施加类似的影响,仿佛是外在于人的自由。
比如赫尔墨斯带着普里阿摩斯去见阿喀琉斯;阿波罗击打帕特罗克洛斯的
肩膀并结果了他的生命。有些神话特征同样被这样使用,作为一种外在的
存在出现于个人身上。比如阿喀琉斯的母亲曾经把他放进冥河里浸了一
下,这样他除了脚踝之外全身都是刀枪不入的。只要我们理智地思考这件
事情,就会觉得阿喀琉斯的全部骁勇善战和整个英雄气概从一种精神性品
格变成一种单纯的身体属性。但相比于戏剧,叙事诗确实有权利使用这种
呈现方式,因为在叙事诗里,内心的方面不如实现目的重要,外在事物总的
说来拥有更开阔的发挥空间。因此那种单纯理智的反思,即指责诗人描写
的英雄根本不算是英雄,必须极为谨慎地加以对待,因为正如我们马上就
要看到的,即使在这样的特征里,诸神与人的诗意关系也保留下来。反之 ［295］
如果除此之外把那些原本独立的力量当作无实体的东西,并且让它们从
属于一种虚假原创性的荒诞随意的想象,这就浑身散发出散文气。

　　β)真正理想的关系在于诸神与人的同一性,这种同一性必须随时随
地透露出来,哪怕普遍的力量作为独立而自由的东西与行动中的个人及
其激情处于对立的局面。也就是说,诸神的内容必须同时是个人自己的
内核,于是一方面看来,占据统治地位的力量本身是个体化的,另一方面
看来,这些外在于人的力量同时又内在于人的精神和性格。因此艺术家
的任务在于调和这两个方面的差异性,用一根精细的纽带把它们结合起
来,也就是说,他让我们注意到人的内心里的开端,同时凸显出那个支配
着行动的普遍者和本质性东西,让它作为个体化的东西出现在我们眼前。
人的心灵必须在诸神身上体现出来,而诸神则是那个在人的内心里发挥
驱动作用和支配作用的东西的独立而普遍的形式。只有在这种情况下,
诸神才同时是人自己心目中的神。比如当古人说"维纳斯和阿莫尔降伏
了一个人的心",乍看起来维纳斯和阿莫尔确实是一些外在于人的力量,
但爱情同样是人心固有的一种躁动和激情,构成了人心固有的内核。在

这个意思上，我们经常也谈到欧墨尼得斯①。这时我们首先想到的是有仇必报的少女弗里亚，在罪犯身后穷追不舍。但这种追踪同样是罪犯内心里的内在的弗里亚，而索福克勒斯也在这个意义上把弗里亚看作人固有的内核，比如在《俄狄浦斯在科罗诺斯》里（第 1434 行），弗里亚被称作"俄狄浦斯自己的厄利尼厄斯"，意味着父亲对儿子们的诅咒或他的受到伤害的心灵对儿子们的怨恨。因此无论是把诸神仅仅看作外在于人的力量，还是把诸神仅仅看作内在于人的力量，都是既正确又错误的。因为诸神同时是二者。在荷马那里，诸神的活动和人的活动总是交织在一起的；诸神看起来完成了一件与人无关的事情，但这件事情实际上仅仅构成了人的内心的实体。比如在《伊利亚特》里，阿喀琉斯在争吵的时候打算拔剑砍了阿伽门农，但雅典娜出现在他的身后抓住他的金黄色头发，而只有他能够看到她。赫拉对阿喀琉斯和阿伽门农是一视同仁的，所以把雅典娜从奥林波斯山派过来，也就是说，雅典娜的出现完全不依赖于阿喀琉斯的心情。但另一方面，我们很容易设想，突然出现的雅典娜代表着阿喀琉斯内心里的那种让他的怒火平息下来的谨慎，整件事情其实是阿喀琉斯的内心活动的反映。因为荷马本人在前面几行诗里（《伊利亚特》第一卷，第 190 行以下）描述阿喀琉斯的犹豫不决的内心时已经暗示出了这一点：

> 究竟是从大腿旁边拔出利剑，
>
> 分开人群，砍死阿特柔斯的儿子呢，
>
> 还是平息怒火，谨慎行事。

在这里，因为阿喀琉斯起初完全是受怒火控制的，所以叙事诗人完全有权利把怒火的这种内在平息，把这个外在于怒火的阻碍力量呈现为一个外在的事件。在《奥德赛》里也有类似的情况，比如密涅瓦成为忒勒玛科斯②的陪

---

① 欧墨尼得斯（Eumenide）和随后提到的弗里亚（Furie）以及厄利尼厄斯（Erinnye）都是希腊神话中的复仇女神，但欧墨尼得斯偏重于正义，弗里亚和厄利尼厄斯偏重于严格意义上的复仇。——译者注

② 忒勒玛科斯（Telemach）是奥德修斯的儿子，外出寻找远征未归的父亲，而在这个过程中，密涅瓦（雅典娜）始终陪伴着他。——译者注

伴。这个陪伴行为更难被看作忒勒玛科斯的内心活动，但即使在这里，也 [297] 并未缺失外在事件和内心活动的联系。总的说来，荷马诸神的开朗气度和对他们的崇拜所包含的反讽体现在，一旦诸神表现为人心固有的力量，从而让人凭借这些力量安然于自身，诸神就立即失去了自己的独立性和严肃性。

　　但我们不需要舍近求远，就可以找到一个完整的例子，以表明这种单纯外在的机械降神如何转化为主观的东西，亦即转化为自由，转化为伦理的美。歌德在他的《伊菲琴尼在陶里斯》里以最神奇和最美妙的方式表明了这样的转变是如何可能的。在欧里庇得斯的同名作品里，俄瑞斯特和伊菲琴尼一起抢夺了狄安娜的神像。这无非是一个盗窃行为。托阿斯国王赶来之后，命令手下追逐他们并拿回神像，而整件事情的结局就是雅典娜以一种完全散文气的方式出现，命令托阿斯停止追逐，因为她已经把俄瑞斯特托付给波塞冬，而波塞冬也已经乖乖地把他带到海洋那边。托阿斯俯首听命，并这样回复女神的告诫（第 1442 行以下）："女王雅典娜在上，谁听到诸神的话却不遵从，一定是神志不清。谁会愚蠢到与强大的诸神相争呢？"

　　在这个关系里，我们看到的无非是雅典娜的一个枯燥的外在命令，和托阿斯方面的一种同样空无内容的单纯服从。反之在歌德那里，伊菲琴尼成了女神，并信任她自己内心里的真理，而这也是人的内心里的真理。在这个意义上，她走到托阿斯面前说道：

　　　　难道只有男人才有权利建立不朽的功勋？
　　　　难道只有男人的坚强的英雄气概
　　　　才会执着于不可能的事情？

　　在欧里庇得斯那里，托阿斯之所以转变心意，是由于雅典娜的**命令**，反之歌德的伊菲琴尼是凭借深刻的感受和思想去说服托阿斯，而且她确实做到了。

　　　　在我的胸中，　　　　　　　　　　　　　　　　　　　　[298]
　　　　回旋激荡着一个英勇的行为：

> 如果我失败了,我会难逃
>
> 严厉的谴责和深重的灾祸;
>
> 但我不会跪在你面前!
>
> 如果你像人们称赞的那样是真诚的,
>
> 就请伸出你的援手,
>
> 用我来验证你的真诚!

当托阿斯这样回复她:

> 难道你相信,
>
> 连野蛮的斯基泰人都能听到
>
> 真理和人性的声音,阿特柔斯之子,
>
> 一个希腊人,却对此充耳不闻?

她就本着最温柔和最纯洁的信念回答道:

> 无论生在何方,
>
> 每一个让生命之泉
>
> 畅流于纯净心胸的人
>
> 都能听到那个声音。

接下来伊菲琴尼呼吁托阿斯做到宽宏大度,要相信他自己的高尚品格;她打动并征服了他,并且以一种符合人性的美好方式迫使他同意让她回到祖国。因为只有这件事情才是必要的。至于狄安娜的神像,她并不需要,托阿斯不用说什么花言巧语,她就可以把它交出去。因为对于那个语义双关的神谕:

> 你只要把那位违背自己的意愿,
>
> 在陶里斯海岸边守着神庙的姐姐
>
> 带回希腊,诅咒就会消失。

歌德凭借无比美妙的天才以一种合乎人性的和解方式给出这样的解释:其实圣洁的伊菲琴尼就是那位姐姐,就是神像,就是家族的守护者。因此俄瑞斯特对伊菲琴尼和托阿斯说:

> 我发现女神的预言

是如此美妙和神奇。

你就像一座神圣的神像,

上面镌刻的隐秘神谕,

暗示着我们城邦的无可变更的命运。 [299]

他们带走了你,家族的守护者,

让你置身于一种神圣的寂静里,

为你的兄弟和亲人祝佑。

当所有的拯救仿佛在辽阔大地上无影无踪,

你重新把一切赐还给我们。

通过这种治愈性的和解方式,伊菲琴尼再次证明了她早先在俄瑞斯特面前表现出的纯洁而美好的心灵。因为俄瑞斯特原本不再相信他的破碎内心能够恢复平静,所以他刚认出伊菲琴尼的时候,还有些精神错乱,但姐姐的纯洁的爱治愈了他,让他摆脱了内在的弗里亚施加在他身上的全部折磨:

在你的怀抱里,

厄运最后一次用它的全部利爪

抓住我,让我痛彻心扉;

然后它就像一条毒蛇逃回洞穴。

因为你,我现在又能够享受白日的

无尽光辉。

无论从哪个角度来看,这部诗作深刻的美都是令人无比赞叹的。

相比古代的素材,基督教的素材面临着更糟糕的情况。在圣徒的故事乃至于各种基督教观念里,虽然基督、玛利亚和诸多圣徒的形象存在于普遍的信仰中,但除此之外,幻想又在相关领域里制造出各种稀奇古怪的东西,比如女巫、幽灵、鬼魂之类。这些东西如果被理解为一些外在于人的力量,用它们的魔法、欺骗和伪装把人们玩弄于股掌之间,那么艺术的整个呈现就有可能沦为各种疯狂念头和随意偶然的东西的牺牲品。就此而言,艺术家必须特别注意的一点,就是确保人在作出决定的时候具有独

211

[300] 立性和自由。莎士比亚在这方面提供了最出色的模范。比如《麦克白》里的女巫看起来是一些外在的力量,预先规定了麦克白的命运。但她们所宣告的是他内心里隐藏得最深的愿望,这个愿望仅仅以这个貌似外在的方式让他听见,展示给他。更美好和更深刻的是《哈姆雷特》里的鬼魂的出现,因为这个鬼魂只不过是哈姆雷特内心预感的一个客观形式。哈姆雷特登场的时候,我们就隐约觉得必定会发生可怕的事情;于是他的父亲的鬼魂出现在他面前,向他揭露了所有的罪行。基于这个警示,我们期待着哈姆雷特马上英勇地惩罚罪行,并且认为他完全有理由去复仇。但他逡巡徘徊。人们批评莎士比亚对这种无所作为的描写,指责这部悲剧的某些部分有瑕疵。但哈姆雷特的性格本来就是优柔寡断,他有一个美好内向的心灵,这个心灵很难摆脱内在的和谐一致,去作出决断;他是一个多愁善感的、胡思乱想的、患得患失的和深思熟虑的人,因此不会迅速采取行动。正如歌德所说,莎士比亚希望描述的是:一个人被责成做一件大事,但这个人不能胜任这个工作。在这个意义上,歌德认为这部悲剧是一气呵成完成的。他说:“这里描述的是一棵橡树栽种在一个本来只适合插几朵鲜花的精致花瓶里;当根须蔓延开,花瓶就破碎了。”但在处理鬼魂的出现时,莎士比亚还描述了一个深刻得多的特点,即哈姆雷特之所以徘徊延宕,是因为他并不盲目相信鬼魂。

> 我所看到的鬼魂
>
> 没准是个恶魔:恶魔擅长用迷人的外表
>
> 掩饰自己;对,也许他是
>
> 趁着我的软弱和多愁善感

[301]
> (因为他玩弄这样的人最为得心应手)
>
> 去骗我做伤天害理的事情。我需要的是
>
> 更确凿的证据。演戏是个好办法,
>
> 可以让我探知国王的良心。①

---

① 参阅奥古斯特·施莱格尔所译德文本《哈姆雷特》第二幕,第一场。——原编者注

由此可见，现象本身并没有使哈姆雷特手足无措，正相反，他有所怀疑，希望在采取行动之前通过自己的安排获得确定性。

γ）最后，我们可以借用古人的"情怀"（Pathos）这个表述去指称那样一些普遍的力量，它们不仅本身作为独立的东西出现，而且活生生地存在于人心之内，在最深处推动着人的心灵。Pathos 这个词语不太好翻译，因为"激情"这个译法总是附带指代着某种渺小的和低劣的东西，所以我们经常要求一个人不应当陷入激情。这里我们把它翻译为"情怀"，就是取其更崇高和更普遍的意义，祛除了"应受谴责""自私自利"之类言外之意。比如安提戈涅的圣洁的兄妹之爱就是希腊文意义上的情怀。在这个意义上，情怀是一个本身合情合理的心灵力量，是理性和自由意志的本质性内涵。比如俄瑞斯特杀死自己的母亲，就不是基于我们通常称作"激情"的那种内心活动，毋宁说，是情怀驱使着他经过深思熟虑之后完全理智地作出了这个行为。从这一点来看，我们也不能说诸神具有情怀。他们仅仅是那个推动个人作出决断并采取行动的东西的普遍内涵。诸神本身始终处于宁静和无激情的状态，虽然他们当中也有争吵和争斗，但他们并不会真正严肃地看待这些事情，或者说他们的争斗具有一个普遍的象征意义，即这是诸神的一场普遍的战争。因此我们必须把情怀限定于人的行动，并且把它理解为一个本质上合乎理性的内涵，这个内涵活生生地存在于人的自主体之内，充满和渗透人的整个心灵。 [302]

αα）情怀构成了艺术的真正核心和恰当领域；无论是对于艺术作品还是对于观众而言，情怀的呈现都是主要发挥作用的因素。因为情怀拨动每一个人内心里都会发生共鸣的琴弦，每一个人都认识到一个真实的情怀的内涵所包含的价值和理性，并且承认它是这样的东西。情怀之所以具有感人的力量，是因为它自在且自为地主宰着人的生存。从这一点来看，外在事物、自然环境及其各种场景只能作为次要的附庸出现，以辅助情怀发挥作用。正因如此，自然界在本质上必须以象征的方式加以使用，以便让情怀回荡在四周，而情怀才是艺术呈现的真正对象。比如风景画本身已经比历史画低一个档次，但即使在它作为独立的东西而出现的地方,它也必须引发一种普遍的感受并具有一个情怀的形式。在这个意义上,人们经常说艺术必须触动人心;如果这个原理是正确的,根本问题就在于,艺术是通过什么东西来触动人心呢? 一般而言,触动是一种感同身受,有些人(尤其是现代人)很容易受到触动。只要有人撒播泪水和浇灌泪水,泪水就很容易肆意横流。但在艺术里,只有那种本身真实的情怀才具有感人的力量。

[303]   ββ)因此无论是在喜剧里还是在悲剧里,情怀都不应当是一种单纯的愚蠢和主观的臆想。比如莎士比亚《雅典的泰门》的主人公是一个彻头彻尾的仇恨人类者。朋友们在他家里胡吃海喝,耗尽了他的钱财,而当他自己需要钱的时候,他们都离他而去。于是他成为一个狂热的仇恨人类者。这种心情是自然的,也是可以理解的,但本身不是一个合情合理的情怀。至于席勒的早期作品《仇恨人类者》里的类似仇恨,更是现代人的一种无病呻吟。因为其描写的仇恨人类者同时是一个富有反思精神、学识渊博和极为高贵的人,对农民慷慨大度,解除了他们的农奴身份,而且对自己的美丽大方的女儿充满爱心。奥古斯特·拉封丹[①]的小说[②]描写的昆克提乌斯·海默兰·冯·弗莱明同样是一个莫名其妙地对人类种族的区别感到痛心疾首的人。尤其是在最近一段时间的文学作品里,各种幻想和欺骗已经达到无以复加的地步,它们希望以此造成耸人听闻的效果,但并没有在健康的人心里引起共鸣,因为这种关于人类真相的矫揉造作的反思不具有任何真实的内涵。

    反过来,一切基于学说、信念和对于信念的真理的认识的东西,都不是艺术所要呈现的真正情怀,因为它们的主要目的在于认识。属于这一类的是**科学的**认识和真理。因为科学所要求的是一种独特的教养,是对

---

    ① 奥古斯特·拉封丹(August Heinrich Julius Lafontaine, 1758 – 1831),德国作家。——译者注

    ② 奥古斯特·拉封丹《昆克提乌斯·海默兰·冯·弗莱明男爵的生平事迹》(*Leben und Taten des Freiherrn Quinctius Heymeran von Flaming*),四卷本,1795—1796 出版。——原编者注

于各门科学及其价值的多方面的钻研和认识;但这种研究在人心里并不具有一个普遍的推动力量,而是始终仅限于少数人。纯粹的**宗教**学说如果按照其最内在的**内涵**加以展开,处理起来也具有同样的难度。宗教的 [304] 普遍内容,比如对于上帝的信仰之类,是每一个深刻的心灵都关心的,但就这种信仰而言,宗教教义的阐明和对宗教真理的专门认识与艺术是毫不相干的,因此艺术没有必要去阐明这些东西。反之我们相信,每一种情怀,伦理力量的每一个关涉行动的动机,都能够触动人心。宗教主要涉及意念、心中的天国、普遍的慰藉、个人的内在提升作为真正的行动本身。因为宗教的神性因素作为**行动**就是伦理以及伦理的各种特殊力量,而这些力量所涉及的不是宗教的纯粹天国,而是世间万物和真正的人类事务。在古人看来,世间万物在本质上就是诸神的内容,因此诸神如果与行动有关,就可以完完全全出现在对行动的呈现里。

因此如果我们追问这类情怀有多大的范围,那么可以说,意志的这种实体性环节的数目是很少的,它们的范围是狭小的。尤其歌剧应当而且必须限定于这个狭小的范围,因此我们在歌剧里面反反复复听到的都是爱情的悲欢离合、荣誉、名誉、英雄主义、友谊、父慈子孝、夫妻恩爱之类东西。

γγ)上述情怀在本质上要求一种**呈现**和**刻划**。也就是说,情怀必须是一个内在丰富的灵魂,它把丰富的内心活动放置到情怀里面,不是仅仅保持为集中和内敛的状态,而是广泛地展开自身,把自身提升为一个完满的形态。这种内在的集中或展开形成了一个巨大的区别,因此从这一点来看,特殊的民族性在本质上也是彼此不同的。更擅于反思的民族也更擅于表现自己的激情。比如古人擅于深入剖析那种为个人灌注灵魂的情 [305] 怀,但并未因此陷入冰冷的反思或扯淡。在这个意义上,法国人也是富有情怀的,他们在表现激情方面的才华也不像我们德国人通常认为那样的仅仅是玩弄辞藻。我们德国人喜欢含蓄的心灵,认为那种尽情地表现情感的做法是不合适的,是对情感的冒犯。正因如此,在德国有一段时间,年轻的德国诗人对法国人的注水修辞感到厌倦,转而追求逼真性,但他们只会用感叹词来表达情感。然而仅凭"啊""噢"或愤怒的咒骂,仅凭咆哮和嘶吼,都是无济于事的。单纯的感叹能力是一种糟糕的力量,仅仅是一个粗俗灵魂的表达方式。个体的精神如果要呈现出情怀,就必须是一个内在充实的精神,能够扩展自身和表现自身。

从这一点来看,歌德和席勒也形成一个鲜明的对立。歌德不像席勒那样富有情怀,更多采取一种内敛的呈现方式;尤其在抒情诗里,歌德始终是很含蓄的;他的短歌就像短歌该有的样子,仅仅点到为止,并不把自身完全展现出来。反之席勒喜欢长篇大论,用清楚而生动的词句充分展现他的情怀。按照类似的方式,克劳狄乌斯①在《万兹贝克邮差》(第一卷,第153页)拿伏尔泰和莎士比亚进行对比,指出后者确实**是**那样,前者仅仅**看起来**是那样:"阿鲁埃先生②**说**:我在哭;而莎士比亚真的在**哭**。"问题在于,艺术应当呈现的恰恰是**说**和**看起来**,而不是自然的、现实的存在。假若莎士比亚真的只是在**哭**,而伏尔泰却是**看起来**在哭,那么莎士比亚反而是一个糟糕的诗人了。

[306]　　因此,如果情怀要像艺术要求的那样是内在具体的,就必须作为一个丰富完整的精神的情怀呈现出来。这就带着我们来到行动的第三个方面,更仔细地考察**性格**(Charakter)。

　　c. 性格

我们此前的出发点是行动的各种普遍的实体性力量。这些力量为了得到运用并得以实现,需要借助于人的**个体性**,并且在个体性那里显现为起推动作用的**情怀**。但那些力量的普遍者必须在特殊的个体身上融合为**总体性和个别性**,而这种总体性就是一个具有具体的精神性及其主观性的人,一个总体上的个人,亦即性格。诸神成为人的情怀,而情怀在具体的活动中就是人的性格。

---

① 克劳狄乌斯(Matthias Claudius,1740-1814),德国诗人和作家。——译者注
② 阿鲁埃(Francois-Marie Arouet)是伏尔泰的本名。——译者注

因此,当性格把我们迄今考察过的几个方面作为它自己的总体性的环节统一在自身之内,就构成理想的艺术呈现的真正核心。因为理念作为**理想**而言,就是在感性的观念和直观面前具有一个形态,并且在它的活动中采取行动并完成自身,而按照这个规定,理想就是一个与自身相关联的**主观的个别性**。但理想所要求的那种真正自由的个别性不仅表明自己是普遍性,而且表明自己是具体的特殊性,此外还是这两个方面的完完全全的中介活动和融贯渗透。这个情况构成了性格的总体性,而理想的性格在于一种丰富而强大的、自己统摄着自己的主观性。

就此而言,我们必须从三个方面考察性格:

第一,性格作为总体上的个体性,作为一个内在丰富的性格;

第二,这种总体性必须表现为特殊性,而性格也必须表现为**特定的** [307] 性格;

第三,性格作为内在**单一**的东西,把这个规定性当作它自己而与之结合,从而成为它的主观的自为存在,并且必须作为内在**固定**的性格贯穿始终。

接下来我们希望澄清这些抽象的基本规定,以便大家更容易理解。

α)按照规定,情怀应当在一个整全的个人内部展开自身,在这种情况下,情怀不再是艺术呈现的全部的和唯一的关注点,而是仅仅成为行动中的性格的**一个**方面,哪怕这是主要的方面。因为人在内心里并非仅仅把**一位**神当作他的情怀,毋宁说,人的心灵是广大而开阔的。一个真正的人身上有许多的神,他的心灵把所有那些在诸神的层面上分离崩析的力量都囊括进来;整座奥林波斯山都在他的胸中。在这个意义上,一位古人说:“人哪,你是依据自己的各种激情为自己创造出诸神!”实际上,希腊人的教养程度愈高,他们的神就愈多,而他们早期的神都是一些呆板的、尚未达到个体性并具有明确形态的神。

因此性格必须展现出这种丰富性。一个性格之所以让我们感兴趣,就在于它不但展现出这种总体性,而且在这种丰富性中保持为一个内在完整的主体。如果性格没有展现出这种圆满性和主观性,而是仅仅抽象地受制于**一种**激情,那么它看上去就是疯疯癫癫的或软弱无力的。因为个人的虚弱无力恰恰在于,他身上的那些永恒力量的内涵不是显现为他固有的自主体,不是显现为他作为主体固有的属性。

[308]　　比如在荷马那里,每一位英雄都是一个无比鲜活的、具有各种特点和性格特征的总体。阿喀琉斯是最年轻的英雄,但他的青春力量并不缺乏真正的人应当具有的其余品质,而荷马通过各种各样的情境为我们揭示出他的这种丰富性。阿喀琉斯深爱他的母亲忒提斯;当布里塞丝从他身边被夺走,他会痛哭流涕;他因为名誉受到损害,和阿伽门农发生争执,而这个争执在《伊利亚特》里是所有后续事件的出发点。除此之外,他是帕特罗克洛斯和安提洛科斯的最忠诚的朋友,是一个激情四射的年轻人,疾走如风,英勇善战,同时又对长者充满敬畏;他所信任的仆人,忠诚的菲利克斯,躺在他的脚边,而在帕特罗克洛斯的葬礼上,他对涅斯托耳表现出极大的尊重和敬意。但在面对敌人时,阿喀琉斯却表现得冲动暴躁,有仇必报和无比的残忍,比如他把被杀死的赫克托耳绑在马车后面,拖着尸体环绕特洛伊城跑了三圈;但当年迈的普里阿摩斯来到他的营帐,他又心软了,因为他想起了自己的老迈父亲,于是伸出手安慰哭泣的国王,尽管国王的儿子就是他杀死的。关于阿喀琉斯,我们可以说:"这就是人!"——高贵人性的多样性在这一个个体身上充分展现出自己的整个丰富性。荷马描写的其他性格,比如奥德修斯、狄俄墨得斯、埃阿斯、阿伽门农、赫克托耳、安德罗马科,同样也是如此。每个人都是一个整体,一个完整的世界,每个人都是一个完整的活生生的人,而非仅仅是某一个孤立的性格特征的寓托式抽象。与此相比,头上长角的齐格弗里德、特农伊的哈根和游吟诗人福尔克①虽然也是一些强大的个体,但终归是枯燥呆板的。

　　唯有这种多样性让性格具有鲜活的趣味。与此同时,这种丰富性必[309]　须看上去是归属于**同一个**主体,而不是一些杂乱无章的、单纯由于心血来潮而想到的东西——好比小孩子把所有东西都抓在手里,这貌似是一个

---

①　这几位是德国中世纪叙事诗《尼贝龙根之歌》里的人物形象。——译者注

活动,但体现不出性格——;性格必须深入人类心灵的各个最悬殊的方面,存在于其中,以此充实它的自主体,但不是为了停滞在那里,而是要在这种由兴趣、目的、特点、性格特征组成的总体性里保持一种集中于自身的稳固的主观性。

适合呈现这种总体上的性格的,首推叙事诗,其次是戏剧诗和抒情诗。

β)但艺术不可能止步于这种总体性**本身**。因为我们要的是具有规定性的理想,所以接下来的迫切要求就是应当呈现出性格的**特殊性和个体性**。尤其是处于冲突和反作用中的**行动**要求对形态作出限制并加以规定。因此戏剧诗的主角在绝大多数情况下都比叙事诗的主角更简单。更为固定的规定性是通过特殊的情怀凸显出来的,因为情怀使自己成为本质上的、鲜明的性格特征,从而导向特定的目的、决断和行动。但如果夸大了限制的作用,以至于一个人完全被掏空为一种特定情怀(比如爱情、名誉等等)的纯粹抽象的形式,就会失去所有的生命力和主观性,而艺术呈现也会变得枯燥无味,比如在法国人那里就经常是如此。因此在特殊的性格里,必须有**一个**方面显现为主导的方面,但规定性内部必须保持完整的生命力和丰富性,这样个体就能够全方位展现自身,进入各种各样的情境,并且在多种多样的外部情况中展开一个得到充分塑造的内心。索 [310]福克勒斯的悲剧形象就具有这种生命力,尽管其中的情怀本身是很单纯的。鉴于这些形象的栩栩如生的完整性,人们可以把它们比作一座座雕像。因为雕塑同样能够基于规定性而表现出性格的多样性。诚然,雕塑所呈现的不是那种把全部力量聚集到**一个**点上面的汹涌激情,而是一种静穆而庄严的、把全部力量都安静地封闭在自身之内的中和状态,但这个宁静的统一体并没有止步于抽象的规定性,而是在它的美里同时让我们觉得这是万物的诞生地,仿佛一切都有可能直接过渡到最为悬殊的关系。在真正的雕塑形象那里,我们看到的是一种宁静的深沉,这种深沉同时也能够走出自身并让全部力量得以实现。相比于雕塑,绘画、音乐和诗歌更应当展现出性格的内在多样性,而真正的艺术家任何时候都做到了这一点。比如在莎士比亚的《罗密欧与朱丽叶》里,罗密欧的主要情怀是爱情;但我们发现,他在各种最为悬殊的关系里面,在对待他的父母、朋友和侍从的时候,在与提伯尔特因为荣誉而发生冲突并进行决斗的时候,在敬畏和信任神父的时候,甚至在墓穴里与制药师密谋购买毒药的时候,都表现得高贵优雅,具有深沉真挚的感情。同样,朱丽叶也置身于一种总体的关系中,比如她和父母、奶妈、帕里斯伯爵和神父的关系。尽管如此,她仍然同等地沉浸在每一个情境里,而她的性格仅仅是由**一种**情感亦即炙热的爱情渗透和支撑起来的,这种爱情像大海一样深沉辽阔,以至于朱丽叶完全有理由说:"我付出的愈多,收获的也愈多:二者都是无限的。"因此,

[311] 如果只呈现**一种**情怀,那么它必须在自身之内发展出它的丰富性。抒情诗也是同样的道理,只不过情怀在这里不可能变成具体关系里的行动。也就是说,情怀在抒情诗里也必须表现为一个充分发展的、能够在所有背景和情境中显露出来的心灵的内在状态。洋洋洒洒的口才,一种与一切东西相结合、把过去转化为现在、擅长把全部外在背景当作内心的象征性表现的想象力,敢于表达出深刻的客观思想,并且在阐明这些思想的时候展现出一个深谋远虑而清澈高贵的精神——这样一种能够把内在世界宣说出来的丰富性格在抒情诗里同样有一席之地。从知性的角度看,这种包含在占据主导地位的规定性内部的多样性似乎是前后矛盾的。比如阿喀琉斯的高贵的英雄性格的基本特征是一种美的青春力量,在面对父亲和朋友的时候非常温柔;那么问题来了,这样的人怎么可能怀着残忍的复仇欲拖着赫克托耳的尸体绕城示威呢?莎士比亚笔下的那些聪明伶俐的和极为幽默的粗鄙下人也是如此。人们可能会问:这些如此机智的人怎么可能做出如此愚蠢的事情?也就是说,知性希望仅仅以抽象的方式凸显性格的**一个**方面,把它当作衡量整个人的唯一准绳。在知性看来,凡是违背这种片面性的主导地位的,都是前后矛盾。反之对于总体上的活生生的东西的理性而言,这种前后矛盾恰恰是前后一贯的和正当的。因为人的特点就在于他不仅能够在自身之内承担着多种事物的矛盾,而且能够忍受这些矛盾,同时保持自身一致并忠于自身。

γ）正因如此，性格必须把它的特殊性和它的主观性结合起来，必须 [312]
是一个特定的形态，并且在这个规定性中具有**一个**保持忠于自身的情怀
的力量和坚定性。如果人没有按照这个方式保持**自身一致**，那么多样性
的各个方面就是一盘散沙，毫无意义。在艺术里，"保持自身一致"恰恰
构成了个体的无限性和神性。从这个方面来看，坚定性和决断性对于性
格的理想呈现而言是一个重要的规定。正如前面指出的，当各种力量的
普遍性和个体的特殊性渗透在一起，并且在这个结合中被提升为一种内
在统一的、与自身相关联的主观性和个别性，就会体现出坚定性和决
断性。

基于这个要求，我们必须考察近代艺术的许多现象。

比如在高乃依①的《熙德》里，爱情和荣誉的冲突扮演着重要的角色。
这种本身包含着区别的情怀确实能够导致冲突；当它作为内在的冲突被
放置于同一个性格之内，这固然会带来富丽堂皇的修辞和打动心扉的独
白，但我们看到的只是同一个心灵的分裂在抽象的荣誉和抽象的爱情之
间翻来覆去，而这就违背了性格的真正的决断性和自身一致。

另一种情形同样是与个体的决断性相矛盾的，即一位主要角色本来
具有强大的情怀，却要让一个次要角色去规定他和说服他，于是可以把责
任推到别人身上，比如在拉辛②那里，菲德拉就是被伊诺妮说服了。但真
正的性格是从自身出发去行动，不会让别人代替它作出决断。但如果它
是从自身出发去行动，它也就愿意为自己的行为承担责任。

至于另外一种不坚定的性格，主要是近代德国文学展现出的一种内 [313]
在虚弱的多愁善感，而这种多愁善感在德国曾经长期占据统治地位。最
著名的例子就是歌德笔下的维特，一个完全病态的性格，陷入自己的爱情
不能自拔。他身上吸引人的地方在于那种热烈而优美的情感，通过教养
而形成的对于自然界的挚爱，以及温柔的心灵。这种软弱经过不断深化

---

① 高乃依（Pierre Corneille，1606-1684），法国古典主义剧作家。——译者注
② 拉辛（Jean Racine，1639-1699），法国古典主义剧作家。——译者注

之后发展为一种顾影自怜的空无内涵的主观性,并且有着另外一些形式。比如雅各比①在其《沃德玛尔》中描写的优美灵魂就属于这个类型。这部小说展现出的是一个自命不凡的心灵,一种对自己的美德和优越性充满自我欺骗的想象。这个灵魂自认为是高尚而神圣的,但与现实世界的所有方面都处于一种别扭的关系,它没有能力忍受和改造现实世界的真正内涵,反而出于一种优越感贬低和拒斥一切东西。哪怕是对于真正的伦理旨趣和充满的人生目的,这种优美灵魂也充耳不闻,而是给自己编织出一个茧房,仅仅活在自己的主观的宗教幻想和道德幻想之内。它不但自我标榜,对自己的优越性充满内在的狂热,而且无比的敏感,要求所有别的人时时刻刻都要发现、理解和尊重这种孤独的美。如果别人做不到这

[314] 一点,它的整个心灵就受到无比的震撼,悲痛欲绝。所有的人性,所有的友谊,所有的爱情在这一瞬间都烟消云散了。伟大坚强的性格毫不在意的东西,比如学究气和无教养,一点点鲁莽和笨拙,对这样的心灵而言都是不可忍受和不可理解的,而且每每是这种实际上微不足道的东西让它陷入无比的绝望。随之出现的是无穷无尽的沮丧、忧愁、怨恨、愤怒、抱怨、忧郁和凄凉,由此产生出一种对于自己和别人的胡思乱想,一种痉挛抽搐乃至于一个坚硬狠毒的心肠,最终完全暴露出这种优美灵魂内心里的悲惨和软弱。——没有人会欣赏这种乖僻的心灵。因为真正的性格必须有勇气、有能力去意愿和掌握某种现实的东西。这种永远保持在自身之内的主观性只能引发一种空洞的兴趣,它自认为是什么更高贵和更纯洁的人物,仿佛内心里面隐藏着什么神性的东西,但这些东西一经显露出来,只不过一些鸡毛蒜皮。

除此之外,这种缺乏内在充实的实体性的性格还有一个表现方式,就是心灵的某些稀奇古怪的高尚特征以一种扭曲的方式实体化了,被理解为独立的力量。属于此类的有魔法、催眠、恶灵、通灵扶乩、梦游症等等。本来应当好好活着的个体被认为与这些晦暗力量有着某种关系,这种关

---

① 雅各比(Friedrich Heinrich Jacobi, 1743-1819),德国哲学家和作家。——译者注

系一方面存在于他自身之内,另一方面对于他的内心世界而言是一个陌
生的彼岸世界,规定和统治着他。据说这些未知的力量包含着一种关于
不可理解和不可掌握的恐怖事物的深不可测的真理。但这些晦暗力量恰
恰应当被驱逐出艺术的领域,因为艺术之内没有什么东西是晦暗的,毋宁　[315]
说一切都是清澈透明的,因此那些不可见的东西无非是精神病的表现,而
那些热衷于此的诗歌也是含混不清和空洞无聊的,比如霍夫曼的作品和
海因利希·克莱斯特①的《洪堡王子》就是如此。真正理想的性格并不把
彼岸世界和怪力乱神、而是把现实的兴趣当作它的内涵和情怀,在其中安
然于自身。在近代的诗歌里,尤其是通灵扶乩已经成为一种家常便饭。
反之在席勒的《威廉·退尔》里,当年迈的阿廷豪森在临死前宣告他的祖
国的命运,这种预言的处理方式却是很得当的。无论如何,为了制造出冲
突并令人感兴趣,就把健康的性格和病态的精神搅和在一起,这始终是很
糟糕的做法;正因如此,对于疯狂的处理也必须是极为谨慎的。

在我们看来,近代的反讽原则也是通过上述糟糕做法损害了性格的
统一体和坚定性。这个错误的理论让诗人误入歧途,在性格里面设置一
种无法统一起来的差异性,以至于每一个性格作为性格而言都被破坏了。
据说任何人只要带着一个规定性出现,都应当让这个规定性发生反转,把
性格呈现为对于规定性和它自身的否定。这一点已经被反讽看作艺术的
真正高峰,因为观众没有必要被一个本身具有肯定意义的旨趣打动,而是
应当保持超然的态度,正如反讽本身也是超然于一切东西之上。——人
们甚至希望在这个意义上去解释莎士比亚塑造的那些性格。比如麦克白
夫人应当是一位温柔可爱的妻子,哪怕她不仅提出谋杀国王的想法,而且
实现了这个想法。但莎士比亚的优点恰恰在于,他所塑造的性格都是果　[316]
敢坚毅的,即使在做坏事的时候,在形式上也是伟大而坚定的。哈姆雷特
虽然缺乏决断,但他所犹豫的不是应当做**什么事情**,而是应当**如何**去做这

---

① 海因利希·克莱斯特(Henrich Kleist,1777–1811),德国浪漫派诗人和作家。——
译者注

件事情。但现在有些人认为莎士比亚塑造的性格也是疑神疑鬼的,甚至认为那种三心二意和废话连篇的做法本身必定会让人感兴趣。但理想之所以是理想,就在于理念是**现实的**,而这种现实性要求人是一个主体,进而是一个内心坚定的单一体。

关于艺术中的具有饱满性格的个体,基本上要说的就是这么多。关键是一个充实饱满的心灵包含着一个具有本质规定的情怀,而且这个情怀必须渗透到心灵的内在个体世界里面,以至于艺术除了呈现出情怀之外,还要呈现出这种渗透。与此同时,情怀不应当在人的内心里摧毁自身,不应当表现为一种本身无关紧要的和虚妄的东西。

III. 理想的外在规定性

关于理想的规定性,我们**首先**是一般地考察理想为什么以及通过什么方式必须出现在特殊化的形式里。**其次**我们发现,理想必须包含着内在的运动,从而走向内在的差异,而这些差异的总体性将自身呈现为行动。通过行动,理想走出自身,进入外在世界,因此**再次**的问题是,具体的现实性的最后这个方面如何以合乎艺术的方式获得形态?因为理想是一个与自己的**实在性**同一的理念。迄今为止,我们对于这种现实性的考察 [317] 仅仅涉及人的个体性及其性格。但人同样具有一个具体的**外在的**定在,他虽然摆脱这个定在,回到自身之内闭合为一个主体,但在这个主观的自身统一体之内仍然和外在世界相关联。人的现实的定在置身于一个周遭世界,正如神像置身于一座庙宇。正因如此,我们现在必须梳理各种线索,看看它们是如何把理想和外在世界联系在一起并贯穿其中。

这样一来,我们就进入一个广袤的世界,置身于外在事物和相对事物的纠纷关系。首先出现在我们眼前的是外在的自然界,比如地域、时间、气候,而我们在这里每走一步都会看到一个具有明确规定性的新颖画面。其次人们利用外在的自然界去满足他们的需要和目的,因此我们还需要考察这种利用的方式和性质,包括工具、住房、武器、坐具、车辆等等的发明和装备，烹饪和进食的方式以及所有带来生活便利和奢侈享受的东西。除此之外，人还生活在一个由精神性关系构成的具体的现实世界里，所有这些关系也制造出一个外在的定在，包含着各种各样的命令和服从的方式，比如家庭、亲缘关系、财产、乡村生活、城市生活、宗教礼仪、战争、市民状态和政治状态、社会结构等等，总而言之，一切情境和行动中的丰富多彩的伦常习俗都属于围绕着人的定在的现实世界。

　　从所有这些方面来看，理想都直接牵涉到通常的外在实在性和现实中的日常生活，进而牵涉到生活的平凡的散文气。因此，如果人们执着于近代关于理想的粗俗观念，就会觉得艺术必须切断与这个相对世界的全部联系，因为外在世界这个方面仿佛是完全无关紧要的，甚至相对于精神及其内在性而言是低贱而卑微的东西。在这个意义上，艺术被看作一种精神性力量，应当让我们超脱需要、困苦和依赖性的整个层面，并且摆脱人们在这个领域里惯常使用的知性和机智。除此之外，这里的绝大多数东西都是习以为常的，和时间、地点和习惯密切相关，因此是艺术必定羞于接纳的一个纯粹偶然的领域。但一方面看来，理念性的这个假象只不过是现代主观性的一种高度抽象化的产物，因为这种主观性根本不敢与外在世界打交道，另一方面看来，这只不过是主体强行挣脱限制的做法，因为它由于出身、阶层和情境已经自在且自为地被限定于一个领域里面。这种挣脱限制的手段无非就是让主体退回到情感世界之内，沉迷入其中不能自拔，并且在这种脱离现实的情况下认为自己拥有高人一等的智慧，因此可以仅仅仰望高空，同时蔑视一切尘世之物。但真正的理想不会止步于无规定的和单纯内在的东西，而是必须在它的总体性中走出自身，从所有方面达到外在事物的那种特定的可直观性。因为人作为理想的完满核心是**活着**的，在本质上存在于此时此地，存在于当下，具有个体的无限性，而总的说来，生命包含着周遭的外在自然界的全部对立、与自然界的联系以及自然界里面的活动。艺术不但应当把握这个活动本身，还应当把握它的特定现象，因此这个活动必须借助于外在现象这个材料进入定在。

[318]

[319]   正如人在自身之内是一种主观的总体性,从而和他的外在世界是隔开的,外在世界同样是一个前后连贯的和圆满封闭的整体。这两个世界虽然是彼此排斥的,但又处于本质性的关联中,并且只有在它们的联系中才构成具体的现实世界,而这个世界的呈现提供了理想的内容。这就浮现出刚才提到的那个问题,即外在世界在这样的总体性内部应当具有什么形式和形态,以便通过艺术以理想的方式呈现出来?

就此而言,我们必须区分出艺术作品的三个方面。

第一,完全抽象的外在性本身,比如空间性、形态、时间、颜色等等,这些东西本身需要一个合乎艺术的形式。

第二,外在事物在具体的现实性中按照我们刚才已经描述的样子显露出来,而艺术作品应当呈现出人的内心的主观性与周遭环境的和谐一致。

第三,艺术作品是服务于直观的,是面向公众的,因此公众有权利从自己的真实信念、感受和思想出发在艺术客体那里重新发现自己,从而能够与被呈现的对象产生共鸣。

1. 抽象的外在性本身

当理想摆脱自己的单纯本质性并进入外在的实存,就立即获得双重意义上的现实性。也就是说,一方面,艺术作品赋予理想的内涵以现实性的具体形态,亦即把这个内涵呈现为一个特定的状态或特殊的情境,呈现为性格、事迹、行动,而且让它们同时具有外在定在的形式;另一方面,艺 [320] 术把这个本身已经是总体的现象放置在一种特定的**感性**材料里面,从而创造出一个可以耳闻目睹的全新艺术世界。从这两个方面来看,艺术都已经达到外在世界的极限,而理想的那个总体上的统一体就其具体的精神性而言已经不可能映现到这个极限。从这一点来看,艺术作品也具有双重意义上的外在方面,这个外在方面始终是单纯的外在性本身,因此它的形态只能是一个外在的统一体。这里又出现了我们在讨论自然美的时候考察过的那种关系,因此同样的一些规定仍然是有效的,只不过现在是从艺术的方面来看。也就是说,外在事物所具有的形态一方面看来是规则性、对称和规律性,另一方面看来是感性材料的统一体(亦即单一性和纯粹性),而艺术就是把感性材料当作艺术形象的定在的外在因素。

a)首先,关于**规则性**和**对称**,它们作为知性的单纯无生命的统一体,即使从外在方面来看也不可能穷尽艺术作品的本性,而是只有在那些本身没有生命的东西(比如时间、空间排列等等)那里才有其地位。当它们在这些要素里出现,就标志着哪怕是最外在的东西也是受理智控制的。因此我们看到它们在艺术作品里也具有双重的意义:当它们保持为抽象的东西,就摧毁了生命力;因此理想的艺术作品哪怕是就外在方面而言也必须超越单纯的对称。尽管如此,在有些地方比如音乐的旋律里也还不能完全取消规则性,而是必须把它当作单纯的基础。但反过来看,这种赋予无规则和无尺度的东西以规则和尺度的做法是某些艺术唯一能够接受的基本规定,这是由这些艺术的呈现材料决定的。在这种情况下,规则性 ［321］ 是艺术中唯一符合理想的东西。

从这个方面来看,规则性主要适用于建筑,因为建筑艺术作品的目的就是以艺术的方式去表现精神的外在的、本身无机的周遭环境。因此在建筑那里,占据主导地位的是直线、直角、圆形,以及柱子、窗户、拱桥、横梁、圆顶的一致性。也就是说,建筑艺术作品本身并不是目的,而是一个服务于装饰、居住等目的的外在东西。一座房屋需要安置神像,或者被人当作住所。因此从本质上看,这种艺术作品不应当把注意力吸引到自己身上。就此而言,规则性和对称作为一贯的法则主要是适用于建筑的外在形态,因为知性很容易看清楚一个完全合乎规则的形态,用不着再多花心思。至于建筑形式除此之外作为背景或外在地标与精神性内涵的象征关系,这里当然还不是讨论的地方。上述情况也适用于一种特定类型的园林艺术,因为这种艺术可以被看作建筑形式经过改头换面之后应用到现实的自然界上面。无论是在花园里还是在房屋里,人都是关键。当然,此外还有一种把杂多性及其无规则性当作法则的园林艺术,但规则性终究是占据主导地位的。因为错综复杂的迷径、总是蜿蜒曲折的花丛、一汪死水之上的小桥、突兀的哥特式小教堂和中国式庭院、隐居者的小屋、香炉、柴堆、茅屋、土坡和雕像之类,第一眼看上去都在要求被当作独立的东西,再看一眼就让人厌倦。真正的乡村之美就不是这样,它并不是为了使用和享受而存在的,但本身可以成为观察和欣赏的对象。但反过来说,规则性在园林里不应当是突兀的,而是应当像刚才要求的那样,凸显出人是外在的自然环境的关键主体。

[322]

在绘画里,规则性和对称也有其地位,比如在整体布局、人物组合、姿态、动作、衣服褶皱等方面就是如此。但由于精神性活力在绘画里相比在建筑里能够深刻得多地渗透于外在现象,所以对称的抽象统一体只有少许用武之地,而我们主要是在早期艺术看到呆板的一致性及其规则,而在稍晚的艺术里,那种类似于有机体形式的更自由的线条已经成为基本风格。

反之在音乐和诗歌里,规则性和对称又成为重要的规定。这两门艺术在音调的时间绵延里具有一种单纯的外在性,而这种外在性不可能有别的更具体的形态。凡是在空间里并列的东西,都是一目了然的,但在时间里,一个瞬间存在的时候,另一个瞬间已经消失了,而时间序列就是在这种消失和回归中绵延不绝。节拍的规则性必须赋予这种无规定性一个形态,制造出一种规定性和均匀的重复,从而控制着这种绵延不绝的推进。音乐的节拍包含着一种让我们根本无法抗拒的魔力,经常让我们一听到音乐就不自觉地打起节拍。也就是说,均匀的时间段按照一个特定的规则不断回归,这并不是一件客观地归属于音调及其绵延的事情。音调本身和时间无所谓是否以均匀的方式被划分和被重复。因此节拍仿佛是某种完全由主体制造出来的东西,以至于我们只要听到它就获得一种直接的确定性,知道时间的这种规则化是某种主观的作用,亦即是纯粹的自身一致性的基础,而主体作为自身一致性和自身统一体以及这种一致性和统一体的回归,在千变万化的情况下本身都包含着这个基础。正因如此,节拍能够直达最深处的灵魂,紧紧抓住我们自己的这种起初仅仅抽

[323]

象地保持自身同一的主观性。从这个方面来看，那种在音调里打动我们的东西，不是精神性内容，不是感受的具体灵魂；同样，并非单纯的音调本身激昂着我们的内心；毋宁说，是这个抽象的、被主体放置于时间之内的统一体，与主体的同一个统一体发生共鸣。同样的情况也适用于诗歌的韵律和韵脚。在诗歌里，规则性和对称同样构成了秩序规则，并且对这个外在方面来说是不可或缺的。在这种情况下，感性因素立即超出了感性层面，本身就表明这里不是在表现普通意识，因为普通意识仅仅漫不经心地和随意地对待音调的时间绵延。

类似的一种还没有完全固定下来的规则性进而与真正的活生生的内容交织在一起，虽然其采取的是一个外在的方式。比如在一部有着明确的章节、歌唱和分幕的叙事诗或戏剧诗里，关键是让这些特殊的部分在篇幅上基本一致。同样在绘画里，人物的组合既不应当体现出本质内容的强制性，也不应当体现出单纯的规则的明显主导地位。

规则性和对称，作为空间和时间里的外在事物的抽象统一体和规定性，主要只是涉及量的方面，即大小规定性。因此，凡是不再把这种外在性当作真正因素的东西，都不受单纯量的关系的统治，而是由一些更深刻的关系及其统一体所规定的。因此艺术愈是摆脱外在性本身，它赋予形态的方式就愈是不受规则性约束，从而仅仅给予规则性一个有限的和次要的领域。 [324]

我们既然谈到了对称，这里就必须再谈谈和谐。和谐不再与单纯量的方面有关，而是与本质上的**质**的区别有关，这些区别不应当保持为单纯的相互对立，而是应当被带到和谐一致。比如在音乐里，主音与中音以及属音之间不是单纯的量的关系，毋宁说它们是一些**本质上**不同的音调，同时又融合为一个统一体，没有让它们的规定性表现为刺耳的对立和矛盾。反之不和谐的音调需要被消除。颜色的和谐也是如此，因为艺术要求各种颜色在一幅画里既不应当是胡乱涂抹的，也不应当作为单纯已经瓦解的对立而出现，而是应当造成一个总体上的和统一的和谐印象。更确切地说，和谐包含着各种区别的总体性，这些区别就事情的本性而言属于一个特定的范围;比如有些同属于一个特定范围的颜色是所谓的基色,它们起源于颜色的基本概念,不是偶然混合得来的。这样的协调一致的总体性就构成了和谐。比如一幅画不但应当体现出黄色、蓝色、绿色和红色等基色的总体性,也应当体现出它们的和谐,而古代画家也无意识地强调这种完整性并遵循它的规律。由于和谐已经开始摆脱单纯的外在规定性,所以能够吸收更广阔的精神性内涵并将其表现出来,比如古代画家在描绘主要人物的衣服时已经使用纯粹的基色,反之在描绘次要人物的时候使用的是混合的颜色。比如玛利亚经常披着一件蓝色的长袍,因为蓝色有镇静作用,符合内心的平静温和;相应地,她很少披着一件鲜艳夺目的红色长袍。

[325]

b)正如我们已经看到的,外在性的第二个方面涉及艺术用来作为呈现手段的**感性材料**本身。这里的统一体是立足于材料本身的单纯的规定性和一致性,因为材料不应当是无规定的差异性和单纯的混合,更不应当是一种不纯粹的东西。这个规定性不但涉及空间事物,比如轮廓的清晰性、直线和圆圈等等的鲜明性,而且涉及时间的固定规定性,比如节拍的准确掌握;此外它还涉及特定的音调和颜色的纯粹性。比如在绘画里,颜色不应当是脏乱的或灰暗的,而应当是清晰、明确而单纯的。从这个感性的方面来看,颜色的美就在于它的纯粹性或单纯性,而且在这种情况下,那些最单纯的颜色也具有最强烈的效果:比如不掺杂绿色的纯粹黄色,不掺杂蓝色或黄色的纯粹红色等等。当然,让各种颜色保持这种固定的单纯性,同时还处于和谐状态,这是很困难的。但这些本身单纯的颜色构成了一个不应当被全然放弃的基础,哪怕有时候要使用混杂的颜色,也不应当让它们看起来杂乱无章,而是应当让它们看起来本身是清晰和单纯的,

[326]

否则那些明亮清晰的颜色就会变成污点。同样的要求也适用于音调的声音。比如金属弦或肠弦是通过这种材料的颤动发出声音,而这种颤动是取决于一根弦的特定的张力和长度;当弦的张力变弱了或者没有按照正确的长度来调节,音调就失去了这种单纯的规定性,听起来很奇怪,因为它已经漂移到别的音调上面。类似地,如果不是让琴弦单纯地颤动,而是

加上机械的摩擦揉搓,那么我们除了听到音调本身的声音之外,还会听到伴随的噪音。同理,人声的音调也必须是纯粹而自由地从喉咙和胸膛中迸发出来,不能让器官发生共鸣,或者像那些沙哑的音调一样让人听出某种没有被克服的障碍。从单纯的感性方面来看,音调的美就在于这种已经摆脱了一切杂音的鲜明性和纯粹性,同时保持着固定的、毫不动摇的规定性,而它也因此区别于吱吱嘎嘎的噪音。这一点也适用于语言,尤其适用于元音。如果一种语言具有明确而纯粹的 a,e,i,o,u 等元音,听起来就很悦耳并且适宜歌唱,比如意大利语就是如此。反之复合元音总是具有一种混合的音调。在书写的时候,拼音可以被归结为少数同样的符号,看上去具有单纯的规定性,但在说话的时候,这种规定性就变得模糊不清,因此尤其在某些方言里,比如在德国南部、施瓦本和瑞士的方言里,有些混杂的语音根本不可能被书写下来。但这一点不应归咎于书面语言的缺陷,而仅仅是由当地人的慢性子造成的。

　　以上讨论的是艺术作品的一个外在方面,这个方面作为单纯的外在性也只能具有一个外在的和抽象的统一体。 [327]

　　但按照进一步的规定,理想的**精神性的**、**具体的个体性**必须进入外在性,以便在其中把**自己**呈现出来,就此而言,外在事物必须被这种内在性和总体性渗透,并将其表现出来。但在这件事情上,无论是单纯的规则性、对称与和谐,还是感性材料的单纯规定性,都是捉襟见肘的。这就促使我们去考察理想的外在规定性的第二个方面。

2. 具体的理想与它的外在实在性的协调一致

　　从这一点来看,我们可以承认这样一条普遍的法则,即人必须在周遭世界里安居乐业,个体性在自然界和所有外在关系里都必须看起来是安稳的和自由的。也就是说,一方面是性格及其状态和行动的主观的内在总体性,另一方面是外在定在的客观的总体性,而这两个方面必须表现出协调一致和互相依存。换言之,外在的客观世界作为**理想的**现实性必须放弃自己的单纯客观的独立性和生硬性,这样才会表明它与那个把它当作外在定在的东西处于同一性之中。

就此而言,我们必须确定这种协调一致的三个不同的视角。

第一,上述两个方面的统一体可以保持为单纯的**自在体**(Ansich),看起来仅仅是一个隐秘的内在纽带,通过这个纽带,人与他的外在环境结合在一起。

[328]　　　**第二**,但由于具体的**精神性**及其个体性是理想的出发点和本质内容,所以与外在定在的协调一致也必须从**人**的活动出发,并且表明自己是通过人的活动而**被制造出来**的。

第三,这个通过人的精神而被制造出来的世界本身又是一种总体性,它在它的定在里独自构成一个客观世界,而那些在这个基础上活动的个体必须与这个客观世界具有一个本质上的联系。

a)关于**第一点**,我们可以从这个论断出发,即理想的背景既然现在看起来不是由人的活动所设定的,起初就仍然是一种外在于人的东西并保持为**外在的**自然界。因此我们必须首先谈谈理想的艺术作品如何呈现这个外在的自然界。

α)首先,外在的自然界就其展示出的外部形态而言,是一种在所有方面都具有**特定的**形态的实在性。这种实在性理应被呈现出来,而如果这件事情真的发生了,那么这种呈现必须作到完全的自然逼真。至于这里应当如何尊重直接的自然界与艺术的区别,我们在前面已经看到了。总的说来,杰出大师的一个特征就是在描述外在的自然环境时能够作到忠实、逼真和完全确定。因为自然界并非仅仅是大地和天空,人也不是悬浮在空气中,而是在小溪、河流、大海、丘陵、山地、平原、森林、峡谷之类特定的地域里感受事物和采取行动。比如荷马虽然没有提供现代意义上的自然描述,但他的各种描写和记载仍然是很忠实的,而且他关于斯卡曼德、西摩伊斯河以及各种海岸和港湾提供了一幅如此详尽的图像,以至于人们直到现在都可以发现同一个地方在地貌上和他的描写是一致的。反

[329]　之那些街头说唱艺人无论是描写性格还是描写自然界都是枯燥空洞的和

完全模糊不清的。名歌手①也把《旧约》里的一些故事谱写为诗,也把耶路撒冷之类地方当作故事发生地,但他们无非是给出一个地名罢了。《英雄书》②也是如此;奥特尼特骑马进入杉树林,与恶龙搏斗,但没有提到周围有什么人,在什么明确的地点,因此根本不能给人留下任何印象。甚至《尼贝龙根之歌》③差不多也是这样;其中虽然提到了沃姆斯、莱茵河、多瑙河,但相关的各种描述也是含糊而空洞的。但个别性和现实性必须具有完满的规定性,否则它们就只是一个抽象的名词,与"外在实在性"这个概念相矛盾。

β)这里所要求的规定性和忠实性直接与某种具体性联系在一起,通过这种具体性,我们关于这个外在方面也获得一个形象或一个直观。当然,不同的艺术由于使用不同的要素来表现自身,所以也构成了一个本质性的区别。雕塑的形态应当表现出宁静和普遍性,因此不太注重具体的和局部的外在细节,它所表现的外在方面不是地域和环境,而仅仅是衣服、头饰、武器、坐具之类东西。古代的许多雕像只有借助于衣服的传统样式、头发的梳理样式和其他诸如此类的标志才可以更明确地加以区分。但这些传统样式跟我们这里所说的没有关系,因为它们不能算作严格意义上的自然事物,仅仅是为了消除雕像的偶然方面,表明它们是通过何种方式成为一种更普遍的和恒定的东西。——相比之下,抒情诗在大多数情况下都是仅仅把内心呈现出来,因此没有必要具体地描写它所涉及的外在方面。反之叙事诗所说的是**什么**东西存在,行为在**哪里**发生和**如何** [330] 发生,因此它在所有类型的诗歌里面最需要致力于事无巨细的描写,哪怕是涉及外在地域的时候也是如此。同样,绘画就其本性而言比任何别的艺术都更注重局部细节。但无论在哪一门艺术里,这个规定性都不应当

---

① 名歌手(Meistersänger)是一群活跃于13—16世纪的德国游吟诗人,最著名的代表是汉斯·萨克斯(Hans Sachs,1494—1576)。——译者注

② 《英雄书》(Das Heldenbuch)是一部产生于13世纪的德国叙事诗。——译者注

③ 《尼贝龙根之歌》(Nibelungenlied)是一部产生于1200年前后的德国神话叙事诗,后来瓦格纳以此为基础谱写了四部曲音乐戏剧《尼贝龙根的指环》(Der Ring des Nibelungen)。——译者注

走上歧途,追求散文气的现实的自然事物或直接对其进行模仿,也不应当过于关注具体细节,压过对个人及其事迹的精神性方面的呈现。总的说来,艺术家不应当为细节而追求细节,因为外在事物只有在与内心联系在一起的时候才应当出现。

γ)这就是我们现在要谈的关键。也就是说,正如我们看到的,个体如果要作为现实的个体出现,必须包含两个方面:一个是它自己的主观性,另一个是它的外在环境。如果要让外在世界显现为**它的**外在世界,二者之间就必须有一种本质上的协调一致,这种协调一致可能在某种程度上是内在的,甚至夹杂着许多偶然事物,但不应当失去同一的基础。比如在叙事诗英雄的整个精神性倾向里,在他们的生活方式、意念、感受和行为里,必须让我们觉察到主体与环境之间的一种隐秘的和谐和共鸣,使上述各个方面融合为一个整体。比如阿拉伯人在本性上就是与自然界合一的,我们只有通过他们的天空和星辰,通过他们的炎热沙漠、帐篷和骆驼才能够理解他们。因为只有这样的气候、天空和地域才是他们的家园。同理,莪相笔下的英雄们(根据麦克菲森的现代改写或创作①)虽然是极为主观的和沉湎于内心的,但他们的忧愁和悲伤完全是和荒原、寒风吹过的荆棘、云雾、山丘和黑暗的洞穴联系在一起。只有通过这整个地域的面貌,我们才能够完整而清晰地理解那些人物的内心,理解他们在这片土地上的愤懑、悲伤、痛苦、斗争等云里雾里的现象,因为他们完全生活在这个环境之内并且仅仅把这个环境当作他们的家园。

[331]

从这一点来看,我们可以首先下一个结论,即历史素材的一个巨大优势在于直接包含着主观方面和客观方面的协调一致,而且这是一种有着具体细节的协调一致。这种和谐很难借助于想象先天地推算出来,但哪怕是这种和谐在一个素材的绝大部分内容里不能以概念的方式推演出来,我们至少也应当预感到它是无所不在的。诚然,我们已经习惯于认为

———————————

① 莪相(Ossian),传说中的古爱尔兰的英雄和诗人。18世纪的苏格兰诗人麦克菲森(James Macpherson,1736-1796)声称"发现"了莪相的叙事诗并将其整理发表,实际上其绝大部分内容是麦克菲森自己创作的。——译者注

想象力的自由创作优于既有素材的重新加工，但想象终究不能制造出现实生活里已有的那种坚定而明确的协调一致，而民族性就是从这种和谐里显露出来的。

关于主观性和它的外在自然界的单纯自在存在着的统一体，以上所说基本上是一个普遍的原则。

b) **第二种**协调一致不是止步于这个单纯的**自在体**，而是明确地通过人的活动和技能产生出来的，也就是说，人利用外在事物，并且通过由此获得的满足而与外在事物处于和谐之中。不同于起初的那种仅仅涉及**普遍者**的协调一致，现在的协调一致是涉及**特殊事物**，即特殊的需要以及通过对于自然对象的特殊使用而获得的满足。——这个由需要和满足构成的范围本身已经是无比丰富的，但自然事物还要更加丰富得多，而它们之所以获得一种更大的单纯性，是因为人把自己的精神性规定放置到它们之内，用自己的意志贯穿外部世界。这样一来，人就把他的周遭环境拟人化了，因为他表明环境能够满足他的需要，在他面前没有能力保持独立。只有借助于这个贯穿的活动，才可以说无论是在普遍的情况下，还是在特殊的和个别的情况下，人都是通过他的环境而成为现实的，而这个环境就是他的家园。 [332]

至于艺术如何呈现出这整个层面，基本思想可以简单概括如下。人，从他的需要、愿望和目的的局部方面和有限方面来看，与外在的自然界之间起初不仅是**一般的**关系，而且是**依赖的**关系。这种相对关系和不自由是与理想相矛盾的，所以人如果要成为艺术的对象，就必须已经从这种劳作和困苦中解放出来，已经摆脱依赖性。进而言之，这个让双方达到平衡的行为可以具有**双重的**出发点。**第一**，自然界本身友善地提供人所需要的东西，也就是说，不是给人的各种兴趣和目的制造障碍，而是主动地变着法子加以迎合。**第二**，人的某些需要和愿望是自然界不能直接加以满足的。在这种情况下，人必须通过自己的活动去满足自己；他必须占有、修理、改造自然事物，通过自己掌握的技能去消除一切障碍，从而把外在事物转化为一个可以帮助他实现所有目的的工具。主观方面和客观方面的最纯粹的关系,就是自然界的友善与精神性的技能紧密结合在一起,不是展现出斗争的残酷性和依赖性,而是展现出完全的和解。

[333]　　在艺术的理想环境里,必须已经克服了生命的困苦。如果财富和舒适环境能够提供一个状态,让需要和劳作不是仅仅在一瞬间,而是在整体上消失,那么它们不但不违背审美,而且可以媲美理想。但在艺术的各种呈现里,如果不顾及具体的现实世界,完全抛弃人和那些需要的关系,就会只展现出一种虚假的抽象局面。这个范围虽然属于有限的世界,但艺术不应当脱离有限事物或仅仅把它们当作糟糕的东西,而是应当以调和的方式与真相一致,因为哪怕是最美好的行动和意念,单纯从它们的**规定性**和抽象内涵来看也是受到限制的,因而是有限的。我需要营养,需要吃饭喝水,需要睡觉穿衣,还需要床铺坐具和类似的很多器具,这些确实是外在生命所不可或缺的;但内在生命是通过这些方面显露出来的,因此人们也让他们的诸神穿着衣服和拿着武器,让诸神看起来也有各种各样的需要和满足。但正如之前所说,这种满足必须看起来是有所保障的。比如四处游荡的骑士的冒险活动本身就是偶然的,他们在解决外在的困难时也是依靠偶然的事件,和野蛮人依靠直接的自然界没有什么区别。这两种情况都是不适合艺术的。因为真正的理想不是仅仅在于让人一般地摆脱严格的依赖性,而是在于一种富足,这种富足让人能够像玩一种轻松愉快的游戏一样操纵自然手段。

　　基于上述普遍的规定,可以更明确地区分出两个要点。

[334]　　α)第一个要点是利用自然事物来达到一种纯粹**理论上的**满足。比如人披在身上的一切装饰乃至一切用来显摆自己的华丽事物都属于这种情况。通过这些装饰,人希望表明,自然界提供的奇珍异宝和那些引人注目的最美好的东西,比如黄金、宝石、珍珠、象牙、名贵衣服之类最稀奇和最绚丽的东西,并非本身就令人感兴趣或作为自然事物就是有价值的,而是取决于**人**,或者说它们的价值在于归**他**所有,配得上**他的**环境,配得上他所喜爱和崇敬的君主、神庙和诸神。正因如此,他主要选择那些作为外在事物本身看起来已经很美的东西,比如鲜艳夺目的纯色、像镜子一样反

光的金属、芬芳的木头、大理石等等。诗人，尤其是东方的诗人，经常描写这种财富，甚至《尼贝龙根之歌》在这方面也不吝言辞，而总的说来，艺术不仅描写这种富丽堂皇的情况，而且只要有能力和时机恰当，还要制造出一些与这种财富相对应的现实作品。雅典的帕拉斯雕像和奥林匹亚的宙斯雕像在使用黄金和象牙的时候是毫不节省的；几乎在所有的民族那里，诸神的庙宇、教堂、圣徒的雕像、国王的行宫都是这种富丽堂皇的一个例证，而人民自古以来都乐于看到他们的神祇拥有这样的财富，也乐于看到王公贵族过着豪华奢侈的生活——当然，所谓的道德反思可能会讨厌这样的享受，比如总有人说，帕拉斯的一件长袍可以让多少贫穷的雅典人吃一顿饱饭，可以给多少奴隶赎身；或者即使在古代，当国家陷入巨大的困苦之际，这样的财富可以用于多少有益的目的，就像我们现在的教会财富所做的那样。除此之外，这种忧心忡忡的反思不仅针对个别的艺术作品，甚至针对整个艺术本身，因为它觉得国家不应当把这么多钱款用于建设一座艺术学院，购买古代和现代的艺术作品，或设立各种美术馆、剧院和博物馆等等。这些思考无论引起多少道德上令人不安的情绪，都可以归结为一个原因，即让我们回想起贫穷和需要，但艺术所要求的恰恰是抛开这些东西。因此任何一个民族如果要证明自己配得上最高的荣誉，就必须把他们的财富浪费在一个位于现实性内部、同时又超越现实性的全部困苦的领域上面。 ［335］

β）但人除了必须装饰他自己和他的生活环境之外，还必须**在实践中**把外在事物用于他的**实践上的**需要和目的。只有这个领域才涉及人的全部劳作、烦恼和对于生活的散文气的依赖。因此这里的首要问题是，对于这个领域的呈现能够在多大程度上满足艺术的要求？

αα）艺术为了抛开这整个层面而作出的第一个尝试，就是设想出一个所谓的**黄金时代**或一个**田园诗**的状态。一方面看来，人无论觉察到什么需要，都可以在自然界那里轻松得到满足，另一方面看来，人在这种天真纯朴的状态下满足于草地、森林、牲畜、小花园、小茅屋给他提供的饮食居住和别的舒适事物，因为所有那些看起来违背高贵人性的激情，比如虚

237

荣、贪婪、嗜好等等,仍然是沉默止息的。乍看起来,这样的状态确实有几
[336] 分理想的色彩,而艺术的某些狭窄领域也可以满足于这种呈现方式。但
只要我们往深处看,就会发现这样的生活是非常无聊的。比如格斯纳的
作品已经很少有人去读,即使有人去读,也是心不在焉。因为这种狭隘的
生活方式的前提是精神还没有得到发展。一个完全而完整的人必须有一
些更高级的追求,既不会满足于这种与自然界亲密无间的生活,也不会满
足于自然界的直接产物。人不应当一直生活在这种缺乏精神的田园诗状
态,他必须去劳作。凡是他所追求的东西,他都必须通过自己的活动去得
到它。就此而言,身体的需要已经激发了一系列广泛的和种类繁多的活
动,让人觉察到内心的力量,由此发展出一些更深刻的旨趣和力量。但与
此同时,外在事物和内心的协调一致在这里仍然是一个基本规定,因此艺
术里面最糟糕的做法就是淋漓尽致地把身体的苦痛呈现出来。比如但丁
只用寥寥数语去描述乌格里诺①是怎样饿死的。反之格尔斯腾贝格②在
他的同名悲剧里长篇累牍地描写这件恐怖事情的各个阶段,首先是乌格
里诺的三个儿子如何饿死,然后是他自己如何饿死,但这样的题材根本不
适合这方面来看的艺术呈现。

　　ββ)反过来看,那种与田园诗状态相对立的**普遍文明**状态同样包含
着很多障碍。需要和劳作之间、兴趣和满足之间的复杂联系就其整个广
度而言已经得到充分的发展,每一个人都失去自己的独立性,被禁锢在对
[337] 他人的无限依赖之中。每一个人所需要的东西要么根本不是、要么只有
很少的一部分是依赖于他自己的劳作,除此之外,所有这些活动都不是采
取个人的鲜活方式,而是愈来愈像机器一样服从普遍的规则。在这种工
业文明里,由于人们相互利用和相互欺压,就一方面导致最残酷的贫穷,
另一方面产生出一些衣食无忧的富人,他们不需要为了满足自己的需要

---

　　① 乌格里诺(Ugolino,1220-1289),意大利贵族,因为叛国而被饿死在监狱里。——
译者注
　　② 格尔斯腾贝格(Heinrich Wilhelm von Gerstenberg,1737-1283),德国诗人和作家,
其创作的《乌格里诺》发表于 1768 年。——译者注

而劳作，可以醉心于一些更高级的兴趣。这种富足生活确实消除了一种无限的依赖性，人也在很大程度上摆脱了谋生过程中的一切偶然变故，不再关注肮脏的蝇头小利。但即便如此，他在周遭环境里并没有自由自在的感觉，因为这个环境不是他自己的作品。他摆放在自己周围的东西不是由他自己生产的，而是取之于现成已有的事物，这些事物是由别人生产的，而且绝大多数是以机械的千篇一律的方式生产出来，然后经过许多人的努力和需要的漫长链条才传递到他手里。

γγ）因此最适合理想艺术的是**第三个**状态，即一个介于田园诗的黄金时代和市民社会的完全成型的全方位中介活动之间的状态。这个世界状态就是我们在前面已经谈到的那种尤其符合理想的**英雄**状态。英雄时代不再局限于那种缺乏精神性旨趣的田园诗状态，而是将其超越，走向一些更深刻的激情和目的；与此同时，个人的周遭环境，他们的直接需要的满足，仍然取决于他们自己的活动。饮食仍然依赖于蜂蜜、牛奶、葡萄酒之类很简单的事物，因而更符合理想，不像咖啡、烈酒之类东西让我们立即联想到它们的漫长复杂的制作过程。同样，英雄们亲自屠宰牲畜，亲自烹饪；他们亲自训练自己想骑的马；他们使用的器具基本上是他们自己制作的；犁、防身武器、盾牌、头盔、铠甲、刀剑和长矛都是他们自己的作品，至少他们很熟悉这些东西的制作方法。在这样的状态下，当人看到他使用的和摆在自己周围的一切东西，就感觉到这些都是他自己制造出来的，因此他和外在事物打交道就是和他自己打交道，而不是去应付一些不受他控制的陌生对象。总的说来，利用材料而进行制作和加工的活动看起来不是一种艰辛的劳作，而是一件轻松的、带来满足的工作，而且整件事情不会遭遇到什么障碍和挫折。[338]

比如我们在荷马那里就看到这样的状态。阿伽门农的权杖是其祖先亲手制作并留给后人的传家宝；奥德修斯亲自打造了他的硕大婚床；阿喀琉斯的著名武器虽然不是他自己的作品，但也是精雕细琢的，因为这是他的母亲忒提斯请求火神赫淮斯托斯为他制作的。简言之，四处洋溢着新的发明带来的最初欢乐，拥有和占有某个东西带来的新鲜感和满足感，一切都如数家珍,一切都体现出人的臂力和巧手,体现出他自己的聪慧精神,或者说都是他的勤劳勇敢的结果。只有通过这个方式,满足需要的手段才不至于降格为一种单纯外在的事物;我们还看得到它们的活生生的产生过程和对于人所注重的价值的活生生的意识,因为人不是把这些手段当作死的或被习惯扼杀的事物,而是当作他自己的最亲切的产物。因 [339] 此在这里,一切都是田园诗式的,但这不是那种狭隘的田园诗,仿佛大地、河流、海洋、树木、牲畜等等都是为人提供食物,于是人被限制于这个环境并且享受这个环境;毋宁说,这种原初的生命力内部生发出一些更深刻的旨趣,对于这些旨趣而言,整个外在世界仅仅作为附庸,作为崇高目的的土壤和手段存在于那里——这片土壤和环境的上方弥漫着一种和谐与独立性,而这种和谐与独立性只有在这种情况下才会出现,即任何一个由人制造出来并加以使用的东西都同时给作为制造者的人自己带来享受。

但如果把这种呈现方式应用到一些来自于后来的发达文明时代的素材上面,就总是面临巨大的困难和风险。即便如此,歌德还是在他的《赫尔曼和窦绿苔》里给我们提供了一个完满的模范。这里我仅仅以对照的方式指出一些微妙的特征。福斯①在其著名的《露易丝》里以田园诗的方式描写了一个狭窄但又安宁自足的乡村里的生活和事迹。乡村牧师、烟斗、睡衣、靠椅乃至于咖啡壶都在其中扮演着重要角色。但咖啡和糖之类产品不可能在这样的乡村里产生出来,因此立即让我们想到一种完全不同的关系,想到一个陌生的世界及其生产贸易等各种各样的中介活动,总之是想到现代工业社会。因此那个偏僻乡村根本不是封闭自足的。反之在《赫尔曼和窦绿苔》的美丽图景里,我们并不要求这样的封闭自足,因为正如我们在别的地方已经指出的,在这部——就总体而言具有田园诗风格的——诗歌里,时代的伟大旨趣,比如法国大革命的斗争和保卫祖国 [340] 等等,扮演着极为高贵而重要的角色。至于一个小乡村的狭窄范围之内

---

① 福斯(Johann Heinrich Voß, 1751-1826),德国诗人和翻译家,其德译本《伊利亚特》(1793)和《奥德赛》(1781)流传至今,被奉为传世经典。——译者注

的家庭生活,根本就不可能像福斯的《露易丝》里的那位乡村牧师一样,只要不理睬一个在最强大的关系里发生深刻骚动的世界,就能够保持内在稳定,而是与那些伟大的世界骚动密切相关,因为我们发现书中描写的那些具有田园诗风格的性格和事迹都是处于这些运动中,各种场景也是被设定在一种更有内涵的生活的广阔范围之内。书中的制药师生活在一个孤僻而边缘化的圈子里,因此被描写为一个目光短浅的庸人,心地善良,但总是闷闷不乐。尽管如此,从各种人物性格的最切近的环境来看,总是弥漫着前面所追求的那种腔调,比如房东和他的客人亦即牧师和制药师坚持不喝咖啡,只喝葡萄酒:

> 母亲小心翼翼地端出清澈晶莹的葡萄酒,
>
> 盛在锃亮的锡托盘上的光滑酒瓶里,
>
> 还有几个淡绿色的高脚杯,**真正**适合莱茵葡萄酒的**酒杯**。

他们在阴凉的地方用自家收藏的专用于莱茵葡萄酒的酒杯喝自家酿制的1783年的葡萄酒;这让我们想到"莱茵河的碧波和美丽的河岸",然后又想到房屋背后房东自家的葡萄园。但这一切都局限于一个惬意舒适的、自给自足的状态的独特层面。

c)除了上述两种外在环境之外,还有**第三种**外在环境,与每一个人的生活息息相关。这就是宗教、法权、伦理等方面的普遍的**精神性**关系,比如国家的组织方式、制度、法庭、家庭、公共生活和私人生活、社会交往等等。因为理想的性格必须不但通过身体需要的满足,而且通过精神性 [341] 旨趣的满足而体现出来。诚然,这些关系所包含的实体因素、神性因素和必然因素按照其概念而言仅仅是同一个东西,但它们在**客观世界**里有着各种各样的形态,而这些形态又夹杂着偶然的事物,比如那些特殊的、习以为常的、仅仅对特定时代和特定民族有效的东西。在这个形式之下,精神性生命的全部旨趣也转变为一个外在的现实世界,这个现实世界就是每一个人所面对的伦常、习惯和风俗,同时本身是一个封闭自足的主体,而个人不但和外在自然界发生关系,也和这个更与他相似并且隶属于他的总体发生关系。总的说来,我们可以认为这个范围具有我们前面已经解释过的那种协调一致,因此暂时略过更明确的讨论,将来再从另一个方面指出这个范围的基本要点。

3. 理想的艺术作品的外在方面与受众的关系

艺术作为理想的呈现,必须把迄今所说的理想与外在现实世界的全部关系都接纳到自身之内,并且让性格的内在主观性和外在事物融为一体。无论艺术作品如何构成一个内在协调一致的完整世界,它本身作为一个现实的、个别的客体,毕竟不是**为了它自己**,而是**为了我们**这些直观和欣赏艺术作品的受众而存在。比如演员在演出一部戏剧的时候不仅相互之间交谈,而且和我们交谈,因此他们所说的话应当从这两个方面来看都是可理解的。就此而言,每一件艺术作品都在与它面前的每一个人对话。诚然,当真正的理想在诸神和人的普遍旨趣和普遍激情里表现出来,这是每一个人都可以理解的;但由于理想应当展示出个人如何置身于一个由伦常习俗和其他特殊事物构成的特定的外在世界,所以这里有一个新的要求,即这个外在世界不但应当与被呈现的性格协调一致,而且应当与**我们这些受众**协调一致。正如艺术作品所描写的那些性格与它们的外在世界是和睦相处的,我们也要求这些性格及其环境与我们和谐一致。一件艺术作品无论是产生于哪个年代,都总是带着一些特殊性,使它区别于其他民族和其他时代所独有的那些东西。诗人、画家、雕塑家、音乐家尤其喜欢从过去的时代汲取题材,因为过去时代在文明、伦常、习俗、制度、礼仪等方面完全不同于他们自己所处的时代。正如之前指出的,这种回归过去的做法有一个很大的优点,即通过回忆而跳出直接的当下世界,达到艺术所不可或缺的那种素材的普遍化。话虽如此,艺术家毕竟属于他自己的时代,活在这个时代的各种习俗、思维方式和观念里。举例来说,无论是否真的有荷马这样一位诗人并创作了《伊利亚特》和《奥德赛》,至少这两部诗歌的产生年代距离特洛伊战争的时代已经有 400 年,而那些伟大的希腊悲剧作家距离他们所描写的古代英雄的时间还要加

[342]

倍。《尼贝龙根之歌》与它的作者也是类似的情形,必须经历久远的时代之后,诗人才能够把这部诗歌所包含的各种传说融合为**一个**有机的整体。

虽然艺术家对于人和诸神的普遍情怀是了如指掌的,但他所描写的 [343] 是古代的性格和行动,而古代的错综复杂的外在形态在本质上已经发生变化,对他而言已经成为陌生的东西。除此之外,诗人是为一些受众,首先是为他的民族和他的时代进行创作,而这些受众有权利理解艺术作品并在其中感受到亲切熟悉。真正不朽的艺术作品虽然是所有的时代和民族都可以欣赏的,但其他民族和时代如果要完全理解这些艺术作品,也必须掌握渊博的关于地理学、历史学乃至哲学的注疏、典故和知识。

鉴于不同时代之间的这种隔阂,我们不禁要问,一件艺术作品在涉及地域、习惯、习俗、宗教、政治、社会、伦理等外在方面的时候应当具有什么样的形态? 也就是说,艺术家是应当忘记他自己的时代,仅仅专注于过去的时代及其现实的定在,从而让他的作品成为过去时代的一幅忠实画像呢,还是不仅有权利,而且有义务仅仅考虑**他自己的**民族和时代,按照那些与他的特殊时代有关的观点去创作他的作品? 我们可以这样表述这两个相互对立的要求:艺术的素材要么应当**客观地**符合它的内容及其时代,要么应当**主观地**被对待,亦即完全适应当代的文明和习俗。如果这两个方面保持对立关系,那么任何一方都会走向一个错误的极端。接下来我们简略讨论这两个极端,以便找到正确的呈现方式。

根据以上所述,我们必须依次讨论以下三点:

第一,主观上让艺术家自己的时代文明发挥作用;

第二,完全客观地忠实于过去;

第三,通过呈现并消化那些就时代和民族性而言偏远陌生的素材,以 [344] 达到真正的客观性。

a)单纯**主观**的理解会走向那样一种极端的片面性,即完全取消过去的客观形态,只认可当下时代的显现方式。

α)一方面看来,这种情况是出于对过去时代的无知和一种天真幼稚,没有觉察到或意识到对象和这种处理方式之间的矛盾,因此这种呈现

243

方式的根源在于**缺乏教养**。这种天真幼稚的最突出的例子就是汉斯·萨克斯①,他用清新生动的方式带着愉快的心情真正在字面意思上把我们的上帝、圣父、亚当、夏娃以及人类始祖都"纽伦堡化"了。比如圣父进行幼儿教学,学生里面有亚伯、该隐和亚当的其他子女,其说话方式和腔调跟萨克斯那个时代的小学教师没有什么区别;圣父考核学生们关于十诫和祈祷文的知识;亚伯是个乖孩子,把一切都牢牢记在心里,但该隐的言行举止和回答问题时的表现就像一个没有信仰的坏孩子;当他背诵十诫的时候,把一切都颠倒过来,比如"你应当偷盗""你不应当尊重父母"等等。此外在德国南部,人们也以类似的方式去呈现基督的受难故事——这种做法一度被禁止,但最近又时兴起来——彼拉多像一位粗野而傲慢的官员;士兵的行为和我们这个时代没有什么区别,把一袋烟递给基督,而在受到基督谴责之后,他们就强行把鼻烟塞到他的鼻子里,而围观群众看到这种情形也哈哈大笑,因为他们都是十分虔诚的人,甚至可以说,他们愈是虔诚,就愈是通过这种直接出现在眼前的外在事物在内心里感受到活生生的宗教观念。不可否认,这种把古代事迹转化为现代观念和现代形态的作法有一定道理,而汉斯·萨克斯看起来也是勇气可嘉的,因为他敢于拿上帝和那些古代观念开玩笑,在保持虔诚的同时让它们完全适应小市民的庸俗关系。但这种作法毕竟是对于心灵的强暴,是缺乏精神教养的表现,也就是说,不但没有按照对象自己的客观性去描写它,而且给对象搞出一个完全相反的形态,而这只能展现出一个怪诞的矛盾。

β)另一方面看来,上述主观性是出于对自己的**文明**的骄傲,即认为只有它自己的时代观点、伦常、社会习俗才是有价值的和可接受的,因此如果一个内容没有采纳当代文明的形式,就是不值得欣赏的。法国人所谓的"古典优秀品味"就属于这种情况。凡是他们喜欢的东西,都必定是已经法国化的;至于其他民族尤其是中世纪的形态,都被他们称作无趣的和野蛮的,被鄙夷地丢在一边。因此伏尔泰根本没有资格说法国人改良

[345]

---

① 汉斯·萨克斯(Hans Sachs,1494-1576),德国纽伦堡的诗人和名歌手。——译者注

了古人的作品；他们只不过把古代作品法国化罢了，而在这个转化过程中，他们凭借一切古怪的方式和个人的臆想把古代作品糟蹋到令人作呕的程度，因为他们的口味所要求的是一种完全符合上流社会标准的文化，在意义和呈现方式上都要做到整整齐齐和千篇一律。除此之外，他们把一种娇弱文化所特有的抽象行为从诗歌转移到日常用语。任何诗人都不应当说"猪"，也不应当提到"勺子""刀叉"等许多类似的词语。因此他们使用一些宽泛的或转弯抹角的描述，比如他们不说"勺子"或"刀叉"，而是说"一种把流体食物或固体食物送到嘴里的工具"，如此等等。但正因如此，他们的趣味是极为狭隘的；因为艺术的任务不是在于把它的内容 [346] 打磨成这种光滑平整的普遍者，而是在于将其特殊化，以达到活生生的个体性。所以法国人基本上很难理解莎士比亚，当他们改编他的作品时，总是剔除了那些作品中最有价值的部分。同理，伏尔泰嘲笑品达竟然能说出"水是最好的"①这样的话。因此在法国人的艺术作品里，无论是中国人、美国人还是希腊罗马的英雄，其言行举止看起来和法国宫廷里的人物没有什么两样。比如拉辛《伊菲琴尼在奥利德》里的阿喀琉斯完完全全是一位法国王子，假若没有标出他的名字，根本没有人会认出他是希腊英雄阿喀琉斯。在舞台表演的时候，他虽然穿着希腊服装，有头盔和铠甲，但依然是头发刷粉，穿着臀部加宽的衬裙，鞋子绑着彩色的鞋带，鞋底还加上红色的鞋跟。此外拉辛的《爱斯苔尔》之所以在路易十四的年代广受欢迎，是因为波斯国王阿赫索尔拉斯的登场和路易十四本人走进大礼堂的样子完全没有区别；阿赫索尔拉斯虽然是东方的穿着打扮，但仍然是头发刷粉，穿着国王的貂皮大衣，身后是一大群头发刷粉的侍从，这些人的穿着打扮同样是法国式的：头戴假发，皮帽夹在胳膊下面，背心和裤腿镶着金丝，穿着丝袜子，鞋子是红色的鞋跟。那些只有王公贵族尤其是特权阶层才拥有的排场都被呈现在其余的阶层面前，简言之，国王登场的情形被搬到舞台上。基于同样的原则，法国人在书写历史的时候经常不考

---

① 出自品达《奥林匹亚颂》（*Olympian Odes*）第一首，第 1 行。——译者注

虑历史本身和历史事件是怎样的,而是从当代感兴趣的东西出发,给政府提出一些良好的建议,或者唤起人们对政府的仇恨。同样,许多戏剧要么就其整个内容而言明显在针对当时的各种情况,要么时不时地借题发挥,而如果旧的剧本里面出现了一些与时事有关的段落,法国人就故意对此大肆渲染,赞不绝口。

[347]

γ)主观性的第三个表现方式,就是把过去和当代的一切真正意义上的艺术内涵抽离,仅仅给受众展示出他们自己在日常生活的所作所为中的偶然主观性。因此这种主观性无非是日常意识在散文气的生活中的特有表现方式。不可否认,每一个人都对这些东西如数家珍,但如果有人对这样的作品提出艺术上的要求,就不可能感到满足,因为艺术恰恰应当让我们摆脱这种主观性。比如科策布①在他那个时代就凭借这类作品赢得了很大的影响,他用"我们的贫贱悲苦,银勺子的失窃,敢于走上耻辱柱"乃至"牧师、商务顾问、通缉犯、秘书或骑兵少校"轰炸受众的眼睛和耳朵,让每一个人都看到自己或亲戚朋友的日常生活,或想到他的特殊关系和特殊目的里的那些不如意的地方。这种主观性虽然也能够使对象引发的兴趣转移到心灵的普通要求和陈词滥调的所谓道德反思里,但它本身并不能让人感受到或认识到那种构成艺术作品的真正内容的东西。总而言之,按照以上三个方面去呈现外在关系都是片面主观的,没有真正表现出现实的客观形态。

b)与上述情况相反的是第二种理解方式,即在呈现人物性格和事迹

[348]

的时候,尽可能还原它们真实所在的地域、当时的独特风俗和另外一些外在特征。我们德国人在这方面是尤其突出的。总的说来,我们和法国人的不同之处在于,我们最仔细地记录一切属于过去时代和异国他乡的特征,因此要求艺术在时间、地点、习俗、衣服、武器等方面作到忠实;我们也有足够的耐心,去孜孜不倦地深入研究其他民族和远古时代的思维方式和直观方式,以便了解它们的各种特点。因为我们全面地掌握和理解了

———————

① 科策布(August von Kotzebue,1761–1819),德国作家。——译者注

各个民族的精神，所以我们在艺术里不仅不能容忍稀奇古怪的东西，甚至过于严苛地要求那些无关紧要的外在事物也达到最精确的一致性。法国人虽然看起来也是多才多艺的，但这些具有很高的文化修养和实践智慧的人根本没有耐心去进行安静而深入的研究。他们总是把批判放在第一位。反之我们在对待异国异代的艺术作品时尤其注重忠实的形象；我们对待异国植物（不管是来自哪一个自然王国），对待各种各样的器具和猫猫狗狗乃至一些让人厌恶的对象，都会欣然接受；同样我们也以友善的态度对待各种最为陌生的直观方式，比如献祭、圣徒传说和相关的离奇事迹以及另外一些反常的观念。我们在呈现人物的行动时，认为最重要的是尊重他们自己的言行举止和衣着打扮等等，并且让这些东西符合他们的时代和民族性格的实际情况。

近代以来，尤其是从弗利德里希·冯·施莱格尔产生影响以来，出现了这样一个看法，即一件艺术作品的客观性应当以刚才所说的那种忠实 [349] 为基础。因此人们认为，忠实是最重要的，而且我们的主观旨趣也必须局限于去欣赏这种忠实及其生命力。但提出这个要求，就等于说我们既不应当在更高的层面上关注被呈现的本质性内涵，也不应当在更具体的层面上关注当代的文化和目的。基于这个观点，尤其在赫尔德①的影响之下，德国人普遍地开始重视民间诗歌，并且创作了大量模仿淳朴的民族和部落——比如易洛魁人、近代希腊人、拉普兰人、土耳其人、鞑靼人、蒙古人等等——的风格的歌谣，而我们确实可以承认，一个能够完全按照外国习俗和民族观念去思考并创作的人是伟大的天才。与此同时，虽然诗人可以完全沉浸在异国他乡的东西里面进行感受和写作，但这些东西对于应当欣赏它们的受众而言始终是外在生疏的。

总的说来，如果这个观点坚持自己的片面性，就会止步于一种完全流于形式的历史正确性和忠实，因为它不但忽视了内容及其实体性意义，而

---

① 赫尔德（Johann Gottfried von Herder，1744—1803），德国哲学家，康德的学生。——译者注

且忽视了当代思想的文化和内涵。但无论前者还是后者都不应当被抽离,毋宁说这两个方面都要求得到满足,并且必须以完全不同于迄今所说的方式与第三个要求(对于忠实的要求)协调一致。这就促使我们去考察艺术作品必须加以满足的真正的客观性和主观性。

[350] c)关于这一点,首先需要指出的是,对于刚才考察的两个方面,我们不应当以牺牲一方和损害一方为代价片面地强调另一方。也就是说,地域、伦常习俗、机关组织等外在事物的历史正确性属于艺术作品的次要部分,只是为了让我们关注那种真实的并且对于当代文化也具有不朽意义的内涵。

就此而言,我们也可以通过如下几个相对有缺陷的理解方式去衬托出正确的呈现方式。

α)首先,对于一个独特时代的呈现即使是完全忠实的、正确的、活生生的,并且对于当代的受众而言是完全可以理解的,也可能还是没有摆脱平凡的散文气,没有展现出诗意。歌德的《葛兹·冯·伯利欣根》就是这方面的一个鲜明例证。我们只需要打开这部剧作的第一页,就看到法兰肯地区的施瓦岑贝格的一家客栈:麦茨勒尔和西维尔斯坐在桌边,两个马夫在烤火,还有店主人。

西维尔斯:亨瑟尔,再来一杯烧酒,要斟满!

店主人:你真是喝不够啊。

麦茨勒尔(悄悄对西维尔斯说):把伯利欣根的事再讲一遍! 班贝格人那边已经暴跳如雷,气得发疯。

第三幕也有类似的情形:

格奥尔格(拿着一块檐槽走进来):这是你要的铅块。要是有哪个家伙竟然敢对他的国王说"陛下,我们把事情搞砸了",你从这里掰一块下来就可以结果他的性命。

勒尔斯(打磨铅块):真是好东西!

格奥尔格:这雨可能要飘到另一边了! 不过我不怕;一名勇敢的骑士总是会经历一场瓢泼大雨。

　　勒尔斯(正在填火药)：拿住勺子。(走到窗边)：那边有一名军 [351]
官带着来福枪探头探脑；他们可能以为我们已经把子弹打光了。
(装弹药)：来吧，让他尝尝刚出炉的滚烫子弹。

　　格奥尔格(放下勺子)：让我瞧一眼。

　　勒尔斯(开枪射击)：那家伙躺地上了。①

这一切都描写得生动形象，让我们很容易理解当时的情景和骑士的性格；
但与此同时，这些场景是极为枯燥无味的，本身是散文气的，因为它们仅
仅把每一个人都熟悉的平凡表现方式和客观性当作内容和形式。类似的
情况在歌德的许多早年作品里随处可见，这些作品尤其反对一直以来通
行的规则，其主要目的在于利用一切熟悉的东西让我们达到最大程度的
直观和感受。但我们太熟悉这些东西了，它们的内在内涵也太琐屑了，因
而变得枯燥无味。这种枯燥无味在戏剧作品上演的时候尤其明显，因为
人们刚走进剧场就会被许多道具、灯光和打扮得光鲜亮丽的人吸引，这时
他们可不希望看到舞台上只有两个农民、两位骑士和一杯烧酒。正因如
此，《葛兹》主要适合阅读，不可能长久占据舞台。

　　β)另一方面，通过当代的普遍教养，我们也获得许多关于过去时代
的知识，进而熟悉和吸收了早期神话的历史内容以及历史上的各种国家
状态和伦常习俗的生疏方面。比如当代教育的出发点就是要熟知古代的 [352]
艺术和神话、文学、礼仪、伦常习俗：每一个小孩在上学之后都认识希腊的
神祇、英雄和历史人物。鉴于希腊世界的各种形态和旨趣在观念上已经
成为我们当代的形态和旨趣，所以我们也可以在观念的层面上欣赏它们，
而且没有什么理由能够阻止我们也这样去对待印度、埃及或斯堪的纳维
亚等民族的神话。除此之外，这些民族的宗教观念里有一个普遍者，即上
帝或神。至于特定的东西，**特殊的**希腊诸神或印度诸神，对我们而言已经
不再具有**真理**，我们不再信仰这些神祇，而是仅仅把他们留给想象。正因

---

　　①　黑格尔(以及本书的首位编者霍托)所引用的是与1773—1774原版略有不同的版
本，即格兴出版社的《歌德文集》(2卷本，1787年版)和柯塔出版社的《歌德著作集》(8卷
本，1828年版)。——原编者注

如此,他们对于我们真正的更深刻的意识而言始终是陌生的,而那种在献祭的时候高喊"噢诸神呀""噢朱庇特"乃至"伊西斯和奥西里斯啊"的做法,简直是无聊透顶。但更无聊的是还要加上一些荒谬的神谕——几乎每一部歌剧里都会出现神谕——而在当代的悲剧里,取而代之的是扶乩请神和视灵术。

　　以上所述也完全适用于伦常习俗、法律等其他方面的历史材料。这些历史上的东西虽然**存在着**,但毕竟是**曾经存在**,如果它们和当代生活没有任何联系,那么我们无论对它们多么熟悉,都不能说它们是属于我们的;我们之所以对过去的事物感兴趣,并不是仅仅因为它们曾经存在。历史上的东西只有在这种情况下才属于我们,即它们属于我们现在所属的民族,或者说我们可以把当代看作过去事件的一个后果,在这些事件的链条之中,被呈现的人物性格或行为构成了一个本质性环节。换言之,仅仅属于同一个地区和同一个民族是不够的,我们自己的民族的过去必须与我们现在的状态、生活和生存息息相关。

[353]

　　比如《尼贝龙根之歌》中的场景虽然在地理上和我们德国位于同一个地区,但布尔根人和艾策尔国王与我们当代的文明和爱国主义情绪已经没有任何关系,因此哪怕是没有什么学识的德国人,读荷马的诗歌也比读《尼贝龙根之歌》感觉亲切得多。克洛普斯托克①在爱国主义情绪的驱使之下,用斯堪的纳维亚神话中的神取代希腊神话中的神,但沃坦、瓦尔哈拉和弗莱娅始终只是一些空洞的名字,不像朱庇特和奥林波斯诸神一样属于我们的观念或能够打动我们的心扉。

　　就此而言,我们必须搞清楚,艺术作品不是为了研究和博学而被创作出来的,毋宁说它们必须脱离广博的学识这条弯路,直接通过自身就是可理解和可欣赏的。因为艺术不是为了少数有学识的人,而是为了广大人民群众而存在。凡是一般地适用于艺术作品的道理,也可以应用于被呈现的历史事实的外在方面。这些历史事实属于我们的时代和我们的民

――――――
① 克洛普斯托克(Friedrich Gottlieb Klopstock,1724-1803),德国诗人。——译者注

族,同样必须不借助广博的学识就是清楚易懂的,这样我们才会对它们觉得亲切,而不是被迫站在它们外面把它们当作一个陌生的和不可理解的世界。

γ)通过以上所述,我们已经接近客观性的真正呈现方式,以及如何去吸收过去时代的素材。

αα)首先要谈的是真正的民族诗歌,它们自古以来在所有的民族那 [354] 里都具有这样的特点,即外在的、历史的方面本身就已经属于一个民族,对它而言不是什么陌生的东西。比如印度叙事诗、荷马诗歌以及希腊人的戏剧诗都是如此。在索福克勒斯那里,无论是斐洛克特、安提戈涅、埃阿斯、俄瑞斯特、俄狄浦斯,还是合唱队及其领唱,其说话方式和那个时代的人都是一模一样的;西班牙人的传奇小说《熙德》也是如此;塔索①在《被解放的耶路撒冷》里吟唱的是天主教的一般事迹;葡萄牙诗人卡蒙斯②描写了经过好望角到东印度的航海之路的发现以及海上英雄们的无数重要事迹,而这些都是葡萄牙人的事迹;莎士比亚用戏剧描写英国的悲惨历史,甚至伏尔泰也创作了一部《亨利亚特》③。但我们德国人却反其道而行之,企图把一些对于德国人而言没有民族意义的远古故事加工改造成德国民族的叙事诗。波德默尔④的《英雄挪亚之歌》和克洛普斯托克的《弥赛亚》已经过时了,而且现在也没有谁会觉得,一个荣耀的民族必须拥有自己的荷马,除此之外还必须拥有自己的品达、索福克勒斯和阿那克里翁⑤。诚然,我们熟悉《旧约》和《新约》,对那些圣经故事颇为了解,但那些外在习俗的历史方面对我们来说始终是陌生的,要求我们具有渊博的知识,因此我们真正熟知的只不过是一系列枯燥的事迹和人物性格,

---

① 塔索(Torquato Tasso,1544-1595),意大利文艺复兴时期的著名诗人,代表作为长篇叙事诗《被解放的耶路撒冷》(*Gerusalemme liberata*)。——译者注

② 卡蒙斯(Luís Vaz de Camões,1524-1580),葡萄牙诗人,代表作是长篇叙事诗《卢济塔尼亚人之歌》(*Lusiade*),亦称《葡萄牙人之歌》。——译者注

③ 伏尔泰于1723年创作的一部描述法国国王亨利四世生平的叙事诗。——译者注

④ 波德默尔(Johann Jakob Bodmer,1698-1783),瑞士诗人。——译者注

⑤ 阿那克里翁(Anakreon),公元前6世纪的古希腊抒情诗人。——译者注

当它们以新瓶装旧酒的方式出现在我们面前,只会给人一种矫揉造作的感觉。

ββ)艺术不可能局限于此时此地的题材,实际上各个民族的交往[355] 愈是密切,艺术就愈是从所有的民族和时代中吸取题材。但即便如此,我们仍然不能把一位完全沉浸在过去时代的诗人看作伟大的天才,毋宁说,艺术家在呈现历史的外在方面时,必须让它相对于人性和普遍者而言处于无关紧要的附庸地位。比如中世纪虽然借用了古代的题材,但也把它那个时代的内涵注入其中,只不过这种做法又走到了另一个极端,以至于只剩下亚历山大、埃涅阿斯、屋大维皇帝之类空洞的名字。

“直接的可理解性”是而且永远是居于首要地位,而真正说来,所有的民族都已经通过艺术作品表现出了自己的喜好,因为它们希望在艺术作品那里感觉到亲切熟悉的、活生生的和属于当下生活的东西。正是基于这种独立的民族特性,卡尔德隆①创作了《芝诺比娅和塞米拉米斯》,而莎士比亚也给各种各样的题材打上英国民族特性的烙印,尽管他在描写其他民族(比如罗马人)的历史人物时比西班牙人更能够保持那些人物的基本特征。甚至希腊悲剧作家也很重视他们的时代和城邦的现实生活。比如《俄狄浦斯在科罗诺斯》不仅把场景地点放在雅典附近,而且让俄狄浦斯死在这里,成为雅典的守护者。埃斯库罗斯的《复仇女神》也是把作出最终裁决的法庭放在雅典,让雅典人对此更有亲切之感。与此相反,希腊神话虽然自从文艺复兴以来一直深受人们喜爱,但还是不可能完[356] 全融入现代人的生活,无论是在造型艺术里,还是在那些广为流传的诗歌里,都多多少少是枯燥无味的。比如现在没有人会写一首诗献给维纳斯、朱庇特或帕拉斯。虽然雕塑还不能完全摆脱希腊诸神,但正因如此,它们的绝大多数作品只有对专家、学者和少数有教养的人而言才是可理解的。

---

① 卡尔德隆(Pedro Calderón de la Barca, 1600-1681),西班牙作家,代表作为戏剧《人生如梦》(*La vida es sueño*)。——译者注

基于同样的道理,歌德煞费苦心劝告画家去欣赏和模仿斐洛斯特拉图①
收集的名画,也是收效甚微,因为那些忠于古代的现实世界的作品对于现
代的受众和画家而言始终是某种陌生的东西。与此相反,歌德本人的无
比深刻而自由的精神却让他能够在晚年创作的《西东合集》里把东方世
界放到现代的德国诗歌里,让它适应我们现代人的观点。在吸收这些素
材的时候,歌德非常清楚地意识到自己是一个西方人和德国人,因此他在
描写东方的人物性格和情境关系时不但保持了东方的基调,而且完全符
合我们现代人的意识和他自己的个体性。按照这个方式,艺术家当然可
以从遥远的国度、过去的时代和陌生的民族那里借取题材,并且让各种神
话、伦常习俗和制度在整体上保持它们的历史形态,但与此同时,他必须
仅仅把这些形态当作他的创作框架,反过来让它们的内核符合当代的本
质上更为深刻的意识,而迄今为止,这种做法的最令人赞叹的例子就是歌
德的《伊菲琴尼》。

　　针对这样的转化方式,各门艺术也处于完全不同的地位。比如抒情
诗里面的爱情诗基本上不需要精确地描写外在的历史背景,因为它们的 ［357］
主要任务是展现心灵的感受和活动。比如通过彼得拉克②的十四行诗
集,我们对劳拉是知之甚少的,几乎只知道这个名字,换一个名字也未尝
不可;至于地点环境,诗人也只提到沃克吕兹喷泉之类很空泛的地名。反
之叙事诗要求做到最大程度的详实,只要这些描写是清楚易懂的,我们就
很容易对相关的历史背景产生共鸣。但这些外在方面对于戏剧艺术而言
是最危险的东西,尤其在舞台表演的时候更是如此,因为舞台上的一切东
西都是直接地或活生生地呈现在我们眼前,所以我们也希望在其中直接
看到我们亲近熟悉的东西。因此舞台上面对于外在的历史背景的呈现必
须尽量居于次要地位或保持为单纯的框架;它必须具有我们在爱情诗里

---

　　① 斐洛斯特拉图(Philostratus),公元 2 世纪的希腊学者。——译者注
　　② 彼得拉克(Francesco Petrarca, 1304 – 1374),意大利诗人,号称"文艺复兴之
父"。——译者注

看到的那种效果,也就是说,虽然诗歌里的恋人的名字并不是我们自己的恋人的名字,但我们还是能够与其中诉说的情感及其表现方式产生强烈的共鸣。有些学者指责舞台没有展现历史上的伦常习俗、教养层次和情感,但这完全是无稽之谈。比如莎士比亚的历史剧里面就有很多东西对我们而言是陌生的、很无趣的。这些东西虽然读起来令人满意,但在舞台上则不是如此。批评家和专家认为这些历史上的古董为着它们本身的价值也应当被呈现出来,而当他们发现公众对此感到厌倦,就责骂公众的低级趣味;但艺术作品及其带来的直接享受不是为了专家和学者,而是为了公众,既然如此,批评家们就没有必要如此趾高气扬,因为他们也属于这

[358] 些公众,更何况他们自己也没有真正严肃地看待精确的历史细节。有鉴于此,英国人在演出莎士比亚的戏剧时就只挑选那些本身优美和易于理解的场景,因为他们没有沾染我们德国美学家的学究气,不认为人民群众必须去观看一切已经变得陌生和无聊的外在事物。就此而言,每一个民族在表演其他时代和其他民族的戏剧作品时都有权利对其加以改编。从这一点来看,哪怕是最优秀的作品也**需要**改编。有些人可能会说,真正优秀的东西必须对于所有的时代而言都是优秀的,但艺术作品也有一个应景的、有朽的方面,而这个方面是必须加以改编的。因为美是为了别人才显现出来的,而那些直面美的现象的人必须能够对这个现象的外在方面感到亲切熟悉。

　　艺术里面出现所谓的**时代错乱**(Anachronismen)——这通常被看作艺术家的严重失误——,其根源和谅解的理由就在于借鉴其他时代和其他民族的题材。这种时代错乱首先表现于单纯的外在事物。比如福斯塔夫①谈到手枪,这是无伤大雅的,但如果奥菲欧②手里拿着一把小提琴,这就比较糟糕,因为神话时代和现代乐器的矛盾在这里实在太刺眼了,每

---

　　①　福斯塔夫(Falstaff)是莎士比亚历史剧《亨利四世》中的一位人物,生活于 14 世纪末,而最早的手枪是 15 世纪才出现的。——译者注
　　②　奥菲欧(Orpheus),也译为"俄耳普斯",希腊神话中的精于七弦琴的音乐家。——译者注

个人都知道这种乐器不可能在远古时期被发明出来。正因如此,现代的
舞台表演非常重视这类事物,比如那些导演席勒的《奥尔良的贞女》的人
就在服装和道具方面煞费苦心,力求忠于历史,但这些操心在绝大多数情
况下都是白费力气,因为它们关注的仅仅是相对的和无关紧要的东西。
真正严重的时代错误不是在于服装和类似的外在事物,而在于一件艺术 [359]
作品中的人物按照他们的时代、教育程度、宗教和世界观来看,根本就不
可能说出那些话,不可能表达出那些感受和观念,不可能做出那些反思并
采取那些行动。人们通常是依据逼真原则去谴责这种时代错乱,并且认
为,如果被呈现的人物性格没有按照他们那个时代应有的样子去说话和
行动,这就违背了逼真原则。但如果片面地坚持这种对于逼真的要求,同
样会走入歧途。因为艺术家在描写人的心灵及其丰富情感和基本激情
时,固然应当保持个性特征,却不应当按照它们每天出现在普通生活里的
样子去描写它们,因为艺术家唯一应当做的是用恰当的现象把每一种情
怀揭示出来。艺术家之所以是艺术家,就是因为他认识到真相,并且把这
个真相放到真实的形式里,让我们去直观它和感受它。因此在表现真相
的时候,艺术家必须顾及不同时代的文化程度、语言等等。比如在特洛伊
战争时期,人们的表达方式乃至于整个生活方式都还没有达到我们在
《伊利亚特》里看到的教养程度,正如希腊的人民群众和王室杰出人物也
不具有我们在埃斯库罗斯尤其是索福克勒斯的完美作品里必定会感到赞
叹的那种如此具有教养的直观方式和表达方式。对于艺术而言,这种违
背所谓的逼真原则的做法是一种**必不可缺的时代错乱**。被呈现者的内在
实体是恒定不变的,但已经发展的教养必定会让表现和形态发生转变。
当然,如果把**后来**经过发展的宗教意识和伦理意识的思想观念强行套在
一个就其整个世界观而言与这些晚近观念**相矛盾**的时代或民族身上,这 [360]
又是另一回事了。比如基督教就包含着一些对于希腊人而言完全陌生的
伦理范畴。诸如良知在判断善和恶的时候的内在反思、内疚、悔过之类都
是属于现代的道德教养;但英雄的性格不知道那种前后不一贯的悔过是
何物;不管他做了什么,做了就做了。俄瑞斯特从来没有为杀死自己的母

亲而后悔,虽然弗里亚追究他的罪行,但欧墨尼得斯同时呈现为普遍的力量,而不是呈现为他的单纯主观的良知的内在煎熬。诗人必须认识到一个时代和一个民族的这种实体性内核,只有当他把相互对立和相互矛盾的东西放置到这个最内在的中心点里面,才会导致一种更高层次上的时代错乱。就此而言,艺术家确实应当深入体察过去时代和其他民族的精神,因为这个实体性基础如果是真实的,那么对所有的时代而言都是清楚易懂的;但如果企图完全精确地模仿古代废墟里的个别规定性或单纯外在的现象,这就是一种幼稚的学究气,仅仅在追求外在的目的。从这个方面来看,虽然我们要求普遍地忠于史实,但也不应当剥夺艺术家飘移在创作和真相之间的权利。

γγ)通过以上所述,我们已经知道如何真正吸收对一个时代而言陌生和外在的东西,以及如何让艺术作品具有**真正的客观性**。艺术作品必须给我们揭示出精神和意志的崇高旨趣,揭示出那种本身就符合人性的强大东西,揭示出心灵的真正深刻性;从根本上说,艺术作品的主要任务

[361] 就是让这个内涵透过全部外在的现象显露出来,并且让它的基调回荡在一切以机械方式运行的东西里面。因此是**情怀**为我们揭示出真正的客观性,揭示出一个情境的实体性内涵和丰富而强大的个体性,而精神的实体性环节就活生生地存在于这种个体性里面,并且外化为实在性。只有对于这样的内涵,我们才要求一种完全合适的、本身就清楚易懂的轮廓和特定现实性。如果找到这样的内涵并且按照理想的原则将其展开,那么无论艺术作品在外在细节方面是否忠于史实,它都自在且自为地是客观的。只有通过这个方式,艺术作品才能够触动我们的真正的主观性,成为我们的财富。因为哪怕素材就其具体形态而言是来自于早已过去的时代,精神的人性因素始终是恒定的基础,是真正恒定的和强大的东西,而且它必定会发挥作用,因为**这种**客观性也构成了我们自己的心灵的内涵和实现。与此相反,单纯历史的外在事物是飘忽不定的,我们在欣赏远古的艺术作品时必须尽可能宽容地看待这些东西,甚至在欣赏当代的艺术作品时可以对其视而不见。比如大卫的诗篇对上帝的仁慈和愤怒的热烈歌颂以及

先知们对巴比伦和锡安的沦陷表现出的悲痛，仍然能够让今天的我们感同身受，犹在眼前，甚至《魔笛》里的萨拉斯妥①吟唱的道德训诫也能够用它的旋律的内核和精神感动包括埃及人在内的每一个人。

因此在一件艺术作品的这种客观性面前，人们必须放弃那个错误的要求，即希望在其中看到他们自己的单纯主观的特殊性和独特性。当席勒的《威廉·退尔》在魏玛首演时，没有一个瑞士人对此感到满意。同理，有些人在最优美的爱情诗里面没有找到他们自己的感受，就宣称这些诗歌描写的情形是不真实的。还有一些人仅仅通过小说去了解爱情，因此他们认为，除非遇到与小说所描写的完全一样的情感和情境，否则就没有真正谈过恋爱。 ［362］

C. 艺术家

在本书的第一部分，我们首先考察了美的普遍**理念**，然后考察了这个理念在**自然美**里的有缺陷的定在，再然后才考察**理想**，即那种适合于美的现实性。在考察理想的时候，我们**第一步**是按照它的**普遍概念**展开讨论，**第二步**则是讨论它的**特定的**呈现方式。但艺术作品既然是精神的产物，就必须借助于一种主观的生产活动，并且作为这种活动的产物被呈现给别的东西，即受众的直观和感受。这种活动就是艺术家的想象。因此我们在最后的**第三步**必须讨论理想的那样一个方面，即艺术作品如何归属于主观的内心，因为它作为主观内心的产物并未直接具有现实性，而是只有通过**进行创造的主观性**，通过艺术家的天才和才华，才获得形态。但真正说来，我们之所以提到这个方面，只是为了表明，它不属于哲学考察的范围，或者说只能提供少数普遍的规定，尽管人们经常会问，艺术家在制作艺术作品的时候，究竟是从哪里获得这种构思和表达的才能。人们仿

---

① 《魔笛》是莫扎特 1780 年创作的一部歌剧，萨拉斯妥（Sarastro）是剧中的光明之神。——译者注

[363] 佛认为,只要找到一个药方或一套规则,在其指导之下把自己放在适当的环境和状态里,就可以制造出类似的东西。比如埃斯特主教读过阿里奥斯托①的《疯狂的罗兰》之后就问他:"路德维希先生,你究竟是怎么想出这些玩意的?"当拉斐尔被问到类似的问题时,在一封著名的书信里答复道,他所追求的是某种理想。

至于具体的情况,我们可以从三个方面加以考察:

第一,确定艺术家的**天才和灵感**的概念;

第二,讨论这种创造活动的**客观性**;

第三,讨论真正的**原创性**的特征。

1. 想象、天才和灵感

在讨论天才的时候,首先应当给它提出一个比较明确的界定;因为"天才"是一个非常空泛的说法,既用来指艺术家,也用来指伟大的将军和国王乃至科学领域的英雄人物。因此我们在这里又可以区分出三个更明确的方面。

a. 想象(Phantasie)

在谈到艺术创作的**普遍的**能力时,如果这里所说的是严格意义上的**能力**,那么**想象**(Phantasie)就是这种杰出的艺术才能。但需要注意的是,千万不能把想象和单纯被动的**想象力**(Einbildungskraft)混为一谈。想象是创造性的。

α)首先,这种创造性的活动在于**掌握现实世界**及其各种形态,亦即通过仔细地聆听和观看把**身边的**丰富多彩的形象镌刻在精神上面,而且[364] 对这个五彩缤纷的世界保持着牢固的**记忆**。就此而言,艺术家不应当执

---

① 阿里奥斯托(Ludovico Ariosto,1474-1533),意大利文艺复兴时期的著名诗人,代表作为长篇传奇叙事诗《疯狂的罗兰》(*Orlando Furioso*)。——译者注

着于自己制造出的想象，而是必须从肤浅的所谓的"理想"过渡到现实世界。在艺术和诗歌里，一个"理想的"开端始终是很可疑的，因为艺术家的创作不是基于泛滥的抽象而普遍的观念，而是基于丰富的生命，而且艺术的创作要素不像哲学那样是取材于思想，而是取材于现实的外在形态。因此，艺术家必须立足于这些要素并沉浸于其中。他必须博闻强识，而一般说来，拥有超强的记忆力几乎是所有伟大人物的一个特征。因为凡是令人感兴趣的东西，都会留在人的脑海里，而一个具有深刻精神的人会把他的广阔兴趣倾注到无数的对象上面。比如歌德从一开始就是如此，而他的视野伴随着他的整个生命一直都在拓展。因此下一步的要求就是能够明确掌握现实世界的实在形态，牢牢记住耳闻目睹的事情。在对外部形态具有准确的了解之后，反过来也应当熟悉人的**内心**，熟悉心灵的激情和人心里的全部目的；除了这种双重的知识之外，艺术家还应当熟悉精神的**内核**通过什么方式表现于**实在的事物**并通过这些事物的外表显现出来。

β）其次，想象并非只是去接纳外在的和内在的现实世界，因为不但理想的艺术作品要求内在的精神在外在的实在形态里显现出来，而且现实事物的自在且自为地存在着的真理和合理性也应当成为外在的现象。艺术家所选择的特定对象的这种**合理性**必须鲜活地出现在他的意识里，[365]激励着他，而且他必须按照对象的整个广度和深度去透彻地思考对象的本质和真相。因为如果没有思索（Nachdenken）①，人就不能意识到内心里的东西，所以每一件伟大的艺术作品都让人觉得它的材料在方方面面都经过长远而深刻的权衡或经过深思熟虑。轻浮的想象制造不出深刻的作品。但这并不意味着艺术家必须以**哲学**思考的形式去掌握万物的真相，即那个在宗教、哲学和艺术里构成普遍基础的东西。哲学对他而言是不必要的，当他以哲学的方式去思考，从知识的形式来看，这就是在从事

---

① 关于黑格尔的"思索"概念，可参阅他在《黑格尔著作集（第8卷）·哲学科学百科全书Ⅰ逻辑学》（先刚译，人民出版社2023年版）里的各种界定，尤其是第6、28、31、33、55—57页。——译者注

一件与艺术恰恰相反的工作。因为想象的任务仅仅在于让我们不是以普遍的命题和观念的形式,而是在具体的形态和个别的现实事物里意识到那种内在的合理性。因此艺术家必须吸收各种形式和现象的形象和形态,用它们去呈现出他的内心里活动着和酝酿着的东西,也就是说,他必须知道如何利用那些形象和形态以达到他的目的,让它们本身就能够接纳并且完整地表达出自在存在着的真相。——在把合理的内容和实在的形态合为一体时,艺术家必须一方面依靠清醒的理智沉思,另一方面依靠深刻的心灵和灌注了灵魂的感受。因此只有那些无趣的人才会以为像荷马所写的那种诗歌是诗人在睡梦中得到的。如果没有沉思、特殊化和区分,艺术家就不可能掌握他所应当表现的内涵,因此只有傻瓜才会相信真正的艺术家不知道自己在做什么,殊不知凝神专注对于艺术家而言同样是必不可缺的。

[366]　　γ)也就是说,通过那种渗透整体并为其灌注灵魂的感受,艺术家把他的材料及其形态当作他的最本己的自主体(Selbst),体现他作为**主体**(Subjekt)所具有的最内在的独特性。因为形象化的直观使一切内涵发生异化,成为外在的东西,然后感受使内涵与内在的自主体保持着主观上的统一。就此而言,艺术家除了必须审视周遭世界,熟悉其外在的和内在的各种现象之外,还必须让自己的胸臆填满许多伟大的事物,他必须具有丰富的人生经历,这样才能够把生命中的真正深刻的东西塑造为具体的现象。因此,虽然天才在青年时期就已经崭露头角,比如像歌德和席勒那样,但他们只有到了壮年和老年时期才能够完成真正成熟的艺术作品。

　　b. 才华(Talent)和天才(Genie)

　　所谓天才、才华等等,就是想象的一种生产活动,通过这种活动,艺术家把他内心里的自在且自为地合乎理性的东西打造为实在的形态,使其成为最能代表他的作品。

　　α)刚才我们已经讨论过天才具有哪些方面。天才既是一种能够真正生产出艺术作品的**普遍**才能,也是一种能够塑造和运用这种才能的活力。但与此同时，这种才能和活力仅仅是**主观的**，因为只有一个自觉地把这种制造活动当作目的的主体才能够进行精神性的生产活动。除此之外，**天才和才华**之间也有明确的区别。二者实际上并非直接同一的，尽管它们的同一性对于完满的艺术创作而言是必不可缺的。也就是说，艺术一般而言是个体化的，并且必须让它的作品成为实在的现象，因此这个实 [367] 现过程的**特殊**类型也需要不同的**特殊**才能，而这样的才能就叫作才华，比如这个人在演奏小提琴方面具有才华，那个人在唱歌方面具有才华，如此等等。但一种单纯的才华只能在艺术的一个非常偏狭的方面有所成就，因此它如果要达到内在圆满，就需要一种普遍的艺术才能和灌注灵魂，而这些东西只能仰仗于天才。换言之，没有天才的才华充其量是一种外在的熟练技巧。

β)此外按照通常的说法，才华和天才对于人而言必须是**天生的**。这个说法一方面有其正确性，另一方面也是错误的。因为人作为人也是为了宗教、思维和科学而生的，也就是说，他作为**人**而言已经具有一种才能，能够达到对于上帝的意识，达到思维着的认识。为了做到这一点，除了天生的才能之外，只需要教育、塑造、勤奋等等就够了。但艺术并非如此；它需要一种**特殊的**禀赋，其中占据核心地位的是一个天然的环节。既然美本身是在感性事物和现实事物中得以实现的理念，艺术作品是为了眼睛和耳朵而直接存在着的精神性东西，那么艺术家就不应当局限于思维的精神性形式，而是必须在直观和感受的范围之内，利用感性材料及其要素去表现精神性东西。因此这种艺术创作和全部艺术一样在自身之内包含着直接性和天然性的方面，这个方面不是主体自己能够制造出来的，而是在主体内部直接被给予的、现成已有的。只有在这个意义上，才可以说天才和才华必须是天生的。

同理，各门艺术或多或少具有民族性，与一个民族的天然禀赋有着密 [368] 切联系。比如意大利人几乎是为歌唱和旋律而生的，反之北欧民族在音乐和歌剧上的造诣虽然偶尔能够取得巨大成功，但这些艺术和橘子树一样，不可能在北方成为完全土生土长的东西。希腊人拥有最美好的叙事诗艺术和完满的雕塑,反之罗马人就没有掌握什么独门艺术,而是把希腊艺术移植到他们的土地上。总的说来,诗歌是流传最广的,因为诗歌相比其他艺术对感性材料及其形式构成的要求是最低的。但在诗歌内部,民间诗歌最具有民族性,与一个民族的天性息息相关,因此民间诗歌主要是产生于精神文明不太发达的时代,尤其保存着一种朴素的自然天性。歌德写过所有形式和类型的诗,但他最早创作的歌谣最能够体现出他的浑然天成的内心世界。其中几乎看不出文明社会的痕迹。比如近代的希腊人直到现在仍然是一个作诗唱歌的民族。昨天或今天出现的英勇行为,一个死亡事件及其特殊的背景,一次丧葬,每一个奇遇,在土耳其人那里遭受的一次压迫——所有这些在他们那里都立即转化为歌谣,而且有很多例子表明,经常在一场战斗发生的当天,就有人吟唱刚刚取得的胜利。富里耶尔①曾经收集并出版了一部近代希腊歌谣集,其中有些是出自老妇、女佣和女童之口,而她们搞不懂为什么富里耶尔会如此痴迷于她们的歌谣。由此可见,艺术及其特定的创作方式与各个民族的特定的民族性

[369] 是密切相关的。比如意大利人擅长于即兴创作,在这方面具有惊人的才华。今天的一个意大利人仍然能够即兴创作一部五幕戏剧,而且没有一句台词是靠记忆得来的,毋宁说一切都是出自他对人类的激情和情境的了解和当下获得的深刻灵感。有一次一位贫穷的艺人即兴演唱很长一段时间之后,拿着破帽子向围观听众收钱,但由于他仍然沉浸在炙热的情感中,止不住地大声歌唱和手舞足蹈,最后把辛苦挣来的钱币全撒在地上。

γ)第三,天才还有一个方面是天生的,即在某些艺术门类里能够轻松掌握内在的创意和外在的技巧。在这种情况下,人们经常说一位诗人太拘泥于韵律和韵脚,或一位画家在涉及素描、着色和光影关系时缺乏创意,举步维艰。诚然,所有的艺术都要求广泛的研究、坚持不懈的勤奋和久经训练的技能,但愈是卓越而丰富的才华和天才,就愈是能够轻松地掌握那些对创作来说不可或缺的技巧。因为真正的艺术家具有一种**天然的**

---

① 富里耶尔(Claude Charles Fauriel,1772–1844),法国语文学家。——原编者注

冲动和直接的需要，务必把他感受到和想到的一切东西立即表现出来。这个表现手法是**他的**感受方式和直观方式，是他在自身之内轻松发现的一个真正适合他的工具。比如一位音乐家只能用旋律表现出那种在他内心最深处躁动不安的东西，凡是他所感受到的，都在他手里立即成为一段旋律，正如一位画家把自己的感受立即转化为形态和颜色，一位诗人立即用悦耳的词句表达出自己的观念。艺术家所拥有的这种表现天赋不仅是一种理论上的观念、想象力和感受，而且同时是一种实践上的感受，亦即一种现实的付诸行动的天赋。二者在真正的艺术家那里是结合在一起的。凡是活在他的想象里的东西，都仿佛转移到他的手指头，好比我们想到什么东西就立即把它说出来，或者通过姿势和仪态把我们内心最深处的思想、观念和感受直接表现出来。自古以来的真正天才都是轻松地掌握外在的技巧方面，而且能够征服那些最贫瘠的、仿佛最顽冥不化的材料，强迫它们接纳想象的内在形态并将其呈现出来。诚然，艺术家必须经历系统的技巧训练之后才能够把他内心里的东西直接呈现出来，但这种直接呈现的可能性在他那里同样必须是一种自然天赋，否则他绝不可能单凭学来的技巧就制造出一件活生生的艺术作品。按照艺术的概念，内在的创意及其实现这两个方面是携手并进的。 [370]

c. 灵感（Begeisterung）

第三，通常所谓的**灵感**，作为艺术家的一个内在状态来看，就是想象的活动和技巧的运用。

α）关于灵感，首要的问题在于它是如何**产生**的。对于这一点，有很多殊为不同的看法。

αα）因为天才与精神性事物和自然事物都处于最密切的联系之中，所以人们以为灵感主要是通过**感官刺激**带来的。但仅凭心血来潮是无济于事的，香槟酒也不能催生出诗歌，比如马蒙特尔①就说，他曾经在一座 [371]

---

① 马蒙特尔（Jean-François Marmontel，1723–1799），法国诗人。——译者注

地窖里盯着六千瓶酒,但头脑里仍然没有涌现出半分诗意。同理,最大的天才哪怕每天朝朝暮暮都躺在青草地上听凭微风吹拂和仰望天空,温柔的灵感还是不会来光顾他。

ββ)反过来,单纯主观的**创作意图**同样不可能召唤来灵感。如果一个人的内心里没有什么内涵可以造成活生生的激励,还在东拼西凑寻找素材,却决心要通过灵感来写一首诗或画一幅画,那么他无论具有多少才华,都不可能仅凭这个意图就抓住一个美好的构想或生产出一件有价值的艺术作品。无论是单纯的感官刺激,还是单纯的意愿和决心,都不会带来真正的灵感,如果还要使用这些手段,就只不过证明心灵和想象还没有掌握真正的旨趣。反之如果艺术冲动是真切的,那么这个旨趣已经预先投射到一个特定的对象和内涵上面并紧紧抓住它们。

γγ)因此真正的灵感是由一个特定的内容激发起来的,也就是说,想象抓住了这个内容,力图以艺术的方式将其表现出来。灵感就是这个积极地塑造形态的活动本身——无论是就主观的内心而言,还是就艺术作品的客观完成而言,都是如此,因为这种双重的活动都离不开灵感。但这里又出现一个问题,即艺术家是通过什么方式获得这样的素材? 关于这个问题,同样有许多看法。比如我们经常提到这样的要求,说什么艺术家应当仅仅从他自身那里吸取素材。如果诗人"像树枝上的鸟儿一样歌唱",那么这个要求确实是正当的,因为在这种情况下,诗人自己的欢乐就是动因,当他希望以艺术的方式欣赏自己的欢乐,这种欢乐就溢出他的内心,给他提供了素材和内容。只有这样才可以说"从喉咙里迸发出的歌声,本身就是丰富的酬报。"①但另一方面,最伟大的艺术作品经常也是基于纯粹外在的诱因产生出来的。比如品达的颂歌很多都是受托之作,建筑家和画家也必须基于指定的目的和对象寻找灵感。我们甚至经常听到艺术家抱怨说,他们缺乏可以加工的素材。这样的外在情况及其对于创作的激励是一个代表着自然性和直接性的环节,这个环节属于才华的

[372]

---

① 以上两句诗出自歌德的《歌者》(*Der Sänger*)——译者注

范围，因此对于激发灵感而言同样是必不可少的。由此看来，艺术家的处境就是作为一个**天生**具有才华的人与一种**碰巧**遇到的素材发生关系，也就是说，艺术家通过一个外在的诱因，通过一个事件，或者像莎士比亚那样通过传说、古老的民谣、故事、编年史等等，觉察到必须给这些素材一个形态，进而把自己表现出来。因此创作的诱因可以完全是外来的，但唯一重要的要求是，艺术家必须掌握一个根本的旨趣，并且在自身之内让对象具有生命力。在这种情况下，天才的灵感就不期而至了。真正具有活力的艺术家恰恰是通过这种生命力而获得无数激发活动和灵感的诱因，相比之下，普通人对这些诱因却是熟视无睹的。

β）如果我们进一步追问艺术家的灵感是什么**表现**，那么唯一的答案就是，艺术家的内心完全被素材填满，完全活在素材里，直到赋予素材以 [373] 完满的艺术形态，才会平息下来。

γ）但艺术家通过这个方式把对象完全据为己有之后，必须反过来忘记他的主观特殊性及其偶然特性，完全沉浸在素材里，这样他仿佛只是一个形式，只是为了去塑造那个紧紧抓住他的内容。如果一个灵感仅仅是凸显和标榜主体本身，而不是成为事情本身的工具和活生生的活动，那么它就是一个恶劣的灵感。——这就促使我们去考察艺术创作活动的所谓的客观性。

2. 呈现活动的客观性

a）在通常的意义上，"客观性"所指的是，艺术作品里的一切内容必须采用既有的现实事物的形式，并且以这种众所周知的外部形态出现在我们面前。如果我们满足于这样的客观性，那么科策布也可以说是一位客观的诗人了，因为他的作品简直是普通现实世界的翻版。但艺术的目的恰恰是要剥离内容和显现方式里的日常琐屑，通过发自内心的精神性活动，仅仅让那个自在且自为地合乎理性的东西获得其真实的外部形态。也就是说，艺术家不应当追求那种缺乏实体性内容的单纯外在的客观性。

诚然,对于现有事物的把握本身可以具有极为丰富的生命力,并且像我们
此前在歌德的早年作品的一些例子里看到的,通过其内在的灵魂灌注也
[374] 可以散发出巨大的吸引力,但如果它缺乏真正的内涵,就仍然不能达到真
正的艺术美。

b)因此第二种呈现方式并不把外在事物本身当作目的,毋宁说艺术
家已经凭借他的深刻的内心生活把握住了他的对象。但这种内心生活始
终是紧紧封闭和聚焦于自身的,不能达到自觉的清晰性并真正将自身展
开。汹涌澎湃的情怀只能通过一些与它产生共鸣的外在现象以朦朦胧胧
的方式暗示出自身,却没有能力和足够的文化素养去展现内容的全部本
性。民歌尤其属于这种呈现方式。它们以一种外在简单的方式暗示出它
们所依仗的那种更开阔的深刻情感,却没有能力把自己清楚地表达出来,
因为艺术在这里所具有的文化素养还不足以清楚明白地把它的内涵呈现
出来,所以必须满足于通过外在事物让心灵隐约觉察到那个内涵。心灵
仍然是凝聚和紧缩的,为了让另一个心灵理解它,就只能把自己投射到一
些极为有限的外在环境和现象上面,这些环境和现象虽然具有某种表现
力,但同样只能以一种朦朦胧胧的方式暗示出心灵和感受。歌德也用这
样的方式创作了一些极为优美的歌谣,比如《牧羊人的哀歌》就是其中一
个最优美的例子:诗人通过一些单纯外在的特征衬托出牧羊人的痛苦惆
怅的、封闭于自身之内的沉默心灵,但这个沉默无语的画面却透露出那个
凝聚在心灵最深处的感受。在《魔王》以及另外许多歌谣里,也是弥漫着
同样的基调。但这种基调也可能沦为一种野蛮粗俗的东西,不能让人意
识到事情和情境的本质,反而执着于一些要么很粗俗,要么很无趣的外在
[375] 事物。比如在《少年魔号》①里,一个敲鼓的小伙子喊道:"噢绞刑架,你
这座高房子"或"再见了,下士先生"。有些人居然赞美这样的东西极具

---

① 《少年魔号》(*Des Knaben Wunderhorn*)是德国浪漫派诗人布伦塔诺(Clemens Brentano,1788-1842)和阿尔尼姆(Achim von Arnim,1771-1831)于 1810 年收集出版的德国民间诗歌集,后来由奥地利音乐家马勒(Gustav Mahler,1860-1911)谱写为艺术歌曲。——译者注

感染力,但他们不妨看看歌德的《花的问候》:

> 愿我摘来的这束花
>
> 给你送去千万遍的祝福!
>
> 我曾经千万遍地,
>
> 俯身端详着它,
>
> 也曾经千万遍地,
>
> 悄悄惦记着它!

这里的真挚心情是以一种完全不同的方式暗示出来的,而不是把一些琐碎无聊的或本身令人厌恶的东西摆在我们面前。总的说来,这种客观性所缺失的是感受和激情的真实而清晰的表现,这些东西在真正的艺术里面不应当封闭在内心深处,仅仅朦朦胧胧地通过外在事物暗示出来,而是应当要么完完整整地单独表现出来,要么让它们所寄托的外在事物变得清晰透彻。比如席勒在展现他的情怀时就倾注了整个灵魂,但这个伟大的灵魂不但能够体察事情的本质,而且能够通过丰富而悦耳的词语以最自由和最绚烂的方式展现出事情的深刻性。

　　c)就此而言,我们也可以按照理想的概念,从主观表达的方面确定真正的客观性,也就是说,那种给艺术家带来灵感的真正内涵不应当局限于主观的内心,而是应当被完完整整地展开,在这种情况下,艺术家所选择的对象的普遍灵魂和实体凸显出来,对象的个体形态本身也达到完满,并且就整个呈现活动而言仿佛是贯穿着那个灵魂和实体。因为最崇高和最优秀的事物不是什么不可言说的东西,仿佛诗人还有什么更深刻的思想没有通过作品呈现出来,毋宁说艺术家的作品就是他的最佳写照和真相;他是什么样的人,就作为什么样的人**存在**,至于那种完全保留在内心里的东西,并不属于他的**存在**。 [376]

3. 手法、风格和原创性

　　虽然我们要求艺术家应当具有刚才所说的那种意义上的客观性,但呈现活动毕竟是**他的**灵感的作品。因为他作为主体已经和对象完全合为一体,并且是从**他的**心灵和**他的**想象的内在生命力出发创造出一个艺术形态。艺术家的主观性和呈现活动的真正客观性之间的这种同一性是我们现在必须简要考察的第三个主要方面,因为由此可以看出,我们迄今单独考察的天才和客观性是统一起来的。我们可以把这个统一体称作真正的**原创性**的概念。

但在确定这个概念所包含的意思之前,我们还需要考察两个东西,即主观的**手法**和**风格**。只有通过扬弃二者的片面性,才能够彰显真正的原创性。

a. 主观的手法(Manier)

我们必须在根本上区分单纯的**手法**和原创性。因为手法仅仅涉及艺术家的**特殊的**、因而**偶然的特点**,这些特点凸显的是艺术家自己,而不是**事情本身**及其在艺术创作中的理想的呈现活动。

α)在这个意义上,手法与艺术的普遍门类无关,这些门类本身就需要不同的呈现方式,比如风景画家把握对象的方式必定不同于历史画家,叙事诗人把握对象的方式也必定不同于抒情诗人或戏剧诗人。毋宁说,手法是专属于某一位艺术家的构思以及在完成作品时的偶然特点,而这些构思和特点甚至有可能与理想的真正概念形成**直接的矛盾**。从这方面来看,手法是一位艺术家所能够依赖的最糟糕的东西,因为他在这种情况下仅仅听命于他的有限的主观性本身。但艺术不但扬弃了内涵的单纯偶然性,也扬弃了外在现象的单纯偶然性,因此它也要求艺术家必须消除他的主观特点里的偶然特殊性。

[377]

β)第二,手法并不是与真正的艺术呈现活动直接对立的,而是仅仅在一些**外在的方面**有施展余地。它主要是在绘画和音乐里有其用武之地,因为这两门艺术在把握对象和完成作品的时候展示出最为开阔的外在方面。当一种呈现方式专属于一位特殊的艺术家及其追随者和学生,并通过经常的重复成为一种习惯,就造成了手法,而这种手法可以向着两个方面发展。

αα)第一个方面涉及对于对象的把握。比如在绘画里,气氛、枝叶、光影的分布、基本的色调等等可以有无穷的变化。尤其当画家着色和布光的时候,他们的独特把握方式是极为不同的。比如一种色调是我们通常在自然界里没有知觉到的,因为它在出现的时候没有引起我们的注意;但某一位艺术家却注意到了这种色调,并且掌握了它,于是他就习惯于用这种色调观看一切东西并给它们着色和布光。除了着色之外,艺术家也可以用这种方式看待对象本身及其分组、姿态、运动等等。在尼德兰人那里我们经常遇到这样的手法,比如范德尼尔①的《夜景》及其对月光的处理,范德戈因②的许多风景画里的沙丘,以及其他画家的很多作品里一再出现的丝绸反光,都属于这个类型。

[378]

ββ)除此之外,手法也延伸到实践操作方面,比如画笔的运用、颜色的涂抹和搭配等等。

γγ)由于这种特殊的把握方式和呈现方式是通过一再的重复而普遍化,成为艺术家的习惯和第二天性,所以这里有一个危险,即手法愈是偏门,就愈是容易退化为一种无灵魂的、因而枯燥无味的重复和机械操作,再也体现不出艺术家的完全心思和充沛灵感。于是艺术降格为一种单纯的手工技艺和熟练技能,而本身并没有多大坏处的手法也成为某种枯燥的和无生命的东西。

γ)因此真正的手法必须摆脱这种有限的特殊性,拓展自身,使这类特殊的处理方式不至于沦为一种单纯的习惯操作,因为艺术家是以一种**更普遍的**方式抓住事情的本性,并且懂得如何按照这种更普遍的处理方式的**概念**去运用它。在这个意义上,可以说歌德也有一种手法,即他不仅在社交诗歌里,而且在一些开篇比较严肃的诗歌里都擅长用一个开朗的转折作为结语,以便消除或淡化前面的思考和情境中的严肃味道。贺拉

---

① 范德尼尔(Aert Van Der Neer,1603-1677),荷兰风景画家。——译者注
② 范德戈因(Jan van der Goyen,1596-1666),荷兰风景画家。——译者注

[379] 斯在他的书信里也是遵循这种手法。总的说来,这种手法在交谈和社交活动中是很常见的,它为了避免陷入冲突,就点到为止,巧妙地把严肃的话题重新转移到轻松的话题上面。这种把握方式虽然也是手法,并且属于主观的处理方式,但这种主观性具有更普遍的性质,其运用也是恰如其分的,刚好满足其心目中的呈现方式的需要。从最后这个层次的手法出发,我们就可以转到对风格的考察。

b. 风格(Stil)

Le style c'est l'homme même[风格即其人]①,这是一句法国名言。在这里,风格一般是指艺术家通过其表达方式、措辞方式等等而完整体现出来的独特性。反之鲁默尔先生(《意大利研究》,第一卷,第 87 页)首先试图把"风格"这个术语解释为"一种已经成为习惯的对于素材所提出的内在要求的适应,基于这种适应,雕塑家现实地塑造他的形象,画家让他的形象显现出来",然后从这一点出发关于艺术的呈现方式提出了一些极为重要的观点,比如对于雕塑而言,哪些感性材料是允许使用或禁止使用的。但我们没有必要把"风格"这个词语仅限于**感性**要素的方面,而是可以进而将其应用于艺术呈现活动的那些基于艺术门类的本性的规定和法则,以此规定一个对象应当如何表现出来。从这个角度出发,人们在音乐里面区分了教堂风格和歌剧风格,在绘画里面区分了历史风格和风俗风格。就此而言,风格所指的是这样一种呈现方式,它一方面以它的材料

[380] 为条件,另一方面满足特定的艺术门类的要求,并且完全遵循这些艺术门类的基于事情本身的概念的法则。在这个拓展的意义上,风格的缺失要么意味着没有能力掌握这种本身必不可缺的呈现方式,要么意味着主观的任意,即不是遵循法则,而是听凭自己的喜好,用一种恶劣的手法取代法则。因此,正如鲁默尔先生已经指出的,我们也不应当把一个艺术门类

---

① 出自法国博物学家和作家布封(Georges-Louis Leclerc de Buffon, 1707 – 1788)。——译者注

的风格法则应用到另一个艺术门类上面,比如像孟斯在其阿尔巴尼庄园的著名艺术馆里所做的那样,"按照雕塑的原则去构思和完成他的阿波罗像的着色形式。"丢勒①的许多画作也有类似的情形,即他在绘画里尤其是在画衣服褶皱的时候也使用了他所精通的木刻版画风格。

c. 原创性(Originalität)

最后,原创性不仅在于遵循风格的法则,而且在于主观上的灵感,这种灵感不是痴迷于单纯的手法,而是紧紧抓住一个自在且自为地合乎理性的素材,同时把一个特定的艺术门类的本质和概念当作理想的普遍概念,让素材符合这个概念,从艺术家内在的主观性出发赋予素材一个形态。

α)因此原创性和真正的客观性是同一的,它将呈现活动的主观方面和客观方面**合为一体**,让它们不再作为陌生的东西相互对立。一方面看来,它构成了艺术家的最本己的内心世界;另一方面看来,它所呈现出的无非是对象的本性,以至于艺术家的独特性看起来就是事情本身的独特性,因此我们既可以说艺术家的独特性是产生于事情本身,也可以说事情本身是产生于创作者的主观性。

β)因此,我们首先必须把原创性和随意的单纯臆想区分开。因为人 [381] 们通常把原创性理解为仅仅制造出一些稀奇古怪的东西,这些东西是专属于某一位艺术家的,是其他艺术家根本不会想到的。但这只不过是一种恶劣的特殊性。假若原创性是这个意思,那么世上就没有人比英国人更富于原创性了,也就是说,每一个英国人都执着于一种特定的愚蠢行为,因为任何理性的人都不会效仿他们做出这种行为,所以他们就觉得自己的愚蠢行为具有原创性。

与此密切相关的是备受当代人推崇的诙谐和幽默的原创性。按照这

---

① 丢勒(Albrecht Dürer, 1471–1528),德国文艺复兴时期最伟大的画家和版画家。——译者注

种原创性,艺术家从自己的主观性出发,最终总是回到自己的主观性,于是呈现活动的真正客体仅仅被当作一个外在的诱因,目的是尽情展示出诙谐、玩笑、臆想和俏皮话之类最主观的心情。但这样一来,对象和主观方面就分裂了,艺术家完全随意地处理素材,只为凸显他自己的特殊性。这种幽默也可能充满机智和深刻的感受,通常也极具感染力,但总的说来比人们以为的轻松得多。因为经常打断事情本身的合乎理性的进程,随意地开始、推进和结束,把五花八门的诙谐和感受堆砌在一起,从而制造出滑稽印象之类做法,相比展开和完成一个见证真实理想的饱满整体,要轻松得多。当代的幽默喜欢展示一种无教养的才华的令人厌恶的方面,于是偏离真正的幽默,沦为一种无聊的废话。真正的幽默一直都是很稀
[382] 少的;但现在哪怕是最无聊的琐碎事物,只要披上幽默的外衣,就被看作充满机智和深刻思想。反之莎士比亚具有一种伟大而深刻的幽默,但即便如此,他也会说一些肤浅无聊的言论。让·保罗①的幽默虽然经常通过深刻的诙谐和美妙的感受给我们带来惊喜,但有时候也把一些风马牛不相及的东西拼凑在一起,而且我们搞不懂它们之间有什么幽默的关系。这些关系哪怕是最伟大的幽默作家绞尽脑汁也想不出来的,因此我们发现让·保罗对事物的组合往往不是出自天才的力量,而是纯粹外在的拼凑。正因如此,让·保罗为了总是掌握新的材料,就饥不择食地翻阅植物学、法学、游记、哲学等领域的书籍,只要注意到什么有趣的东西,就马上记录下来,再写下当时的临机感想,这样到了需要亲自创作的时候,就以外在的方式把一些最不相干的东西——比如巴西的植物和德国的帝国枢密法院——拼凑在一起。有些人对此赞不绝口,认为这是原创性或一种可以让一切东西和每一个东西都相安无事的幽默。但真正的原创性恰恰排斥这样的主观随意。

在这种情况下,我们又想到了反讽。它同样标榜自己具有最大程度

---

① 让·保罗(Jean Paul,1763-1825),原名里希特(Johann Paul Friedrich Richter),德国浪漫派作家。——译者注

的原创性，虽然它并没有严肃对待内容，只是为了开玩笑而开玩笑。与此同时，反讽的呈现活动把大量外在的事物堆砌在一起，而诗人对这些事物的最内在的意义秘而不宣，让人们对其中的伟大机智不明就里，于是人们愈来愈觉得，恰恰是这些外在事物的拼凑隐含着"诗上之诗"（Poesie der Poesie）和一切最深刻和最卓越的东西，这些东西是因为过于深刻才无法表达出来。比如在弗利德里希·冯·施莱格尔自认为是诗人的那段时间 [383] 写的一些诗里，就宣称未说出的才是最有价值的，实则这种"诗上之诗"只不过是最枯燥无味的散文。

γ）真正的艺术作品必须摆脱这种怪诞的原创性，因为真正的原创性只有在这种情况下才会体现出来，即艺术作品显现为**整一的精神的整一的独立创作**，这个精神不是从外部拾取和拼凑素材，而是让整体按照紧密的联系作为一体浇铸的东西自行产生出来，像事情本身那样严丝合缝。与此相反，如果有一些场景和动机不是自行结合起来，而是仅仅外在地拼凑起来的，那么它们的结合就不具有内在的必然性，而它们看起来也仅仅是偶然地通过一个第三者或一个陌生的主体而被组合起来。比如歌德的《葛兹》尤其因为其伟大的原创性而备受赞誉，因为正如之前所说，歌德在这部著作里勇敢地突破并摧毁了当时的美学理论所确立的一切艺术法则。但这部著作并不具有真正的原创性。因为我们发现这个早年作品仍然缺乏独立的素材，以至于其中的很多片段和整个场景不是从伟大的内容本身出发塑造出来的，而是从该书的创作年代所关心的东西里东挑西拣一些素材，将它们糅合在一起，因此看上去是外在地组合而成的。比如关于葛兹和修道士马丁（暗指马丁·路德）的场景，歌德的想法都是来自于那个时期的德国人对修士的抱怨：他们不可以喝酒，整天昏昏欲睡，内心充满欲望，却必须遵守那三个令人无法忍受的戒条，即贫穷、戒色和恭顺。但修道士马丁憧憬着葛兹的骑士生活，回想起葛兹给他说的从敌人 [384] 那里掠夺战利品满载而归的情景："他还没有来得及开枪，我就已经跳下马来，牵着马一溜烟跑回来"，回到自己的城堡，与他的妻子团聚，一边举杯向伊丽莎白夫人祝福，一边揉着眼睛……然而路德根本没有想过这些尘世之物,而是作为一名虔诚的修士从奥古斯丁的宗教观念和宗教信仰里汲取一种完全不同的深刻思想。接下来的场景同样取材于当时的教育观点,尤其是巴塞杜①提倡的那些观点。比如当时的人认为,儿童学习了太多不能理解的东西,而正确的方法应当是通过直观和经验去教导他们认识现实生活中的事物。比如卡尔和歌德的少年时代流行的做法一模一样,给他的父亲葛兹背诵如下这段文字:"雅克斯特豪森是雅克斯特河边的一座村庄和城堡,两百年来一直是伯利欣根男爵的世袭领地。"但当葛兹问他:"你知道伯利欣根男爵是谁吗?"卡尔却目瞪口呆,因为他虽然把书本背得烂熟,却不认识自己的父亲。葛兹告诉儿子,他在知道什么是河流、村庄和城堡之前,已经对当地所有的道路和渡口了如指掌。这些都是与材料本身无关的附赘。反之在材料本来可以体现出深刻的独特见解的地方,比如在葛兹和魏斯林根的谈话里,歌德却仅仅发表了一些关于时事的枯燥肤浅的感想。

甚至在歌德的《亲和力》里,我们也仍然看到类似的与内容无关的素材拼凑,比如公园的植被、动物的形象和钟摆的摇摆、金属的触感、头痛症,以及一切从化学那里借取的关于化学亲和力的描写,都属于这个类型。在一部描写特定的散文时代的长篇小说里,出现这类事物当然是无可厚非的,尤其是它们在歌德的笔下看起来是如此之灵巧和优雅,更何况一件艺术作品不可能完全摆脱它那个时代的文化素养;但把这个文化素养映射出来是一回事,外在地搜罗和拼凑那些与真正的呈现内容无关的材料又是另一回事。真正的原创性,无论是艺术家的原创性还是艺术作品的原创性,都仅仅在于完全倾注本身真实的内涵的合理性。只有当艺术家完全掌握了这种客观的理性,而不是从内外两个方面把它与不相干的特殊性掺和在一起并将其玷污,他才能够既表现出被塑造的对象,也表现出他自己的最真实的主观性,而这种主观性只希望成为本身已经完满自足的艺术作品的一个活生生的中介。因为在所有真正的创作、思考和

[385]

---

① 巴塞杜(Johann Bernhard Basedow, 1723–1790),德国教育学家。——原编者注

行动里,真正的自由都是听从于实体性东西的力量,这种力量同时也是主观的思维和意愿的最本已的力量,以至于在二者的完满和解里不可能有任何分裂保留下来。虽然艺术的原创性排斥和消除一切偶然的特殊性,但之所以如此,只是为了让艺术家能够完全遵从他的仅仅沉浸于事情本身的天才灵感,不是去展现个人喜好和空洞的肆意妄为,而是通过已经真正完成的作品去呈现出他的真正的自主体。自古以来,没有手法就是唯一伟大的手法,在这个意义上,唯有荷马、索福克勒斯、拉斐尔和莎士比亚才可以说具有原创性。

第二部分

理想发展为艺术美的特殊形式

导　论

迄今为止,我们在第一部分的考察里虽然把美的理念的现实性解释为艺术的理想,而且从多个方面阐明了理想的艺术作品的概念,但所有这些规定都只涉及**一般意义上的**理想的艺术作品。美的理念和理念本身一样都是一种包含着本质区别的总体性,这些区别必须作为区别显露出来并且实现自身。我们可以把这些区别统称为**艺术的特殊形式**,即那些从理想的概念里发展出来,并通过艺术而获得存在的特殊形式。但当我们把这些艺术形式称作理想的不同**类型**时,不应当在通常的意义上理解"类型"(Art)这个词语,仿佛各种特殊性在这里是从外部聚集到作为普遍类型的理想身上,并且使后者发生分化;毋宁说,"类型"所指的无非是美的理念和艺术的理想本身的不同的、因而具体的规定。也就是说,呈现活动的普遍性不是取决于外在事物,而是由它自己的概念所规定的,因此是这个概念本身分化并聚集为一种包含着许多特殊呈现方式的总体性。

进而言之,艺术形式作为美的正在实现着的展开过程是以**这个**方式起源于理念本身,即理念通过艺术形式呈现出来并具有实在性,而理念之所以在不同的实在形态中显现出来,是因为它要么仅仅按照它的抽象规定性存在着,要么按照它的具体总体性而独自存在着。因为一般而言,理念只有在通过它自己的活动而独自发展时才真正是理念,而由于它作为理想直接就是现象,亦即是一个与它的现象同一的"美的理念",所以在 理想的展开过程的每一个特殊层次上,每一个**内在的**规定性都是直接与一个不同的**实在**形态结合在一起。因此,我们究竟是把这个发展过程看作理念本身的一个内在进程,还是看作理念给予自身以存在的那个形态的内在进程,结果都是一样的,因为这两个方面始终是直接结合在一起的。正因如此,理念作为内容所达到的完满也显现为形式的完满;反过来,艺术形态的缺陷也体现为理念的缺陷,因为理念构成了外在现象的内在意义,在外在现象里让自己成为实在的东西。既然如此,当我们在这里首先遭遇到一些与真实的理想并不匹配的艺术形式,这和人们通常所说的失败的艺术作品是两码事,因为后者要么没有表达出任何东西,要么没有能力掌握它们本来应当加以呈现的东西。实际上,理念每一个内涵都有一个对应的特定形态,而这个形态是内涵在特殊的艺术形式里给予自身的,因此缺陷和完满仅仅取决于理念所代表的规定性究竟是相对不真实的规定性,还是真实的规定性。因为内容在找到真正美好的形态之前,必须本身已经是真实的和具体的。

就此而言,正如我们在全书的普遍划分里已经看到的,这里也必须考察艺术的三个主要形式。

第一是**象征型艺术**。在这种艺术里,理念仍然在**寻找**自己的真正的艺术表现,因为理念本身仍然是抽象的和无规定的,所以它本身并不具有一个合适的现象,而是与自然界和人类事迹中的外在事物处于对立关系。

[391] 理念在这些事物里直接暴露出自己的抽象性,或者说强迫自己作为无规定的普遍者进入一个具体的定在,败坏和扭曲了它所找到的形态。因为它只能随意地抓住这些形态,所以不能与它们达到一种完满的同一性,而是只能达到意义和形态的一种共鸣和本身仍然抽象的协调一致,而在这种既不完满也不能达到完满的一体化塑造中,意义和形态一方面体现出某种亲缘性,另一方面体现出它们相互之间的外在性、陌生性和偏差性。

第二,理念就其概念而言不可能始终是抽象的和无规定的普遍思想,毋宁本身是一种自由而无限的主观性,并且作为精神把握着这种主观性的现实性。但精神作为自由的主体是自己规定自己的,于是它在这种自身规定中按照它自己的概念也具有一个完全与它适配的外在形态,并且能够通过这个形态而与那个自在且自为地归属于它的实在性融为一体。**第二种艺术形式**亦即**古典型艺术**就是以内容和形式的这个完全适配的统一体为基础。但如果要让古典型艺术的完满性成为现实的,那么那个使自己成为艺术对象的精神就不应当是纯然绝对的精神,即一个仅仅在**精神性**和内在性里找到其合适的定在的精神,而是一个本身仍然**特殊的**、因此带有某种抽象性的精神。也就是说,古典型艺术所表现出的自由主体一方面显现为本质上普遍的,因而摆脱了内核和外观的一切偶然性和单纯的特殊性,另一方面显现为仅仅充斥着一种本身特殊的普遍性。因为外部形态作为外在东西始终是特定的特殊形态,只有在自身之内呈现出一个特定的、因而受到限制的内容才能够达到完满的交融,反之只有那个本身就特殊的精神才能够完全进入一个外在的现象,和它形成一个不可分割的统一体。 [392]

艺术在这里达到了自己的概念,也就是说,它让理念作为精神性的个体直接与其形体实在性达到完满的协调一致,于是外在的定在第一次不再保持独立性,不再与它应当表现的意义相对立,反过来内核仅仅在它为了直观而获得的形态里展现自身,并且在这个形态里以肯定的方式与自身相关联。

第三,美的理念一旦认识到自己是**绝对的**、因而独立自由的精神,就不再认为自己在外在事物那里达到完整的实现,因为它作为**精神**只有在它自身之内才具有它的真正的定在。于是理念消解了内在性和外在现象的那种古典式融合,从那里返回到自身之内。这就为**浪漫型**艺术形式奠定了基本模式。因为浪漫型艺术的内涵具有自由的精神性,外在事物和形体事物里的呈现活动已经不能满足它的需要,所以对于浪漫型艺术而言,形态成为一种**无足轻重的**外在事物,而在这种情况下,浪漫型艺术再一次造成内容和形式的分裂,但方式和象征型艺术正好相反。

就此而言,可以说象征型艺术在**寻找**内在意义和外在形态的完满统一体,而古典型艺术在把实体性个体呈现给感性直观的时候**找到了**那个统一体,最终浪漫型艺术在其凸显的精神性里又**超越了**那个统一体。

第一篇　象征型艺术形式

导论：一般意义上的象征

在我们当前使用的意义上，"象征"（Symbol）无论是就概念而言还是就历史现象而言都构成了艺术的开端，因此基本上只能被看作一种原始艺术（Vorkunst），这种艺术主要属于东方世界，经过许多过渡、转化和中介之后才达到理想的真正现实性，即古典型艺术形式。因此我们必须从一开始就区分两种象征：一种具有独立的特性，就此而言为艺术直观和艺术呈现活动提供了一个基本模式；另一种仅仅被降格为一个本身非独立的单纯外在的形式。后面这种象征也出现在古典型艺术形式和浪漫型艺术形式里，正如象征型艺术的个别方面也能够接纳古典型理想的形态或体现出浪漫型艺术的萌芽。但这种前后交叉的情况始终只涉及次要形象和个别特征，不能成为整个艺术作品的真正灵魂和起规定作用的本性。

反之当象征在其独特的形式里独立地塑造自身，一般就具有**崇高**的特性，因为刚开始的时候，只有一个本身仍然无尺度的、不是以自由的方式获得规定的理念应当成为形态，所以在具体的现象里找不到一个与这种抽象性和普遍性完全符合的特定形式。但在这种非符合的情况下，理念却屹立于它的外在定在之上，而不是出现于这个定在中或与之完全融为一体。这种对于现象的规定性的超越构成了象征的普遍特性。

从形式的方面看，我们现在只需要大致解释一下"象征"究竟是什么意思。

一般而言，象征是直观所直接面对的一个既有的或给定的外在实存，但这个实存所指的并不是现在直接出现的它自身,而是具有一个更宽泛和更普遍的意义。因此我们在象征那里必须区分出两个因素:一个是**意义**(Bedeutung),另一个是意义的**表现**(Ausdruck)。**前者**是一个观念或一个对象,不管它的内容是什么,**后者**是一个感性的实存或某一种形象。

1. 象征起初是一个**符号**(Zeichen)。但对于单纯的符号而言,意义和它的表现之间的联系仅仅是一个完全随意的结合。这个表现,这个感性的物或形象,不是代表着它自己,而是代表着另外一个内容,而且它和这个内容不需要有什么特别的共同点。比如在语言里,音调就是某一个观念或感受的符号。一种语言的绝大多数音调和它们所表现的观念就内涵而言是以偶然的方式结合起来的,虽然历史的发展已经表明,原初的联系具有不同的性质;各种语言之间的差异性主要在于,同一个观念是通过不同的音调表现出来的。这类符号的另一个例子是那些用于徽章或旗帜的颜色,以表明一个人或一艘船是属于哪个国家。这类颜色本身和它们的意义(即它们所代表的国家)同样没有什么共同的性质。但在讨论**艺术**的时候,我们不应当把象征理解为意义和符号的**漠不相关**,因为艺术恰恰是立足于意义和形态的关联、亲缘性和具体的一体化塑造。 [395]

2. 因此对于那种应当成为**象征**的符号而言,又是另一种情况。比如狮子是刚强的象征,狐狸是狡猾的象征,圆圈是永恒性的象征,三角形是基督教的三位一体的象征。在这里,狮子和狐狸所应当表达出的意义是它们本身就具有的某种属性。同样,圆圈不是一条无端点的或随便有一个端点的直线,也不是一条没有返回自身的线,而这些情况都属于一个有限的时间段落;如果宗教心目中的上帝的各种规定可以进行**计数**,那么三角形作为一个具有同样**数目**的边和角的**整体**就已经体现出上帝的理念。

因此在这类象征里,感性的既有实存在其自己的定在中已经具有它们所应当呈现和表现的意义;在这个更宽泛的意义上,象征不是一个纯粹漠不相关的符号,而是这样一个符号,它一方面是外在事物,另一方面包含着它所表现出的观念的内容。但与此同时,它不应当让自己作为这个具体的个别事物呈现给意识,而是只应当把意义的那个普遍性质呈现给意识。

[396]　　3. 此外需要指出,虽然象征不应当像单纯外在的和形式上的符号那样与它的意义漠不相关,但反过来为了保持为象征,也不应当完全符合它的意义。因为虽然一方面看来,作为意义的内容和作为符号的形态在**一个属性上**是协调一致的,但另一方面看来,象征的**形态**除了包含着它所指的那个共同性质之外,还包含着**另外一些**与共同性质完全无关的规定;正如**内容**未必只是一个抽象的内容,比如刚强、狡猾等等,也可以是一个具体的内容,本身又包含着许多独特的性质,这些性质不同于起初的那个构成象征的意义的属性,甚至也不同于这个形态其余的独特性质。比如狮子不只是刚强的,狐狸不只是狡猾的,尤其是上帝除了具有那些可以借助数、数学图形或动物形态来理解的属性之外,还具有另外许多属性。因此,内容和那个代表着它的形态始终也是**漠不相关的**,它所构成的那个抽象规定性也可以出现在无穷多的其他事物和其他形态里面。同理,一个具体的内容本身具有许多规定,其他形态只要具有同样的规定,也可以用来表现它们。这个道理也适用于那些以象征的方式表现出某一个内容的外在事物。它们作为具体的定在同样包含着许多规定,而它们也可以成为这些规定的象征。比如虽然刚强的绝佳象征是狮子,但也可以用公牛或牛角当作象征,反过来公牛又具有另外许多象征意义。至于那些可以作为象征来代表上帝的形态和形象,更是数不胜数。

[397]　　由此可知,象征就其自己的概念在本质上始终是**模棱两可的**。

　　a)我们在刚看到一个象征的时候总是会怀疑,**一个形态究竟是否可以被当作象征**?因为即使我们不去考虑一个**特定的**内容是不是模棱两可的,那个标示着内容的形态也可能具有**另外许多**意义,而形态经常是通过一些更遥远的联系而成为内容的象征。

　　总的说来,我们首先看到的是一个形态或一个形象,它们本身只代表着一个直接的实存。比如一头狮子、一只老鹰、一种颜色都是代表着它们自己,是独立自足的。因此这里有一个问题,即我们眼前的这头狮子究竟是只代表和表现着它自己呢,还是也代表和标示着另外一些东西,比如单纯的刚强之类抽象的内容或一位英雄、一个季节或一片田地之类具体的内容？或者如人们常说的，这个形象是**本真的**（eigentlich）呢，还是**同时是非本真的**（uneigentlich），抑或**仅仅是非本真的**？——最后这种情况常见于语言的某些象征式表述，比如"理解"（begreifen）①、"推论"（schließen）②等词语；当它们标示着精神活动，我们就立即只想到一种精神活动的意义，而不是同时想到"抓住""关闭"等感性的活动。但狮子的形象让我们不仅想到它作为象征所能够具有的意义，也想到这个感性的形态和实存本身。

只有当意义及其形态这两个方面还有它们之间的关联被明确地提出来，上文所述的那种模棱两可才会消失。但这样一来，作为代表的具体实存就不再是真正意义上的象征，而是一个单纯的形象，于是形象和意义的关联获得了**比喻**（Vergleichung）或明喻（Gleichnis）这个著名形式。也就是说，我们在明喻那里必定会看到两个东西：一个是普遍的观念，另一个是这个观念的具体形象。反之如果反思活动还不能够仅仅抓住单独的普遍观念，随之不能将其单独提取出来，那么那个应当表现出普遍意义的感性形态就还没有与这个意义区分开，而是与之直接合为一体。正如我们后面还会再看到的，象征和比喻的区别就在于此。比如卡尔·莫尔在看到夕阳西下时发出感叹："英雄也是这样死去！"在这里，意义和感性呈现本来是明确区分开的，但莫尔把意义添加在形象上面。在另外一些明喻里，虽然意义和形态没有明确体现出区分和关联，而是保持着更密切的联系，但通过上下语境或其他情况就可以看出，形象本身是不能令人满足的，而是表现出某一个毋庸置疑的特定意义。比如路德说：

[398]

> 我们的上帝是一座坚固的**城堡**。

或者他的另一句话：

> 年轻人千帆竞发驶向海洋，

---

① 字面意思为"抓住""把握"等等。——译者注
② 字面意思为"关闭""联合"等等。——译者注

老年人却划着救生艇悄悄回到港湾。

在这里,城堡意味着保护,海洋和千帆意味着充满希望和蓝图的世界,救生艇和港湾意味着蝇头小利和苟且偷生,这些都是确凿无疑的。同样,当《旧约》说:"上帝啊,求你敲碎他们口中的牙;耶和华啊,求你敲碎少壮狮子的大牙"①,我们马上就意识到,牙、口、少壮狮子的大牙都不是意指它

[399]　们本身,毋宁只能被理解为一些非本真的形象和感性直观,因此关键仅仅在于它们的**意义**。

在单纯的象征那里,这种模棱两可就尤为明显,因为一个具有意义的形象之所以被称作**象征**,主要是由于这个意义不像在比喻那里被明确说出来或本身就是显而易见的。诚然,真正的象征也可以在某种情况下变得不再模棱两可,即由于这种不确定性本身的缘故,感性形象和意义的结合成为一种习惯,并且在某种程度上成为一种约定俗成的东西——这一点对于单纯的符号是必不可缺的,反之明喻是某种仅仅出于眼前需要而发明出来的个别事例,本身就是清楚明白的,因为它本身就交代出它的意义。但即便是那些处于约定俗成的范围之内的人通过习惯而清楚知道了特定象征的意义,这些象征对于其余那些不属于或不再承认这个范围的人而言却具有完全不同的意义。后面这些人起初面对的只是一个直接的感性呈现,因此他们总是会怀疑,究竟是应当满足于眼前的事物本身呢,还是应当琢磨另外一些观念和思想? 比如当我们在一座基督教教堂里看到墙上的显著位置有一个**三角形**,我们马上就知道,这里的关键不在于通过感性直观去认识一个单纯的三角形形状,而是在于这个形状的意义。反之在别的地方,我们就不清楚一个三角形是否应当被看作三位一体的象征或符号。其他不信仰基督教的民族因为没有这样的习惯和知识,所

[400]　以会在这种情况下动摇不定,何况我们也不能在任何地方都很有把握地断定,一个三角形究竟是真正的三角形呢,还是具有象征的意义。

b) 这种不确定性不但涉及我们遇到的个别事例,而且涉及整个广阔

---

①　参阅《旧约·诗篇》58,6。——译者注

的艺术领域,涉及摆在我们面前的海量材料的内容,即几乎全部东方艺术的内容。因此当我们初次进入古波斯、印度、埃及的形态世界,是非常惶恐不安的;我们觉得自己穿行于**各种难题**之中;这些形象本身是冷冰冰的,不是用它们直接表现出的样子满足我们,而是要求我们超越它们,找出它们的意义,即某种比这些形象本身更广阔和更深刻的东西。反之另外一些作品乍看起来和童话没有什么区别,仅仅是各种形象的随意偶然的和稀奇古怪的结合。因为儿童就满足于这样的肤浅形象及其简单随意的、令人眼花缭乱的拼凑。但一个民族哪怕是处于童年时期,也要求一种更具有实体性的内涵,而我们实际上在印度人和埃及人的艺术形态里找到了这种内涵,虽然在这些谜一般的艺术形态里,解释仅仅被暗示出来,很难让人猜出它们的意义。至于意义和直接的艺术表现之间的这种错位究竟是由艺术的贫乏和想象本身的芜杂和空洞造成的,还是归咎于一种更为纯粹和恰当的形态本身没有能力表现出更深刻的意义,从而不得不求助于怪诞的幻想——这些问题在很大程度上乍看起来是很难解答的。

　　其至在古典型艺术的领域,偶尔也会出现类似的不确定性,虽然艺术 [401] 的古典因素在于它就其本性而言不是象征式的,而是完全通透清楚的。也就是说,古典型理想之所以是清楚的,是因为它抓住了艺术的真实内容,即那种具有实体意义的主观性,随之恰恰也找到了那个仅仅把真实的内容表现出来的真实形态,以至于意义无非就是那个现实地包含在外在形态里的意义,或者说意义和形式这两个方面相互之间完全吻合。反之在象征、明喻之类东西里,形象除了提供一个意义之外,总是还代表着另外某种东西。当然,古典型艺术也有模棱两可的方面,因为古代的某些神话形象看起来是捉摸不定的,我们不知道是应当止步于单纯的外在形态本身,仅仅把它当作一种巧妙想象的优雅游戏来加以赞叹呢(因为神话总的说来只不过是一些在悠闲状态中虚构出来的故事),还是应当追问它的更为深远的意义。后面这个要求之所以促人深思,主要是因为故事的内容涉及诸神的生平事迹,而某些流传下来的故事完全不符合绝对者的尊严,简直就是胡说八道或低级趣味的虚构。比如当我们读到赫尔库勒斯必须完成十二项任务,或者听说宙斯把赫淮斯托斯从奥林波斯山扔到利姆诺斯岛,以至于武尔坎①从此变成瘸子,我们当然会觉得这些无非是一种脑洞大开的想象。至于朱庇特的许多风流韵事在我们看来同样是胡编乱造。但反过来,因为这些故事所叙述的是最高神祇,所以我们又相信神话除了直接给出的意义之外,背后还隐藏着另外一个更深远的意义。

[402]

在这种情况下,尤其有**两个相互对立的**观点已经取得主导地位。其中一个观点认为神话是纯粹外在的历史故事,这些故事与上帝的尊严是不相称的,虽然本身看来精彩纷呈,引人入胜,甚至具有高度的美,但并不能解释出什么高深的意义。因此神话——按照其现在的形态而言——应当被看作纯粹**历史的**,因为一方面从它的艺术方面来看,其描述的形态、形象、诸神及其行动和事迹本身是完满自足的,甚至本身就解释了它所传达的意义;另一方面从它的历史起源来看,神话有些是土生土长的,有些是来自于祭司、艺术家和诗人的随意想象,来自于历史事件和其他民族的传说故事和文化传统。反之另一个观点不满足于神话形态和神话故事的纯粹外在的方面,而是致力于挖掘其中的更普遍和更深刻的意义,并且认为科学的神话研究的真正任务就是要认识到这些被遮掩着的意义。因此,神话必须被理解为**象征的**,而"象征的"在这里仅仅意味着,神话无论看起来多么怪诞不经,无论掺杂着多少偶然而外在的随意想象,其作为精神的产物终究包含着一些意义,即一些关于上帝的本性的普遍思想或哲学论题②。

[403]

后面这个观点在近代尤其以克罗伊策③为主要代表。他在《古代民族尤其是希腊民族的象征系统和神话》(1810—1812)里没有按照通常的做法从外在的散文角度或艺术价值的角度去评价古代民族的神话观念,

---

① 武尔坎(Vulkan)是赫淮斯托斯在罗马神话中的名字。——译者注

② 关于神话的本质以及当时流行的各种主流观点,谢林在其《神话哲学之历史批判导论》(先刚译,北京大学出版社 2022 年版)里有更为详尽的分析和讨论。——译者注

③ 弗利德里希·克罗伊策(Friedrich Creuzer, 1771–1858),德国古典学家和神话研究者。——译者注

而是在其中寻找一种内在的合乎理性的意义。他首先断定神话和传说故事都是起源于人的精神,这个精神虽然能够随意摆弄其关于神的种种观念,但同时带着宗教的旨趣进入一个更高的领域,在这个领域里,理性成为诸神形态的发明者,哪怕理性起初还带着一些缺陷,不能以恰当的方式展现出自己的内核。这个假设本身是真实正确的:宗教起源于精神,精神寻找自己的真理,憧憬着这个真理,并且在某个与真理的这个内涵多多少少有些亲缘性的形态里意识到真理。但如果形态是由理性发明的,我们就需要认识到什么是理性。唯有这个认识才真正配得上人的尊严。谁把这个认识抛在一边,就只能得到一堆外在的知识。反之如果我们在神话观念里面挖掘内在的真理,同时并不忽略随意的想象、地域性之类偶然的事物,我们就可以找到各种神话存在的理由。通过人的精神性塑造活动和赋形活动而找到人的存在理由,是一项高贵的事业,比单纯搜集外在的历史材料更高贵。有些人指责克罗伊策和新柏拉图主义者一样只不过是首先把一些意义**放到**神话**里面**,然后再进行解释并在其中寻找各种思想,但这些思想没有任何历史证据,毋宁说真正的历史证据表明,人们是首先把这些思想放到神话里面,然后才在其中找到那些思想。因为一个民族及其诗人和祭司——尽管人们另一方面又经常宣称祭司拥有伟大的秘密 [404] 智慧——不可能知道这类与他们那个时代的整个文明程度不匹配的思想。后面这个指责确实是完全正确的。各个民族及其诗人和祭司实际上并没有首先在普遍性的形式中掌握那些作为其神话观念的基础的普遍思想,然后故意用象征的形态包裹这些思想。当然,克罗伊策也没有这样主张。但哪怕我们近代人在神话里所看到的并不是古人所想的,由此也不能得出结论说,古人的观念**本身**不是象征或不能被当作象征,因为那些民族在创作神话的时代仍然生活在诗意的状态,所以他们不是以思想的形式,而是通过想象的形态认识到他们内心最深处的东西,还没有把普遍的抽象观念和具体的形象区分开。这个确凿的事实是我们在这里必须予以认可和坚持的,虽然我们同时也承认,这种象征式的解释方式和词源学一样可能经常掺杂着矫揉造作的穿凿附会。

c)虽然我们坚持认为,神话及其关于诸神的故事和持续不断的诗意想象所制造出的大量形象本身包含着合乎理性的内涵和深刻的宗教观念,但关于象征型艺术形式还是会出现一个问题,即是否**全部**神话和艺术都必须被看作是**象征**？比如弗利德里希·冯·施莱格尔就认为,我们必须在每一种艺术呈现里寻找寓托(Allegorie)①。按照他的理解,所谓"象征"或"寓托",就是每一件艺术作品和每一个神话形态都以一个普遍的思想为基础,这个思想一旦在其普遍性中凸显出来,就可以解释一件作品或一个观念的真正意义。近代以来,这个处理方式同样变得十分流行。比如虽然但丁那里出现了很多寓托,但人们却企图完全按照寓托的方式解释他的每一首诗歌。海涅②在编辑出版古代诗人的作品时,也试图用一些注释按照抽象的知性规定去解释每一个隐喻的普遍意义。知性尤其对象征和寓托趋之若鹜,因为它割裂了形象和意义,从而摧毁了本来应当受到关注的艺术形式,因为这种象征式解释只想要挖掘出普遍者本身。

[405]

我们当前考察象征型艺术形式的做法,绝对不会把象征拓展到神话和艺术的全部领域上面。因为我们的努力目标不是要探究艺术形态在什么情况下可能具有象征或寓托的意义,而是反过来追问象征在什么情况下可以被算作**艺术形式**。我们希望确定意义与其形态的艺术关系,尤其是这个艺术关系在**象征型**艺术里和在古典型艺术和浪漫型艺术里有什么不同之处。因此我们的任务不是要把象征拓展到整个艺术领域,而是反过来明确地划定一个范围,以表明什么东西本身就作为真正的象征呈现出来,随之必须以象征的方式加以解释。有鉴于此,我们在前面已经谈到艺术理想如何划分为象征型、古典型和浪漫型的形式。

[406]

也就是说,当呈现活动的内涵和形式不是由无规定的普遍抽象的观

①	"寓托"(朱光潜先生译为"寓意")的希腊文原意为"另一种言说"或"隐晦的言说",即借助于某种相似性或亲缘性用一个事物(一件事情)来替代另一个事物(另一件事情)。至于"寓托"和"象征"的区分及联系,可参阅谢林在《艺术哲学》(先刚译,北京大学出版社 2021 年版)里的更为详细的论述,尤其是该书第 72—73 页。——译者注
②	海涅(Christian Gottlob Heyne,1729-1812),哥廷根大学教授,德国古典学家和考古学家,被誉为现代古典学研究和神话研究的奠基人。——译者注

念构成的,而是由自由的个体性构成的,我们所说的那种象征就不再存在。因为在后面这种情况下,主体自己就意味着自己,自己就解释着自己。主体的所思所想和所作所为,主体的属性、行动和性格就是主体自身;主体的精神性显现和感性显现的整个范围无非意味着主体自身,它在这种拓展和展开中仅仅作为它自己的主宰者把它的整个客观性呈现出来。这样一来,意义和感性呈现、内核和外观、事情本身和形象不再是彼此不同的,不再像在真正的象征里一样只有一种亲缘性,而是体现为**一个整体**,在其中,现象的外边和旁边没有别的本质,本质的外边和旁边也没有别的现象。展现者和被展现者升华为具体的统一体。在这个意义上,希腊艺术里的希腊诸神呈现为一些自由的、独立封闭的个体,因此他们不应当被看作象征,而是完满自足的。对于艺术而言,宙斯、阿波罗和雅典娜的行动仅仅属于这些个体神祇,只应当呈现出他们的力量和激情。但如果把一个普遍的概念作为这些本身自由的主体的意义从他们那里抽离出来,然后用特殊方面解释整个个体的现象,那么这些形态的艺术因素就被忽视和摧毁了。因此艺术家也不喜欢别人用这种象征式的解释方式去处理所有的艺术作品及其呈现的神话人物。因为在刚才提到的艺术呈现活动里,真正作为象征或寓托而留下来的东西都是次要的,而且明显已经降格为一个单纯的属性或符号,比如宙斯身边的山鹰和那头陪伴着福音使徒路加的公牛就是如此,反之埃及人在神牛阿庇斯那里看到的却是神性东西本身。 〔407〕

在这种与自由的主观性相符合的艺术现象里,困难在于分辨那个呈现为主体的东西究竟是也具有现实的个体性和主观性呢,还是只具有主观性的空洞映象,仅仅是单纯的**人格化**。在后面这种情况下,人格性无非是一个肤浅的形式,它在特殊行动和身体形态里并没有表现出它自己的内核,从而没有把它的整个外在现象当作它自己的现象而渗透其中,而是除了外在实在性的意义之外还有另一个内核,但这个内核并不是这个人格性和主观性本身。

关于象征型艺术的范围,以上所述正是关键之所在。

291

　　因此在考察象征的时候,我们的目的是去认识**艺术**的内在的产生过程,即理想从概念发展为真正的艺术的过程,从而把象征的层级秩序看作真正的艺术的准备阶段。无论宗教和艺术之间有多么密切的联系,我们都不需要在宽泛的字面意思上把象征本身和宗教看作一些具有象征意义或感性形象意义的观念,而是只需要考察它们身上属于艺术的那个方面。宗教方面的讨论必须交给神话史研究去处理。

章节的划分

在对象征型艺术形式进一步作出划分之前,首先必须确定它的整个发展过程的分界点。

正如之前所说,象征型艺术的整个领域通常是属于**原始艺术**,因为我们首先仅仅看到一些抽象的、本身并没有在本质上发生个体化的意义,而那些直接与之结合在一起的形态既是恰当的,也是不恰当的。因此第一个划分出来的领域是一般意义上的艺术直观和艺术呈现活动的自身显露;界限的另一边是真正的艺术,是象征型艺术的真理,当象征型艺术扬弃自身,就成为这种艺术。

当我们从**主观的**方面讨论象征型艺术的最初出现,可能会回想起那句名言,即艺术直观和宗教直观——或者说二者毋宁是一体的——乃至于科学研究都是开始于**惊诧**。一个对任何事物都不感到惊诧的人仍然生活在朦胧愚昧的状态中。他对任何东西都没有兴趣,任何东西都不是为着他而存在,因为他本身还没有与对象及其直接的个别实存区分开。但另一方面,如果一个人对任何东西都**不再**惊诧,那么他已经把整个外在世界看得一清二楚——无论是按照抽象的知性方式达到一种人人皆有的启蒙,还是以一种高贵的和更深刻的方式意识到那种绝对的、精神性的自由和普遍性,并且已经把对象及其定在转化为他对于它们的一种精神性的、伴随着自我意识的认识。反之惊诧只有在那样一种情况下才会出现,即一个人已经摆脱了最初与自然界的直接联系以及那些只具有实践意义的切身欲望,在精神中超越自然界和他自己的单个实存,在事物里寻找并看到普遍的、自在存在着的和常驻不易的东西。这时他才会注意到自然对

293

[409] 象,它们是一个他者,但又应当为着他而存在,让他在其中努力重新发现自己,发现思想和理性。因为对于崇高事物的憧憬和对于外在事物的意识仍然没有发生分裂,但与此同时,自然事物和精神之间有一个矛盾,这个矛盾使得对象看起来对人是欲拒还迎的,而当人觉察到内心里的想要克服这个矛盾的冲动,就产生出惊诧。

这个状态的直接后果,就是人一方面把自然界和全部对象作为根据摆在自己面前,把它们当作力量来尊崇,另一方面也满足了自己的需要,即把他关于一个崇高的、本质性的、普遍的东西的主观感受转化为外在的,并且作为客观的东西加以直观。这个结合直接导致这样的情况,即个别的自然对象——尤其是大海、河流、群山、星辰之类基础性对象——不是被看作个别化的直接事物,而是上升为观念,并且对于观念而言具有普遍的、自在且自为地存在着的实存的形式。

艺术的开端是这样的:它把这些观念按照其普遍性和本质上的自在存在重新放置在一个形象里,让直接的意识对其进行直观,并且让这个形象以对象的形式呈现于精神。正因如此,对于自然事物的直接崇拜(自然崇拜和拜物教)还不是艺术。

而从**客观的**方面来看,艺术的开端与宗教有着最密切的联系。最初的艺术作品属于神话一类。在宗教里,绝对者把自己呈现给人的意识,尽管这个绝对者只具有最抽象和最贫乏的规定。接下来为了绝对者而存在着的**展现**是各种自然现象,在这些现象的实存中,人对于绝对者有着朦胧的感觉,因此借助自然对象的形式让绝对者变成可见的东西。艺术最初

[410] 就是起源于这个努力。但即使在这种情况下,艺术的出现也还需要以下前提,即人不仅在现实地存在着的对象里直接看到绝对者并满足于神性东西的这种实在性,在意识中把握那个具有外在事物的形式的绝对者,而且**从自身出发**制造出一个在某种程度上符合这个认识的**客观事物**。因为艺术在本质上包含着一种通过精神而得到把握的实体性内涵,这个内涵虽然显现为外在事物,但这个外在事物不是直接现成的,而是仅仅作为一个包含着并且表现出那个内容的实存**被精神生产出来**。只有艺术才是宗

教观念的**第一个**赋予其形态的翻译,因为只有当人在自身之内作为精神性的自我意识摆脱了直接性,获得自由,并且在这个自由中按照知性的方式把客观性作为单纯的外在性予以接纳,与直接性相对立,才对客观世界有一种散文式的考察。但这个分裂是后来才出现的一个层次。与此相反,最初关于真相的知识是一个居间状态,既没有在完全缺乏精神的情况下沉沦于自然界,也没有成为一种完全摆脱了自然界的精神性。一般而言,这个居间状态是与散文气的知性相对立的,处于诗和艺术的立场,而在这个居间状态中,精神之所以通过自然事物的形态审视自己的观念,是因为精神虽然还没有掌握更高级的形式,但已经致力于通过内涵和形态的结合而让这两个方面彼此适应。因此,也只有当主观的精神性意识的原则在其抽象的和真正具体的形式里达到现实性,像罗马世界和后来的现代基督教世界里发生的那样,才会出现一种完全散文气的自我意识。

其次,象征型艺术形式一旦达到它所追求的目标,就会作为象征型艺术自行瓦解,而这个目标就是**古典型艺术**。虽然古典型艺术创造出真正 [411] 的艺术现象,但它不可能是最初的艺术,而是以象征型艺术的各种中介层次和过渡层次为前提。因为与之符合的内涵是精神性的个体性,这种个体性作为绝对者和真相的内容和形式只有经过许多中介和过渡之后才能够进入意识。造成开端的始终是那个就其意义而言抽象的和无规定的东西;但精神性的个体性必须在本质上自在且自为地就是具体的。它是一个自己规定着自己、与它的现实性相符合的概念,这个概念作为两个抽象方面的中介活动,必须预先让它们经过片面的发展塑造,然后它自己才能够被把握。如果做到了这一点,它就作为总体性显露出来,同时终结了上述抽象方面。这就是古典型艺术的情况。古典型艺术终结了艺术里面的单纯象征式的和崇高式的尝试,因为精神性的个体性本身就具有一个完全符合它的形态,正如那个自己规定着自己的概念也是通过自身而产生出一个完全符合它的特殊定在。艺术一旦找到了这个真实的内容,随之找到了真实的形态,就立即不再去努力追求二者,而象征型艺术的缺陷恰恰在于这种努力追求。

如果我们在这个分界点的内部追问象征型艺术的更明确的划分**原则**,那么答复就是:因为象征型艺术仍然在努力追求真实的意义和与之吻合的形态,所以总的说来,象征型艺术是一个与真正的艺术相对抗的内容和一个与内容不适应的形式之间的**斗争**。因为这两个方面虽然通过结合达到了同一性,但仍然是形同陌路的,而且不符合艺术的真正概念,因此它们又力图打破这个有缺陷的结合。从这个角度看,整个象征型艺术可以被看作互不适应的意义和形态之间的一个持续冲突,因此那些不同的层次并不是象征的不同类型,而是同一个矛盾的不同阶段和不同表现方式。

[412]

但这个斗争起初只是**自在地**存在着的,也就是说,艺术家还没有意识到那两个被强制合为一体的方面是互不适应的,因为艺术家既没有认识到他所抓住的意义本身的普遍本性,也不知道如何独立地理解那种具有封闭的定在的实在形态,所以他看不出二者的**区别**,而是从它们的直接的**同一性**出发。因此象征型艺术的**开端**是艺术的内涵及其追求的象征式表现的尚未分裂的、弥漫在这个矛盾的结合中的谜一般的统一体——这就是真正的、不自觉的、原初的象征系统,它所使用的那些形态尚未作为象征而被**设定下来**。

反过来,象征型艺术的**终点**是象征的消失和瓦解,也就是说,那个迄今为止**自在地**存在着的斗争出现在艺术家的意识里,于是象征化活动成为一种**自觉的割裂**,亦即把本身清楚的意义和与它相似的感性形象区分开,但这个割裂同时保留了二者的明确的**关联**,这个关联不是显现为**直接的同一性**,而是仅仅成为二者的一个单纯的**比喻**,其中又透露出早先的那个不自觉的区别。——这就是**自觉的象征**(作为象征而**被意识到**的象征)的范围:那个意义本身已经按照它的普遍性而被认识到和意识到,它的具体显现被明确地降格为一个单纯的**形象**,而艺术家的目的就是拿这个形象与意义进行比较。

介于开端和终点之间的是**崇高的**艺术。在它那里,意义作为自为存在着的精神性普遍性第一次脱离具体的定在,并且表明这个定在是一个

[413]

否定的、外在的、从属的东西，因此意义如果要让这个定在来表现**自己**，就不能让它成为独立的东西，而是必须把它设定为一个本身有缺陷的、需要被扬弃的东西，尽管意义除了这个外在的和虚渺的东西之外，没有别的手段来表现自己。就概念而言，意义的这种崇高性之所以先于真正的比喻闪耀出来，是因为具体的、个别的自然现象和其他现象必须首先被当作否定的东西，仅仅用于装饰绝对意义的高不可攀的力量，然后才能够针对那些与意义相似（并且提供意义的形象）、但又不同于意义的现象作出明确的区分和有选择的比喻。

上述三个主要层次又可以按照以下方式来划分。

1. 不自觉的象征系统

A.**第一个**层次本身既不应当被称作真正的象征，也不应当被真正归入艺术的行列。它仅仅是这两个东西的铺垫。这就是在一个自然的形态里，绝对者作为精神性的意义和它的未分离的感性定在形成的直接的、实体性的统一体。

B.**第二个**层次是向着真正的象征的过渡，即最初的统一体开始自行瓦解，在这种情况下，普遍的意义一方面屹立于个别自然现象之上，另一方面又应当在这种被认识到的普遍性中以个别自然对象的形式呈现于意识。这里有一个双重的努力，既要让自然事物精神化，也要让精神性事物感性化，而在这个代表着差异的层次上，暴露出象征型艺术的全部模糊的想象、骚乱和野蛮昏沉的拼凑，因为象征型艺术虽然朦胧地察觉到它所使用的形象和形态是不适合的，但它除了把形态歪曲为一种仅仅在量上漫无边际的崇高性之外，没有别的办法去消除这种不适合。因此这个层次上的我们是生活在一个充斥着纯粹虚构和令人难以置信的奇迹的世界里，见不到真正美的艺术作品。 [414]

C.**第三**，经过意义和它的感性呈现的斗争，我们达到了真正的象征的立场，只有在这里，象征型**艺术作品**才按照自己的完整特性塑造自身。在这里,形式和形态不再和第一个层次一样是一些没有经过艺术加工的现成感性事物,却作为绝对者的定在而直接与绝对者合为一体,也不再和第二个层次一样只能够从想象出发,通过夸大特殊的自然对象而去消除它们和普遍的意义之间的差异;毋宁说,现在作为象征式形态而呈现于直观的,是一个通过艺术而产生出来的形象,这个形象一方面表现出自己的独特性,另一方面不仅展现出这个孤零零的对象,而且展现出一个应当与之结合在一起并被认识到的深远的普遍意义,以至于这些形态仿佛作为任务存在于那里,要求我们去猜测它们所包含的内核是什么。

关于这些仍然属于原初象征的更明确的形式,我们一般而言可以预先指出,它们是起源于所有民族的宗教世界观,因此这里也有必要提到它们的历史背景。但这里不可能作出非常严格的区分,因为从艺术形式的 [415] 类型来看,各种理解方式和赋形方式是如此地混杂在一起的,以至于虽然我们认为某一个形式是某一个民族的世界观的基本模式,但这个形式也出现在更早的或更晚的民族那里,哪怕只是居于从属地位和零星地出现。但从根本上看,我们必须在**古波斯**宗教、**印度**宗教和**埃及**宗教里寻找分别与之对应的三个层次的具体例证。

2. 崇高的象征系统

经过上述历程,那个一直以来在某种程度上被其特殊的感性形态遮蔽的意义终于挣脱出来获得自由,从而以清晰的样子出现在意识中。在这种情况下,真正的象征关系瓦解了,由于绝对的意义被理解为整个现象世界的普遍的、贯穿一切的**实体**,所以实体性艺术作为**崇高**的象征系统取代了那些单纯象征式—幻想式的暗示、歪曲和谜题。

从这个角度看,主要应当区分**两个**立场,而它们的区别在于如何看待作为绝对者或神性东西的实体与有限的现象的关系。简言之,这个关系可以是双重的,即**肯定的**和**否定的**。但在这两个形式里,因为总是必须把普遍的实体凸显出来,所以应当呈现于直观的不是事物身上的特殊的形态和意义,而是它们的普遍灵魂以及它们相对于实体而言所处的地位。

A.第一个层次是这样理解上述关系:实体作为一个已经摆脱任何特殊性的大全一体内在于特定的现象,是它们的生产者和赋予其生命的灵魂,而在这种内在性里,实体被直观为一个以肯定的方式存在于当下的东西,并且被一个自愿放弃自身、带着爱意端详这种寓居于万物之内的本质性的主体把握住和呈现出来。这就产生出崇高的泛神论的艺术,而正如我们看到的,这种泛神论最初是出现于印度,然后在伊斯兰教及其神秘主义艺术里达到了最辉煌的程度,最终以一种更深刻的主观方式出现在基督教神秘主义的某些现象里。 [416]

B.反之我们必须在**希伯来**的诗歌里面寻找真正的崇高**否定**表现。这些辉煌的诗歌之所以颂扬和推崇天地的主宰,是因为它们把他创造的整个世界仅仅看作他的力量的偶然表现,看作他的荣耀的传递者,看作他的伟大本性的装饰,并且在这种谦卑心态中甚至把各种最庄严的事物都设定为否定的,因为这些诗歌找不到什么东西能够恰当而充分地表现最高者的威力和统治,只能通过受造物的谦卑而获得一种肯定的满足,即受造物只有在觉察到和承认自己的卑微地位时才符合自己的身份和意义。

3. 自觉的象征系统:比喻的艺术形式

当这个进入意识的单纯意义被看作独立的东西,这件事情本身就造成了意义和那个同时**被设定**为与它不符合的现象的**分裂**。但象征型艺术要求形态和意义在这个现实的分裂中仍然有一种内在的亲缘联系,因此这个联系并不是直接出现在意义或形态里,而是出现在一个**主观的第三者**那里,这个第三者按照主观的直观在意义和形态那里找到一些外在的方面,就自信能够通过相似的个别形象去直观和解释那个本身清楚的意义。 [417]

但这样一来,形象不再像此前那样是唯一的表现,毋宁只是一种装饰。这种情况不符合美的概念,因为形象和意义是相互对立的,而不是像在真正的象征型艺术里一样哪怕仅仅以不完满的方式合为一体。因此，那些以比喻形式为基础的艺术作品始终是居于从属地位，它们的内容不可能是绝对者本身，毋宁只是一种有限的状态或事迹。就此而言，比喻的形式通常只能被偶尔当作辅助措施。

进而言之，我们在这里也必须区分三个主要层次。

A.**第一个**层次包含**寓言**、**隐射**和**道德训诫**等呈现方式，在其中，形态和意义的**分裂**作为这整个阶段的基本特征还没有**明确地**设定下来，比喻的**主观**方面也还没有**凸显**出来，因此在用**具体的**个别现象去解释普遍的意义时，单纯的叙述仍然占据**主导地位**。

B.反之在**第二个**层次上，普遍的**意义**本身就统治着提供解释的形态，后者只能表现为一个单纯的**属性**或一个随意提及的**形象**。属于这类的有寓托、隐喻和明喻。

C.最后在**第三个**层次上，此前那两个在象征里要么直接合为一体（且不管它们相互之间的陌生性），要么在分裂之后的独立状态下仍然联系在一起的方面，完全**分道扬镳**了。一方面是**宣教诗**这种艺术形态，看起来完全外在于那个按照其散文气的普遍性而被认识到的内容；另一方面是所谓的**描述诗**，即完全从外在方面去理解和呈现外在事物。但这样一来，象征式的结合和联系就消失了，我们必须寻找形式和内容的一个更广阔的、真正符合艺术的概念的统一体。

[418]

第一章　不自觉的象征系统

现在我们要进一步考察象征型艺术的特殊发展层次，就必须从艺术的**开端**出发，而这个开端是从艺术的理念本身得出的。正如我们已经看到的，这个开端就是位于一个直接的、尚未作为单纯的形象和明喻而被意识到并设定下来的形态之中的象征型艺术形式，即**不自觉的象征系统**。但在这种象征系统能够对它自己和**对我们的考察**展现出它的真正的象征型特征之前，我们首先要接受另外一些由象征的概念本身所规定的前提。

接下来的出发点可以通过如下方式确定下来。

一方面，象征以普遍的、因而精神性的意义和与之符合或不符合的感性形态的直接结合为基础，但意义和形态的不匹配尚未进入意识。另一方面，这个结合必须通过**想象和艺术**而获得形态，而不是仅仅被理解为一种**单纯直接给定**的具有神性的现实性。因为对于艺术而言，象征虽然是起源于普遍的意义与**直接的自然现状**的分裂，但**与此同时**，绝对者被**想象为**现实地当下存在于这个自然现状之内。

就此而言，形成象征的**第一个**前提不是由艺术提供的，而是在无关乎 [419] 艺术的情况下，在现实的自然对象和人类活动里可以看到的绝对者和它的实存在现象世界里的**直接统一体**。

A. 意义和形态的直接统一体

在神性东西的这种被直观到的直接同一性里，呈现给意识的是神性东西与它在自然界和人类那里的定在的统一体，在这种情况下，自然界不

301

是按照它本来的样子被看待,绝对者也没有脱离自然界而成为一个独立的东西,因此这里实际上不应当谈论内核和外观的区别或意义和形态的区别,因为内核尚未单独作为意义脱离它在现成事物里具有的直接现实性。既然如此,当我们在这里谈论"意义",这只不过是**我们的**反思,而我们之所以有这个反思,是出于一种需要,即必须把那个直观到精神性内核的形式看作某个外在的东西,而我们希望通过这个东西去洞察并理解内核、灵魂和意义。因此,我们在考察这些普遍的直观时必须作出一个关键的区分,也就是说,要么最初那些拥有此类直观的民族已经把内核本身看作内核和意义,要么只不过是**我们**在其中认识到一个意义,然后这个意义在直观中获得它的外在的表现。

[420] 在这个最初的统一体里,还没有灵魂和肉体的区别或概念和实在性的区别;"肉体的"和"感性的"、"自然的"和"属人的"并非仅仅是一个可以与之区分的意义的表现,毋宁说,显现者本身就被理解为绝对者的直接现实性和当下存在,而绝对者还没有获得另外一个独立的实存,而是仅仅具有一个对象(即神或神性东西)的直接的当下存在。比如在喇嘛教的祭拜仪式里,某一个现实的人就被直接看作神并受到崇拜,而在别的自然宗教里,诸如太阳、高山、河流以及公牛和猴子之类个别动物也被看作一个直接具有神性的实存,并作为神圣的东西受到崇拜。基督教的直观在某些方面也有类似的情形,尽管是采取了更为深刻的方式。比如按照天主教教义,圣餐礼所用的面包是上帝的真实肉体,红酒是上帝的真实血液,而基督是直接地当下存在于这些面包和红酒里;甚至路德宗都相信,当面包和红酒被信徒享用,就变成了真实的肉体和血液。这种神秘的同一性里面没有任何单纯的象征意义,后者是在经过宗教改革之后的教义里才出现的,也就是说,按照新的教义,精神本身和感性是分开的,因此外在事物被认为仅仅指向一个与之有别的意义。在那些见证着奇迹的圣母像里,神性东西的力量也是直接在场的,而不是仅仅通过形象以象征的方式被暗示出来。

在古波斯民族的生活和宗教里,对于那个完全直接的统一体的直观以最彻底和最全面的方式体现出来,而这个民族的观念和制度是通过《阿维斯塔书》①流传下来的。

1. 琐罗亚斯德宗教

琐罗亚斯德②宗教把自然界里面的**光明**亦即太阳、星辰和熊熊燃烧的大火看作绝对者,同时并不认为这个神性东西本身有别于光明,不认为光明只是神性东西的一个表现、肖像或感性形象。神性东西(意义)和它的定在(光明)不是分离的。虽然光明也被看作善和正义,进而被看作生命的祝佑者、维护者和传播者,但它并没有被当作善的单纯形象,毋宁说善本身就是光明。反过来,光明的对立面亦即黑暗本身也被看作污浊的、有害的、恶劣的、带来毁灭和死亡的东西。 [421]

进而言之,这个直观又有如下特殊的表现。

a)**第一**,神性东西作为本身充满光明的东西和与之对立的黑暗作为污浊的东西虽然都**人格化**了,分别叫作**奥穆德**(Ormuzd)和**阿利曼**(Ahriman),但这种人格化始终是**流于表面的**。奥穆德不像犹太人的上帝那样是一个内在自由的、脱离感性的主体,也不像基督教的上帝那样真正具有精神性和人格性,随之被看作一个具有现实的人格性和自我意识的上帝。毋宁说,奥穆德虽然也被称作君王、伟大的魂灵、法官等等,但从来没有脱离光明和光源之类感性的定在。他只不过是所有特殊的实存的普遍者,但并没有作为这些东西的精神性的普遍性和自为存在独立于一切现有事物并返回到自身之内。他与存在着的特殊事物和个别事物的关系,相当于种与属和个体的关系。作为这样的普遍者,他虽然优于全部特殊事物,是至高无上的、最纯洁的、最善的、金光闪闪的王中之王,但他仅仅在一切

① 《阿维斯塔书》(*Avesta Zendbücher*)是波斯琐罗亚斯德宗教的圣经,其成书时间可以追溯到公元前 10 世纪。——译者注

② 琐罗亚斯德(Zoroaster),亦称作查拉图斯特拉(Zarathustra),大约生活于公元前 7—公元前 6 世纪,波斯拜火教或祆教的创始人。——译者注

光明的和纯洁的东西里拥有他的实存,正如阿利曼也仅仅在一切黑暗的、丑恶的、腐朽的和病恹恹的东西里拥有他的实存。

[422] b)因此这个直观拓展到一个关于**光明王国**和**黑暗王国**及其斗争的观念。在奥穆德的王国里,阿姆沙斯潘德①作为天上的七盏明灯受到崇拜,因为他们是光明的基本的特殊实存,并且作为一个纯洁而伟大的天上族群构成了神性东西本身的定在。每一位阿姆沙斯潘德(奥穆德也属于其中之一)都会在固定的日子出来主宰世界和施福行善。他们之下是伊泽德(Izeds)和费尔福(Ferwers)的族群,后者虽然和奥穆德一样人格化了,但不具有可见的人体形态,因此既非精神上的主观性,也非肉体上的主观性,而是在本质上作为光明、亮光、闪光、火光、光线而存在。按照同样的方式,那些在外表上不是作为光源和发光物而存在的个别自然事物,比如动物、植物乃至于人的精神面貌和肉体形态,还有个别的行动和状态、国家的整个生活、国王及其身边的七位大臣、等级的划分、城市、地区长官、那些最善和最纯洁的提供榜样和保护的人,总而言之整个现实世界,都被看作奥穆德的一种实存。因为一切具有充实的生命并且维系着自身和扩张着自身的东西都是光明和纯洁的一个定在,从而是奥穆德的一个定在;每一个真理、善、爱、正义、温柔,每一个活生生的、行善的、提供保护的东西都被琐罗亚斯德看作本身具有光明和神性。奥穆德的王国是现实地当下存在着的纯洁和光明,其中没有自然现象和精神现象的区别,正如在奥穆德自身之内,光明和善、精神性质和感性性质直接合为一体。因此对于琐罗亚斯德而言,一个受造物的**闪光**是精神、力量和所有类型的生命活动的总括,当然这里所指的是那些以肯定的维护为目标,把一切丑恶的和有害的东西清除出去的生命活动。动物、人和植物身上的实在东

[423] 西和善是光明,至于每一个事物发出的闪光有多大的亮度,则是取决于那个光明的尺度和性质。

---

① 阿姆沙斯潘德(Amschaspands)本意为"不朽的圣师",相当于基督教中的大天使。——译者注

同样的组织结构和层次分化也出现在阿利曼的王国里,只不过在这个地方,达到现实性并占据统治地位的是精神上的恶和自然的灾祸,乃至一切带来破坏并具有否定意义的东西。但阿利曼的力量不应当得到扩张,因此整个世界的目的是要摧毁和消灭阿利曼的王国,以便一切东西里面只有奥穆德活生生地存在于当下并占据统治地位。

c)整个人类生命都是奉献给这个唯一的目的。每一个人的任务仅仅在于让自己的精神和肉体得到净化,广造福泽,在人类和自然界的一切状态和活动里与阿利曼及其定在作斗争。因此,最高和最神圣的义务是敬拜作为造物主的奥穆德,热爱、崇拜和取悦一切来自于这个光明的本身纯洁的东西。奥穆德是一切崇拜的开端和终点。因此波斯人在做任何事情之前都要首先在思想和言语中呼唤奥穆德,向他祈祷。在颂扬了整个纯洁世界的源头之后,波斯人还必须向特殊事物祈祷,按照这些事物的崇高、尊贵和完满的层次赞美它们。因为据波斯人说,只要这些事物是善的和纯洁的,奥穆德就在它们之内,把它们当作他的亲生儿子来爱护,他对它们的爱和最开始的时候没有区别,因为一切东西都是通过他而新鲜纯洁地产生出来的。具体来说,人们首先是把阿姆沙斯潘德当作奥穆德的完美肖像而向他们祈祷,因为他们是奥穆德王座周围的最原初和最明亮的神,协助着他的统治。对这些天上魂灵的祈祷主要是与他们的属性和职能有关,而既然他们就是星辰,那么就是与他们的出现时间有关。白天是对太阳祈祷,而祈祷的方式随着太阳在早晨、正午和黄昏的位置各有不同。比如从早晨到正午这段时间,波斯人祈祷奥穆德愈来愈明亮,而在黄昏的时候,波斯人则祈祷太阳在奥穆德和每一位伊泽德的庇护下完成它的历程。但波斯人主要是崇拜密特拉斯①,他作为大地和荒漠的孕育者,给整个自然界带来滋养,并且作为和平的缔造者英勇地反抗一切代表着争执、战争、动荡和毁灭的恶灵。 [424]

除此之外,波斯人在其完全单调的祈祷里似乎尤为推崇人身上的那

---

① 密特拉斯(Mithras),波斯神话中的光明之神。——译者注

些最纯洁和最真实的理想,即费尔福族群,他们作为纯粹的人类魂灵,生活在或曾经生活在大地的某一个地方。最受推崇的是琐罗亚斯德的纯粹魂灵,其次是各个等级、城市、地区的首脑,而且所有的人的魂灵都被看作紧密联系在一起,成为活生生的光明社会的成员,并且将来在天国(Gorotman)里还会更加合为一体。最后,波斯人也没有忘记动物、群山和树木,而是在仰望奥穆德的时候呼唤它们;它们为人类提供的便利受到赞扬,尤其是那些最原初和最卓越的事物被当作奥穆德的一种定在而受到崇拜。除了这些祈祷之外,《阿维斯塔书》也有**实践**方面的规劝,要求人们在思想、言语和行为中做到善良纯洁。波斯人在外在的和内在的方面都应当和光明一样,像奥穆德、阿姆沙斯潘德、伊泽德、琐罗亚斯德和所有的善人那样生活和行动。因为这些人全都生活在或曾经生活在光明里,他们的全部行为都是光明,所以每一个人都应当以他们为榜样,效仿他们。一个人的生命和行为愈是表现出纯洁的光明和善,他就愈是接近天上的魂灵。正如伊泽德以善行护佑一切事物,给它们带去生命、丰饶和友 [425] 善,人也应当净化和尊崇自然界,给每一处地方带来生命之光和富饶丰产。在这个意义上,波斯人赈济饥荒,照料病人,留宿流浪者,在大地上撒播纯洁的种子和挖掘清澈的运河,在荒漠里栽种树木,尽可能地照料一切生物的营养和繁殖,看护纯洁的火苗,清除死去的污秽动物,建立婚姻制度。反过来,神圣的萨潘多马德①,大地上的伊泽德,对人们的这些行为感到欣慰,于是护佑他们不会受到恶灵和魔鬼的伤害。

2. 琐罗亚斯德宗教的非象征模式

我们此前所说的"象征",在这些基本观念里**还根本不存在**。一方面看来,光明当然是一种自然存在者,另一方面看来,光明意味着善、祝佑者

---

① 萨潘多马德(Sapandomad),波斯神话中的大地魂灵,一位最完美的女天使。——译者注

和维护者,因此人们似乎可以说,关于这个普遍的、渗透于自然界和人类世界的意义,光明的现实存在仅仅是一个相似的形象。但从波斯人的角度看,实存及其意义的区分是错误的,因为对于波斯人而言,**光明**本身就是善并且被理解为善,也就是说,它作为**光明**存在于所有特殊的善的、有生命的和肯定的事物之内并发挥作用。诚然,普遍者和神性东西贯穿着特殊的世间万物的区别,但在它的这个特殊化的和个别化的定在里,意义和形态始终是一个就实体而言未分割的统一体,而这个统一体里面的差异性并不涉及意义本身和它的表现的区别,而是仅仅意味着现有事物的差异性,比如星辰、植物、人的意念和行动的差异性,而神性东西就在这些事物里作为光明或黑暗呈现在人们眼前。 ［426］

　　另外一些观念里确实已经有象征的某些萌芽,但它们并不是整个直观方式的真正模式,毋宁只能被看作象征的零星事例。比如奥穆德有一次谈到他所宠爱的贾姆希德①:"维文汉姆的儿子,神圣的费尔福贾姆希德,在我面前表现出英勇气概。他从我手里接过一把锋刃和手柄都由黄金打造的剑,把大地划分为三百个区域。他在用这把金剑劈开大地的时候说:'愿萨潘多马德欢喜!'他用这个神圣的祈祷祝福群畜和野兽,也祝福人们。于是他的分封为这些土地带来幸运和祝福,人饲养的家畜和野生动物一起成群结队地奔跑。"在这里,金剑和土地的划分是一个形象,其意义可能是指农耕。农耕本身还不是一种精神性的活动,但也不是一种纯粹的自然活动,而是人类的一种基于思考、理解和经验的普遍劳作,贯穿着人类的所有生活关系。至于用金剑划分大地是暗示着农耕,这一点在贾姆希德的言行举止中并没有明确地表现出来,而且整个故事也没有谈到农作物的生产和划分大地的联系,但既然这个行动看起来不只是包含着翻土和松土的意义,那么我们不妨在其中寻找某种以象征的方式暗示出来的东西。类似的情况也见于另外一些观念,尤其是后期的密特

---

　　① 贾姆希德(Dschemschid),波斯神话中的一位大约生活在公元前800年左右的君王,被比作《旧约》中的挪亚,因为他在洪水滔天的时候为动物建造了一个大房间,避免动物遭到灭绝。——译者注

[427] 拉斯庆典里的观念,比如密特拉斯作为一个年轻人在一个阴暗的岩洞里一只手撑着公牛的头,另一只手用剑刺入公牛的脖子,与此同时,一条蛇吸着流下来的血,一只蝎子咬着公牛的生殖器。人们有时候从天文学的角度,有时候从别的角度来解释这种象征式的呈现。但从一个更普遍和更深刻的角度出发,人们可以把公牛看作人或精神所战胜的自然原则,尽管这里也可能隐含着天文学的意义。除此之外,"密特拉斯"或"居间者"这个名字①也暗示着精神战胜自然界是一个转折点,尤其到了更晚的时期,超越自然界已经成为各个民族的需要。

但正如之前所说,这类象征**仅仅**是附带地出现在古波斯人的直观里,并不构成整个直观方式的贯通原则。

至于《阿维斯塔书》所规定的祭拜**仪式**,更不具有**象征**的性质。这里我们既没有看到那些颂扬或模仿星辰的复杂运行的象征式舞蹈,也没有看到另外一些仅仅暗示着普遍观念的形象,毋宁说所有那些被波斯人当作宗教义务的行动都是为了宣扬内在的和外在的净化,以循序渐进的方式达到那个普遍的目的,即实现奥穆德对所有的人和自然对象的统治——因此这个目的不是仅仅通过这些活动而被暗示出来,而是完完全全已经实现了。

3. 琐罗亚斯德宗教的非艺术的理解活动和呈现活动

波斯人的整个直观方式既然缺乏象征的模式,也就缺乏真正的**艺术**特性。一般而言,波斯人的表象方式确实可以被称作**诗意的**,因为无论是个别的自然对象还是人的个别意念都不是按照其直接的、因而偶然的和散文气的样子被看作一些无意义的状态、行为和行动,而是按照它们的原初本性从绝对者(亦即光明)的角度得到直观;反过来,具体的自然事物

[428]

---

① 在德语里,"密特拉斯"(Mithras)和"居间者"(Mittler)在字面上有某种相似性。——译者注

和人类现实事物的普遍本质性也不是被理解为无实存和无形态的普遍者,毋宁说,这个普遍者和那个个别事物被理解为直接合为一体的东西,并且作为这样的东西被说出来。这种直观可以说是美的、开阔的、广大的,因为相比糟糕的和无意义的偶像形象,光明作为本身纯洁的和普遍的东西,确实更符合善和真相。但这里的诗意完全止步于普遍者,没有把普遍者带到艺术的层面并生产出艺术作品。因为善和神性东西本身不具有规定性,这个内容的形态和形式也不是由精神产生出来的,毋宁说正如我们已经看到的,现有的事物本身,比如太阳、星辰、现实的植物、动物、人、存在着的火等等,按照它们的**直接样子**已经被看作一个符合绝对者的形态。感性的呈现不是像艺术要求的那样通过精神而被塑造、赋形和发明,而是直接在外在的定在中作为一个恰当的表现而被发现和说出来。诚然,另一方面看来,个别东西也是在独立于它的实在性的情况下被观念固定下来的,比如每一个人的守护神伊泽德和费尔福就是如此;但在刚开始发生分裂的时候,诗意的发明是最微弱的,因为这里的区别始终是完全流于形式的,以至于伊泽德和费尔福等守护神没有获得、也不应当获得独特的形态,而是有时候仅仅具有完全一样的内容,有时候只具有主观性的一个纯粹空洞的形式,仿佛一个存在着的个体已经具有主观性。想象既没有生产出另一个更深刻的意义,也没有生产出一个本身更丰富的个体性的独立形式。除此之外,我们可以把特殊的实存合并为普遍的观念和种属来看待,让它们通过想象获得一个实在的实存(亦即种属),也就是说,把多样性提升为一个无所不包的本质性统一体,进而把这个统一体看作同类的个别事物的胚胎和基础,但这种做法仍然只不过是一种更不确定的想象活动,不是诗和艺术的真正作品。比如贝拉姆的圣火是本质上的火,各种水里面也有一种水中之水。霍姆树被看作所有的树里面最初的、最纯洁的和最强壮的树,即一棵流淌出不朽的生命之汁的原初之树。在所有的山里面,阿尔包希圣山被看作整个大地的原初基石,它屹立于光明中,是那些认识到光明而乐善好施的人的出发点,也是太阳、月亮和星辰的栖息地。总的说来,普遍者被看作与既有的特殊现实事物形成一个直

[429]

接的统一体,只有在某些偶然情况下,普遍的观念才通过特殊的形象而感性化。

除此之外,这种祭拜仪式还以更散文气的方式致力于实现奥穆德在所有事物里面的统治,并且只要求每一个事物达到这样的合适性和纯洁性,但并没有因此为自己塑造出一件仿佛存在于直接的生命力中的艺术作品,不像希腊人那样懂得如何呈现战士、角斗士之类人物的魁梧身体。

从上述所有方面和情况来看,精神性普遍性和感谢实在性的原初统一体仅仅构成了艺术里的象征的**基础**,但它本身并不是真正象征式的,不[430] 能生产出艺术作品。因此为了达到这个目标,我们必须从刚才考察的原初统一体转移到意义和形态之间的**差异**和**斗争**。

B. 幻想的象征系统

当意识脱离绝对者及其外在知觉到的定在的那种被直接看到的同一性,迄今结合起来的两个方面的**分离**就作为一个本质规定出现在我们眼前,这就是意义和形态的斗争,在这种情况下,我们被迫努力以**幻想**的方式让分裂的东西重新合为一体,借此消除破裂的局面。

只有伴随着这个努力,才产生出真正对于艺术的需要。因为一旦观念让它的不再仅仅直接在现有事物中被看到的内容脱离这个定在,成为单独存在的东西,精神就面临一个任务,即必须以崭新的、由精神产生出来的方式借助幻想制造出普遍观念的形态,以呈现给直观和知觉,并且通过这个活动制造出艺术形象。但在我们当前所处的这个最初层面,这个任务只能以象征的方式去解决,于是我们仿佛现在就已经置身于真正的象征的领域。但事实并非如此。

我们首先遇到的是一种酝酿中的幻想所制造出的形态,这种躁动不安的幻想仅仅标示着一条能够导向象征型艺术的真正中心点的道路。也[431] 就是说,当意义和呈现形式之间的区别和关联最初显露出来的时候,二者(分离和结合)都仍然是很模糊的。这种模糊是必然的,因为区分出的双方都没有达到一种总体性,这种总体性在自身之内包含着一个构成对方的基本规定的环节,惟其如此,双方才能够形成一个真正恰当的统一体并达到和解。比如精神就其总体性而言本身就规定着外在的现象,与此同时,内在地达到总体性的现象本身仅仅是精神性东西的外在实存。但是,当那些被精神把握的意义开始与既有的现象世界分裂,意义就不再是具体的精神性的意义,而是抽象的意义,而它的表现同样是缺乏精神性的东西,因而仅仅是抽象的外在事物和感性事物。就此而言,这种既要区分也要结合的冲动是一种无规定和无尺度的眩晕状态,它随随便便就从感性的个别事物直接跳到普遍的意义,对于那种在意识内部把握到的东西,只能找到完全相反的形式,即感性的形态。这个矛盾本来应当让相互冲突的要素真正结合在一起,但它总是从这个方面跑到那个方面,又从那个方面回到这个方面,永无止息地来回横跳和左右摇摆,同时以为这种**追求**解决矛盾的做法本身已经是一种抚慰。但这不是真正的满足,毋宁只是把**矛盾**本身当作真正的结合,进而把最不完满的统一体当作真正符合艺术的东西。因此我们不应当在这个混乱模糊的领域里寻找真正的美。因为在这种无休止地从一个极端到另一个极端的来回横跳里,一方面看来,那种被当作个别的基本现象的感性事物以完全不恰当的方式与普遍意义的广阔力量结合在一起,另一方面看来,最普遍的东西作为出发点又反过来被无耻地放置到最感性的现有事物里面;哪怕这种不适合出现在意识中,幻想在这里也只能通过扭曲去弥补,也就是说,它让特殊的形态超出其固有的特殊性,将其夸大为无规定和无尺度的乃至于支离破碎的东西,从而在追求和解的时候让相互对立的东西以完全无法和解的样子呈现出来。

［432］

幻想和艺术的这些最初的和最粗野的努力主要是出现在古代**印度人**那里。从这个层次的概念来看,这些努力的主要缺陷在于,它们既没有能力去掌握本身清楚的意义,也没有能力去掌握既有的现实事物的独特形态和意蕴。由此看来,印度人也没有能力以历史的方式把握各种人物和事迹,因为历史研究需要清醒的头脑,以便按照现实的形态、经验的中介活动、理由、目的和原因去接纳和理解已经发生的事情。这种散文气的凝思和印度人的粗犷是不相容的,因为他们总是把一切事物和每一个事物回溯到唯一的绝对者和神性东西,在最普通和最感性的事物里看到诸神的通过幻想而制造出来的现实存在。也就是说,他们把有限者和绝对者搅和在一起,完全不管日常意识和散文世界的秩序、意义和固定性,肆无忌惮地陷入无边无际的幻想,这种幻想从内心最深处的事物蔓延到最普通的眼前事物,直接从一个极端跳到另一个极端并将它们扭曲。

[433]　　关于这种持续不断的迷醉、恍惚和癫狂的更明确的特征,我们在这里不需要讨论宗教观念本身,只需要指出艺术的这种直观方式的以下几个主要环节就可以了。

1. 印度人对梵天的理解

印度人的一个极端是那样一种意识,即认为绝对者是一个绝对普遍的、没有包含区别的、因而完全无规定的东西。这个极端抽象的东西既不具有特殊的内容,也不被看作具体的人格性,因此从任何方面来看都没有提供一种可以由直观赋予其形态的材料。总的说来,梵天作为这个最高的神性东西,根本不可能通过感官和知觉而被把握,甚至可以说不是思维的客体。因为思维依赖于自我意识,后者为自己设定一个客体,以便在其中发现自己。一切理解活动都已经是自我和客体的一种同化,是那些在这个关系之外分裂的东西的一种和解;凡是我所不理解和不认识的东西,对我而言都是一个陌生的他者。至于人的自主体和梵天的结合,在印度人看来无非就是持续不断地向着这个极端抽象的东西本身上升,但一个人在达到这个东西之前,不但要抛弃全部具体的内容,而且要抛弃自我意识。因此在印度人看来,人与梵天的和解与同一性不是指人的精神**意识到**这个统一体,而是指意识和自我意识乃至于整个世界内容和自己的人格性的内涵都完全消失。通过掏空和消灭而达到绝对的冥顽,被看作最高的状态,这个状态使人成为至高无上的神本身,成为梵天。

[434]　　这是人们可以想见的最极端的抽象性,它无论是作为梵天来看,还是

作为沉寂绝欲之类纯粹理论上的内在祭拜仪式来看,都不是幻想和艺术的对象,因为艺术只有在描写通向这个目标的道路时才能够制造出丰富多彩的形象。

2. 印度幻想的感性、无尺度和人格化活动

印度人的另一个极端,就是反过来从这个超感性的东西直接跳跃到最粗野的感性事物。因为双方的直接的、因而静态的同一性被打破了,所以不是同一性,而是同一性内部的**差异**成为基本模式。于是这个矛盾在无中介的情况下把我们从最有限的事物抛到神性东西,又把我们从神性东西抛到最有限的事物,而我们看到的是一些通过双方的颠倒交错而产生出来的形态,仿佛生活在一个巫妖世界里,其中的形态都不具有规定性,每当人们希望抓住这些形态,让它们固定下来,它们就突然转化为相反的东西,或者在膨胀为庞然大物之后分崩离析。

至于印度艺术的普遍表现方式,大致有如下几种。

a）一方面,想象把绝对者的极为庞大的内容塞到**直接的感性事物**和个别事物里面,以至于这个个别事物本身就应当按照它现在的样子完满地呈现出那个内容,并且作为这个内容成为直观的对象。比如在《罗摩衍那》①里,主角之一是罗摩的朋友,猴王哈奴曼②,他做出了一些最英勇的事迹。一般而言,猴子在印度是被当作神来崇拜的,那里还有一座很大的猴子城。在这一只猴子身上,绝对者的无限内容受到敬拜并体现出神性。同样在《罗摩衍那》的一段关于维斯米特拉斯的忏悔的插叙里,母牛撒巴拉看起来也具有深不可测的威力。除此之外,在印度的一些家族里,绝对者化身为某一个人,这个人虽然是愚笨幼稚的,如同行尸走肉一般, [435]

---

① 《罗摩衍那》(Ramayana)是印度两大叙事诗之一,主要描写了毗湿奴的第七个化身罗摩(Rama)或室利罗摩(Sri-Rama)的英勇事迹。——译者注

② 哈奴曼(Hanumat)是一只神猴,能够随意变身,腾云驾雾,因此被有些人(比如胡适)看作孙悟空的原型,但这个猜想并没有得到任何史料的证实。——译者注

但仍然被当作直接在场的神而受到崇拜。喇嘛教也是如此,在它那里,某一个人也作为直接在场的神(活佛)享受着最高规格的祭拜。但在印度,这种崇拜不是某一个人专享的,毋宁说每一位婆罗门从一开始由于他的种姓出身就已经被看作梵天,已经通过肉体的出生这个**自然的**事实在精神上获得一种把人和神等同起来的再生,以至于最高的神性东西直接落入一个很普通的、感性的、现实的定在。诚然,婆罗门的神圣义务是去阅读《吠陀》,从而洞察深刻的神性,但他即使漫不经心地对待这个义务,也不会失去自己的神性。类似的还有印度人所描述的最普通的事情之一,即生殖活动,正如希腊人宣称厄若斯是最古老的神。生殖是一个神圣的活动,同时又以最感性的方式呈现出来,男性和女性的生殖器都被看作最神圣的东西。同样,当神性东西带着自己的神性进入现实世界,也是以很平庸的方式介入日常生活。比如《罗摩衍那》开篇所叙述的是梵天来到这部诗歌的作者瓦尔米基家中,瓦尔米基完全按照印度的风俗接待梵天,首先说几句奉承话,然后搬一个凳子让他坐下,拿出水和水果来款待他,而梵天确实坐了下来,还要求主人也入座;他们促膝长谈,直到梵天最后命令瓦尔米基创作这部《罗摩衍那》。

[436]

这同样还不是真正的象征式理解,因为这里虽然符合象征的一个要求,即从现有事物取来形态并将其应用到更普遍的意义上,但又缺失了另一个方面,亦即特殊的实存对于直观而言不应当**是**绝对的意义,毋宁只应当**暗示着**那个意义。在印度人的幻想里,猴子、母牛、个别的婆罗门等等不是一个与神性东西有亲缘关系的象征,而是被看作神性东西本身或一个符合神性东西的定在,并作为这样的东西被呈现出来。

但这里有一个矛盾,它迫使印度艺术过渡到**第二种**理解方式。一方面看来,绝对非感性的东西、绝对者本身、绝对的意义被当作真正的神性东西,另一方面看来,在印度人的幻想里,个别的、具体的现实事物在其感性的定在中也被直接当作神性的现象。诚然,这些事物在某种程度上仅仅表现出绝对者的特殊方面,但直接的个别东西被呈现为一个符合这个特定的普遍性的定在,实则根本不符合它的这个内容,而是与之处于无比尖锐的矛盾中,因为意义在这里已经按照它的普遍性来理解,但在这个普遍性里,又明显立即被幻想当作与最感性和最个别的东西是同一的。

b)正如前面已经指出的,印度艺术解决这个冲突的另一个办法就是仰仗于形象的**无尺度性**。印度人为了让普遍性表现为感性形态,就把个别形态扭曲为稀奇古怪的庞然大物。因为个别形态既不是表现它自己, [437] 也不是表现它作为特殊现象而特有的意义,而是应当表现一个外在于它的普遍意义,所以它只有把自己扩张为一个没有目标和尺度的庞然大物,才能够满足直观。这里主要采用的办法就是在量的方面极尽夸大之能事,比如无边的空间形态和无尽头的时间,要么就是把同一个规定性繁复化,通过多个头颅和多只手臂之类东西来表现意义的广阔性和普遍性。比如鸟是从蛋孵化而来的,于是这个实存被夸大为一个无边无际的世界之蛋,包裹着万物的普遍生命;梵天作为生殖之神在这个蛋里面寂然不动地进行了一年的创造,然后仅凭他的思想就让蛋一分为二。除了自然对象之外,个别的人物和事迹也被提升为一个现实的神性活动的意义,也就是说,无论是神性东西还是人都不可能单独保持固定,而是以相互转化的方式显现出来。这方面的鲜明例子就是诸神的各种化身,尤其是毗湿奴的各种化身,因为毗湿奴作为守护世界的神,其各种事迹是印度的伟大叙事诗的主要内容。在这些化身里,神直接进入尘世现象。比如罗摩是毗湿奴的第七个化身,即罗摩旃陀罗(Ramatschandra)①。从这些诗歌所描述的各种需要、行动、状态、形态和言行举止来看,其内容部分是取材于真实事迹,比如古代国王的事迹,他们能够建立新的秩序和法律规章,让人们觉得这些人类活动有着坚实的现实根基。但反过来,一切都被夸大到 [438] 荒诞不经的地步,陷入云里雾里,以至于人们觉得脚下的刚才还很稳妥的根基又塌陷了,不知道自己置身何处。《沙恭达罗》②也是类似的情形。刚开始的时候,我们看到的是一个无比温柔和甜蜜的爱情世界,其中的一

---

① 这个名字的字面意思是"像月亮一样的罗摩"。正如月亮传递太阳的光辉,罗摩也传递神(毗湿奴)的光辉。——译者注

② 印度古代诗人和戏剧家迦梨陀娑的创作的七幕诗剧。——译者注

切东西都是以人的方式循序渐进,但随后这个无比具体的现实世界突然消失在我们眼前,我们来到因陀罗的九霄云外,在那里,一切都发生变化并失去明确的界限,被拓展为自然生命相对于梵和那个超越自然神祇的力量而具有的普遍意义,而人是通过严格的修行才掌握这些意义。

这种呈现方式同样不能说是真正象征式的。因为真正的象征会让它所使用的特定形态保持自己的规定性,不是按照普遍的意义而呈现出直接的定在,而只是借助于对象的相关性质去暗示着意义。但印度艺术虽然区分了普遍性和个别实存,却仍然要求二者的一个通过幻想而生产出来的直接统一体,因此必定会取消定在的限制,以感性的方式将其夸大为无规定的东西,进而将其改变和扭曲。在这种规定性的消失及其带来的混乱里,最高级的内涵总是被放置到一些事物、现象、事迹和行为里面,而这些东西由于其局限性,自在且自为地就不可能具有这样的内容,也没有能力表现出这样的内容,因此人们在这里看到的不是真正的象征,而是一种类似于**崇高**的东西。因为正如我们后面还会看到的,在崇高的事物里,有限的现象仅仅以这种方式表现出它所应当呈现出的绝对者,即哪怕超出了现象,也还是不能够达到内容。比如当永恒以时间的方式被说出来,它的观念就成为崇高的,因为任何一个最大的数都不足以将它表现出来,而是必须无休止地添加下去。比如人们这样称颂上帝:"在你看来,千年如已过的昨日。"①印度艺术里有许多类似的例子,都是开始于这种崇高的论调。但它与真正的崇高之间有一个重大区别,即印度幻想在这些粗野的形态里没有把它所使用的现象设定为否定的东西,反而以为通过这种无尺度性和漫无边际性就可以消除绝对者和它的形态之间的区别和矛盾。——我们不可能认为这种夸大是真正象征式的和崇高的,也不能认为它是真正**美的**。诚然,印度艺术尤其在描写那些与人有关的事物时呈现出许多温柔亲切的东西,许多友善的情景和细腻的感受,最鲜明的自然描绘和最迷人的、最纯朴天真的爱情特征,以及许多卓越而高贵的东西,

[439]

---

① 参阅《旧约·诗篇》90,4。——译者注

但只要涉及普遍的基本意义，它就总是让精神性东西成为完全感性的，把最庸俗不堪的东西和最高贵的东西搅和在一起，消灭规定性，把崇高转化为单纯的无边无际，至于那些属于神话的东西，绝大多数都只不过是一种躁动不安的想象力和缺乏知性的赋形天赋所幻想出来的。

c）最后，我们在这个层次上看到的最纯粹的呈现方式是**人格化**和一般意义上的**人的形态**。但在这里，意义仍然没有被理解为自由的、精神性的主观性，毋宁要么是某种抽象的、按照其普遍性而被接纳的规定性，要么包含着单纯自然的东西，比如河流、群山、星辰、太阳的生命，所以真正说来，使用人的形态去表现这类内容是有损人的尊严。因为无论是人的身体还是人的活动形式，按照其真实的规定而言都仅仅表现出精神的具体的内在内涵，而精神在它的这个实在性里是安然于自身的，而不是仅仅将其当作一个象征或外在符号。 [440]

因此一方面看来，如果人格化的任务是呈现出一个意义，而这个意义既应当是精神的，也应当是自然的，那么鉴于意义在这个层次上的**抽象性**，人格化就仍然是流于表面的，需要借助于另外一些形态才能够更明确地呈现出来，而当它和这些形态混杂在一起，本身就变得模糊不清。另一方面看来，这里起标示作用的不是主观性及其形态，而是主观性的**外化**和行为等等，因为只有活动和行动才包含着一种更明确的、可以与普遍意义的特定内容发生关系的特殊化。但这样就又有一个缺陷，即起暗示作用的不是主体，而只是主体的外化，随之还有一种混乱，即事迹和行为不是代表着主体的实在性和实现着自身的定在，而是从别的地方获得它们的内容和意义。一系列这样的行动固然能够在自身之内包含着一个起源于内容本身的因果关系，将内容表现出来，但这个因果关系又遭到人格化和拟人化的破坏乃至在某些方面被颠覆，因为主观化反过来也会导致随意的活动和外化，以至于有意义的东西和无意义的东西杂乱无章地搅和在一起，而想象力也愈来愈没有能力让意义及其形态保持一种基本的和固定的联系。——如果单纯的自然事物被当作唯一的内容，它就不配具有 [441]人的形态，反之人的形态作为只适合表现精神的东西，也没有能力呈现出单纯的自然事物。

在上述所有情况下，人格化都不可能是真实的，因为艺术里的真理和一般的真理都要求内核和外观、概念和实在性达到协调一致。诚然，希腊神话也把深海（蓬托斯）和河流（斯卡曼德罗斯）人格化，也有自己的河神、沼泽女神和山林女神，并且用各种各样的方式把自然界当作它的人性诸神的内容，但它并没有把人格化当作单纯形式上和表面上的东西，而是由此塑造出许多个体，在这些个体身上，单纯的自然意义消失了，反之凸显出来是一种已经把那些自然内容吸纳到自身之内的人性。但印度艺术止步于自然事物和人性事物的稀奇古怪的混合，而在这种情况下，双方都没有得到正当的权利，而是相互扭曲。

一般而言，这种人格化也不是真正象征式的，因为它们从形式上看是肤浅的，与它们本来应当以象征的方式表现出的那个更明确的内涵之间没有一种本质上的更为密切的亲缘性。但与此同时，由于这种人格化看上去是和另外一些特殊的形态和属性搅和在一起，而这些形态和属性应当表现出一些更明确地隶属于诸神的性质，所以这里开始追求象征式的呈现，而对于这种呈现而言，人格化基本上只是一个普遍的统摄形式。

至于这方面更具有代表性的直观，首先应当提到三相神（Trimurti），[442] 即具有三个形态的神祇。第一位神是**梵天**，一种进行创造和生殖的活动，他是世界的创造者、众神之主等等。他一方面区别于中性的梵这个最高本质，是这个本质的长子；另一方面又和这位抽象的神祇合为一体，因为印度人通常不会严格遵守区别的界限，而是时而让它们莫辨彼此，时而让它们相互转化。现在这个更明确的形态具有许多象征意味：他有四个头和四只手，拿着权杖或戴着戒指等等；他的皮肤是红色的，暗示着太阳，因为这些神祇总是同时带有普遍的自然意义，是这些意义的人格化。三相神的**第二位神**是毗湿奴，一位守护世界的神。**第三位**神是湿婆，一位摧毁世界的神。这些神祇的象征是数不胜数的。因为鉴于他们的意义的普遍性，他们包含着无穷多的个别作用，有些与特殊的自然现象有关——主要是元素的自然现象,比如毗湿奴就具有火的性质(参阅威尔逊①的词典②,第五卷第 2 页)——,有些也与精神现象有关,但这些东西总是乱七八糟地搅和在一起,并且经常形成一些令人极度厌恶的形态。

三相神本身无比清楚地表明,精神形态在这里尚未在它的真理中出现,因为精神性东西还没有构成真正贯通的意义。也就是说,假若精神是诸神的三位一体,那么第三位神就必须是一个具体的统一体,是从区分活动和双重化活动那里返回自身。因为按照真实的观念,神只有作为一个积极的、绝对的区分活动和统一体才是精神,而精神的概念一般而言就是由这个区分活动和统一体形成的。但在三相神那里,第三位神并不是具体的总体性,毋宁本身仅仅是另外两个方面之外的**一个**方面,因此也是一个抽象的东西,它并没有返回自身,而只是过渡到他者,仅仅是一种转化、生殖和摧毁。因此我们在这里必须保持谨慎,千万不要在这种最初的理性憧憬里面去寻找最高的真理,更不要认为这种包含着三元性的节奏已经体现出基督教的三位一体的基本观念。 [443]

从梵天和三相神出发,印度人的幻想还离奇地臆想出无数的形态多变的神。因为当那些普遍的意义被理解为本质上的神性东西,就可以重复出现在成千上万的现象里,这些现象经过人格化和象征化成为诸神之后,让我们根本不可能清楚地理解那种无规定的、变动不居的幻想,因为这种幻想在发明出各种东西的时候根本不是按照它们的真正本性去对待它们,而是把一切东西和每一个东西都弄得颠三倒四。这些次要的神祇当中地位最高的是因陀罗,代表着大气和天空;至于他们的更具体的内容,主要是普遍的自然力量,比如星辰、河流、群山在它们的各个环节里的作用、变化、带来的福祉和灾害、守护或破坏的影响等等。

印度幻想和印度艺术的最重要的题材之一是诸神和万物的产生,亦即神谱和宇宙谱系学。因为这种幻想总的说来处于一个持续不断的过程

---

① 威尔逊(Horace Hayman Wilson,1786-1860),英国印度学家。——译者注

② 威尔逊《梵英词典》(*Dictionary in Sanscrit and English*),加尔各答 1819 年版。——原编者注

中,总是把最远离感性的东西放置到外在现象里,反过来又把最自然和最感性的东西消解在最极端的抽象里。按照这个方式,印度人认为诸神是

[444] 产生于最高的神祇,并且用群山、水、人类事迹等特殊事物去呈现梵天、毗湿奴和湿婆的作用和定在。因为一方面看来,这些内容本身可以在形态上表现为特殊的神;另一方面看来,这些特殊的神又消解在三位最高神祇的普遍意义之内。印度有许多这样的神谱和宇宙谱系学,而且有无穷多的花样。因此当人们说,**这就是**印度人对世界的创造和万物的产生的看法,这个论断始终只能适用于一个教派或一部特定的著作,因为对于同样的事情,不同的地方总是有不同的看法。这个民族的幻想在进行塑造和赋形的时候是无穷无尽的。

贯穿在这些谱系学里的一个主要观念,不是关于一种**精神性的创造活动**,而是一种反复出现的对于**自然生殖活动**的描绘。只要人们熟悉这些直观方式,就懂得如何去解读许多完全扰乱我们的羞耻感的描绘,因为这些描绘的恬不知耻简直到了无以复加和令人难以置信的地步。这方面最典型的例子就是《罗摩衍那》里的一个关于恒河女神恒迦的身世的著名插叙。这个故事是罗摩偶然来到恒河边的时候讲述的。白雪皑皑的众山之王喜马梵和娇弱的麦娜生了两个女儿,姐姐是恒迦,妹妹是美丽的乌玛。诸位天神,特别是因陀罗,请求喜马梵把恒迦赏赐给他们,以便他们完成神圣的典礼。喜马梵欣然应允,于是恒迦升天到极乐的诸神那里。接下来是关于乌玛的故事。她在完成了许多神奇的修行之后,就和楼陀

[445] 罗亦即湿婆成婚,生出了一些寸草不生的荒山。据说湿婆和乌玛拥抱在一起缠绵不绝地交媾一百年之久,以至于诸神对湿婆的生殖力震惊不已,对即将诞生的孩子充满畏惧,于是请求湿婆把他的力量施舍给大地。英国的翻译者没有把这段文字逐字逐句翻译出来,因为那些露骨的描写把一切羞耻心都抛在九霄云外。总之湿婆听从了诸神的劝告,为了避免摧毁宇宙而终止了交媾行为,把他的精液喷射到大地上;这些精液经过大火焚烧之后,就变成了那座把印度和鞑靼隔开的白山。但乌玛对此勃然大怒,并且诅咒所有当丈夫的人。这些荒诞不经的故事完全超出了我们的

想象和理智,因此我们觉得它们并不是要真的呈现什么,而是仅仅提醒我们去理解它们背后的意义。施莱格尔没有把插叙的这部分翻译出来,而是仅仅叙述恒迦如何再度降临大地。这件事情大概是这样的。据说罗摩的一个叫作萨加尔的祖先有一个邪恶的儿子,后来又和第二位夫人生了60000 个儿子,这些儿子出生的时候都是藏在一个南瓜里,然后在装有黄油的罐子里面成长为强壮的男子汉。有一天萨加尔想用一匹马祭神,但毗湿奴化身为一条蛇,把这匹马夺走了。萨加尔派遣 60000 个儿子去追赶,当他们历经艰辛终于接近毗湿奴的时候,毗湿奴吹了一口气,就把他们烧成灰烬。过了很久之后,萨加尔的一个叫作发光者安苏曼的孙子(阿萨曼差的儿子)又动身出发去寻找他的 60000 个叔伯和丢失的马,最后真的找到了马、湿婆和那堆骨灰。但鸟中之王迦鲁达向他预言:除非神圣的恒迦之水从天而降,淹没骨灰,否则他的亲人们不可能起死回生。勇敢的安苏曼于是在喜马梵的山巅从事了 32000 年最为严格的修行,但这是徒劳的。无论是他自己的修行,还是他的儿子德维里帕的 30000 年修行,都无济于事。后来德维里帕的儿子,杰出的巴吉拉特,又修行了 1000年,这项伟大的事业才获得成功。于是恒迦之水奔流而下;但为了不让它冲碎大地,湿婆低下头来,让水流过他的卷发,而为了让恒迦之水流过这些卷发汇集为河流,巴吉拉特必须从事新的修行。最后恒迦之水分成六条河流,巴吉拉特费了很大的力气,才引导第七条河流灌溉那 60000 人的骨灰,让他们升天,而巴吉拉特本人仍然统治了他的民族很长一段时间,堪称国泰民安。 ［446］

其他民族的神谱,比如斯堪的纳维亚人的神谱和希腊人的神谱,与印度人的神谱也是相似的。所有这些神谱的主要范畴都是"生殖"和"被生殖",但没有哪一个民族的神谱像印度的那样异想天开,完全随意地塑造出如此粗野的形态。赫西俄德的神谱尤其清楚和明确得多,这样我们不但对整个过程了然于胸,而且清楚认识到其中的意义,因为哪怕形态和外表仅仅外在地显现出来,其意义也是清晰可辨的。赫西俄德的神谱从卡俄斯(混沌)、厄瑞波斯(遮蔽者)、厄若斯(爱)、该亚(大地)开始;该亚独自生出了乌兰诺斯,然后和乌兰诺斯一起生出了群山、深海等等,还生出了克罗诺斯以及独眼巨人、百臂巨人,但乌兰诺斯在这些孩子出生之后马上把他们封闭在地府塔尔塔罗斯之内。该亚怂恿克罗诺斯去阉割乌兰诺斯;这件事情发生了;血流到大地里,从中长出了复仇女神和巨人;阴茎落入大海,然后从海水的泡沫中浮出基西拉岛①。这一切都是清清楚楚和秩序井然的,而且没有局限于自然神祇的范围。

[447]

3. 关于净化和修行的直观

现在如果我们寻找一个过渡到真正的象征的关键点,就已经可以在印度幻想里找到它的萌芽。也就是说,虽然印度幻想沉迷于把感性现象提升为一种在别的民族那里就无尺度性和变化多端而言无可匹敌的多神论,但从另一方面来看,它在杂乱的直观和叙述里总是想到那位精神性的抽象的最高神祇,相比这位神祇,个别的、感性的、显现着的东西都被看作非神性的、不适合的,因而必须是一种被否定和被扬弃的东西。正如我们一开始就指出的,这两个方面的相互转化恰恰构成了印度直观的独特模式和绝不妥协的特征。因此印度艺术总是孜孜不倦地以最为繁复的方式去描述感性事物的自身扬弃以及精神性抽象和凝思默想的力量。属于这方面的有关于漫长修行和深刻冥思的描述,对此不仅最古老的叙事诗如《罗摩衍那》和《摩诃婆罗多》,而且另外许多诗歌作品都提供了最重要的证据。诚然,这类修行经常是出于某种虚荣心,或至少是出于某些特定的目的,而这些目的并不会导致修行者与梵的最高和最终的合一,也不会导致对尘世之物的舍弃(比如有些人的目的就是想获得婆罗门的权力),但与此同时,印度人始终认为,只要坚持修行并通过沉思逐渐舍弃一切特定的有限事物,就可以超越出身的等级,还可以摆脱自然事物和自然神祇的控制。正因如此,众神之王因陀罗非常厌恶那些严格的修行者,试图诱惑

[448]

---

① 基西拉岛(Kytheria)是爱神阿佛洛狄忒的出生地。——译者注

他们放弃修行,或者如果诱惑不成功,就召唤上界诸神来帮忙,以免整个天国陷入混乱。

在描述这些修行及其不同的类型、层次和等级时,印度艺术所具有的创造力不亚于它在神话体系里的表现,而且总是以非常严肃的态度从事这项工作。

这就给我们提供了一个立足点,让我们可以进一步作出考察。

C. 真正的象征系统

无论是象征型艺术还是美的艺术,都必须做到一点,即它所表现的那个意义不应当像在印度艺术里那样仅仅与它的外在定在处于最初的直接统一体之中,还没有体现出任何分裂和区分,而是应当成为一个**自由的**、摆脱了**直接的**感性形态的意义。但要达到这种自由,唯一的办法是把感性事物和自然事物本身理解并直观为否定的、必须被扬弃和已经被扬弃的东西。

除此之外,自然事物通过自身消灭和自身扬弃而达到的否定性还必须被看作万物的**绝对意义**和神性东西的一个环节,并获得相应的形态。——但这样一来,我们就已经超出了印度艺术的范围。诚然,印度幻想并不缺乏对于否定者的直观,比如湿婆既是毁灭者也是生殖者,因陀罗会死,时间的消灭者人格化为一个叫作卡拉的可怕巨人,摧毁了整个宇宙所有的神,甚至三相神也不例外,因为三相神同样会消逝在梵天里,正如个体在与最高神祇达到同一时,也抛弃了他的全部知识和全部意愿。但 ［449］ 在这些直观里,否定者一方面仅仅是一种转化和变化,另一方面仅仅是一种抽象,它抛弃规定性,以便达到一种无规定的、随之空洞而无内涵的普遍性。与此相反,神性东西的实体哪怕在形态上变化多端,过渡并且推进到多神论,然后又把多神论扬弃为唯一的最高神祇,但它始终是常驻不变的同一个实体。它不是这位唯一的神,后者作为唯一的神,把否定者当作它自己的规定性,一个必然属于它的概念的规定性。与此类似的是,在波斯人的直观里,那个带来毁灭和祸害的东西是位于奥穆德**之外**和阿利曼**之内**,因此仅仅制造出对立和斗争,而对立和斗争并不是唯一的神(奥穆德)本身固有的一个要素。

因此我们接下来作出的推进,就是一方面通过意识把否定者作为绝对者固定下来,另一方面仅仅把否定者看作神性东西的**一个**环节,但这个环节不是位于真正的绝对者之外,出现在另一位神身上,而是归属于绝对者,也就是说,真正的神显现为一种**自身否定**,因此否定者是他本身固有的一个规定。

通过这个拓展的观念,绝对者第一次成为内在**具体的**,自己规定着自己,进而成为一个内在的统一体,其各个环节是作为同一位神的不同规定呈现于直观。因为绝对的意义本身需要规定性,而这个需要首先应当在这里得到满足。迄今的意义都是抽象的,因此是完全无规定和无形态的,

[450]

而当它们反过来获得规定性,就要么直接与自然定在合为一体,要么陷入与赋形活动的斗争,无法达到平静与和解。如今这个双重的缺陷从内在的思想进程和外在的民族观念进程来看得到了克服,具体说来就是通过如下的方式:

第一,当绝对者的每一个规定性本身已经开始走向外化,内核和外观之间就形成一个更为紧密的联系。因为每一个规定性都是一种内在区分;但外观本身始终是被规定和区分开的,因此从现有的一个方面来看,外观相比于迄今考察过的层次里更符合意义。但绝对者的第一个规定性和否定不可能是**精神**作为精神而作出的自由的自身规定,毋宁只能是一个直接的否定。从最宽泛的意义来看,这个直接的、因而自然的否定就是**死亡**。因此按照现在的理解,绝对者必须进入这个否定者,把它当作一个属于绝对者自己的概念的规定,走上消逝之路或死亡之路。于是我们看到各个民族首次把死亡和痛苦颂扬为有朽的感性事物的死亡;人们意识到自然事物的死亡是绝对者的生命所包含的一个必然环节。一方面看来,绝对者为了经历死亡这个环节,必须产生出来并具有一个定在,另一方面看来,它并没有止步于死亡带来的消灭,而是借此在自身之内**制造出**

一个更高层次的、肯定的统一体。因此死亡在这里不是被当作整全的意义，毋宁只是被当作意义的**一个**方面，而绝对者虽然扬弃了自己的直接实存，表现为消散和消逝，但反过来又表现为一种自身回归，表现为一种复活，即否定者通过这个过程获得了一种基于自身的永恒存在和神性存在。[451]简言之，死亡具有双重的意义：它一方面是自然事物的直接消亡，另一方面是**单纯的**自然事物的死亡，从而是一个更高的精神性事物的诞生，在这个精神性事物身上，单纯的自然方面已经消逝了，即精神已经把这个环节当作它的本质固有的一个环节。

第二，自然形态作为一个直接的、感性的实存，不再被认为是与它所包含的意义合为一体，因为外在事物的意义本身就在于它必须在它的实在的定在中死去，并且扬弃自身。

第三，按照同样的道理，印度幻想导致的意义和形态之间的单纯斗争以及那些离奇的臆想都消失了。诚然，意义现在还没有被看作一个完全清楚的意义，即一个**摆脱了**现有的实在事物的纯粹的自身统一体，因此它和它所呈现出来的形态仍然可能处于**对立的**关系。但反过来，个别的形态，作为这一个动物形象或这一个拟人化的东西、事迹、行动，也不可能呈现出绝对者的一个直接合适的实存。这种糟糕的同一性已经被放弃了，哪怕意义还没有达到那种完满的解放。取代二者的是那样一种呈现方式，即我们前面所说的**真正的象征型**呈现方式。一方面，这种呈现方式现在**能够**出现，因为那个被理解为意义的内核不再像在印度人那里一样反复无常，一会儿直接沉陷到外在事物里面，一会儿又脱离这些事物回归孤寂的抽象，而是开始把自己固定下来，与单纯自然的实在事物相对立。另一方面，象征现在**必须**获得形态。因为虽然完全恰当的意义把自然事物 [452]的否定性这个环节当作它的内容，但真正的内核毕竟只是**开始脱离**自然事物，本身仍然与外在的显现方式纠缠在一起，所以它不可能在脱离外在形态的情况下单独按照它的清楚的普遍性进入意识。

与那个在象征里构成**基本意义**的东西的概念相对应的，是这样一种**获得形态的方式**，即特定的自然形式和人类行动作为零星的独特东西既不应当仅仅呈现和意味着它们自己,也不应当把那个**直接**包含在它们之内的东西当作现成可直观的神性东西呈现于意识。它们的特定的定在在其特殊的形态里只应当具有一些性质,以**暗示着**一个与它们类似的更宽泛的意义。在这种情况下,生命的那种普遍的辩证法,即出生、成长、消亡以及从死亡中复活,构成了适合真正的象征形式的内容,因为自然生命和精神生命的所有领域都包含着这样一些现象,它们把这个过程当作它们的实存的根据,因此可以被拿来呈现和暗示各种意义。因为现象和意义之间实际上有一种现实的亲缘性。比如植物是产生于它们的种子,它们发芽、生长、开花、结果,然后果实腐烂变成新的种子。同理,太阳在冬天升得很低,在春天升得较高,在夏天则是达到天顶,布施着最大的福祉或施展出破坏力,然后再度下降。人生的不同阶段,童年、青年、壮年和老年,也呈现出同一个普遍的过程。在这里,有些特殊的地域性尤其体现出

[453]

更具体的分化过程,比如尼罗河就是如此。意义及其表现之间的这些更加基本的亲缘特征以及更加具体的对应关系克服了单纯的幻想,正因如此,人们在选择象征形态的时候都会仔细考虑它们是否恰当,过去所说的那种躁动不安的迷醉也平静下来,成为一种更理智的凝思。

因此我们在第一个层次那里曾经看到的统一体再次出现了,但更具有和解的意味,而这里的区别在于,意义及其实在定在之间的同一性不再是一种**直接的**合一,而是一种**被制造出来的**合一,因此这不是现成已有的合一,而是由精神**生产出来的**合一。总的说来,内核从这里开始具有独立性,意识到自身,并且在自然事物里寻找它的镜像,而自然事物反过来也是把精神性事物的生命和命运当作它的镜像。对于象征型**艺术**的迫切追求,就是起源于这样一种内在激荡,即希望在这一方里重新认出另一方,并以二者的结合为基础,在直观和想象力面前通过外在形态呈现出内核,反过来通过内核呈现出外在形态的意义。只有当内核获得自由,但仍然保留着一个冲动,希望用一个实在的形态去代表它自己的本质,同时把这个代表本身当作它所面对的一个外在作品,只有在这种情况下,才开始出现真正的艺术冲动,尤其是造型艺术的冲动。也就是说,只有在这种情况

下才有必要给予那个出自于精神活动的内核一个现象,这个现象并非**现成**已有的,毋宁也是由精神所发明的。于是想象为自己制造出第二种形态,这种形态本身并不是目的,而只是被用来呈现一个与之有亲缘关系的意义,因此依赖于这个意义。

现在人们可能会这样设想上述关系,仿佛意识首先从意义出发,然后再寻找与之有亲缘关系的形态,用它们去表现自己的观念。然而这并不是真正的象征型艺术所走的道路。因为象征型艺术的独特之处在于,它没有完全把握那个**不依赖于**任何外在事物的、自在且自为的意义。正相反,它是从自然界和精神之内的现成已有的事物及其具体定在出发,然后再拓展到一些普遍的意义,这些意义的内容本身同样以一种更狭隘的、单纯近似的方式包含着一个实在的实存。但与此同时,它之所以抓住这些对象,只是为了借此通过想象创造出一个形态,这个形态作为一个特殊的实在事物,代表着那个普遍的意义并以这个样子呈现给意识。就此而言,象征型艺术形象尚未具有一个真正符合精神的形式,因为精神在这里对自己还没有清楚的认识,还不是自由的精神;但至少从这些形态本身就可以看出,它们之所以被选中,并不是仅仅为了呈现它们**自己**,而是为了暗示出一些更深层次的和更广阔的意义。**单纯的**自然事物和感性事物代表着它们自己,与此相反,象征型艺术作品所展示的无论是自然现象还是人的形态,都已经超出自身,暗示着别的东西,但后者必须与展示出的形象有一种内在合理的亲缘性和一种本质上的相关性。当然,具体形态和普遍意义之间的联系可能是五花八门的,有时候比较外在和模糊,有时候则比较清楚,在后面这种情况下,实际上是那个需要象征化的普遍意义构成了具体现象的本质,而这在很大程度上让我们更容易理解象征的意思。

这方面最抽象的表现是**数**,但只有当意义本身包含着数的规定,数才具有比较明显的暗示作用。比如"7"和"12"经常出现在埃及建筑里,因为 7 是行星的数,12 是月份的数或尼罗河要达到丰饶效果所必须具有的水位高度的数。数之所以被看作神圣的,是因为那些作为整个自然生命

[454]

[455]

的力量而受到崇拜的伟大元素关系包含着数的规定。就此而言,12 级台阶或 7 根柱子是象征式的。这种数的象征系统甚至出现在一些已经高度发展的神话里。比如赫尔库勒斯承担的 12 项任务仿佛象征着一年的 12 个月,因为赫尔库勒斯一方面是一位完全以人的方式个体化的英雄,另一方面也具有象征化的自然意义,是太阳运行过程的人格化。

接下来较为具体的是象征式的**空间**形状:迷宫里的曲径是行星运行过程的象征,而那些扭曲身姿的舞蹈也具有一种更隐秘的意义,即以象征的方式模仿着伟大的元素形体的运动。

由此更进一步的象征是**动物**形态,而**人**的身体形式是最完满的象征,后者在这里仿佛已经是一种更高级和更合适的表现方式,因为一般而言,精神在这个层次上已经开始摆脱单纯的自然事物,把一种更为独立的实存当作自己的形态。

以上所述构成了真正的象征的普遍概念以及这种象征的艺术呈现的必要性。但如果要讨论这个层次的各种更具体的直观,我们必须遵循精神第一次在自身内下降的进程,把更多的注意力从东方转移到西方。

[456]   我们可以把不死鸟的形象放到最高的地位,把它当作一个普遍的象征来指代这个立场。不死鸟首先把自己烧死,然后从灰烬中起死回生。希罗多德说(《历史》第二卷,第 73 节),他至少在埃及见过不死鸟的画像,而实际上这种象征型艺术形式就是**埃及人**发明的。但在对此做更详细的考察之前,我们不妨提及另外几个神话,它们作为过渡阶段,后来才得出那个从所有方面来看都完整成型的象征系统。我指的是关于阿多尼斯①的神话,比如他的死亡、阿佛洛狄忒对他的哀悼和为他举行的葬礼之类起源于叙利亚沿海地区的观念。弗里吉亚人的库柏勒②崇拜具有同样

---

① 阿多尼斯(Adonis)是希腊神话中最著名的美男子,爱神阿佛洛狄忒的宠儿。后来阿多尼斯在狩猎时被野猪咬伤致死,在阴间亦得到冥后佩耳塞福涅的宠爱。两位女神为争夺阿多尼斯上诉到宙斯那里,最后在宙斯的裁决之下,阿多尼斯每年六个月待在阴间,其余六个月则重返阳间。——译者注
② 库柏勒(Kybele)是弗里吉亚神话的主神,号称"众神之母"。——译者注

的意义,而在关于卡斯托耳和波鲁克斯①、刻瑞斯和普罗塞宾娜②的神话里,仍然可以听到这个意义的回响。

这些神话的意义主要是在于以生动的方式呈现出前面已经提到的否定者的环节,即自然事物的死亡是一件以神性东西为基础的绝对的事情。因此,首先是为死去的神举行葬礼,对失去的东西悲痛不已,然后通过重新发现、复活、返老还童而得到补偿,于是接着举行欢庆的典礼。除此之外,这个普遍的意义还包含一个更具体的自然意义。太阳在冬天失去自己的力量,但在春天又重新获得力量,让自然界起死回生;它死去,然后重新诞生。由此可见,被人格化为人类事迹的神性东西在自然生命里找到了它的意义,而自然生命本身一般而言又是否定者的本质性的象征,无论在精神事物还是自然事物里都是如此。

至于从独特的内容和形式这两方面来看的象征型艺术的最完满的例子,我们必须去**埃及**寻找。埃及是象征之国,它所承担的是一个精神性的任务,即追求精神的自身解读,而不是真的进行解读。任务始终没有得到解决,因此**我们现代人**能够给出的解决办法,仅仅是把埃及艺术及其象征型作品的谜题理解为埃及人自己没有解决的一个任务。因为按照刚才所说的情况,精神仍然是在它所企图挣脱的外在事物里进行摸索,孜孜不倦地从自身出发通过自然现象而生产出它的本质,同时通过精神的形态而生产出自然现象,而且不是将它们呈现给思想,而是呈现给**直观**。就此而言,埃及人在迄今提到的几个民族当中是真正的**艺术民族**。但他们的作品始终是深奥的、沉默的、寂然的和岿然不动的,因为精神在这里还没有真正找到它自己的内在生命,还不知道如何说出精神的清楚而响亮的语言。埃及人的特征,就是在一种未得到满足的冲动和激荡中,在无

[457]

---

①　卡斯托耳(Kastor)和波鲁克斯(Pollux)是一对孪生兄弟,前者是凡人,后者却是不朽的。二者永远形影不离,后来成为双子座的象征。——译者注
②　普罗塞宾娜(Proserpina,即佩尔塞福涅)是刻瑞斯(Ceres,即德墨忒尔)的女儿,被冥王哈得斯劫持到阴间。后来经过宙斯的裁决,普罗塞宾娜每年有三分之二的时间可以在阳间与母亲团聚,另外三分之一的时间则必须待在阴间。——译者注

声的挣扎中通过艺术来直观自身,赋予内核以形态,并且仅仅通过一些外表上相似的形态去认识他自己的内核乃至一般意义上的内核。这个神奇之国的民族不只是一个农耕民族,也是一个建筑民族,他们翻动每一片土壤,挖掘运河和湖泊,凭借艺术的本能不但在地面上建造了极为庞大的工程,而且奋力在地底下也建造了面积巨大的建筑。正如希罗多德所说,修建这类纪念塔是埃及人民的主要事业和埃及国王的主要功绩之一。印度人的建筑虽然也很庞大,但从未体现出埃及建筑的那种无限的多样性。

[458]   ## 1. 埃及人对于死者的直观和呈现;金字塔

就埃及的艺术直观的特殊方面而言,我们在这里第一次看到内核被单独固定下来,与直接的定在相对立,也就是说,内核成为生命力的否定者,成为死者,但不是成为恶、毁坏之类抽象的否定,如同与奥穆德相对立的阿利曼那样,而是一个本身具体的形态。

a) 印度人仅仅把自己提升到一种最空洞的、因而平等地否定一切具体事物的抽象。埃及人不像印度人那样追求与梵合一,而是认为不可见的东西具有一个更完满的意义;死者赢得了有生命者本身的内容。死者虽然脱离了直接的实存,告别了生命,但仍然保持着与有生命者的联系,并且在这个具体的形态中保持着独立性。众所周知(希罗多德《历史》第二卷,第 67 节,第 86—90 节),埃及人把猫、狗、鹰、獴、熊、狼,特别是把死人做成木乃伊并加以崇拜。对他们而言,尊重死者的做法不是将其埋葬,而是将其作为尸体永久保存下来。

b) 但埃及人并没有止步于死者的这种直接的、仍然带有自然意义的延续。以自然的方式保存下来的东西在**观念**里也被理解为恒久常驻的。希罗多德说,埃及人是第一个主张人的灵魂不朽的民族。也就是说,他们第一次以这种更高级的方式把自然事物和精神事物区分开,认识到非自然的事物本身具有一种独立性。灵魂不朽与精神自由只有咫尺之遥,因为自我认识到自己超越了定在的自然性，仅仅依赖于自己，而这种自我认识恰恰是自由的本原。当然，我们不能说埃及人已经完全掌握自由精神的概念，能够像我们现代人那样去理解灵魂不朽；我们不应当这样去猜度埃及人的信仰；但他们确实已经直观到，那个告别了生命的东西就其实存而言无论是以外在的方式还是在观念里都必须被坚持，而这就让意识过渡到它的解脱，哪怕这种解脱仅仅触及自由王国的门槛。——这个直观在他们那里继续拓展，形成一个与当前的现实世界相对立的独立的亡灵国度。这个不可见的国度里有一个审判亡灵的法庭，由冥界之王奥西里斯主持。直接的现实世界里也有这样的法庭，由活着的人对死者进行审判，比如当一位国王去世之后，每一个人都可以到这里控诉他。

[459]

c) 如果我们要追问这个观念的**象征型**艺术形态，就必须在埃及建筑艺术的代表形象里寻找这个东西。我们在这里看到一种双重的建筑，即地面上和地面下的建筑，而地面下的主要是迷宫。那些富丽堂皇而宽广的洞穴、需要半个小时才能够走完的通道、用象形文字装饰的墓室等等，都是精心打造而成的。它们上面是一些令人震撼的工程，尤其以**金字塔**为代表。数百年来，关于金字塔的使命和意义，人们提出了很多假说，但现在看来有一点是确凿无疑的，即它们是用来守护国王的陵墓或神牛、神猫、神鹭之类神圣动物的坟墓。就此而言，金字塔把象征型艺术的单纯形象呈现在我们眼前；它们是一些庞大的结晶体，这些结晶体隐含着一个内核，并且用一个通过艺术生产出来的外在形态把这个内核包围起来，以此表明它们是为了这个已经脱离单纯自然性的内核而存在着，而且只有在与这个内核的关联中才存在着。这里表现出的意义是一个不可见的亡灵国度，而这个国度只有**一个**方面，这就是真正的艺术形态所需要的形式上的方面，即必须摆脱直接的定在。就此而言，这个国度起初只是哈得斯的王国，还不是那样一种生命力，这种生命力即便摆脱了感性事物本身，但仍然是基于自身而存在着，因而是一个内在自由的、活生生的精神。——正因如此，形态对于这样一个内核而言始终是一个完全游离于特定内容

[460]

之外的形式和包围。

金字塔就是这种隐含着一个宁静内核的外在包围。

2. 动物崇拜和动物面具

一般而言,由于内核应当被直观为一个外在的现成已有的东西,所以埃及人反过来又在牛、猫等活生生的动物身上崇拜一个神性的定在。有生命的东西高于无机的外在事物,因为活的有机体有一个内核,它的外部形态暗示着这个内核,而这个内核始终是内核,随之是一个隐秘莫测的东西。因此动物崇拜在这里必须被理解为对于一个隐秘内核的直观,这个内核作为生命是一个比单纯的外在事物更高级的力量。当然,这种不把真正的精神性东西,而把猫狗等动物奉若神明的做法始终是让我们反感的。——这种崇拜本身没有任何象征的意味,因为这里是把神牛之类活生生的现实的动物当作神的实存来加以崇拜。但埃及人也以象征的方式使用动物形态。在这种情况下,动物形态不是意味着它们自身,而是被降 [461] 格为某种更普遍的东西的表现。这方面最朴素的例子是动物面具,它们尤其出现于那些呈现木乃伊制作过程的作品,比如那些解剖尸体然后掏空内脏的专职人员都戴着动物面具。由此可见,动物的头所指代的不是它自身,而是另外一个更普遍的意义。除此之外,动物形态也和人的形态混在一起使用;我们看到人身狮首,据说这是密涅瓦的形态;此外还有人身鹰首,而阿蒙①的脑袋上总是有一对角。象征关系在这些地方是清晰可见的。在这个意义上,埃及人的象形文字大多数也是象征式的,因为它们要么是试图通过模仿现实的对象来表现意义,而这些对象所呈现的不是它们自身,而是一种与它们有亲缘关系的普遍性;要么是一种更常见的情况,即基于这种文字的所谓的语音要素,通过一个对象的符号去暗示个别字母,也就是说,对象名称的首字母和所表现的字母具有相同的发音。

---

① 阿蒙(Ammon),埃及神话中的主神,相当于希腊神话中的宙斯。——译者注

3. 完整的象征系统:门农像、伊西斯和奥西里斯、斯芬克斯

总的说来,埃及的每一个形态都是象征和象形文字,不是意味着自身,而是暗示着另外一个与它有亲缘关系的东西。但只有当这个关系具有更基础和更深刻的性质,真正的象征才会完整出现。考虑到这一点,我只打算简单谈谈如下几个反复出现的观念。

a)一方面看来,埃及人对于动物形态的迷信已经预感到了一个隐秘的内核,另一方面看来,他们在呈现人的形态时仍然让主观性的内核位于 ［462］ 人的形态之外,因此这些形态还不能展现为一种自由的美。尤其值得注意的是那些庞大的**门农像**①,它们镇静自若,岿然不动,双臂紧贴身体,双足紧并在一起,严峻呆板死气沉沉,面向太阳,期待着阳光照到它们身上,给它们带来生气和灵魂,让它们发出声响。至少希罗多德曾经说过,门农像在日出的时候会自己发出声音。虽然一些自以为是的批评家对此提出质疑,但近段时间以来法国人和英国人已经再度证实它们真的会发出声响。诚然,这些声音不是来自于某种预先的安排,但我们可以这样解释这件事情,即有些矿物浸水之后会发出噼噼啪啪的声音,因此这些石像发出的声音是来自于露水、清晨的冷气和随后的日光照晒,也就是说,石像身上出现了一些细微的裂缝,然后这些裂缝又消失了。但这些石像作为**象征**而表达出的意义,就是它们并非自由地通过自身就具有精神性的灵魂乃至生命,不能够从一个包含着尺度和美的内核获得这些东西,而是需要外来的阳光,只有在阳光的诱导之下才发出灵魂的声响。与此相反,人的声音不需要任何外在刺激就从自己的感受和自己的精神发出声响,正如一切艺术的高明之处都是在于让内核从自身出发赋予自己以形态。但在埃及,人的形态的内核仍然是沉默无语的,只有通过自然因素才获得灵魂。

---

① 埃及忒拜城边尼罗河西岸的两座高约 20 米的岩石巨像,大约建造于公元前 14 世纪,据说是为了纪念古埃及法老门农(Memnon)。——译者注

　　b) 另一种象征的表现方式是伊西斯和奥西里斯。奥西里斯出生长大之后就被提丰杀死了,于是伊西斯到处寻找并收集他的尸体碎片并将其埋葬。这个神话的内容起初是一种单纯的**自然意义**。一方面,奥西里斯是太阳,他的经历象征着太阳一年当中的进程,另一方面,他意味着那条必须给埃及带来丰饶的尼罗河的泛滥期和枯水期。因为埃及经常整年缺乏降雨,只能依靠尼罗河的泛滥来灌溉田地。冬天的时候,尼罗河的水面很浅,几乎是贴着河床流动,但从夏至开始(希罗多德《历史》第二卷,第 19 节),它便开始 100 天的上涨,直到漫过河岸四处泛滥。最后,河水在烈日和沙漠热风的影响之下重新干涸,退回到河床。在这之后,耕田犁地都很轻松,植物生长极为茂盛,一切都发芽成熟。太阳加上尼罗河,它们的起起落落就是埃及土地的自然力量,而埃及人则是通过伊西斯和奥西里斯的拟人化故事以象征的方式把这些力量呈现出来。属于此类的还有黄道 12 宫的象征式呈现,它们和年岁进程的关系相当于 12 位神和 12 个月的关系。反过来,奥西里斯也意味着**人性**本身;他被尊奉为农业、耕耘、所有权和法律的创立者,因此对他的崇拜也涉及那些与伦理、法律关系最为密切的人类精神活动。此外奥西里斯也是冥界的法官,随之具有一个完全脱离了单纯自然生命的意义,开始失去象征意味,因为现在内核和精神性东西本身已经成为人的形态的内容,于是人的形态开始呈现出它自己的内核。与此同时,这个精神过程仍然把外在的自然生命当作它的内涵,并且以外在的方式将其呈现出来,比如在寺庙里体现为台阶、楼层和柱子的数目,在迷宫里体现为各种通道、曲廊和密室。就此而言,奥西里斯在他的各个人生阶段既代表着自然生命,也代表着精神生命,而那些象征式形态有时候是自然元素的象征,有时候却是自然对象本身,有时候又仅仅是精神活动及其变化的象征。在这里,人的形态并不是一种单纯的人格化,因为自然事物虽然一方面显现为真正的意义,但另一方面本身又仅仅成为精神性东西的象征,而一般说来,当内核跃跃欲试企图摆脱自然直观的时候,自然事物总是居于次要地位。尽管如此,人的身体形式具有一个完全不同的构造,看起来想要深入内在的精神性东西;但这个追

[463]

[464]

求起初只能以不完满的方式达到它的真正目标,即精神性东西的内在自由。各种形态始终是庞大的、严峻的,像石头一样僵硬;双腿没有自由和鲜明的轮廓,手臂和头紧贴着身体的其余部分,缺乏优雅和活生生的运动。只有从代达罗斯①开始,雕像的手臂和双腿才分开,整个身躯才运动起来。

基于上述来回更替的象征系统,埃及象征同时是一种整全的象征,也就是说,那种作为意义而出现的东西,本身又被当作一个相似领域的象征。这种表现手法的优点在于,它在多种意义上把象征结合在一起,让意义和象征纠缠不清,以此展示出或暗示着复杂的东西,因而符合那种能够沿着许多方向延伸的内在主观性。但由于这种多义性,要解释这些形象也是很困难的。

今天的人们经常是过于随意地解读这些意义,因为几乎所有这些形态实际上都是直接作为象征而出现。这些经过我们解释的意义也许对埃及人来说是清楚易懂的,但正如我们一开始就看到的,埃及象征虽然蕴含着丰富的意义,却没有将其显露出来。有些作品试图清楚地呈现出自身,成为自在且自为地清楚的东西,但它们始终停留于这种挣扎努力。就此而言,埃及艺术作品在我们眼里是谜一般的东西,不仅我们对此捉摸不透,而且绝大多数创作这些作品的人都不能正确地解读这些谜题。 [465]

c)因此从这种充满秘密的象征系统来看,埃及艺术作品是一些谜题乃至于客观的谜题本身。在我们看来,**斯芬克斯**就象征着埃及精神的这个真正意义,仿佛是象征本身的象征。埃及有无数的斯芬克斯像,它们成百上千地列成一排,用最坚硬的石头雕成,再加以打磨,上面刻有象形文字。开罗的斯芬克斯像尤其庞大,单是狮爪就有一个成年人那么高。狮身的部分趴在地上,上面人身的部分却姿态昂扬,再上面是一个公羊头,但绝大多数时候是一个女人的头。人的精神仿佛想要摆脱动物的混浊力量,却不能完全呈现出它自己的自由和运动的形态,因为它仍然必须和它

---

① 代达罗斯(Dädalos),希腊神话中的著名的能工巧匠。——译者注

的他者纠缠在一起。它追求着自觉的精神性,但这种精神性不是在一种完全适合它的实在性里把握自身,而是仅仅在一个与它类似却又陌生的东西里直观自身并意识到自身。这种追求是一般意义上的象征,而当象征达到巅峰,就成为谜题。

　　正是在这个意义上,斯芬克斯在同样具有象征意味的希腊神话里显现为一个提出谜题的怪物。它所提出的著名谜题是:什么东西早晨用四条腿走路,中午用两条腿走路,晚上用三条腿走路? 俄狄浦斯找到了简单的答案:那就是人;于是斯芬克斯从悬崖上跳入大海。这个象征谜题的答案蕴含在一个自在且自为地存在着的意义里,蕴含在这样一个精神里,就像那个著名的希腊神谕向人呼吁的那样:"认识你自己!"意识的光辉是这样一种清晰性,它通过一个属于它自己且适合于它的形态显露出它的具体内容,并且在它的定在里仅仅把它自己启示出来。

[466]

第二章　崇高的象征系统

象征型艺术的目标是让那个自己赋予自己以合适形态的精神获得一种不带谜题的清晰性,而为了达到这个目标,意义必须脱离整个现象世界,单独出现在意识之内。古波斯人之所以缺乏艺术,就是因为他们直观到意义和现象的统一体;反之印度人的充满幻想的象征系统是产生于一个矛盾,即既要区分意义和现象,又要把二者直接结合在一起;埃及人同样还不能摆脱现象而自由地认识到内核,也没有认识到一个自在且自为的意义,因此他们制造出各种谜一般的、晦涩难懂的象征。

第一次清楚而明确地把自在且自为地存在着的东西与感性的现实世界(亦即经验世界的个别外在事物)区分开,这种做法只能在**崇高**里去寻找。崇高就是把绝对者提升到一切直接的实存之上,随之首先达到一种抽象的解脱,而这种解脱至少是精神性东西的基础。因为这个经过提升 [467] 的意义虽然还没有被理解为具体的精神性,但已经被看作一个存在于自身之内和基于自身的内核,这个内核按照其本性而言不可能在有限的现象里找到它的真正表现。

康德以一种非常有趣的方式区分了崇高和美。他在《判断力批判》第一部分从第 20 节开始的论述虽然颇为啰嗦,并且把所有的规定都还原为心灵的能力、想象力、理性等主观因素,但这些论述始终是值得重视的。刚才所说的那种还原就其普遍原则而言从**某方面**来看是正确的,即崇高——用他自己的话来说——不是包含在自然事物之内,而是仅仅包含在我们的心灵里,因为我们意识到自己比内在的自然界和外在的自然界都更卓越。在这个意义上,康德指出:"真正的崇高不可能包含在任何感性形式之内,而是仅仅涉及理性的理念,虽然这些理念不可能恰当地呈现出来,但正是由于这种不恰当(亦即不可能以感性的方式呈现出来),才激发起心灵里的理念。"(《判断力批判》第三版,第23节,第77页)总的说来,崇高是一个想要表现无限者的尝试,但又不能在现象领域里找到一个适合这种呈现的对象。正因为无限者摆脱了客观事物的复合整体,被设定为一个不可见的、无形态的意义和一个内核,所以它按照自己的无限性而言始终是不可表达的,并且超越了一切有限的表现。

[468]

至于意义在这里初步获得的内容,就是意义与全部现象相对立,是实体意义上的**太一**,但这个太一本身作为纯粹的思想仅仅为着纯粹的思想而存在。正因如此,这个实体不再把一个外在事物当作它的形态,于是真正的象征特性也消失了。但如果要把这个本身整一的东西呈现于直观,就只能通过如下办法,即它作为实体也被理解为万物的创造性力量,把万物当作它的启示和现象,因此它和万物之间必须有一种肯定的关系。但与此同时,它还具有这样一个规定,即实体虽然被表现出来,但仍然凌驾于每一个现象和全部现象之上,而这样一来,肯定的关系就自然而然地转化为否定的关系,亦即必须让实体摆脱作为特殊事物的现象,把现象当作不符合实体的和转瞬即逝的东西加以清除。

所谓**崇高**,就是这样一种赋形活动,即它反过来被它所表现出的东西消灭,以至于每当把内容表现出来,同时就扬弃了这个表现活动。因此,我们不应当像康德那样认为崇高起源于心灵及其理性理念等单纯的主观因素,而是必须把崇高奠基于一个绝对的实体,亦即一个应当被呈现出来的内容。

至于崇高的艺术形式的**划分**,我们同样可以参照刚才所说的实体(即意义)和现象世界之间的双重关系。

肯定关系和否定关系的共同之处在于,虽然实体只有在与现象相关联的时候才能够被表达出来,但它又凌驾于那个应当将其呈现出来的个别现象之上,因为它作为实体和本质性,本身是无形态的,不是具体的直观所能掌握的。

我们可以把**泛神论**的艺术称作关于崇高的**第一种**肯定的理解方式。[469]
这种艺术首先出现在印度,然后出现在后来皈依了伊斯兰教的波斯诗人
的自由和神秘主义里,继而在思想和心灵方面得到深化之后,也出现在基
督教的西方世界里。

从普遍的规定来看,在这个层次上,实体被看作内在于它所创造的全
部偶性之中,因此这些偶性尚未降格为一种仅仅去装饰和颂扬绝对者的
工具,而是通过那个寓居在它们之内的实体以肯定的方式维持自身,虽然
在一切个别事物那里都只有唯一的神性东西得到表现和颂扬。相应地,
诗人在一切事物里面都仅仅看到并颂扬这个唯一的东西,把自己和事物
都沉浸在这个直观里,因此他能够与实体保持一种肯定的关系,把一切东
西都和实体联系在一起。

在希伯来人的诗歌里,我们看到了**第二种**崇高或真正的崇高,即**以否
定的方式**去赞美**唯一的**上帝的力量和荣耀。这种诗歌扬弃了绝对者在被
创造的现象之中的肯定的内在性,把**唯一的**实体当作世界的主宰放在一
边,把全部受造物放在与之对立的另一边,被受造物设定为一种相对于上
帝而言本身软弱无力的和转瞬即逝的东西。现在,如果要用自然事物和
人类命运的有限性去呈现唯一上帝的力量和智慧,就不能像印度人那样
把事物扭曲为奇形怪状的、无尺度的东西,而是应当通过如下方式来呈现
上帝的崇高,即一切事物无论多么辉煌和强大,都只是一种扮演工具角色
的偶性,并且相对于上帝的本质和稳固性而言仅仅是一个转瞬即逝的
映象。

A. 艺术的泛神论

[470]

"泛神论"这个词语在今天遭受了极大的误解。因为一方面看来,
"泛"或"一切"在当代语境里所指的是经验世界中的全部和每一个个别
事物;比如这个盒子的一切属性就是它的这个颜色、大小、形状、重量等
等;一座房屋、一本书、一只动物、一张桌子、一个板凳、一个火炉、一片云

朵等等也是如此。如今有些神学家宣称哲学把一切变成上帝,并且在刚才所说的意义上理解这里的"一切",但这个栽赃给哲学的事实和由此提出的针对哲学的指控完全是胡说八道。这样的关于泛神论的想法只能存在于疯狂的头脑里,从来没有出现在任何宗教里,甚至没有出现在易洛魁人和爱斯基摩人那里,更不要说出现在某一种哲学里。因此,当我们谈到泛神论的时候,这里的"泛"或"一切"不是指这个或那个个别事物,而是指"大全",即唯一的实体,它虽然内在于个别性之中,但已经摆脱个别性及其经验的实在性。就此而言,"泛"或"一切"真正所指的不是个别事物本身,而是普遍的灵魂,或者按照一种更通俗的说法,其所指的是那个当下存在于个别事物之内的真相和卓越者。

这才是泛神论的真正意义,而我们也仅仅在这个意义上谈论泛神论。它主要属于东方世界,因为东方世界认识到了神性东西的绝对统一体,认为万物都包含在这个统一体之内。作为统一体和大全,神性东西只有通过历历在目的个别事物的重新消失才能够呈现于意识,并通过个别事物表现出它的在场。因此在这里,神性东西一方面被认为内在于最为悬殊[471] 的事物之中,进而被看作各种事物里面最优秀和最卓越的东西,但另一方面,因为太一时而出现在这里,时而出现在那里,在一切事物那里兜兜转转,所以个别事物和特殊事物显现为被扬弃的和转瞬即逝的东西;因为并非每一个个别事物是这个太一,毋宁说太一是所有这些个别事物,它们在直观里已经合为一体。比如太一是生命,但它也是死亡,亦即不只是生命,因此单纯的生命、单纯的太阳、单纯的海洋都不是唯一的神性东西。但与此同时,这里也不像真正的崇高那样明确地把偶性设定为否定的、工具性的东西,正相反,因为实体在所有的特殊事物里都是这个太一,所以它**自在地**就转变为一个特殊事物和偶性;反过来,因为一切都处于更替之中,想象并没有把实体限定于一个特定的定在,而是超越和消灭每一个规定性,以便过渡到另一个规定性,所以个别事物本身又转变为偶性,而唯一的实体则是凌驾于偶性之上,成为崇高的东西。

正因如此,这样的直观方式只有通过诗歌艺术而非造型艺术才能够以艺术的方式表现出来,因为造型艺术仅仅把特定的个别事物当作定在着的、固定的东西呈现于我们眼前,而这些事物相对于那个当下存在于它们之内的实体而言是应当被抛弃的。凡是泛神论保持着纯粹性的地方,都没有什么造型艺术能够充当它的呈现方式。

1. 印度诗歌

我们可以把印度诗歌看作这种泛神论诗歌的第一个例子,这些诗歌除了充满幻想之外,在这方面也取得了辉煌成就。

正如我们已经看到的,印度人把最抽象的普遍性和统一体当作最高 ［472］的神性,这个神性随后演化为一些特定的神,比如三相神、因陀罗等等。但印度人并没有把这些特定的神看作固定不变的,而是把低级神祇还原到高级神祇,进而把高级神祇还原到梵天。由此可见,这个普遍者构成了万物的唯一的恒定不变的基础。印度人在他们的诗歌里展现出双重的追求,一种是夸大个别的实存,使其作为感性事物就已经符合普遍的意义,另一种是反过来以完全否定的方式让全部规定性消失,只留下**唯一的**抽象物。但与此同时,印度人也掌握了上述泛神论的更纯粹的呈现方式,力图表明神性东西如何内在于我们眼前的那些飘忽不定的个别事物之中。也许人们会觉得,这种理解方式类似于我们见过的波斯人所理解的纯粹思想和感性事物的直接统一体,但对波斯人而言,那个卓越的太一本身是固定不变的,本身是一个自然事物,即光,反之在印度人看来,太一或梵天仅仅是无形态的太一,只有当它获得某种形态,成为无穷无尽的丰富的世界现象,才催生出泛神论的呈现方式。

比如克里希纳①在《薄伽梵歌》(第七章,第4行以下)如是说道:"土、水、风、气、火、精神、理智和我性,这是我的本质力量的八个因素;但

---

①　克里希纳(Krischna)是毗湿奴的第八个化身,亦译作"奎师那"。从字面上看,这个名字的意思是"黑"或"深蓝",因此也被译为"黑天"。——译者注

你还应当在我身上认出另一个更高的本质,它赋予尘世之物以生命,承载着世界:它是万物的根源;因此你应当知道,我是这整个宇宙的根源,也是宇宙毁灭的原因;没有什么比我更高的东西,这个宇宙就像一串珍珠那样

[473] 联结在我身上;我是流液中的美味,我是太阳和月亮里的光、圣书里的奥义文字、男人之中的男性、土里面的纯香、火里面的明亮、万物之中的生命、修行者之中的静观、众生之中的生命力、智者之中的智慧、发光者之中的光明;一切自然事物,无论是真实的、虚假的还是幽暗的,都来自于我,不是我在它们之内,而是它们在我之内。整个世界都受到这三种属性的欺骗,不认识恒定不变的我;但这个神性的欺骗,摩耶,是我做出的欺骗,是很难被克服的;但那些追随我的人都克服了欺骗。"这些话无比清楚地说出了一个实体性的统一体,既说明了它如何内在于一切事物之中,也说明了它如何凌驾于个别事物之上。

与此类似的是,克里希纳在《薄伽梵歌》(第七章,第 21 行)也宣称自己在形形色色的万物之中是最卓越的:"我在天体之中是发光的太阳,在十二宫符号之中是月亮,在圣书之中是颂歌,在感官之中是内感,在山峰之中是须弥山,在百兽之中是狮子,在字母之中是元音 A,在四季之中是明媚的春天。"

像这样大量列举最卓越的事物以及用各种形态反复去呈现同一个东西,虽然体现出丰富的幻想,但由于内容雷同,所以这种做法始终是极为单调的,并且在整体上显得十分空洞和无聊。

2. 伊斯兰教诗歌

东方泛神论的**第二个**更高级和主观上更自由的例子,在**伊斯兰教**里尤其通过**波斯人**体现出来。

[474] 在这里,主要是诗人主体方面出现了一种独特的情况。

a)也就是说,诗人渴望在一切事物之内看到神性东西,而且也确实看到了这个东西,因此他一方面放弃了他的自主体,另一方面在他的得到

拓展和解放的内心里把握到了神性东西的内在性,而在这种情况下,他的内心里生发出东方人特有的那种开朗静谧,那种自由幸福,那种魂不附体,于是他完全摆脱了自己的特殊性,沉浸在永恒者和绝对者里面,在一切事物之中认识到和感受到神性东西的形象和当下存在。这种让自己渗透着神性东西,沉醉在神之内的极乐生命已经带有神秘主义的色彩。这方面尤其值得称道的例子是贾拉德·阿尔丁·鲁米①,他的一些最美好的作品已经被吕克特②翻译过来,后者凭借自己的惊人才华,在选词和押韵方面巧妙而自由地做到了对波斯人的惟妙惟肖。这些作品从内到外都弥漫着对神的爱,人通过毫无保留的奉献,就让他的自主体等同于神,在宇宙的任何地方都看到这位唯一的神,并且把一切东西和每一个东西都联系到神并还原到神。

　　b)但正如我们后面将会看到的,在真正的崇高里,最美好的事物和最辉煌的形态仅仅是上帝的饰品,以彰显唯一的上帝的伟大和荣耀,因为它们之所以被呈现于我们眼前,只是为了颂扬上帝作为一切受造物的主宰。反之在泛神论里,"神性东西内在于事物之中"这件事情本身就已经把尘世的自然定在和人类生存提升到一种自足的、更为独立的辉煌地位。精神性东西的自主生命给自然现象和人类关系带来生命和精神,并且奠定了诗人的主观感受和灵魂与他所歌颂的对象之间的一种独特关系。当心灵充斥着这种灌注了灵魂的辉煌,就变得恬然自足、自由独立、宽宏开朗;基于这种肯定的自身同一性,心灵想象着自己如何进入事物的灵魂走向同样宁静的统一体,和庄严的自然对象、情人以及伺酒女郎一起,简言之和一切值得赞美和喜爱的东西一起,达到最幸福和最快乐的静谧。 ［475］

　　西方的、浪漫式的心灵静谧虽然也体现出类似的内心生活,但就整体而言,尤其在北欧,更多的是一种郁郁寡欢、不由自主和朦胧渴慕,或至少是更主观地封闭在自身之内,随之表现为顾影自怜和多愁善感。尤其是

———————

　　①　贾拉德·阿尔丁·鲁米(Dschelad ed-Din Rumi,1207–1273),13 世纪最著名的波斯伊斯兰神秘主义者之一。——译者注

　　②　吕克特(Friedrich Rükkert,1788–1866),德国浪漫派诗人。——译者注

那些野蛮民族的民歌把这种沉闷压抑的内心生活刻画得淋漓尽致。反之东方人,尤其是波斯的伊斯兰教徒,却表现出他们特有的自由而幸福的静谧,他们尽情地把他们的自主体奉献给真主和一切值得赞美的东西,但在奉献自身的同时恰恰保留着自由的实体性,并在这个基础上对待周遭世界。因此我们看到他们的炙热激情迸发出无边无际的极乐和率直情感,通过无穷多的绚烂辉煌的形象吹奏出快乐、美和幸福的音调。东方人在受苦和遭遇不幸的时候把这些看作命运的不可改变的决定,始终保持着镇定自若,不会对此大呼小叫、多愁善感或愤懑不平。我们在哈菲兹①的诗歌里虽然看到许多对于情人、伺酒女郎等等的怨诉,但他无论是痛苦还是快乐,都表现出无忧无虑的心态。比如他曾经这样说:

[476]
感谢朋友的来临

给你带来光明,

蜡烛一边痛苦地燃烧,

一边感到心满意足。

蜡烛也会欢笑和哭泣,它在明亮的火光中欢笑,同时在炙热的泪水中溶解;它在燃烧的时候带来明亮的火光。这也是全部波斯诗歌的普遍性格。

就一些更特别的情景而言,波斯人经常使用花朵、宝石、玫瑰和夜莺的形象,而最常见的做法是把夜莺呈现为玫瑰的新郎。比如在哈菲兹的诗歌里,玫瑰通常代表着灵魂和生命,夜莺代表着爱情。他说:"感谢你,玫瑰!你是美人之中的王妃。但愿你不要那样高傲,瞧不起夜莺的爱情。"诗人在这里所说的是他自己的心灵中的夜莺。反之我们西方人的诗歌在谈到玫瑰、夜莺和美酒的时候,总是散发出另外一种更带有散文气的意味;玫瑰对于我们而言是一种装饰,比如我们会说"戴着玫瑰花冠"之类;我们听到夜莺的歌声,就产生出与之类似的感受;我们端起美酒,就说酒是忘忧解愁的东西。但对波斯人而言,玫瑰不是一个形象或单纯饰品,不是一个象征,毋宁本身就显现为一位具有灵魂和生命的娇羞新娘,

---

① 哈菲兹(Hafis Shiraz,1315–1390),14 世纪最伟大的波斯诗人。——译者注

因此诗人才会把自己的精神倾注在玫瑰的灵魂之中。

　　这种绚烂辉煌的泛神论特性在最近的波斯诗歌里仍然有所体现。比如哈默尔先生①提到过 1819 年波斯国王作为礼物送给奥匈帝国皇帝弗兰茨一世的一首诗。这首诗长达 33000 行,其中叙述了波斯国王的事迹,而国王也把自己的名字赐给创作这首诗的宫廷诗人。

　　c)歌德在晚年也摒弃了他早期诗歌里的那种阴郁而封闭于内心的　[477]
感受,过渡到这种开阔而无忧无虑的爽朗心态。他作为白发苍苍的老人仍然散发出东方的气息,在洋溢着无限幸福的诗意热血里显露出情感的自由,而这种自由甚至在进行争辩的时候也没有失去那种最优美的无忧无虑的心态。他的《西东合集》里的歌谣既不是游戏之作,也不是用于社交的应酬之作,而是出于一种自由地奉献自身的感受。在《致苏莱卡》里,他把这些歌谣称作"诗艺的珍珠":

> 这是你那热情的激浪
>
> 抛撒到我的生命
>
> 寂寥海滩中的
>
> 诗艺的珍珠。
>
> 请你用纤纤玉指
>
> 仔细将它们拾起,
>
> 用翡翠和金饰
>
> 结成一串项链。

随后他向自己的情人喊道:

> 请把它们挂在你的脖颈上,
>
> 贴着你的胸脯!
>
> 它们是真主的雨滴,
>
> 在卑微的海蚌中孕育成熟。

要写出这样的诗歌,需要一种无比开阔的、在狂风骤雨中岿然不动的胸

---

① 哈默尔(Joseph von Hammer-Purgstall,1774-1856),德国东方学家。——原编者注

襟,需要一个深刻而朝气蓬勃的心灵,以及

> 一个充满生命冲动的世界,
> 它在激荡着的挣扎中,
> 已经预感到夜莺的爱
> 和一首荡气回肠的歌。

[478]　　## 3. 基督教神秘主义

总的说来,如果侧重于泛神论统一体和**主体**的关系,让主体感受到**自己**和上帝的这个统一体,并且感受到上帝就是主观意识里的这个当下存在,就会导致**神秘主义**,而这种更具有主观意味的神秘主义也是在基督教内部发展起来的。这里不妨以安格鲁斯·西里修斯①为例,他以最大胆和最深刻的直观和感受说出了上帝在万物之中的实体性定在,并且以一种神奇的表现力描述了人的自主体和上帝的合一以及上帝与人的主观性的合一。与此相反,真正的东方泛神论更强调的是如何在一切现象里直观到**唯一的**实体,以及主体如何奉献自身,也就是说,当主体奉献自身,就达到最开阔的意识,并且通过完全抛弃有限事物而达到那种消融于一切最辉煌和最美好事物之中的极乐。

B. 崇高的艺术

虽然唯一的实体被理解为整个宇宙的真正意义,但只有当它摆脱了幻变不定的现象中的当下存在和现实性,作为纯粹的内在性和实体性力量返回到自身之内,从而相对于有限事物获得**独立地位**,才真正被设定为**实体**。只有直观到上帝在本质上是绝对精神性的无形象的东西,与尘世

---

① 安格鲁斯·西里修斯(Angelus Silesius,1624-1677),德国神秘主义哲学家。——译者注

之物和自然事物**相对立**,精神性东西才完全摆脱感性和自然性,挣脱有限者之内的定在。反过来,绝对者虽然从现象世界反映回自身之内,但与现象世界始终保持着一种**对比关系**。这个对比关系包含着前面所说的那个**否定的**方面,即整个宇宙无论有着多么丰盈的力量和多么辉煌的现象,相 [479] 对于实体而言都被明确地设定为单纯的否定者,即被上帝创造出来的,屈从于和服务于上帝的力量的东西。世界确实被看作上帝的一个启示,上帝本身是**善**,他让那些本身没有权利存在和与自身相关联的受造物获得存在并保持存在;但有限者的存在是无实体的,相对于上帝而言,受造物是转瞬即逝的、软弱无力的东西,因此造物主的善必须同时彰显出他的**正义**,亦即揭示出单纯否定者的软弱无力,随之表明实体是唯一掌控着现实的现象的东西。当这个对比关系成为艺术的内容和形式之间的基本关系,就得出了真正的**崇高**的艺术形式。当然,这里必须区分理想的美和崇高。因为在理想里,内核渗透于外在的实在事物,成为这些事物的内核,而在**这种**情况下,双方作为相互适合的东西也是相互渗透的。反之在崇高里,那个把实体呈现出来的外在定在被贬低为一种居于从属地位的东西,因为只有通过这种贬低和从属地位,艺术才能够呈现出那个**唯一的**、本身无形态的、就其肯定的本质而言不可能由任何尘世之物和有限事物表现出来的上帝。崇高以一个独立的意义为前提,相对于这个意义而言,外在事物必须居于从属地位,因为内核不是显现在其中,而是超越了外在事物,因此艺术唯一能够呈现的就是这种超越的存在和活动。

象征的关键在于**形态**。这个形态应当有一个意义,但又不能完整地表达出这个意义。与这种象征及其含糊的意义相反,在崇高里,**意义**本身 [480] 是清楚易懂的,而艺术作品就是作为万物的意义的纯粹本质的表现;在象征里,形态和意义**自在地**是不适合的,但这个纯粹本质把这种不适合设定为上帝本身的这样一个**意义**,即在尘世之物之内又超越于一切尘世之物之上,因此在艺术作品里成为崇高的,而艺术作品所呈现的无非就是这个自在且自为的清楚意义。因此,如果象征型艺术把神性东西当作其作品的内涵,就此而言可以叫作**神圣的**艺术,那么崇高的艺术就必须被称作神圣的艺术本身或真正神圣的艺术，因为只有它才表现出上帝的荣耀。

总的说来，崇高的艺术的内容就其基本意义比在真正的象征里更狭窄，因为象征始终只是在追求精神性东西，在处理精神性东西和自然事物的关系时有很多回旋余地，既可以把精神性东西转化为自然形象，也可以把自然事物转化为精神的共鸣。

这种崇高就其最原初的规定而言主要是见于犹太人的世界观及其神圣诗歌。因为这里不可能有一个充分表现上帝的形象，所以造型艺术在这里不可能出现，只能有一种通过词语而表达出来的观念诗歌。

在进一步考察这个层次时，我们可以提出如下几个普遍的视角。

1. 上帝作为世界的创造者和主宰

犹太诗歌的最普遍的内容是上帝。上帝作为那个服务于他的世界的主宰，并没有化身为外在事物，而是从世间定在退回到孤独的统一体之内。因此，那些在真正的象征里仍然合为一体的东西在这里分裂为两个方面，一个是上帝的抽象的自为存在，另一个是世界的具体定在。

[481]

a) 上帝本身作为唯一实体的这种纯粹的自为存在是没有形态的，因此作为这样的抽象东西也不可能呈现于直观。就此而言，想象在这个层次上所能够把握的不是那个就其纯粹本质性而言的神性内容，因为这个内容不允许自己通过艺术而在一个与它符合的形态里呈现出来。因此这里剩下来的唯一内容就是上帝和他所创造的世界之间的**关系**。

b) 上帝是宇宙的创造者。这是崇高本身的最纯粹的表述。也就是说，**生殖**的观念以及那种认为万物自然地产生于上帝的想法在这里第一次让位给**创造**的思想，而且这里的创造是一种出于精神力量和精神活动的创造。"上帝说，要有光！于是就有了光。"①在朗吉努斯看来，这已经是崇高的一个决定性的例子。世界主宰作为唯一的实体虽然发生外化，

————————

① 《旧约·创世记》1,3。——译者注

但这个生产方式是一种最纯粹的、本身无形态的、以太般的外化:这就是话语或"道",即思想作为观念性力量所发生的外化,它命令必须有定在,于是定在者默然听命,现实地直接被设定下来。

c)但上帝并没有把被创造的世界当作他的实在性而过渡到其中,而是始终退缩到自身之内,不让这个与他对立的东西形成一种固定的二元性。因为受造物是他的作品,这个作品在他面前不具有独立性,其之所以存在着,只是为了证明**他的**智慧、善和正义。唯一的上帝是万物的主宰,自然事物不是他的当下存在,仅仅是一些软弱无力的偶性,这些偶性在自身之内只能让本质映现出来,却不能让本质显现出来。这一点构成了从上帝方面来看的崇高。

2. 祛神的有限世界 [482]

一方面,唯一的上帝脱离具体的现象,被单独固定下来;另一方面,定在者的外在性被规定为居于从属地位的有限者,因此无论是自然的存在还是人的存在都获得了一种新的地位。也就是说,它们必须凸显出自己的有限性,这样才能够把神性东西呈现出来。

a)因此在这里,自然界和人的形态第一次作为**祛神的**、散文气的东西出现在我们面前。据希腊人说,阿尔戈斯远征军的英雄们在航行穿过达达尼尔海峡的时候,那些原本像剪刀一样忽开忽闭的岩石突然静止不动,永远地扎根在海底。这里的情况和神圣的崇高诗歌是类似的,即有限者与无限的本质相对立,在它的可理解的规定性中固定下来,反之在象征型直观里,一切东西都没有固定的位置,有限者可以转化为神性东西,神性东西也可以走出自身转化为有限的定在。比如当我们从古代的印度诗歌转到《旧约》,就会发现自己忽然来到一个完全不同的世界,其中展现出的各种状态、事迹、行动和性格无论在我们看来多么的陌生,与我们当代的世界如何不同,都仍然让我们有回到故乡的感觉。我们从一个迷醉的世界进入自然的关系,看到各种极为自然的形象,它们的固定的宗族性格就其规定性和真相而言是完全清楚易懂的。

[483]   b)这种直观能够把握事物的自然进程并确立自然规律,而在这种情况下,**奇迹**第一次获得它的地位。在印度人那里,一切都是奇迹,因此实际上也毫无奇迹可言。在可理解的联系总是被打断,一切东西都颠三倒四的地方,奇迹是不可能出现的。因为奇迹以可理解的秩序和日常的清醒意识为前提,惟其如此,这个意识才会把一种更高的力量对日常联系的破坏称作奇迹。但奇迹并不是崇高的真正恰当的表现,因为自然现象的日常进程及其中断是由上帝的意志和自然界的顺服造成的。

  c)与此相反,真正的崇高只有在这种情况下才会出现,即整个受造的世界显现为一个有限的、受到限制的、不能自己维系自己的东西,因此它只能被看作一个显示上帝的荣耀的饰品。

3. 人的个体

在这个层次上,**人的个体**通过承认万物的虚妄并颂扬上帝的崇高,去寻求他自己的荣誉、慰藉和满足。

  a)从这方面来看,《旧约》的诗篇为我们提供了真正的崇高的经典例子,为一切时代提供了一个典范,表明人在尊奉上帝的时候所看到的东西是如何伴随着灵魂的最强烈的崇高光辉表现出来。世上的一切东西都不具有独立性,因为它们的存在和持存都仅仅是基于上帝的力量,它们之所以存在,仅仅是为了颂扬这种力量并表现出它们自己的无实体的虚妄。因此,如果说我们在实体性的幻想及其泛神论里看到的是一种无限的**延展**,那么我们现在必须对心灵的**崇高**力量发出赞叹,这种崇高摒弃一切东

[484] 西,只为彰显上帝的唯一力量。从这个角度来看,第 104 号诗篇尤其具有恢弘的气势:"披上亮光,如披外袍,铺张苍穹,如铺幔子,在水中立楼阁的栋梁,用云彩为车辇,藉着风的翅膀而行。"①——在这里,亮光、苍穹、

---

  ① 《旧约·诗篇》104,2。——译者注

云彩、风的翅膀都不是自在且自为地存在着的,毋宁只是为上帝服务的外袍、车辇或信使。接下来又歌颂了上帝的把一切安排得井井有条的智慧:他让泉水涌在山谷,流在山间,让天上的鸟儿在水旁住宿,在树枝上啼叫;他让青草、美酒和他在黎巴嫩栽种的香柏树给人带来喜悦;他创造大海,里面有无数的活物和鲸鱼在游泳。——总而言之,凡是上帝所创造的东西,都得到上帝的庇护,但与此同时,"你若掩面,它们便惊惶,你收回它们的气,它们就死亡,归于尘土。"①在第 90 号诗篇,上帝的仆人摩西所做的祷告更明确地说出了人的虚妄:"你叫他们如水冲去,他们如睡一觉。早晨他们如生长的草,早晨发芽生长,晚上割下枯干。我们因你的怒气而消灭,因你的愤怒而惊惶。"②

b)因此从人的角度来看,所谓崇高就是觉察到自己的有限性,同时觉察到上帝的高不可攀。

α)就此而言,**不朽**的观念不是起源于这个层面,因为这个观念包含着一个前提,即个体的自主体,灵魂或人的精神,是一个自在且自为地存在着的东西。但在崇高里,只有唯一的上帝是永恒的,相比之下一切别的东西都是产生出来的和转瞬即逝的,而不是自由的和内在无限的。

β)因此人觉得自己在上帝面前是**无价值的**,只有在敬畏主人并因为 ［485］主人的愤怒而战栗的时候才获得崇高。正如我们看到的,这种由虚妄生出的痛苦在哀歌里,在灵魂发自内心的对上帝的嘶喊里得到了淋漓尽致的描述。

γ)反之如果一个人在面对上帝的时候坚持自己的有限性,这种存心故意的有限性就是**恶**,但恶作为祸害和罪孽仅仅属于自然界和人的世界,就和痛苦乃至全部否定者一样不可能出现在唯一的、本身无区别的实体里。

c)第三,在这种虚妄之中,人终究还是获得了一个更自由和更独立

---

① 《旧约·诗篇》104,29。——译者注
② 《旧约·诗篇》90,5—7。——译者注

的地位。因为一方面看来,从上帝的宁静而坚定的意志和诫命中产生出适用于人的**律法**,另一方面看来,崇高同时包含着人类事物和神性东西之间、有限者和无限者之间的一个完整而清晰的**区分**,而在这种情况下,对于善和恶的评判和抉择取决于主体自己。也就是说,人和绝对者之间的关系,或者说人究竟是否符合绝对者,这取决于个体及其态度和行为。因此,当个体做出正当的行为,遵循律法,他和上帝之间就是一个**肯定的**关系,同时他会一般地认识到,他的生活中的外在的肯定状态或否定状态都与是否遵循律法有关,比如安康、享受和满足是遵循律法的结果,痛苦、不幸和艰辛是违背律法的结果,前者是恩宠和奖酬,后者是考验和惩罚。

第三章　自觉的象征系统:比喻的艺术形式

　　不同于真正的无意识的象征化活动,那种通过崇高而显露出来的东西,主要包含着两个特点:一方面是被认识到的内在意义和与之不同的具体现象之间的**分裂**,另一方面是二者的直接或间接凸显出来的**相互不符合**,以至于意义作为普遍者超然于个别的实在事物及其特殊性。但无论是在泛神论的幻想里,还是在崇高里,真正的内容,或者说万物的唯一普遍的实体,如果不联系到被创造出来的定在(哪怕这个定在并不能充分表现出自己的本质),就不可能呈现于直观。但这个联系属于实体本身,而实体是通过否定自己的偶性来证明自己的智慧、善、力量和正义。因此一般而言,至少在崇高里,意义和形态之间的联系仍然是一种**本质上的**、**必然的**联系,这两个结合起来的方面并非在真正的字面意思上彼此外在。但由于这种外在性**自在地**已经包含在象征里,所以它也必须被设定下来,并出现在此前讨论象征型艺术的那一章所考察过的形式里。我们可以把这些形式称作**自觉的象征系统**,进而将其称作**比喻的艺术形式**。

　　也就是说,所谓自觉的象征系统,就是指意义不仅本身已经被认识到,而且与那个把它呈现出来的外在方式**明确地**区分开。但意义被单纯说出来,就不再像在崇高里一样显现为本质上的意义,也不再显现为它以象征的方式获得的形态的意义。意义和形态之间的关系不再像以前那样 是一个完全以意义本身为基础的联系,而是成为一个或多或少带有偶然性的联系,这个联系取决于诗人的**主观性**,取决于他的精神如何深入一个外在的定在,以及他的机智和发明才能,凭借这些因素,诗人有时候从一个感性现象出发,把一个与之有关的精神性意义塑造到其中,有时候则是从一个现实的或仅仅相对内在的观念出发,赋予它一个形象,或者把它与另一个具有同样规定的形象联系在一起。

因此,这种结合和朴素的、**不自觉的**象征系统的区别在于,如今主体不但认识到那些被当作内容的意义的内在本质,而且认识到外在现象的本性,于是以比喻的方式把意义和现象更清楚地呈现出来,并且**自觉地**基于二者的已公开的相似性而把它们摆放在一起。至于现在这个层次和**崇高**的层次的区别,则必须从两方面看:一方面,在艺术作品自身之内,意义和具体形态的分裂和并列已经在某种程度上明确地展现出来,另一方面,那种崇高关系已经完全消失了。因为被当作内容的不再是绝对者本身,而是某一个特定的、有限的意义,因此当人们故意区分意义及其形象,就通过一个自觉的比喻达到了不自觉的象征系统本身所追求的目的。

[488] 但就**内容**而言,绝对者或唯一的主宰已经不再被当作意义,因为通过区分具体的定在和概念,并且以比喻的方式把二者**并列**起来,只要艺术意识把这个形式看作最终的和真正的形式,它所面对的就是**有限性**。反之在神圣诗歌里,上帝是万物之中的唯一意义,相比于上帝,万物都是飘忽不定的和虚妄的。但是如果意义应当在一个本身**受到限制的**和有限的东西那里找到与它相似的形象和比拟,那么它本身必定是更加**受到限制的**,因为在我们当前讨论的这个层次上,一个外在于它的内容、完全是由诗人随意挑选的形象仅仅因为与内容有某种**相似性**,就被看作相对**合适**的形象。因此比喻的艺术形式只保留了崇高的那样一个**特征**,即任何形象都没有充分地、如实地呈现出事情本身和意义,而是**仅仅**提供意义的一个形象和比拟。

就此而言,这种象征化活动作为全部艺术作品的基本类型始终是一个次要的种类。因为形态仅仅是描述一个直接的感性定在或事件,而这个定在或事件是和意义明确区分开的。但如果艺术作品是由**整全的**材料构成的,并且就形态而言是一个不可分割的整体,那么这样的比喻就只能发挥附带的作用,比如在古典型艺术和浪漫型艺术的优秀作品里,它就仅仅是一种装饰或附属品。

当前的这整个层次可以被看作前面两个层次的统一,因为它不但包含着意义和外在的实在性的**分裂**,而且和真正的象征一样让一个具体的**现象暗示着**一个与之有关的普遍意义。但这个统一并不是什么更为高级的艺术形式,毋宁是一个虽然很清楚,但已经肤浅化的理解方式,它从内容上看是受到限制的,从形式上看多多少少是散文气的,既不具有真正的象征的那种神秘莫测的深度,也不具有崇高的那种高度,而是滑落到日常意识之内。 ［489］

至于这个层面的更具体的**划分**,我们可以发现各种各样的比喻都是以一个意义为前提,然后把一个感性的或生动的形态与它联系在一起,而且几乎总是把意义放在首要地位,把形态当作单纯的外衣或外在因素。但这里还有一个区别,即在意义和形态当中,究竟**首先**从哪一方出发。也就是说,有时候是首先存在着一个外在的、直接的、自然的事件或现象,以此暗示出一个普遍的意义,有时候是首先提出一个意义,然后从某个地方为它挑选一个外在的形态。

因此我们在这里可以区分两个主要层次。

A.在**第一个**主要层次里,**具体的现象**(无论是来自于自然界还是来自于人的事迹、事件和行动)一方面是**出发点**,另一方面是呈现活动的重点和关键。诚然,这些现象之所以被提及,只是因为它们包含着和暗示着一个更普遍的意义,而且这些现象的展开也只是为了通过一个相关的状态或事件呈现出这个意义,但普遍意义和个别事件的比喻作为一个**主观的活动**还没有**明确地**表现出来,而且整个呈现活动不是仅仅去修饰一个即使没有这个装饰也具有独立性的作品,而是刻意要表明自己已经是一个整体。属于这类的有寓言、隐射、道德训诫、谚语和变形记。

B.反之在**第二个**主要层次里,**意义**是首先呈现于意识的东西,它的具 ［490］体形象仅仅是次要的、附带出现的,本身不具有任何独立性,而是完全依附于意义,因此究竟是选取这个形象还是那个形象来进行比喻,这完全取决于主体的随意。这种呈现方式在绝大多数情况下都不能产生出独立的艺术作品,因此必须满足于把它的形式当作其他艺术形象的附属品。属于这类的主要是谜语、寓托、隐喻、意象和明喻。

C.第三,最后我们还可以附带提到宣教诗和描述诗,因为在这两种诗歌里,前者只不过是把意识已经清楚理解的对象的普遍本性再复述一遍,后者则是把对具体现象的描述本身看作独立的,从而完全割裂了意义和现象,殊不知二者只有在相互结合和彼此内化的情况下才能够产生出真正的艺术作品。

由于艺术作品的这两个因素的割裂,就导致这整个范围之内的各种形式几乎都仅仅属于言语艺术的范畴,因为只有诗歌才能够表现出意义和形态的各自独立,反之造型艺术的任务是用外在的形态本身去彰显它们的内核。

A. 从外在事物出发的比喻

[491]   比喻的艺术形式的第一个层次包含着各种各样的诗歌,如果人们试图把它们放到特定的主要诗歌类型里面,就会感到力不从心。因为它们是一些居于次要地位的混种,身上并没有带着艺术的必然印记。一般而言,它们在美学里的地位相当于某些动物变种或突发的自然现象在自然科学里的地位。这两个领域所面临的困难在于,是自然界的概念和艺术的概念自己划分自己并设定区别。这些区别作为概念的区别,也是真正合乎概念的,因此是必须被理解把握的,但有些过渡层次并不能嵌入其中,因为它们仅仅是一些有缺陷的形式,虽然是派生于一个主要层次,却不能衔接到随后的主要层次。这不是概念的过错,而假若人们不是把事情本身的**概念**环节,反而把这样的**次要**类型当作划分和分类的根据,那么这种不符合概念的东西就会被看作适合概念的展开方式。但真正的划分必须从真正的概念出发,而那些变种形象只有在某种情况下才会出现,即那些真正的、本身固定的形式开始瓦解并过渡到别的形式。从我们的进程来看,这就是象征型艺术形式遭遇的事情。

上述诗歌类型属于象征型的**原始艺术**阶段,因为它们总的说来是不完满的,**仅仅**是在追求真正的艺术,虽然包含着真正的赋形方式的要素,但仅仅把这些要素理解为有限的、分裂的、单纯拼凑起来的东西,因此始终居于从属的地位。既然如此,当我们在这里谈到寓言、道德训诫、隐射之类体裁的时候,就不是把它们看作一些属于**诗歌**的类型(因为真正的诗歌是一门独特的有别于造型艺术和音乐艺术),而是仅仅从一个角度出发,即它们和艺术的**普遍**形式有一种关系,而在解释它们的特性时也只 [492] 能基于这种关系,而不是诉诸**诗歌**艺术的真正类型亦即叙事诗、抒情诗和戏剧诗的概念。

至于这些类型的进一步的划分,我们希望采取如下方式,即首先考察**寓言**,然后考察**隐射**、**道德训诫**和**谚语**,最后再考察**变形记**。

1. 寓言(**Fabel**)

迄今为止,我们都是从形式方面讨论一个明确的意义和它的形态之间的关系,而现在我们要讨论的是适合于这种表现方式的内容。

从之前讨论的**崇高**已经可以看出,现阶段的关键已经不再是通过受造物的虚安和渺小去呈现绝对者或太一的不可分割的力量,毋宁说我们现在所面临的是意识的有限性以及内容的有限性。反过来看,比喻的艺术形式同样把真正的象征当作自己的一个方面,而在这种情况下,那个一直以来与直接的形态或自然事物相对立的**内核**(正如埃及的象征化活动已经表明的那样)就是精神性东西。现在既然那个自然事物被看作**独立的**,那么精神性东西也是一个**被规定为有限者的东西**,即人和他的有限目的,而自然事物和这些目的之间有一种关系(虽然只是理论上的关系),亦即通过暗示或公开表明这些目的,给人带来利益和用处。因此暴风雨、鸟的飞翔、内脏的性质之类自然现象就获得了一种和波斯人、印度人或埃 [493] 及人所理解的完全不同的意义,因为对这些民族而言,神性东西仍然以**这种**方式与自然事物合为一体,即自然界里面的人生活在一个充满神祇的世界中,而人的所作所为就是通过他的行动而呈现出这种同一性,而在这种情况下,因为这些行动符合神性东西的自然的定在,所以它们本身看起来就是神性东西在人之内的启示和生产。但是,当人返回到自身之内,隐约预感到自己的自由,并把自己封闭起来,就把他自己的个体性当作目的;他按照**自己的意志**去行动和劳作,他具有一种独立自足的生命,觉察到他自己的目的就是本质,而自然事物和这些目的之间只有一种外在的关系。于是自然界在他周围变得四分五裂,服务于他,他不再关注自然界之内的神性东西或绝对者,而是仅仅把自然界看作一个工具,这个工具的作用在于表明诸神都在眷顾着人的目的,因为诸神是以自然界为媒介在人的精神面前显露出他们的意志,并且让人去解释这个意志。因此这里是以绝对者和自然事物的一种同一性为前提,而这种同一性表明**人的**目的才是关键之所在。但这种象征系统还不属于艺术,只具有宗教意义。因为**预言家**在解释自然事件的时候主要是服务于实践的目的,要么是针对某一个人的特殊计划,要么是针对整个民族的共同行为。与此相反,诗歌必须在一个更普遍的理论形式里认识到并且揭示出各种实践情境和实践关系。

[494]　　这里要讨论的是一种自然现象或突发事件,它包含着一个特殊的关系或进程,这个进程作为象征既可以表现出人类活动的一个普遍意义,也可以表现出一个道德训诫或为人处世的道理,而这个意义的内容,就是去反思如何对待人类事物(比如意志)里的那些已经发生或应当发生的事情。这里所关注的不再是神的意志如何通过自然事件及其宗教意义而启示给人的内心,而是各种自然事件的完全合乎常规的进程,从这个进程的个别表现中提炼出一些清楚易懂的道德训诫、警示、劝导和为人处世的道理,并且在这个反思的基础之上把它们呈现给直观。

这就是伊索寓言在这里可以占据的地位。

a)**伊索寓言**就其原初形态而言就是这种对于个别的自然事物尤其是动物之间的自然关系或自然事件的理解,因为动物的本能起源于生存的需要,而这些需要同样驱使着作为生物的人。这个自然关系或自然事件就其更普遍的规定而言也能够出现在人的生活范围之内,而且只有在这种情况下才对人有意义。

按照这个规定,真正的伊索寓言就是无生命的自然界和有生命的自然界亦即动物世界的一个状态或事件的呈现,这个事件不是随意虚构出来的,而是来自于现实世界,按照忠实的观察再加以复述,这样才能够针对人的生存(尤其是它的实践方面)和为人处世的道理提炼出一种普遍的训诫。因此这里的**第一个**要求,就是用来提供道德训诫的特定事件不应当是**虚构的**,更不应当**违背**这类现象在自然界里的实际情况。第二,在 ［495］叙述一件事情的时候不应当局限于它的普遍性,而是应当按照它的具体的个别性把它当作一个现实的事件,因为外在的实在世界里发生的一切事情都是具体的和个别的。

最后是**第三点**,即寓言的这个原初形式是极为朴素的,因为训诫的目的和对于普遍适用的意义的强调是后来才顺理成章出现的,而不是显现为从一开始就昭然若揭的意图。因此在所谓的伊索寓言里面,最吸引人的是那些符合上述规定的寓言,它们叙述的那些行动(如果人们愿意使用这个词语的话)或关系和事件有时候是基于动物的本能,有时候是表现一个自然关系,有时候干脆开门见山,不需要什么随意设想的观念。但由此很容易看出,那些以现在这个样子作为伊索寓言附录的 fabula docet ［托物言志］要么是削弱了叙述的效果,要么总是用拳头击打眼睛①,以至于我们经常可以从中推导出相反的训诫或许多更好的训诫。

这里不妨举一些例子来说明伊索寓言的这个真正的概念。

比如在狂风暴雨的袭击下,柔韧的芦苇仅仅弯曲了,而坚硬的橡树却折断了。这种事情在狂风暴雨的时候是司空见惯的;从道德训诫的角度来看,它的意思是一个孤芳自赏的人由于坚强不屈而走向毁灭,反之一个卑微的人在不利的局面下通过顺从而得以保全自身。斐德罗②记载的一个关于燕子的寓言也是类似的情形。燕子和另外一些鸟儿看到农夫在播 ［496］

---

①　德语谚语"用拳头击打眼睛"(die Faust auf das Auge passen)和我们中文的"风马牛不相及"是同一个意思。——译者注

②　斐德罗(Gaius Julius Phaedrus),公元 1 世纪前后的罗马诗人。——译者注

种麻籽,而麻是用来织网捕鸟的。富有远见的燕子飞走了;其他鸟儿不以为然,继续在那里无忧无虑地生活,最后都被捕捉了。这些情况同样是以一个现实的自然现象为基础。众所周知,燕子在秋天的时候会飞到南方,正好躲过了捕鸟的季节。同样的情况也适用于蝙蝠的寓言,它在白天和黑夜都遭到蔑视,因为它既不属于白天,也不属于黑夜。——从这些散文气的现实事件可以得出一个与人有关的更普遍的意义,就像现在仍然有一些虔诚的人习惯于从眼前的一切事物里得出一种令人心旷神怡的教训。但与此同时,我们没有必要每一次都对真正的自然现象了如指掌。比如在狐狸和乌鸦的寓言里,虽然并不缺乏现实的事实基础,但这些事实并不是一目了然的;因为乌鸦和渡鸦这类鸟的特征就是只要看到人或动物等陌生的对象在走动,就发出呱呱的叫声。类似的自然关系也出现在关于荆棘丛的寓言里,即它总是刮破路过的动物的皮毛或扎伤在它旁边休息的狐狸。那个把蛇放在怀里给它取暖,最后被蛇咬死的农夫的寓言也是如此。另外一些寓言所叙述的事件也是有可能在动物界发生的,比如第一篇伊索寓言就是叙述老鹰撕碎了狐狸的幼仔,然后带着一块肉和一块炭回去准备烤着吃,结果这块炭把它的窝烧着了。还有一些寓言带有古代神话的特征,而在关于屎壳郎、老鹰和朱庇特的寓言里甚至出现了一些与自然知识有关的背景——至于这些知识是否正确,这里姑且不论,即老鹰和屎壳郎的产卵时间是不同的。由此也可以看出甲壳虫在传说中

[497]

的重要地位,但这种重要性现在看来已经具有滑稽的意义,在阿里斯托芬的作品里更是如此。至于这些寓言里面究竟哪些是由伊索本人创作的,这里没有必要作出全面的考证,因为众所周知,只有少数寓言(比如刚才所说的关于屎壳郎和老鹰的寓言)是出自伊索的手笔,或者说它们因为足够古老,所以被看作伊索本人的作品。

关于伊索本人,据说他是一个残疾的、驼背的奴隶;据说他曾经生活在弗里吉亚,这片土地是一个过渡阶段,代表着直接的象征和束缚于自然事物的状态,而在接下来的土地里,人开始认识到精神性东西和他自己。就此而言,虽然伊索不像印度人和埃及人一样把动物和自然事物看作某

种本身就崇高的和具有神性的东西,而是带着散文气的眼光把它们看作某种用来表现人类的作为和不作为的东西,但他只拥有一些机智的想法,不具备精神的活力、深刻的认识和实体性的直观,不具备诗歌和哲学。他的各种观点和训诫虽然看起来颇为敏锐和机智,但终究只是小题大做,不能基于自由的精神创造出自由的形态,只能依据一些给定的、现成的材料,比如动物的特定的本能和冲动以及日常生活中的琐碎事件等等,引申出一个可以推广的意义,因为他不可以把他的训诫公开说出来,而是只能以说谜语的方式将其隐藏起来让人猜测,但这个谜底又是一目了然的。散文起源于奴隶,因此寓言这个体裁也是散文气的。

　　尽管如此,几乎所有的民族和时代都使用过这种古老的发明,而且任何一个民族都有寓言的文学作品,都有令他们自豪的许多寓言作家,至于他们的诗歌,绝大多数都是最初的那些想法的复制,只不过每次复制都迎 [498] 合了那个时代的趣味。这些寓言作家在继承下来的作品的基础上额外增添的发明创意,可以说远远落后于那些原创作品。

　　b)但伊索寓言里面也有很大一部分缺乏创意,在叙述的时候也极为枯燥,尤其那些完全出于训诫的目的而发明出来的寓言就更是如此,以至于动物和诸神都仅仅成为一种**包装**。但它们并没有像现代寓言那样扭曲动物的本性,比如在普菲弗尔①的田鼠寓言里,一只田鼠在秋天的时候就囤积食物,另一只田鼠没有这样的远见,最后落到行乞和饿死的地步;或者在狐狸、猎犬和猞猁的寓言里,它们各自的专长在于狡猾、嗅觉灵敏和视觉敏锐,但它们来到朱庇特面前,请求平均分配它们的自然天赋,而朱庇特的回应是:"狐狸变得愚蠢,猎犬不再适合打猎,猞猁的眼睛长出白内障。"诸如田鼠没有囤积食物,或另外三种动物竟然想要平均分配自然天赋等等,这些都完全违背了它们的本性,随之不具有说服力。相比之下,蚂蚁和蝉的寓言就更为高明,而比这更高明的是那个有着美丽的角和细长的腿的母鹿的寓言。

━━━━━━━━━━

　　① 普菲弗尔(Gottlieb Konrad Pfeffel,1736-1809),德国寓言作家。——原编者注

在看到这类寓言的时候，人们已经习惯于把训诫看作首要的东西，也就是说，其中叙述的事件本身**仅仅**是一个包装，因而是一件完全出于训诫的目的而**虚构**出来的事情。但这类包装，尤其在叙述一些根本不符合特定的动物的自然本性的事情时，是极为枯燥无味的，可以说毫无创意。因为寓言的巧妙之处仅仅在于让普通的事物和形态具有一个不能立即察觉的更普遍的意义。——除此之外，如果寓言的本质仅仅在于让动物代替人去行动和说话，我们就要追问，这种代替究竟有什么吸引力？实际上，这种把人包装成动物的做法根本没有多大的吸引力，除非我们只想看一出由猴子和狗表演的喜剧，因为在这种喜剧里，我们除了欣赏驯兽师的精湛技艺之外，唯一感兴趣的就是动物的本性和面貌与人的行为之间的对比。正因如此，布莱汀格①认为寓言的真正魅力在于**惊奇**。但在原初的寓言里，说话的动物**并没有**被当作什么不同寻常的或令人惊奇的东西，因此莱辛也认为借动物之口说话的一个巨大优点在于可以达到**简洁易懂**的效果，因为我们都知道，狡猾是狐狸的属性，勇猛是狮子的属性，贪婪凶残是豺狼的属性，于是它们可以替代"狡猾""勇猛"之类抽象的概念，以一个特定的形象出现在我们眼前。但这个优点在本质上并没有改变单纯的包装的庸俗无聊，而从整体上看，用动物替代人的做法甚至可以说是一个缺点，因为动物的形态始终是一个面具，在涉及意义的**可理解性**的时候既可能带来澄清，也可能造成**遮蔽**。——从这个方面来看，列那狐的古老故事大概是这类寓言的最杰出的代表，但这个故事严格说来并不是真正的寓言。

[500]　　c) 作为**第三个层次**，我们还可以列出如下一种对待寓言的方式，但这种方式已经开始突破寓言的范围。一般而言，寓言的巧妙之处在于，在杂多的自然现象里面找到一些事例，这些事例能够证明我们关于人的行动和行为举止的普遍反思，同时并没有歪曲动物和自然事物的真正的存在方式。至于所谓的道德训诫和个别事件是如何拼凑和联系在一起，这始终取决于主观的随意决定和机智念头，因此**自在地看来**只是一种戏谑。

---

① 布莱汀格(Johann Jakob Breitinger, 1701–1776)，瑞士作家。——原编者注

歌德曾经用这个方式创作了许多优雅而风趣的诗歌,其中一首标题为《狂吠之犬》的诗是这样说的:

> 我们横冲直撞,
>
> 骑马寻欢作乐;
>
> 奈何猖猖狂吠,
>
> 总是如影随形。
>
> 这些尖利的噪音从犬舍
>
> 追随我们来到这里,
>
> 无论叫得多么凄惨,
>
> 只证明我们在骑马飞奔。

很显然,这里使用的自然形态和伊索寓言里的形态一样都是遵循其独特的性格,通过它们的行为给我们展现出人与动物极为相似的某些状态、激情和性格特征。刚才所说的列那狐的故事就属于这个类型,但它与其说是真正的寓言,不如说是某种童话。它的内容是一个无法无天的时代,充斥着邪恶、软弱、卑鄙、暴力和无耻、对宗教信仰的唾弃、尘世之中的虚假的统治和正义,以至于任何地方取得胜利的都是狡猾、奸诈和自私自利。[501] 这就是中世纪的状态,但在德国尤其达到登峰造极的地步。那些强大的封臣虽然对国王表现出某种尊敬,实际上却是为所欲为,烧杀抢掠,压迫穷人,一方面欺骗国王,另一方面向王后献媚,勉强维持整个局面。这些都是人的内容,但这个内容很难用一个抽象的命题表达出来,而是只有通过全部状态和性格才能够表现出来,而鉴于这些状态和性格的恶劣性,如果用动物的形态去表现动物的本性,这就是合适的做法。因此当我们看到整件事情被放到动物界,就不会觉得奇怪,而这种包装也不是显现为单纯个别的事件,而是消除了个别性并获得某种普遍性,使我们清楚地认识到:人间百态莫过于此! 这种包装本身是滑稽可笑的,它的嬉笑怒骂和严肃苦涩的主题混杂在一起,因为它以最鲜明的方式呈现出人和动物的共同之处,即便通过单纯的动物形象也能够呈现出许多极为迷人的特征和极为独特的观点,因此哪怕它是尖酸刻薄的,我们也不觉得它是恶劣的和刻意为之的,而是把它看作一种现实的、具有严肃意义的戏谑。

2. 隐射、谚语、道德训诫

a. 隐射(Parabel)

隐射和寓言的共同之处在于,它们都是从日常生活中选取一些事件,然后赋予它们一个更高级和更普遍的意义,目的是让这个意义通过那些本身看来平淡无奇的日常事件就是清楚易懂的。

[502]

与此同时,隐射和寓言的区别在于,它不是在自然界和动物界,而是在每一个人都耳熟能详的**人类**活动中寻找这类事件。虽然它所选择的个别事件就其特殊性而言看起来是微不足道的,但它用这个事件暗示出一个更高的意义,从而激发起一个更普遍的兴趣。

因此从**内容**来看,意义的范围和意味深长的重要性得到了扩充和深化,而从**形式**来看,主观方面的刻意的比喻和对普遍教导的强调更为明确地凸显出来。

比如居鲁士煽动波斯人的方式(参阅希罗多德《历史》第一卷,第126章),就可以被看作一个完全与实践目的相结合的隐射。居鲁士写信给波斯人,叫他们带着镰刀到一个指定的地方集合。在那里,第一天他命令他们辛勤劳作,把充满荆棘的土地开垦出来,第二天等他们休息好和沐浴之后,他把他们带到一片草地上,用丰盛的酒肉犒劳他们。等他们吃完之后,他问他们昨天和今天究竟哪一天让他们更快乐。所有的人都认为今天更快乐,充满了享受,反之昨天给他们带来的都是辛苦劳累。这时居鲁士喊道:"如果你们愿意听我的话,你们就可以享受今天的和类似的许多幸福,但如果你们不肯听我的话,你们就要遭受无数像昨天那样的苦役。"

在《新约》的几篇福音故事里,我们可以看到类似的隐射,但这些故事就其意义而言具有最为深刻的旨趣和最为广阔的普遍性。比如关于播种人①

---

① 参阅《新约·路加福音》8,4—8。——译者注

的故事,其内涵本身是微不足道的,只有作为天国教义的比喻才具有重要 ［503］
性。这些隐射的意义完全是一种宗教教义,其叙述的人类事件和这种教
义的关系,相当于伊索寓言里的动物形象和人类意义的关系。

薄伽丘①的著名故事具有同样广阔的内容,而莱辛在《智者拿坦》里
把这个故事改编为关于三个戒指的隐射。这个故事本身同样是平淡无奇
的,但被赋予了最为广阔的内涵,以暗示犹太教、伊斯兰教和基督教这三
种宗教的区别和纯正性。至于这方面的最新现象,我们可以把歌德创作
的隐射作为例子。比如在《猫肉饼》里,一位勇敢的厨师想要表明自己也
是一个猎人,但是他射中的不是兔子而是猫,尽管如此,他还是凭借精湛
的厨艺把死猫做成酥肉饼,用来款待客人。这里大概是在隐射牛顿,但不
管怎样,一位数学家在物理学领域的失败尝试终究还是好过一只无辜的
被厨师当作兔子而做成酥肉饼的猫。——歌德的这些隐射和他创作的寓
言一样经常带有一种戏谑的腔调,通过这种方式,他可以排遣他在日常生
活中遭遇到的烦恼。

b. 谚语(Sprichwort)

当前这个范围的中间层次是**谚语**。也就是说,谚语有时候可以转化
为寓言,有时候可以转化为道德训诫。在绝大多数情况下,谚语都是针对
人类日常生活中的个别事件,然后用一个普遍的意义去解释这个事件。
比如“一只手洗另一只手”,“各人自扫门前雪”,“谁给别人挖坑,自己就
掉到坑里”,“你拿香肠给我充饥,我就拿甘泉给你解渴”,如此等等。属
于此类的还有名言警句,这方面歌德在近代同样创作了许多极为优美和 ［504］
极为深刻的作品。

在所有这类比喻里,普遍的意义和具体的现象都不是彼此分离和相
互对立的,毋宁说前者总是通过后者直接表现出来。

---

① 薄伽丘(Giovanni Boccaccio,1313-1375),意大利诗人和作家,与但丁、彼特拉克并
称为“文艺复兴三杰”。——译者注

c. 道德训诫（Apolog）

第三，**道德训诫**也可以被看作一种隐射，它不仅通过**比喻的方式**用个别事件呈现出一个普遍的意义，而且从这个包装自身之内引申出一个普遍的命题，也就是说，这个命题虽然确实包含在个别事件里面，但仅仅作为个别例子被叙述出来。在这个意义上，歌德的《上帝和印度舞女》可以被称作道德训诫。在这里，基督教关于忏悔的抹大拉的故事被包装为印度观念：印度舞女表现出同样的虔诚、同样坚定的爱情和信仰，完全经受了上帝施加在她身上的考验，从而得到宽恕和荣升。——在道德训诫里，整个叙述方式使得故事的结局不需要比喻就可以提出训诫，比如《盗墓人》是这样说的：

> 白天工作，晚上吃喝，
>
> 辛苦数周，设宴欢庆：
>
> 这就是预示你未来的咒语。

3. 变形记（Verwandlungen）

相比于寓言、隐射、谚语和道德训诫，我们要说的**第三个体裁**是**变形记**。变形记虽然具有象征的—神话的意义，但它同时明确地把精神性东西和自然事物对立起来，赋予岩石、动物、花草、山泉等司空见惯的自然事物这样一种意义，即它们是斐罗梅拉①、皮里德姐妹②、那喀索斯③、阿瑞图萨④等精神性实存的**堕落**和遭受的**惩罚**，他们由于某种过错、情欲或罪行而堕入无尽的罪孽或痛苦，失去精神性生命的自由，转变为一种纯粹自

[505]

---

① 斐罗梅拉（Philomele），雅典公主，被姐夫强奸之后割去舌头，后来变成了夜莺。——译者注

② 皮里德九姊妹（Pieriden）与文艺女神赛歌，失败之后变成啄木鸟。——译者注

③ 那喀索斯（Narziß），一位爱上了水中自己的影子的美少年，后来投湖自杀，变成水仙花。——译者注

④ 阿瑞图萨（Arethusa），一位居于山林水泽的仙女，在被河神追逐的时候变成山泉。——译者注

然的定在。

一方面看来,自然事物不仅被看作外在的、散文气的东西,比如山峰、泉水、树木等等,而且获得一个与精神活动或精神事迹有关的内容。岩石不仅是石头,而且是那位为自己的儿女恸哭的尼俄柏①。另一方面看来,人的行为是一种过错,因此当他们变形为单纯的自然现象,这必须被看作精神性东西的一种堕落。

正因如此,我们必须把人和诸神变形为自然事物的情况和真正的**不自觉的象征系统**区分开。在埃及,有时候是用动物的神秘莫测的、封闭的内在生命去呈现出神性东西,有时候把一个自然现象当作真正的象征,这个自然现象虽然还不是一个深远意义的现实的、恰当的定在,但仍然和这个意义**直接合为一体**,因为不自觉的象征系统无论是就形式而言还是就内容而言,都是一种不自由的、尚未达到精神性东西的直观活动。与此相反,变形记从根本上**区分**了自然事物和精神性东西,就此而言代表着从**象征的**神话到**真正的**神话的过渡,也就是说,真正的神话虽然也是从太阳、大海、河流、树木、果实、土地等具体的自然定在出发,但已经把这些纯粹自然的事物明确地区分出来,从自然现象中抽取出内在的内涵,然后以适合艺术的方式将这个内涵个体化为一种精神性力量,使其成为一些就内核和外观而言都具有人的形态的神。荷马和赫西俄德就是用这个方式第一次为希腊人创制出神话,但不是仅仅用神话去意味着诸神,也不是阐述什么道德的、物理学的、神学的或思辨的教义,而是把它们当作单纯的神话本身,展示出精神性宗教在人的形态里的开端。 [506]

奥维德的《变形记》不仅用完全现代的方式去处理神话,而且把最为悬殊的东西搅和在一起。除了有些变形只能被看作**一种**神话式的呈现之外,这个形式的特殊立场尤其在那样一些故事里表现出来,即某些通常被当作象征或完全具有神话意义的形态被改造为变形,在本来合为一体的

---

① 尼俄柏(Niobe)有 14 个子女,却讽刺女神勒托只有 1 子(阿波罗)1 女(阿尔忒弥斯)。勒托命令阿波罗和阿尔忒弥斯将尼俄柏的子女全部射杀,尼俄柏在巨大的悲痛中变成了石头。——译者注

东西那里制造出意义和形态的对立,让一方过渡到另一方。比如狼在弗里吉亚人和埃及人那里是一个象征,但如果把它的内在意义剥离出来,使这个意义成为一个先行的实存(这个东西不是太阳之类,而是一位国王),那么狼的实存就被看作先前的那个人类实存的行为的后果。同样,皮里德姐妹在她们吟唱的歌里宣称,埃及的羊神、猫神之类完全是动物的形态,而这些形态的背后是那些因为恐惧而隐藏起来的希腊神祇,比如朱庇特、维纳斯等等。至于皮里德姐妹本人,她们因为竟然敢与文艺女神赛歌而受到惩罚,变形为啄木鸟。

[507]

另一方面看来,变形记如果要把一个更具体的规定当作内容和意义,就必须和**寓言**区分开。因为在寓言里,道德训诫和自然事迹的结合是一个**相安无事的**结合,在其中,自然事物并不是一个与精神区分开的、纯粹自然的东西,因此能够获得一个意义。尽管如此,有些伊索寓言只需要稍加改动就可以转化为变形记,比如第 42 篇关于<u>蝙蝠</u>、荆棘丛和潜水鸟的寓言,就是用它们过去犯下的错误去解释它们的本能。

到目前为止,我们已经讨论了比喻的艺术形式的第一个层次,这个层次里的比喻都是从现成的、具体的现象出发,由此过渡到一个在其中呈现出来的更宽泛的意义。

B. 通过形象化而从意义出发的比喻

如果意义和形态在意识之内的分裂是一个预先设定的形式,但二者又应当在这个形式里发生关系,那么鉴于意义和形态各自的独立性,我们就能够而且必须从其中一方出发,即要么从外在的实存出发,要么反过来从普遍的观念、反思、感受、原理等内在的现成东西出发。因为这个内在的东西和外部事物的形象一样,也是在意识里**现成已有的**,并且是在独立于外部事物的情况下自行产生出来的。就此而言,如果把**意义**当作开端,它的表现或实在性就显现为一个取材于具体世界的手段,使作为抽象内容的意义成为一个可想象、可直观的感性东西。

正如我们已经看到的,意义和形态既然是彼此漠不相关的,那么它们
的联系就不是一种自在且自为的、必然的相互依存和相互关联,因为这个
关联不是客观地包含在事情本身之内,而是一个**由主体造成的东西**,而且　　［508］
这个东西也不再掩饰它的主观特性,而是通过呈现方式把自己暴露出来。
绝对的形态把内容和形式、灵魂和身体的联系当作具体的**灵魂灌注**,当作
二者的一个同时依托于灵魂和身体、内容和形式的自在且自为的统一体。
但这里的前提在于,双方本来是分裂的,因此它们的联系只不过是以主观
的方式通过一个外在于意义的形态而赋予意义以生命,同时又以主观的
方式去解释一个实在事物的意义,并且把这个意义和精神的另外一些观
念、感受和思想联系在一起。因此在这些形式里,主要是**诗人**作为创作者
所掌握的主观艺术凸显出来,而在完整的艺术作品里,我们主要也是从这
个方面出发,去分辨哪些因素属于事情本身及其必然的形态,哪些因素是
诗人作为修饰和装饰而补充进来的。通常说来,在绝大多数情况下,正是
这些不难辨认出来的补充,比如意象、明喻、寓托、隐喻等等,给诗人带来
赞誉,而其中一部分赞誉又是归功于诗人的聪明才智及其固有的主观创
意。但正如之前所说,虽然过去的诗学著作尤其把这些装饰和修饰当作
诗歌的主要因素来处理,但在真正的艺术作品里,这类补充进来的形式只
能被看作附属品。

　　既然应当结合起来的两个方面首先是彼此漠不相关的,那么如果要
为主观的关联活动和比喻活动作出辩护,形态就其内容而言必须包含着
一些与意义相似的情况和属性,因为只有凭借对于这种相似性的理解,诗　　［509］
人才把意义和这个特定的形态结合起来,并通过这个形态把意义呈现
出来。

　　最后,因为诗人并不是从具体的现象出发,然后从中抽离出一种普遍
性,而是反过来从这种普遍性本身出发,把它投射到一个形象上面,所以
意义也显现为真正的目的,并且掌控着形象,把它当作意义的呈现手段。

　　在讨论这个范围内的特殊类型的时候,我们将遵循如下顺序:

　　第一,我们要讨论**谜语**,它和前一个层次的比喻是最相似的;

第二,我们要讨论**寓托**,它的主要特征是让抽象的意义统治外在的形态;

第三,真正的比喻,即**隐喻**、**意象**和**明喻**。

1. 谜语(**Rätsel**)

真正的象征**本身**就是谜一般的,因为一个普遍的意义应当通过外在事物而呈现于直观,但这个外在事物始终不同于它所应当呈现出的意义,因此人们不免要怀疑一个形态究竟是指什么意义。但谜语属于自觉的象征系统,因此它区别于真正的象征的地方在于,谜语的发明者完全清楚地**知道**意义是什么,因此他是**故意**挑选一个半遮半露的形态把意义隐藏起来,让人去猜测。真正的象征从始至终都是未解决的任务,反之谜语本身[510] 又已经是被解决的,因此桑丘·潘沙①的说法很有道理,即他宁愿首先听到谜底,然后再听到谜语。

a) 因此在发明谜语的时候,**首先**应当知道谜语的意义。

b) **其次**,在众所周知的外在世界里挑选一些特征和属性(这些特征和属性在自然界和整个外在世界里都是杂乱分散的),以稀奇古怪的方式把它们组合在一起。在这种情况下,它们缺乏一个主观上起统摄作用的统一体,而它们的那种刻意制造出来的排列组合本身也是没有意义的。但与此同时,它们又暗示着一个统一体,当联系到这个统一体的时候,那些仿佛风马牛不相及的特征重新获得了意思和意义。

c) 这个统一体,作为那些杂乱谓词的主词,是一个简单的观念,而谜语的任务就是让人们通过这个看上去混乱不堪的包装而认识到或猜出谜底。就此而言,谜语是一种自觉而机智的象征,它所考验的是人们的敏锐机智和拼凑组合的本领,而当人们猜出了谜底,它的呈现方式就自己摧毁

---

① 桑丘·潘沙(Sancho Panza)是塞万提斯《堂吉诃德》里的一位滑稽角色,堂吉诃德的随从。——译者注

了自己。

因此谜语主要属于言语艺术,但在建筑、园艺、绘画等造型艺术里也有一席之地。从历史上看,谜语首先发源于东方,出现在晦暗的象征系统和自觉的智慧以及普遍性之间的过渡时期。所有的民族和时代都曾经痴迷于这些玩意,甚至在中世纪的阿拉伯人、斯堪的纳维亚人和德国诗歌（比如瓦特堡的歌咏大赛）里,谜语都扮演着重要的角色。近代以来,谜语主要被用于娱乐,降格为一种仅仅在社交场合使用的机智游戏。 [511]

除此之外,那些无穷无尽的奇思妙想也可以被算在谜语的范围里,这些奇思妙想作为文字游戏、格言警句而被应用到某个特定的状态、事件和对象上面。在这里,一方面是一个漠不相关的客体,另一方面是一个主观的念头,后者以独具慧眼的方式揭示出对象身上原本没有显现出来的一个方面或关系,并且从另一个角度呈现出对象的全新意义。

2. 寓托（**Allgeroie**）

在当前的这个从意义的普遍性出发的层次上,谜语的对立面是**寓托**。寓托虽然同样致力于通过具体对象的相似属性而把一个普遍观念的特定属性呈现于直观,但它的目的不是要达到半遮半露的谜语一般的效果,而是要达到最完满的清晰性,也就是说,它所使用的外在形态对于它所应当呈现的意义而言,必须是尽可能清澈透明的。

a)因此寓托的首要任务在于把人类世界和自然世界里的普遍而抽象的状态或属性,比如宗教、爱情、正义、冲突、名誉、战争、和平、春夏秋冬、死亡、谣言等等,予以人格化,从而将其理解为一个**主体**。但这个主体无论是就其内容而言还是就其外在形态而言都不是一个真正的主体或个体,而是一个普遍观念的抽象化,只具有主观性的**空洞形式**,几乎只能被 [512]看作一个语法上的主词。一个寓托式的事物哪怕被赋予人的形态,也仍然不具有一位希腊神祇、一位圣徒或一个现实主体所具有的那种具体的个体性,因为如果要让这种主观性符合它的抽象意义,就必须将其掏空,抛弃一切特定的个体性。因此人们确实有理由指责寓托是冷冰冰、枯燥无味的,而且从创意的角度看,它所提出的意义也是知性的抽象,主要是依靠知性而不是依靠具体的直观和细腻的想象。维吉尔①之类诗人之所以特别喜欢使用寓托,就是因为他们写不出荷马笔下那样的个体神祇。

b)其次,寓托的抽象意义同时是**有所规定的**,而且只有通过这个规定性才是可认识的。因为这些特殊性的表现并没有直接包含在起初仅仅**一般地**人格化的观念里,所以它必须在主体之外单独出现,成为一个解释着主体的谓词。主体和谓词的分裂或普遍性和特殊性的分裂是冷冰冰的寓托的第二个方面。诗人为了呈现出特定的带有标志作用的属性,就把一些通过意义而表现出来的外貌、活动和后果当作材料,让意义通过具体的定在获得现实性,要么就是利用一些工具和手段去实现意义。比如武器、长矛、加农炮、战鼓、旗帜是斗争和战争的标志,那些只有在春天、夏天和秋天的适应温度下才会出现的花朵和果实是季节的标志。这类对象也

[513] 可以只具有象征的意义,比如正义通过天平和领结表现出来,死亡通过沙漏和镰刀表现出来。但由于在寓托里占据主导地位的意义本身是一个抽象的东西,而它的具体表现同样是以抽象的方式隶属于它,所以这些规定性的形态在这里仅仅发挥着**属性**的作用。

c)就此而言,寓托从意义和形态这两个方面来看都是枯燥无味的。它的普遍的人格化是空洞的,它的特定的外在性仅仅是一个本身没有任何意义的符号;那个必须把各种属性集于一身的中心点不具有一个主观的统一体所具有的力量,不能够在它的实在的定在里自己给予自己一个形态,也不能够与它自身相关联,而是成为一个完全抽象的形式,对于这个形式而言,用那些降格为属性的特殊性去充实它的做法始终是一件外在的事情。因此,哪怕寓托的抽象性及其标志通过人格化而具有独立性,这也不值得严肃对待,因为一个自在且自为地独立的东西根本不应当具

---

① 维吉尔(Vergil),公元前一世纪的罗马诗人,代表作为长篇叙事诗《埃涅阿斯纪》。——译者注

有一个寓托式事物的形式。比如古人所说的狄克①就不应当被看作寓托;她是普遍的必然性和永恒的正义,是一个普遍而强大的主体,是自然界和精神性生命的绝对的实体性关系,因而是绝对独立的东西本身,一切个体(无论是人还是神)都必须服从她。正如我们之前指出的,弗利德里希·施莱格尔先生曾经宣称:"每一件艺术作品都必须是一个寓托。"但这句话只有在某种情况下才是正确的,即每一件艺术作品必须包含着一个普遍的理念和一个本身真实的意义。反之**我们**在这里所说的寓托,是一个在内容和形式方面都居于从属地位,仅仅在某种程度上符合艺术的概念的呈现方式。因为每一个人类事件和纠纷,每一个关系,每一个情境都包含着某种普遍性,这种普遍性也可以作为普遍性而表现出来,但这样的抽象东西已经出现在人们的意识里。寓托唯一能够做的就是提出一种散文气的抽象性和外在的标志,但这和艺术是不相干的。 [514]

温克尔曼也曾经写过一部不成熟的讨论寓托的著作②,他在这本书里面搜集了一大堆寓托,但绝大多数时候都是把象征和寓托混为一谈。

在使用寓托式呈现的特殊艺术门类里面,如果诗歌把这类手段当作避难所,那么这是很糟糕的做法,反之雕塑却不能完全摒弃这类手段,尤其现代雕塑因为喜欢制作雕像,所以它必须使用寓托式的形象,把被呈现的个体所处的复杂关系刻划出来。比如柏林本地建立的布吕歇尔③的纪念像上有荣誉和胜利的守护神,但在涉及这场解放战争的普遍方面时,则是用一系列个别场景(比如大军出发、进军、凯旋而归等等)替代了寓托因素。但总的说来,现代艺术家在制作雕像的时候还是喜欢在单纯的雕像周围布置许多寓托因素。与此相反,古代艺术家更多的是使用一种普遍的神话式的呈现,比如在石棺上面雕刻睡神、死神等等。

---

① 狄克(Dike),希腊神话中的正义女神。——译者注

② 温克尔曼《试论寓托对于艺术的特别意义》(*Versuch einer Allegorie, besonders für die Kunst*),德累斯顿 1766 年版。——原编者注

③ 布吕歇尔(Gebhard Leberecht von Blücher, 1742–1819),普鲁士元帅,反抗拿破仑对德国的侵略,最终在滑铁卢将其击败。——译者注

一般而言,古代艺术对寓托的使用不如中世纪的浪漫型艺术那么频繁,尽管寓托本身并不是真正的浪漫因素。这种寓托式理解之所以经常出现于这段时期,大概有如下的原因。一方面看来,中世纪艺术的内容是

[515]

个别人物及其主观上对于爱情和荣誉的追求,以及这些人物的誓愿、流浪和冒险事迹。这些人物和事迹的丰富多彩给予想象广阔的用武之地,发明出各种偶然而随意的冲动和解决。与丰富多彩的世间冒险事迹相对立的是普遍的生活关系和状态,后者不像在古人那里个体化为独立的诸神,因此很自然地单独分化出来,作为普遍的东西出现,与那些特殊的人物及其各种各样的形态和事迹并行不悖。因此如果艺术家意识到这种普遍性,同时又不希望让它具有刚才所说的偶然形式,而是作为普遍性凸显出来,那么他就只能使用寓托的呈现方式。宗教领域也是如此。玛利亚、基督、到处宣扬福音的使徒、忏悔的圣徒和殉道者等等虽然是一些完全特定的人物,但基督教必须把他们当作普遍的、精神性的存在者,同时这些存在者不应当化身为特定的活生生的、现实的人,因为它们恰恰应当作为**普遍的**关系(比如爱情、信仰、希望)呈现出来。总的说来,基督教的真理和教义从宗教的角度来看本身是众所周知的,而诗歌的主要旨趣是让这些教义作为**普遍的**教义显露出来,让真理作为**普遍的**真理而被认识和被信仰。但这样一来,具体的呈现必须始终是一种居于从属地位、外在于内容本身的东西,于是寓托成为一个能够最为轻松和最为合适地满足这个需要的形式。在这个意义上,但丁在他的《神曲》里使用了很多寓托。比如神学和他的恋人贝阿特丽切①的形象是合为一体的。这种人格化在真正

[516]

的寓托和初恋情人的升华之间摇摆不定,而它的美正在于此。但丁在 9 岁的时候第一次见到贝阿特丽切,觉得她不是一个凡人的女儿,而是上帝的女儿;他的意大利人的炙热本性使他对她一见钟情,从此念念不忘;她唤醒了他的诗艺天才,而她的早死让他失去了最宝贵的东西,因此他通过

---

① 贝阿特丽切(Beatrice),但丁早年的恋人,后嫁给他人,并早早去世。她是《神曲》最重要的角色之一,不仅安排维吉尔引领但丁穿越地狱和炼狱,并且亲自带领但丁游历天堂。——译者注

这件穷尽心血的伟大作品为他心灵里的这个内在主观的宗教建立了那座神奇的纪念碑。

3. 隐喻、意象、明喻

谜语和寓托之后的**第三个范围**是一般意义上的**意象因素**(das Bildliche)。谜语仍然掩饰着本身已经被知道的意义,主要致力于用一些相似的、但又异质的和相距甚远的性格特征去包装意义。与此相反,寓托把意义的清晰性当作唯一的目的,让人格化及其属性看起来已经降格为单纯外在的符号。现在,意象因素把寓托的清晰性和谜语的趣味结合起来。它用一个相似的外在形态去呈现人们已经清楚意识到的意义,由此得出的不是一个需要去解读的谜语,而是一种意象性,通过这种意象性,被认识到的意义完全清楚地显露出来,使人们立即认出它究竟是什么东西。

a. 隐喻(Metapher)

关于隐喻,**首先**应当指出的是,它**自在地看来**已经是明喻,因为它用具体的现实世界里的一个能够拿来作比喻的类似现象表现出那个本身清楚的意义。在单纯的比喻里,真正的意义和形象是泾渭分明的,而在隐喻里,这个分裂虽然自在地已经存在着,但**还没有被设定下来**。因此亚里士多德已经指出,比喻和隐喻的区别在于,前者会使用"如同"之类词语,而隐喻不会。也就是说,隐喻的表述仅仅提到其中**一个**方面,即形象,但它所指的意义在这个使用形象的语境里是呼之欲出的,以至于我们仿佛不需要拿走形象就直接知道意义是什么。比如当我们听到"春风满面"或"泪海"时,我们肯定不会按照字面意思去理解这些说法,而是仅仅把它们当作形象,因为它们的意义在这个语境里是显而易见的。反之在象征和寓托里,意义和外在形态之间的联系就不是直接的和必然的。比如只有经过专门训练的行家和学者才能够在埃及的九级台阶以及许多类似的情形里看出象征的意义,反过来,他们在那些根本没有神秘事物或象征的

[517]

地方也疑神疑鬼;我的好朋友克罗伊策有时候就会犯这个毛病,新柏拉图主义者和但丁的注释者也是如此。

α)虽然隐喻的范围和各种形式是无穷无尽的,但它的特征却是很简单的。它是一种非常简明扼要的比喻,因为它虽然没有把形象和意义对立起来,而是只提出一个形象,但又通过一个语境消除了形象**本来的**意义,而在这个语境里,形象真正所指的意义虽然没有被明确说出来,却是清晰可辨的。

[518]　　但由于这种形象化的意义只能通过语境揭示出来,所以隐喻所表达的意义并不具有独立的艺术呈现的价值,毋宁只具有附带的艺术呈现的价值。正因如此,隐喻在绝大多数情况下只能作为一件独立的艺术作品的外在装饰而出现。

β)隐喻主要被用在语言表达里,而我们可以按照以下几个方面来考察语言表达。

αα)首先,每一种语言本身已经包含着大量的隐喻。这些隐喻之所以出现,是因为一个词语起初仅仅意味着感性事物,然后被引申到精神性东西上面。比如"领会"和"理解把握"①等许多与知识有关的词语原本意味着一个完全感性的内容,然后抛弃了这个内容,将其替换为一个精神性的意义。原本的意义是感性的,后来的意义是精神性的。

ββ)但在这些词语的使用中,隐喻因素逐渐消失了,习惯变成自然,后来的意义变成原本的意义,因为当人们习惯于通过一个形象去理解一个意义,二者就不再有任何区别,于是形象给我们提供的就不是一个具体的直观,而只是抽象的意义本身。比如,如果我们是在精神性的意义上使用"理解把握"这个词语,就根本不会想到用手去抓握这一感性行为。在活的语言里,我们很容易区分哪些是真正的隐喻,哪些是通过日常使用而转变为惯用语的隐喻;反之在死的语言里,要做到这一点是很困难的,因

---

　　①　德语的"领会"(Fassen)原本意味着"握住","理解把握"(Begreifen)原本意味着"抓取"。——译者注

为单纯的词源学在这里不可能给出终极答案,也就是说,这里的关键不是在于一个词语的最初起源及其在语言中的发展,而是在于确定一件事情,即一个完全以绘画的方式进行描述并且看起来活灵活现的词语在被用来指代精神性东西的时候,是否不但失去了它原本的感性意义,而且不能够让人们回忆起这个意义,或者说这个意义是否已经消失在语言的生命里,把自己扬弃为一个精神性的意义。 [519]

γγ)如果确实是这样,就有必要通过诗意的想象而重新发明出一些明显带有人为痕迹的隐喻。这种发明的**第一个**主要任务是以形象生动的方式把一个高级领域里的现象、行为和状态转移到低级领域的内容上面,用高级的形态和形象去呈现出低级的意义。比如有机物的价值是高于无机物的,因此如果在生命现象里描绘死的东西,就提高了表现力。因此斐尔都什说:"我的锋利宝剑**撕咬**狮子的脑袋,**痛饮**勇士的鲜血。"——当**自然事物**和感性事物借助于**精神**现象的形式形象化,随之遭到赞美或谴责,这种表现力就更是提高了一个档次。在这个意义上,我们经常说"**欢笑的田野**"和"**愤怒的波涛**"之类,而卡尔德隆也说过:"满载的货船让波浪发出**哀叹**。"在这里,人的特有现象被用来表现自然事物。罗马诗人也使用这类隐喻,比如维吉尔(《农艺诗》第三篇,第132行)就说:Cum graviter tunsis gemit area frugibus[谷场在打谷的时候发出沉重的呻吟]。

反过来,上述发明的**第二个**主要任务是借助于自然事物的形象而把精神性东西呈现于直观。

但如果把原本无生命的东西人格化,并且郑重其事地把精神性行为放在它们身上,这种形象化的做法就很容易流于矫揉造作、刻意为之或文字游戏。意大利人尤其沉迷于这类滑稽做法,甚至莎士比亚有时候也不能免俗,比如他在《理查二世》(第四幕,第2场)里让国王在告别自己的 [520] 妻子时说出这样一番话:"哪怕是无情的大火,也会对感人的舌头发出的哀号感同身受,出于同情而哭灭火焰,无论是在灰烬中还是在黑炭中,都会哀悼一位遭到废黜的合法国王。"

γ)最后,关于隐喻的目的和旨趣,可以说本义词是一种本身就清楚易懂的表达,而隐喻是另一种表达。这就浮现出一个问题:"这种双重的表达,或者说这种本身包含着双重意义的隐喻,究竟有什么用处呢?"按照通常的说法,使用隐喻是为了达到一种形象生动的诗意呈现,而海涅尤其对这种生动性推崇备至。所谓生动性,就是能够呈现于直观或明确的想象,它消除了始终具有普遍意义的词语的单纯无规定性,并且通过形象化而让这个词语变成感性事物。不可否认,隐喻相比通常的本义词具有更大的生动性,但真正的生命是不可能在那些零星的或堆积起来的隐喻里找到的,这些生动的隐喻虽然经常包含着一种关系,甚至在某些幸运的情况下呈现出一种可直观的清晰性和更高的规定性,但如果把每一个细节和环节都形象化,那么这只会让整体变得臃肿不堪,然后被个别部分的重量压塌。

[521] 因此,正如我们在讨论比喻的时候还会更具体地说明的,隐喻文体的意义和目的必须被看作精神的需要和心灵力量的表现,因为精神和心灵不满足于简单的、司空见惯的、直截了当的东西,而是超然于这些东西,以便过渡到他者,在不同的东西那里驻留,把分裂的东西合而为一。这种结合本身又有几个理由。

αα)第一个理由是为了达到**强化**效果,因为内在充实而激动的心灵和激情一方面希望通过一种感性的夸张而把这个力量呈现于直观,另一方面也希望进入许多类似的现象,同时在各种最为悬殊的形象里面活动,以此表现出它们在各种观念里面的来回奔走和恬然止息。——比如在卡尔德隆的《向十字架祈祷》里,当茉莉亚看到被杀害的兄弟李萨尔多的尸体,而凶手就是她的恋人尤西比奥时,她是这样说的:

> 我宁愿闭上眼睛,
> 不看这无辜的鲜血,
> 哪怕它汇集为茂盛的**紫丁香花**,
> 在**呼唤着**复仇;
> 我宁愿凭借你流下的眼泪,
> 相信你的无辜:

> 因为伤口和眼睛
>
> 都是从不说谎的**嘴巴**。

当茱莉亚最后想要献身给尤西比奥,尤西比奥却惊慌失措地逃避她的眼光,一边后退一边大喊道:

> 你的眼睛喷射出**火焰**,
>
> 你呻吟的气息也在**燃烧**,
>
> 你的每一句话都是一座**火山**,
>
> 每一根头发都是一束**闪电**,
>
> 每一个词语都是**死亡**,
>
> 每一次爱抚都是**地狱**。
>
> 但我在你胸脯上看到的十字架,
>
> 这个神奇的印记,
>
> 却让我胆战心惊①。

在这里,强烈激荡的心灵用另一个形象替代直接看到的情形,虽然一直在 [522]
寻找并发现新的表达方式,但还是很难让自己平息下来。

ββ)隐喻的**第二个理由**,就是当精神把自己的内在运动倾注到对相似对象的直观中,同时又希望摆脱这种外在性,在外在事物里寻找**自己**,把它们转化为精神性东西。因此,当精神赋予自己和自己的激情以美的形态,这就证明它能够超然于激情之上。

γγ)**第三**,隐喻的表达也可以产生于想象力的单纯的恣意奔放,因为想象力不可能按照一个对象的本来面目和无形象的单纯意义制造出这个对象,毋宁始终在追求一个与对象相似的具体直观。除此之外,隐喻也可以产生于主观上随意的机智,这种机智为了避免俗套,就无所不用其极,无论如何一定要在那些看起来风马牛不相及的东西里面找出相似的特征,从而以出人意料的方式把相隔最远的东西组合起来。

---

① 茱莉亚和尤西比奥实际上是出生以后就失散的孪生兄妹,胸膛上都有一个十字架印记。尤西比奥看到这个印记之后清醒过来,避免了乱伦行为。——译者注

顺带可以指出,本义词和隐喻表达之间究竟哪一方占据优势地位,这主要是**古代**风格和**现代**风格的分水岭,而不是**散文**风格和**诗歌**风格的分水岭。除了柏拉图和亚里士多德等希腊哲学家或修昔底德和德谟斯特涅①之类伟大的历史学家和修辞学家之外,荷马和索福克勒斯等伟大的诗人虽然偶尔也使用明喻,但他们在整体上都是坚持使用本义词。他们的充满张力的严谨饱满的风格不能容忍隐喻所包含的混杂,也不允许他们游离于朴素的内容和完整简洁的形式之上,在这里或那里挑选一些所谓的华丽辞藻。隐喻总是会打断思路和分散注意力,因为它唤起许多形象,将它们拼凑在一起,但这些形象并非直接涉及事情本身和意义,因此把人们的注意力引向一些与之相似但又无关的东西。古人尽量不使用隐喻,因为他们讲究语言的清晰和柔韧,而在诗歌里则是追求一种宁静的、形态饱满的意义。

[523]

与此相反,东方人(主要是后期的伊斯兰教诗人)和现代诗人尤其喜欢使用非本义的表达,甚至认为这类表达是不可或缺的。比如莎士比亚的语言就充满了隐喻;西班牙人喜欢华丽的辞藻,却迷失在最无趣的浮夸和堆砌之中;让·保罗也是如此;歌德因为追求匀称的、清晰的生动形象,所以较少使用隐喻。席勒的散文充满了形象和隐喻,因为他致力于用普通观念说话,让人们不需要掌握思想的真正哲学术语就能够理解深奥的概念,而我们确实在他身上看到,日常生活是那个内在地合乎理性的思辨统一体的镜像。

b. 意象(Bild)

介于隐喻和明喻之间的是**意象**。意象和隐喻是如此之相似,以至于它真正说来只是一**种具体的**隐喻,而在这种情况下,它和比喻又有极大的相似性,但区别在于,在单纯的意象那里,意义并没有单独凸显出来,与那

---

① 德谟斯特涅(Demosthenes),公元前 4 世纪的雅典政治家,被认为是古希腊最伟大的演说家。——译者注

个被明确地拿来做比喻的具体外在事物相对立。意象尤其出现在这样的
场合,即两个本身**独立**的现象或状态合为一体,以至于我们通过其中一个 [524]
状态的意象就可以理解另一个状态的意义。因此这里的第一个基本规
定,就是意义及其意象各自所属的不同层面的**自为存在**或**孤立化**;至于二
者在属性、情况等方面的共同之处,则并非像在象征里那样是无规定的普
遍者和实体性东西,而是各自都具有特定的、具体的实存。

α)就此而言,意象可以把一系列完整的状态、行为、生产活动和存在
方式等等当作它的意义,并且通过一个独立的、但与前者相似的范围之内
的类似进程而呈现出这个意义,同时并没有明确表明这是意象自身之内
的意义。比如歌德的《穆罕穆德之歌》就属于这个类型。从这首诗的意
象来看,它描写的是一道清泉从悬崖飞流直下,和汇集的溪水一起冲向平
原,接纳支流,赋予这片土地以名字,让许多城市躺在它的脚下,最终在欢
悦的呼啸中把它的弟兄子女和奇珍异宝之类辉煌事物献给期待着它们的
造物主。但只有诗歌的标题才表明,它是用一条大河的广阔而光辉的意
象去呈现穆罕默德的闪亮登场,他的教义的迅速传播,以及他要让所有民
族接受**唯一的**信仰的意图。歌德和席勒的许多讽刺短诗也是类似的情
形,它们以嬉笑怒骂的方式向公众和诗人说话,比如:

> 我们安静地配制硝石、炭和硫磺,
>
> 钻通导管;但愿你们也喜欢烟火!
>
> 有些是升起的火球,有些会爆炸, [525]
>
> 有些被我们扔出去,只为让你们看得开心。

许多讽刺短诗实际上是炮弹,处处伤人,但给大部分公众带来无尽的欢
乐,因为他们很高兴看到,那些身居高位、自吹自擂的庸碌之辈和恶棍无
赖被当众打脸,被劈头泼一盆冷水。

β)上述例子已经揭示出意象的**第二个**值得注意的方面。也就是说,
内容在这里是一个有所行动、制造对象、经历状态的主体,但他并没有作
为**主体**而成为**意象**,毋宁只有他的所作所为和经历被展示出来。他本身
作为主体是无意象的,只有他的行动和处境才获得非本义的表达形式。

在这里也和在一切意象那里一样，并非**整个**意义都脱离了它的包装，而是只有主体被单独凸显出来，而他的特定内容获得意象的形态，因此主体仿佛是在对象和行动的意象式存在中制造出它们。隐喻属于被明确提到的主体。人们经常指责这种把本义和非本义混杂起来的做法，但这个指责的理由是很不充分的。

γ）东方人在使用这种意象的时候特别大胆，因为他们经常把一些彼此完全**独立的**东西结合在同一个意象里。比如哈菲兹曾经说："世道是一把血染的刀，滴下的血点是王冠。"在另一个地方，他又说："太阳之剑战胜了黑夜，把黑夜的鲜血注入晨曦的红光。"此外他还宣称："自从人们给词语的新娘卷起蓬松的头发以来，只有我哈菲兹掀开了思想的面纱。"这个意象的意义看起来是这样：词语的新娘是思想（好比克洛普斯托克把词语称作思想的孪生兄弟），自从人们用扭曲的词语打扮这位新娘以来，还没有任何人能够像哈菲兹一样让经过装饰的思想清晰地呈现出来，显露出它的不加修饰的美。

[526]

c. 明喻（Gleichnis）

我们可以从上述意象直接过渡到**明喻**。因为这种意象里面已经隐约有一种明喻，也就是说，其中已经提到了意象的主体，而这个主体是意义的一种独立的、无意象的表现。但二者的区别在于，在明喻那里，意象原本只能用意象的形式去呈现的一切东西也可以抽象地作为意义而出现，被放在它的意象旁边并与之进行比较，从而本身获得一个独立的表现方式。隐喻和意象呈现出意义，但**并没有**把它明确说出来，因此只有隐喻和意象所处的语境才表明它们真正想说的是什么。反之在明喻里，意象和意义这两个方面——有时候是意象比意义更具体，有时候则是意义比意象更具体——是完全分开的，各自摆放在那里的，仅仅因为内容的相似性才从分裂走向结合。

由此看来，明喻有时候是一种完全多余的**重复**，即同一个内容以双重、三重乃至四重的形式被呈现出来，有时候是一种冗长无聊的**赘言**，因为意义已经是明摆在那里的,不需要更多的表现方式就能够被理解。因此在谈到一般意义上的比喻时,明喻比意象和隐喻更容易引发这样的疑问,即明喻的个别使用或大量使用究竟有什么根本重要的旨趣和目的?因为它们既不能像人们通常以为的那样达到生动的效果,也不能达到更大的清晰性。正相反,堆砌的明喻很容易让一首诗变得臃肿不堪,反之一个简单的意象或隐喻就能够具有同样的清晰性,不需要再额外把意义呈现出来。 [527]

因此我们必须这样看待明喻的真正目的,即诗人的主观想象虽然已经在一种比较抽象的普遍性里意识到了它想要表现的内容,并且按照这种普遍性表达出了这个内容,但仍然觉得有必要为其寻找一个具体的形态,从而把它意识到的意义在感性现象中呈现出来。就此而言,明喻和意象以及隐喻一样,都表达出了一种勇气,也就是说,想象力在面对一个对象时——它可以是一个感性客体,也可以是一个特定的状态或一个普遍的意义——,对这个对象进行加工改造,以此证明它有能力把那些就外在联系而言相隔遥远的东西结合在一起,有能力让各种各样的东西都服务于唯一的内容,并且通过精神的劳作把一个丰富多彩的现象世界和给定的材料捆绑在一起。总的说来,明喻就是基于这样一种想象力,即能够发明出一些形态,然后通过机智的串联活动把风马牛不相及的东西捆绑在一起。

α)第一,比喻的乐趣可以只是为了满足它自己,只是为了展示想象力本身的大胆,而不是为了追求五彩缤纷的意象。这种恣意洋溢的想象力在东方人那里尤其明显,他们在南方的平静闲散的生活中漫无目的地欣赏他们所创造的富丽堂皇的形象,诱惑听众也投身于同样的闲散之中, [528]但他们更多的时候是通过一种神奇的力量令人目瞪口呆,凭借这种力量,诗人自由出入于五彩缤纷的观念,展现出一种比单纯的机智更为聪慧的组合才能。卡尔德隆也用过很多这样的比喻,尤其在描述那些盛大而隆重的节日游行以及骏马和骑士时更是如此,除此之外,他在提到大船的时候经常把它们称作"无翼的鸟"或"无鳍的鱼"。

β) 第二, 比喻是在同一个对象身上**流连忘返**, 在这种情况下, 对象成为一系列相距甚远的观念的实体性核心, 而通过对于这些观念的暗示和刻画, 人们在客观上对于拿来做比喻的内容产生出更大的兴趣。

这种流连忘返可以有多个理由。

αα) **第一个理由**是心灵**沉浸于**那个给它灌注灵魂、让它念念不忘的内容, 对这个内容保持着持久的兴趣, 欲罢不能。这里再度体现出东方诗歌和西方诗歌之间的根本区别, 即我们此前讨论泛神论的时候已经提到的那个区别。东方人在沉浸于一个对象的时候很少关注自己, 因此没有惆怅和渴慕; 他所追求的始终是在比喻的对象身上获得一种更为客观的喜悦, 因此这种追求是理论式的。他带着自由的心灵环顾四周, 希望在他认识和喜爱的一切事物里面找到那个占据着他的心思和精神的东西的意象。这种健康的想象摆脱了一切单纯主观的自恋, 消除了一切病态心理, 满足于对象本身的比喻观念, 尤其当这个对象应当通过与最辉煌和最美丽的东西做比喻而得到赞美、提高和升华的时候, 更是如此。反之西方人是更为主观的, 总是在哀怨和痛苦中怅然若失, 一副欲求不满的样子。

[529]

这种流连忘返主要表现为对各种**感受**的执着, 尤其是对爱情的执着, 因为爱情就是在对象身上陶醉于自己的喜怒哀乐, 对这些感受欲罢不能, 于是不断地为自己重新描绘这些感受的客体。恋爱的人总是充满了愿望、希望和胡思乱想。这些胡思乱想也可以算作明喻, 因为感受愈是占据并渗透了整个灵魂, 从而本身具有了比喻的功能, 爱情就愈是热衷于明喻。给爱情带来满足的是**个别的**美好对象, 比如恋人的嘴巴、眼睛和头发之类。这时人的精神是活跃的、躁动不安的, 尤其那些欢乐和痛苦不是死寂的, 而是无休止地运动着的: 这种忐忑不安把所有别的材料都聚焦于一个感受, 而心灵则是把这个感受当作它的整个世界的核心。在这里, 比喻是服务于感受本身, 而感受通过经验认识到自然界里面的其他对象也是美的, 或者也可以造成痛苦, 因此它以比喻的方式把所有这些对象都纳入它自己的内容的范围, 从而让这个内容得到拓展和普遍化。

但如果明喻的对象是完全**孤立的**和**感性的**, 然后与类似的感性现象联系在一起，那么这些堆砌起来的比喻就属于一种非常肤浅的反思和一种还不够成熟的感受，而在这种情况下，那种仅仅凭借外在材料的东拼西凑而表现出来的杂多性很容易让人觉得枯燥无味，因为其中没有任何精神性的联系。举例来说，《旧约》的第四篇雅歌就是如此："我的佳偶，你甚美丽！你甚美丽！你的**眼**好像鸽子眼。你的**头发**如同山羊群卧在基列山旁。你的**牙齿**如新剪毛的一群母羊，洗净上来，个个都有双生，没有一只丧掉子的。你的**唇**好像一条朱红线，你的**嘴**也秀美。你的**脸颊**在帕子内如同一块石榴。你的**颈项**好像大卫建造收藏军器的高台，其上悬挂一千盾牌，都是勇士的滕牌。你的**双乳**好像百合花中吃草的一对小鹿，直等到天起凉风，日影飞去的时候。"① [530]

这种朴素风格也出现在许多托名莪相的诗歌里，比如有一首诗是这样说的："你像荒原里的雪；你的头发好像克罗姆拉山上的雾霭，在崖石上舒卷，映射着落日的余晖；你的双臂就像庄严的芬加尔厅堂里的两支箭。"

在奥维德的《变形记》（第十三卷，第789—807行）里，独眼巨人波吕斐摩斯对海仙女伽拉忒亚所说的话也属于这个类型，只不过更讲究修辞："伽拉忒亚啊，你比女贞树的雪白花瓣更白，比花园更花枝招展，比修长的榆树更苗条，比玻璃更明亮，比娇嫩的小羔羊更活泼，比海水不断冲刷的贝壳更光洁，比冬天的阳光和夏天的阴凉更可爱，比果树更高贵，比高大的梧桐树更庄严……"这里的整个十九行诗都是严格押韵的，辞藻华丽，但它们所描写的是一种无趣的感受，因此读起来索然无味。

卡尔德隆的作品里也有许多这类比喻的例子，但这种流连忘返的情况更适合一种抒情的感受，如果它不是由事情本身所引发的，就会严重拖延剧情的推进。比如唐·璜居然在紧张复杂的局面下长篇累牍地描述他所追踪的一位蒙面女子的美，并说出如下这番话： [531]

---

① 参阅《旧约·雅歌》4,1—6。黑格尔的引文与原文稍有出入。——译者注

> 有许多次，
>
> 从那个不可透视的面纱的
>
> 黑丝边缘处，
>
> 露出一只明亮刺眼的手，
>
> 那是百合和玫瑰中的
>
> 女王的手，
>
> 雪光相比之下也黯然失色，
>
> 就像一个卑微而肮脏的非洲黑奴。

但如果是一个深受震撼的心灵用意象和明喻去表达自己，这又是另一回事，因为这里展示出的是内心感受的精神性特征，而在这种情况下，心灵要么使自己仿佛成为一个外在的自然场景，要么使这样的场景成为一个精神性内容的镜像。——从这个角度看，所谓的莪相诗歌里也充斥着各种意象和比喻，尽管这里用作明喻的那些对象的范围是很狭隘的，基本上局限于云彩、雾霭、风暴、树木、河流、山泉、太阳、荆棘或草地之类事物。比如莪相说："噢芬加尔，现在多么惬意！这就像克罗姆拉山上的**太阳**，猎人一整年没有见到它，为它的无影无踪叹息，它却突然从云朵里透出光来。"另一处地方说："莪相没有听到刚才的一个声音吗？难道那是不再存在的岁月的声音？过去的回忆经常像**夕阳**一样走进我的灵魂。"此外莪相还说："库图林说过，歌词是美妙的，往昔岁月的故事是亲切动人的。它们就像鹿山上的寂静的晨露，这时微弱的晨光正照在半山腰，蓝色的池塘纹丝不动地站在山谷里。"——在这些诗歌里，诗人流连忘返于同样的

[532] 感受及其明喻，其表现的是一个饱经风霜的老年人的悲伤而痛苦的回忆。这种怅然若失的感受很容易走向比喻。这个灵魂曾经追求和向往的东西早就已经随风而去，因此一般说来，他不会斗志昂扬，而是希望沉浸到别的东西里面忘记自己。正因如此，许多比喻既符合这个主观的情调，也符合绝大多数悲伤的想法以及它们被迫深陷其中的那个狭隘局面。

　　反过来，**激情**虽然是动荡不安的，但当它专注于一个内容，也可以来回奔走于许多意象和比喻之间，这些意象和比喻全都是围绕着同一个对

象的想法,希望在周遭的外在世界里找到内心感受的一个镜像。比如朱丽叶在《罗密欧与朱丽叶》里对夜晚所说的那个独白就属于这个类型:

> 来吧,黑夜! 来吧罗密欧,你这黑夜里的白昼!
>
> 因为你栖息在黑夜的翅膀上,
>
> 就像刚落在乌鸦背上的白雪。
>
> 来吧,温柔可爱的黑夜! 来吧,
>
> 把我的罗密欧给我! 假若他会死去,
>
> 请把他剁碎为小星星:
>
> 他会让苍穹的面孔变得美丽,
>
> 这样全世界的人都会钟情于黑夜,
>
> 不再对那虚妄的太阳顶礼膜拜。

ββ)这种沉浸于内容的感受几乎只懂得使用抒情式的明喻,而与之相对立的是**叙事式**的明喻,即荷马经常使用的那种明喻。在这里,当诗人以比喻的方式流连忘返于一个特定的对象,主要有两个目的。一方面,他希望我们在欣赏英雄的情境和行为以及事情结局的时候,不要在意那些本身带有实践意义的好奇心、期待、愿望和畏惧,不要在意事情的前因后果,而是应当把注意力集中在他为我们提供的那些服务于理论观察、如同雕塑作品一般宁静而生动的形象上面。如果一切用来比喻对象的东西都是取材于另一个领域,那么这种宁静,这种对于眼前的单纯实践兴趣的抽离,就会产生更大的效果。另一方面,流连忘返于明喻还有一层更深远的意义,亦即通过一种仿佛双重化的描述去强调一个特定对象的重要性,而不是让这个对象在吟唱和事迹的激流中被迅速卷走。比如荷马是这样描写急于与埃涅阿斯战斗的阿喀琉斯(《伊利亚特》第二十卷,第164—175行):"他像一头凶残得让整个国家的人都恨不得把它杀死的雄狮。起初它带着蔑视的神情大踏步前进,后来一位勇敢的青年把长矛向它掷去,于是它转过身来,张着大嘴,牙齿间泛出白沫,雄心在胸腔里沸腾,强健的尾巴在后腿和两肋之间来回拍打,开始准备战斗。它眼冒怒火,纵身向前跃起,要么杀死敌人,要么被敌人杀死:就像这样,阿喀琉斯凭借强大的力量 [533]

387

和无畏的勇气,冲向勇敢的英雄埃涅阿斯。"与此相似,荷马这样描述潘达罗斯的箭正要射中墨涅拉俄斯时,帕拉斯使箭发生偏移(《伊利亚特》第四卷,第 130 行以下):"她并没有忘记他,为他挡开致命的箭矢,就像一个母亲,在她的孩子甜蜜地睡眠时赶走苍蝇。"但那支箭还是把墨涅拉俄斯擦伤了,于是荷马接着说(第 141—146 行):"就像墨尼埃或卡利亚的妇女用紫色去染象牙,制造马嚼子,却把它放在储藏室里,尽管有许多

[534]

骑士都想得到它,她还是把这个珍宝留给国王,使骏马和骑士都由于这件饰品而光彩照人:就像这样,鲜血流过墨涅拉俄斯的大腿。"

γ)除了沉迷于自身的感受的纯粹想象乐趣和想象力以比喻的方式流连忘返于某些重要的对象之外,明喻的**第三个**理由主要应当在戏剧诗里去寻找。戏剧把斗争着的激情、活动、情怀、行动和内心愿望的实现当作自己的内容;它不像叙事诗那样以过去事迹的形式呈现出这个内容,而是把个别人物摆放在我们眼前,让他们自己流露出他们的感受,做出他们的行动,因此诗人不会作为一个转述者而出现在他们中间。从一点来看,戏剧诗在表现激情的时候应当做到最大程度的自然生动,而为了达到自然生动,痛苦、恐惧、欢乐之类激情的表现就不能使用明喻。严格说来,让行动着的个体在激烈的感受和正在进行的动作中经常用隐喻、意象和明喻来说话,这必定是不自然的,因而是令人反感的。因为通过这些比喻,我们就脱离当前的情境和那些在这个情境中采取行动和具有感受的个体,转而去关注外在的、陌生的、与这个情境没有直接关系的东西,尤其是那些莫名其妙的中断会严重损害正常的交谈气氛。在德国也有一段时期,年轻的诗人致力于摆脱法国人的夸夸其谈,于是他们把西班牙人、意大利人和法国人都看作单纯的诗匠,因为这些诗匠总是让剧中人物说出

[535]

作者的**主观**想象、作者的机智、作者的端庄举止和优雅言谈,但实际上这个时候只应当让最强烈的激情及其自然表现占据主导地位。基于这个讲究自然生动的原则,我们发现当时的许多戏剧都是用撕心裂肺的喊叫、感叹号和破折号去替代一种高贵的、崇高的、充满意象和明喻的文辞。在这个意义上,很多英国批评家反复指责莎士比亚经常让他笔下的人物在最

为痛苦的时候说出一大堆乱糟糟的比喻,因为按照常理,激动的情绪不允许一个人通过冷静地反思而想出那些比喻。不可否认,莎士比亚那里经常出现许多堆砌起来的累赘的意象和比喻,但总的说来,我们还是必须承认明喻在戏剧诗里具有一种本质性的地位和作用。

如果感受变得固执,沉浸于它的对象而不能自拔,那么明喻在行动的**实践**方面的目的就是要表明,个体并不是完全沉浸于他的特定的情境、感受和激情,而是能够作为一个崇高而高贵的人超然于这些东西之上,摆脱它们。激情限制和束缚着灵魂,把它挤压在一个局促的环境里,让它沉默,在昏沉躁狂中结结巴巴或语无伦次。但心灵的强大和精神的力量超越了这种局限性,保持优美而寂静的肃穆,翱翔在那个使它动荡的情怀之上。从形式上看,明喻首先表达出来的正是灵魂的这种解放,因为只有一个镇定自若和坚韧不拔的人才能够把自己的痛苦和苦难当作客体,拿它们与别的东西作比较,从而以理论的方式在陌生的对象里面直观到自己,或者通过最无情的自身嘲讽把他自己的消灭看作一件外在的事情,平静地安然于自身。在叙事诗里,正如我们看到的,是诗人通过那些令人流连忘返的、惟妙惟肖的明喻让听众达到艺术所要求的理论式平静;反之在戏剧诗里,行动着的个体**本身**就显现为**诗人**和**艺术家**,因为他们把自己的内心世界当作对象,总是能够赋予对象以各种形象和形态,从而让我们认识到他们的高贵意念和强大心灵。因为在这里,当一个人沉浸于外在的他者,这件事情本身就让内心从单纯实践的兴趣或直接的感受中**解放出来**,走向一种自由的、理论式的赋形活动,而在这种情况下,我们在第一个层次看到的那种为比喻而比喻的做法就在一个更深刻的意义上重新出现了,也就是说,现在之所以出现比喻,只不过是为了克服单纯的困境和破除激情的暴力。

[536]

这个解放过程的内部还可以区分出如下几个要点,对此莎士比亚的作品尤其提供了绝大部分例证。

αα)当一个人遭遇到让他内心完全崩溃的巨大不幸,而这个不可逃避的命运又带来现实的痛苦,那么按照常理,他会立即声嘶力竭地发泄他的恐惧、痛苦和绝望,让自己舒畅一点。但一个强大而高贵的精神却会克制怨诉,忍受痛苦,并通过这个方式保持自由,即哪怕悲痛欲绝,也还是能够想象着一些遥远的东西,把这些遥远的东西改造为一个形象,用来表现他自己的命运。这样一来,这个人就超越了自己的痛苦,不让他的自主体与之完全合为一体,而是将其区分出来,从而能够流连忘返于另外一种与

[537]

他的感受有关并与之相似的客观性。比如在莎士比亚的《亨利四世》里,年迈的诺森伯兰伯爵向那位带来佩尔西的死讯的使者打听他的儿子和兄弟的下落,但使者默不作声。于是诺森伯兰强忍着极端的悲痛说道:

> 你在发抖,你那灰白的面孔
>
> 比你的嘴巴更适合报信。
>
> 你就像那个有气无力、
>
> 目光呆滞、哀容满面的人,
>
> 在深夜掀开普里阿摩斯的帷幕,
>
> 告诉他特洛伊已经烧掉一半;
>
> 但不等他开口,普里阿摩斯已经看到大火。
>
> 你用不着说话,我就知道我的佩尔西已经死了。

　　理查二世在必须为他青春时期的轻浮放荡进行忏悔时,尤其表现为这样的人,他虽然内心里充满痛苦,但还是能够用层出不穷的比喻去表现这些痛苦。他的这种悲伤中的令人感动的孩子气恰恰在于,他总是能够用一些贴切的形象客观地说出他的悲伤,同时又能够在这种表现的游戏中深切地感受到痛苦。比如当亨利要求他交出王冠时,他回答道:"来,堂兄弟,拿着这个王冠。我的手拿着这一边,你的手拿着那一边。现在这个金冠就像一口深井,两只水桶轮流从中汲水;一只水桶总是悬在空中打转,另一只水桶垂在下面装满了井水;我就是这只垂在下面装满了眼泪和悲伤的水桶,而你却悬在空中飞舞。"

　　ββ)另一种情况是,一个人虽然已经与他的追求、痛苦和命运**合为一体**,但还是希望通过比喻从这个直接的统一体里解放出来,而当他表明自己仍然能够使用比喻,他就确实达到了解放。比如在《亨利八世》里,被

丈夫遗弃的凯瑟琳王后是这样表达她的极度悲伤:"我是全世界最悲惨 [538]
的女人,根本没有能力治理一个没有同情、没有欢乐、没有希望的王国。
没有亲友为我哭泣! 没有地方接纳我的墓地! 我就像那株曾经是花园王
后的百合花,即将垂头枯萎。"

更为杰出的是布鲁图斯在《尤利乌斯·恺撒》里对卡西乌斯的怒吼,
因为他对卡西乌斯的鼓励完全是徒劳的:

> 噢卡西乌斯! 你和小羊羔简直是天生一对,
>
> 只有在被鞭打的时候才会生气,
>
> 就像燧石要敲打多次才迸射出火星,
>
> 然后马上又变得冰冷。

布鲁图斯在这种情况下还能够想到一个比喻,这表明他已经压抑住了怒
火,开始从中解放出来。

莎士比亚尤其擅长让那些罪人在犯罪和遭受不幸的时候表现出精神
的伟大,同时又让他们超越自己的恶劣激情,而不是像法国人那样以抽象
的方式不断暗示自己是心甘情愿去犯罪,毋宁说,莎士比亚赋予罪人以想
象力,让他们不但能够直观自己,也能够直观别的陌生的形态。比如麦克
白在临死之际说出了那段名言:"熄灭吧,熄灭吧,短促的烛焰! 生命仅
仅是一个行走的影子,一个可怜的演员,他在他的登场时间大吵大嚷,然
后消失得无影无踪;它是一个傻瓜讲述的童话,无论多么喧嚣吵闹,最终
毫无意义。"——同样在《亨利八世》里,失去权势的沃尔塞大主教在生命
即将终结之际也大喊道:"别了,我的一切荣华富贵,这次是真的永别!
一个人的命运,就是今天绽放出希望的嫩芽,明天百花齐放,结出鲜红的
果实,然后在第三天遭遇霜冻。当一个踌躇满志的人觉得他的幸运即将 [539]
达到顶峰,他的根已经被冻僵,然后他将倒塌,就和我一样。"

γγ)这种客观化和比喻式的表达同时也包含着一个人物性格的平静
和镇定,让他在遭遇痛苦和毁灭的时候能够抚慰自己。比如埃及女王克
利奥帕特拉把一条致命的蝮蛇放在自己胸脯上面后,对她的侍女查米恩
说道:"莫做声,莫做声! 你难道没有看见,我的婴儿在我怀里,趁奶妈睡

着的时候吸她的奶？这种感觉像油膏一样香甜，像微风一样温柔亲切。"在这里，毒蛇对肢体的啮咬是如此轻柔，以至于死亡产生幻觉，以为自己是在睡眠。——这个形象本身可以说是这种比喻的温柔性质和镇静效果的体现。

C. 象征型艺术形式的消失

总的说来，我们心目中的象征型艺术形式是这样的，在它那里，意义和表现还不能达到一种完满的、交互的内化塑造。因此在不自觉的象征系统里，内容和形式的**不适合**仍然是**自在地**存在着的，反之在崇高里，这种不适合已经**公开**显露出来，因为无论是绝对的意义（上帝），还是外在的实在性（世界），都已经在这个否定的关系中明确地呈现出来。反过来看，在所有这些形式里面，象征的另一个方面，亦即意义和表现意义的外在形态之间的**亲缘性**，同样占据着主导地位的；这种亲缘性在原初的象征里是**完全统治性的**，因为其中的意义还没有和它的具体定在相对立；在崇高里，这种亲缘性仍然是一种**本质性关系**，因为崇高为了表现出上帝（哪怕是以不充分的方式），需要借助于自然现象以及上帝子民的事迹和行[540]为；到了比喻的艺术形式，这种亲缘性已经是一种主观的乃至**随意的**联系。这种随意性虽然尤其在隐喻、意象和明喻里有完整的体现，但在这里仿佛仍然隐藏在意义及其使用的形象之间的亲缘性后面，因为它恰恰是基于二者的**相似性**而作出比喻，但比喻的关键不是在于**外在性**，而是在于通过主观的活动制造出内在的感受、直观和观念与它们的相关形态之间的**关联**。但如果仅仅是随意性而非事情本身的概念把内容和艺术形态糅合在一起，那么二者相互之间就是完全外在的，相应地，它们的糅合也是生硬的拼凑，一方只不过是另一方的装饰。有鉴于此，我们在这里把那些次要的艺术形式当作附录来处理，因为它们就是产生于真正的艺术的必要环节的彻底分裂，并且在这种缺乏关联的状态中展现出象征的自我毁灭。

从这个层次的一般立场来看,一方面是一个本身完备的、但缺乏形态的意义,因此艺术形式对于这个意义来说只是一个单纯外在的、随意的装饰,另一方面是单纯的外在性本身,这种外在性并没有经过中介而与它的本质上的内在意义达到同一性,而是独立于这个内核,从而只能按照它的外在现象而得到理解和描述。这就出现了**宣教诗**和**描述诗**的区别。只有诗歌艺术才能够坚持这个区别,至少从宣教的角度来看是如此,因为只有诗歌艺术才能够按照意义的抽象普遍性而把意义呈现出来。

但由于艺术的概念不是立足于意义和形态的分裂,而是立足于二者 [541]
的同一化,所以这个层次上既有双方的完全分裂,也有双方的联系。但这个联系在**超出**象征之后,就不再具有**象征**的性质,而是尝试扬弃象征的真正特点,亦即形式和内容之间的不适合和各自独立,但迄今的所有形式都不能克服这个特点。应当结合的双方既然是以分裂为前提,那么刚才所说的尝试就始终是一种单纯的应当,而这个要求的满足还有待于一种更完满的艺术形式,即古典型艺术形式。——为了稳妥地过渡到古典型艺术形式,我们再简略谈谈最后的那些次要形式。

1. 宣教诗(Lehrgedicht)

如果一个意义虽然在自身之内形成了一个具体的、融贯的整体,但本身只是被理解为一个无形态的意义,仅仅从外部获得一种艺术装饰,这就产生出宣教诗。宣教诗不能跻身于艺术的真正形式之列。因为在它那里,一方面是一个本身作为意义已经完备自足的内容,因而具有散文的形式,另一方面是一个艺术形态,但这个艺术形态只不过是外在地缝合在内容身上,因为内容在此之前已经以**散文**的方式牢牢扎根于意识之内,而从这个散文的方面亦即内容的普遍而抽象的意义来看,意义仅仅是为了宣教才被表达出来,以促进人们的理解和反思。因此艺术在宣教诗的这个外在关系里只能涉及一些外在的方面,比如韵律、庄严的语言、穿插的故 [542]
事、意象、明喻、附带倾诉的感受、更为急速的推进和过渡等等,这些外在方面并没有渗透到内容里,而是仅仅作为内容的附属品,以便用它们的相对的生动性去淡化宣教的严肃和枯燥,让生活多一些趣味。但本身说来,那些已经散文化的东西不可能转化为诗歌,只能披上诗歌的外衣,好比园艺学在绝大多数情况下都仅仅是以一种外在的方式去规划美丽的环境,但这些环境的美是由自然界决定的,而非本身就是美的;同理,建筑艺术也是通过外在的装饰让那些服务于散文状态和散文用途的场所看起来更悦目一些。

就此而言,希腊哲学从一开始就采用了宣教诗的形式。赫西俄德的《工作与时日》也可以被看作宣教诗的例子,但真正意义上的散文式构思只有在这种情况下才会明确出现,即知性已经凭借它的反思、因果关系和分类方法掌握了对象,然后从这个立场出发以一种愉悦而优雅的方式进行宣教。卢克莱修对伊比鸠鲁的自然哲学的宣教和维吉尔对农艺学的宣教都提供了这种散文式构思的例子,这种构思无论多么娴熟,都不能达到一种真正自由的艺术形态。在德国,宣教诗如今已经不受欢迎了,但在法国,德里叶①除了《花园和美化风景的艺术》(1782)和《农夫》(1800)等早期诗作之外,在本世纪还创作了一部作为物理学纲要的宣教诗,其中依次讨论了磁学、电学等等。

[543]   ## 2. 描绘诗(beschreibende Poesie)

与此相关的**第二个**形式是与宣教诗相对立的。这里的出发点不是意识之内的一个现成已有的意义,而是单纯的外在事物本身,比如地貌、建筑物、四季、时辰及其外在形态之类。在宣教诗里,内容按照其本质而言始终是一种无形态的**普遍性**,反之在描述诗里,**外在的材料独自**存在于那里,仿佛是一个与精神意义无关的个别事物和外在现象,然后以它们通常

---

① 德里叶(Jacques Delille,1738-1813),法国诗人,被誉为"法国的维吉尔"。——译者注

呈现于意识面前的样子被刻画和描述。这样的感性内容只能说是真正的
艺术的**一个**方面,即外在定在的方面,这个方面在艺术里只有作为**精神**的
实在性才有资格出现,以表现个体性及其在周遭世界的行动和事迹,反之
如果它仅仅是一个脱离了精神的外在事物,那么它是没有资格出现的。

3. 古代箴言诗(das alte Epigramm)

由此看来,宣教和描述都不可能坚持各自的片面性,因为这种片面性
会完全推翻艺术。于是我们发现,外在的实在性和那个被理解为内在意
义的东西,抽象的普遍者和它的具体现象,重新发生联系。

a)我们已经从这个角度讨论过宣教诗。绝大多数宣教诗都会描述
一些外在状态和个别现象,或者加上关于神话故事和其他事例的插叙。
但精神性普遍者和外在个别事物之间的这种平行性并不能造成一种完整
成型的结合,只能得出一种纯属偶然的联系,更何况这种联系根本不涉及
整个内容及其全部艺术形式,而是只涉及个别的方面和特征。 [544]

b)这样的联系大多数时候是出现在描述诗里,因为诗歌的描述伴随
着许多感受,这些感受可能是来自于自然风景、时日更替、四季的风光、一
座林木茂盛的山、一个湖泊或一条潺潺的小溪、一座教堂、一个充满欢声
笑语的村庄、一间清幽雅静的茅屋等等。和在宣教诗里一样,描述诗里也
出现了一种增加生动性的插叙,尤其在描述动人的情感、甜蜜的忧愁以及
日常生活中那些细微的突发事件的时候更是如此。但即使在这里,精神
性感受和外在自然现象之间的联系也可能是完全外在的。因为自然环境
本身是独立的、预先存在着的,人虽然来到这里,感受着这样那样的东西,
但在月光、森林、山谷之类事物里,外在的形态和内在的感受始终是彼此
外在的。这样一来,我就不是大自然的解释者或倾慕者,而是在这个场合
仅仅感受到我的如此这般激发起来的内心和眼前的外在事物之间的一种
完全无规定的和谐。尤其我们德国人最喜欢这样一种形式,即首先描述
大自然,然后描述这些自然场景可能激发起来的美好情感和内心独白。

这是每一个人都可以依样画葫芦去采取的普遍捷径。甚至克洛普斯托克的许多颂歌也是流露出这种腔调。

c）**第三**，如果我们追问双方在预先分裂的情况下的一种更深刻的联系，就能够在古代的**箴言诗**里找到这种联系。

[545]　　α）箴言诗的原初本质已经体现于它的名称：它是一种**箴铭**。诚然，这里也有两个方面，一方面是一个对象，另一方面是对它的陈述；但在最古老的箴言诗里（其中一些是希罗多德保存下来的），我们所看到的并不是一个伴随着相关感受的事物，而是事物本身的双重性：首先是一个外在的实存，然后是这个实存的意义和解释，二者合起来作为箴言诗，展示出一些最尖锐和最突出的特征。但在古希腊人那里，后期的箴言诗也失去了这个原初的特性，愈来愈倾向于针对个别的事件、艺术作品和人物提出一些机智的、俏皮的、风趣的、优雅的、感人肺腑的想法，这些想法与其说是展示对象本身，不如说是展示主体和对象之间的意味深长的联系。

　　β）这种呈现方式愈是让对象隐身，就愈是充满缺陷。从这个角度看，也有必要谈谈近代的艺术形式。比如蒂克在他的中篇小说里经常描述特定类型的艺术作品或艺术家，有时候甚至是描述某一个画展或一件音乐作品，然后再加上一些小故事。但读者既没有看到这些特定的画作，也没有听到这些音乐作品，而诗人又不可能让他们看到或听到这些东西，因此整个形式如果纠缠于这类对象打转，就始终是有缺陷的。有些人在篇幅更大的长篇小说里把全部艺术门类及其最美好的作品当作内容，比如海因泽①在他的《希尔德加德·冯·霍恩塔尔》（1795—1796）里讨论音乐，也是类似的情形。如果整件艺术作品不能以合适的方式呈现出它的本质对象，那么它按照其基本特性而言就具有一个不合适的形式。

[546]　　γ）简言之，上述缺陷派生出来的**要求**，就是外在的现象和它的意义，或者说事情和它的精神性解释，不应当像刚才所说的那样处于完全**分裂**的局面，但与此同时，它们的**统一**也不应当是一种象征式的（比如崇高式

---

①　海因泽（Wilhelm Heinse，1746-1803），德国管风琴家和作家。——译者注

的、比喻式的)联系。因此真正的呈现只能在那样的地方去寻找,在那里,事情通过自己的外在现象并且在这些现象之内就解释了它的精神性内容,因为精神性东西已经在它的实在性里完全展开自身,而形体事物和外在事物无非就是精神性东西和内核本身的恰当呈现。

为了彻底**完成**这个任务,我们必须告别**象征型**艺术形式,因为象征的特性恰恰在于,意义的灵魂和它的躯体形态始终只能达到一种**不完满的**统一。

人名索引

（说明:下列页码为本书德文版页码,见本书边码）

主要译名德汉对照及索引

（说明：下列页码为本书德文版页码，见本书边码）

263,283,308,319,322,330,333,342,
356,366,379,381,383,395,406,467,
473,475,488—489,499,520,522,541

Gartenkunst 园艺学 542

Gattung 种属 39,91,104,174,176,395,
429,473,513

Gedanke 思想 18—21,24—25,27—29,
34,46—47,51,59—60,62,76,81,
88—89,98,100,105,111,121—122,
130,141,144,148,155,160,172—
173,207,230,237—238,242,290,
297,311,319,332,349,359,364,370,
375,382,384,391,399,402—405,
408,423—424,437,450,457,467,
469,472,481,508,523,526

Gegensatz 对立 21,28—29,39,49,53,
57,59,68,72,79—84,91,100,111,
116—117,120—122,128—130,132—
139,145—147,150—152,154,159,
162,173,177,185,187,189,193,197,
207,209,212—214,220,227,231—
234,236—237,239,245,247,249,
256—257,259,261,263—264,266—
270,272,277—278,281—283,286,
293—295,305,318,324,336,343,
360,377,380,390,392,402,410,417,
421,432,449,451,458—459,467,
469,478,481—482,492,504,506,
511,515,517,523,532,539,543

Gegenstand 对象 13—18,20—22,26,
28—29,33—34,39—43,46,52,57—
61,67—70,72,75—76,78,84—88,
100,103—104,107—108,111,113,
116—117,119,121,127,130,137,
139—140,142—144,151—155,168,

172—177,180,190,201,206,214—
217,222,224,226,230—231,267,
269,285,289,302,319,322,331—
332,338,344—345,347—348,364—
365,371—381,385,391,394,405,
407—410,413—414,419—420,427—
428,434,437—438,454,461,464,
467,475,490,496,511—512,522,
525,527—529,531—536,542,545

Gegenteil 对立面,反面 28,79,120,122,
129,134,150—151,162,236,421,511

Gehalt 内涵 21—23,37,45,47,53,62,
71—72,76,94,96—98,102,107,112,
117,120—121,131,133—134,140—
142,177—178,205,207,211,213,
219—220,223,227,233,235—237,
250,253,255—256,259—261,264,
266,285,287—289,292,301—303,
307,313,315,319,321,325,333,340,
347,349—351,355,360—361,365—
366,371,374—375,377,385,390,
392,394,400,403—404,406,410—
412,433,438,440—441,449,463,
480,502—503,505—506

Geist 精神 14—17,19,21—25,27—29,
36—39,41,44—45,47—53,55—64,
70,76—77,80—81,83—84,86,88,
90—92,99—104,106,109—124,
128—131,133—135,137,139—144,
146—147,149,151—152,162—163,
182,185,188,191—192,195—197,
199—207,209,211,214—228,231—
235,239,243,248,250,254—255,
257,259—261,267—270,272—275,
277—279,281—282,285—286,291,

Maßlosigkeit 无尺度 108,320,393,431—
432,434,436,439,447,469

Material 质料 118,120—121,129,169,
175,188,190

Materie 物质 22,41,55,60—61,81,116,
121,123,148,157—158,182—183

meinen 意谓 129,154

Metapher 隐喻 405,417,490,508—509,
516—520,522—523,525—527,534,
540

Metaphysik 形而上学 39

Methode 方法 19,40,44,62,100,123,
338,384,542

Mitte 中项

Mittel 手段 17—20,25—27,50,65,74,
77,82—83,87—88,115,124,155,
169,193—197,215,249,254,256,
285,288—289,318,325,333,338—
339,371,413,507,509,512,514

Möglichkeit 可能性 70,194,200,233,
258,268,281,370

Moment 环节 14,21,34—35,38,46,62—
63,69,85,98—99,102,114—115,
124,138,143,150,156,159—164,
168—172,175,178,183—184,187,
190,193,195,203,241,247,255,259,
267,285—286,290,292,304,306,
352,361,367,372,431,433,443,
448—452,456,491,520,540

Moral 道德 16,36,52,75,78—80,82,84,
242,244,247,253,255,313,334—
335,347,360—361,417,489,491—
492,494—495,500—501,503—504,
506

Musik 音乐 46—47,67—68,120—124,

167,209—210,261,268,310,320,
322,324,342,368—369,377,379,
491,545

N

Nachahmung 摹仿 44,64—70,92,105,
205—206,212,217—219,262,330,
349,356,360,427,455,461

Nachdenken 思索 365

Natur 本性 16—17,20,26,28,30,38—
39,53,55—57,70,76—77,85,87,
89—91,100,102—103,111—112,
135,145,147—149,158,175,182,
186,204,206,259,270,284,288,320,
324,330,374,378—380,393,401—
402,412,416,428,443,467,487,490,
498—499,501,516

Natur 自然界 14—15,18—19,21—23,
27,34,48—50,57,59,64—70,75,
79—81,83,85,88—92,100,102,104,
109,116—117,121,124,128—129,
131,137—139,141,157,160—161,
163,165,167,173—176,181—182,
190,192,194,196—197,199—200,
202,205,212—217,221—222,224—
227,244,269—270,272—273,302,
313,317—318,321,327—336,341,
377,390,408—410,419—420,423—
425,427,441,454,456,467,482—
483,485,489,491,493—495,502,
510,513,529,542

Naturerscheinung 自然现象 108,161,
184,212,214,226,409,413,422,442,
454,457,474,483,491—493,496,
500,505,539,544

362，389，391，393，410—411，418—
419，423，478，512

Wirkung 作用 17，25，27，31，36，49—50，
62—63，75—76，88，116，119，124，
129，141，146—147，153，167，169—
170，172，175，179—182，187，220，
231，233，239，248—249，253，255，
257—258，261，263，269，272，275，
282—283，285，287—288，295，302，
306，309，323，325，343，361，393，425，
440，442—444，455，488，493，510，
512—513，535

Wissen 知识 30，38，52，56，90，92—94，
103，112，116，119，129—131，135—
137，139，142—143，160，171，201，
246—247，273，343—344，351，354，
364—365，399，403，410，449，496，518

Wissenschaft 科学 13—21，24，26，28—
30，32—33，40—43，52，56，59—60，
62—63，79，83—84，90—92，100，
103—104，112，127，130—132，143—
144，227，235，239，303，363，367，402，
408，491

Wollen 意愿 46，82，90，94，113，117，119，
129—130，135—136，152—153，201，
221，226，231，240—241，243—244，
246，252—253，279，298，314，371，
385，449

Z

Zahl 数 33，47，76，124，129，132，183，
185—186，198，215，218，241，244—
245，249，253，282，291，303—304，
309，318，326，329，336—338，347，
353—354，356，358，362，364，372，

394—396，439，442—443，454—455，
459，461，463，465，484，490，497—
498，502—504，508，514，518，532，
542—544

Zeichen 符号 71，122—123，226，326，
394—396，399，406，440，461，473，
513，516

Zeit 时间 55，63，81，90—91，110，121—
123，127，129，166—167，202，216，
256，289，303，305，317—320，322—
325，342，348，369，383，395，423—
424，437，439，446，448，462，496，538

Zentrum 核心 99，115—116，122，195，
245，250，302，306，318，367，528—529

Ziel 目标 59，73，75，77—78，93，405，
410—411，422，430，434，437，464，466

Zufälligkeit 偶然性 18，26，29，41—42，
50，113，117—118，127，129，157，
168—169，197，200，205，233，238，
242，259—260，273，377，391，487

Zukunft 未来 504

zusammenfassen 统摄 28，73，86—88，
158，235，238，306，441，510

Zustand 状态 19，22，25，46，54，63，71，
74，96，117，119，128，151，153，168，
201，209—210，219，224，228—229，
232，234—239，242—246，249—264，
266—268，273，275—276，278—279，
281—283，289，302，304，310—311，
317，319，325，327，333，335—338，
340，351，353，362，370，401，404，
408—410，417，422—423，428，431，
433，437，482，485，489，494，497，
500—501，511，515，519，524—525，
527，540，542—543

责任编辑：安新文

封面设计：薛　宇

图书在版编目（CIP）数据

美学讲演录. Ⅰ／（德）黑格尔著 ；先刚译.
北京 ：人民出版社，2025. 5. --（黑格尔著作集）.
ISBN 978－7－01－027232－0

Ⅰ. B516. 35-53；B83-095. 16

中国国家版本馆 CIP 数据核字第 2025TA3984 号

美学讲演录 Ⅰ

MEIXUE JIANGYANLU Ⅰ

[德]黑格尔 著　先刚 译

人民出版社 出版发行
（100706　北京市东城区隆福寺街 99 号）

北京新华印刷有限公司印刷　新华书店经销

2025 年 5 月第 1 版　2025 年 5 月北京第 1 次印刷
开本:710 毫米×1000 毫米 1/16　印张:28.25
字数:410 千字

ISBN 978－7－01－027232－0　定价:120.00 元

邮购地址 100706　北京市东城区隆福寺街 99 号
人民东方图书销售中心　电话（010）65250042　65289539